青海省高校第二轮“135高层次人才培养工程”项目成果
青海大学首批教学名师培养项目成果
青海省精品课程建设成果
青海大学2017年度教材建设基金项目资助

U0806769

区域经济学通论

丁生喜◎主编

GENERAL THEORY OF REGIONAL ECONOMICS

中国经济出版社
CHINA ECONOMIC PUBLISHING HOUSE
·北 京·

图书在版编目（CIP）数据

区域经济学通论/丁生喜主编.
—北京：中国经济出版社，2018.5（2024.1 重印）
ISBN 978-7-5136-5172-1

Ⅰ.①区… Ⅱ.①丁… Ⅲ.①区域经济学 Ⅳ.①F061.5

中国版本图书馆 CIP 数据核字（2018）第 067545 号

责任编辑 焦晓云
责任印制 马小宾
封面设计 任燕飞

出版发行 中国经济出版社
印 刷 者 大连图腾彩色印刷有限公司
经 销 者 各地新华书店
开　　本 787mm×1092mm 1/16
印　　张 19
字　　数 394 千字
版　　次 2018 年 5 月第 1 版
印　　次 2024 年 1 月第 2 次
定　　价 88.00 元
广告经营许可证 京西工商广字第 8179 号

中国经济出版社 **网址** www.economyph.com **社址** 北京市东城区安定门外大街 58 号 **邮编** 100011
本版图书如存在印装质量问题，请与本社销售中心联系调换（联系电话：010-57512564）

版权所有 盗版必究（举报电话：010-57512600）
国家版权局反盗版举报中心（举报电话：12390） 服务热线：010-57512564

编写组成员

主　　编　丁生喜

编写人员　丁生喜　殷颂葵　曲　波

李双元　赵　玲　郑永琴

前言

PREFACE

区域经济学是以区位理论为基础，借助经济地理学的许多概念，运用了微观的、中观的、宏观的经济理论以及多学科综合分析的方法，并且吸收了其他许多学科的研究成果而发展起来的新兴学科。

改革开放以来，随着我国区域经济的快速发展，相关区域经济问题的理论研究和实践需要，极大地推动了区域经济学专业的教学和科研工作。[①] 尤其是1997年国务院学位委员会将“城市经济学”和“经济地理”两个专业合并，在应用经济学一级学科下设立“区域经济学”二级学科之后，区域经济学专业硕士、博士点迅速增加，成为国内发展最为迅速的应用经济学科之一。[②③] 区域经济学已成为高校经济学教学与科研的重要领域之一，区域经济研究也为国家的发展和区域协调发挥着越来越重要的作用。正是为了适应青海地方经济发展的需要，青海大学于1999年正式开始经济学方向的本科教育，区域经济学作为重要的专业必修课也历经多年的建设和发展，逐渐成熟起来。2006年，区域经济学确定为青海大学校级精品建设课程；2007年，区域经济学被批准为青海省级重点学科；2009年，区域经济学被批准为青海大学校级重点建设课程；2010年，区域经济学被遴选为青海省级精品建设课程。

教材建设是学科建设的“基础工程”，只有打好这个基础，才能保证学科的持续发展。[④] 区域经济学作为一门新兴的交叉边缘学科，其综合性和应用性很强，理论体系也在不断完善中。根据课程性质以及区域经济发展，各高校均重视教材建设，中国人民大学、南开大学、兰州大学等高校先后编写出版了一批各具特色的区域经济学优秀教材，为区域经济学科的发展做出了极大贡献。由于区域经济学的学

---

① 踪家峰. 中国区域经济学教学的现状、问题与改革方向［J］. 经济研究导刊，2008（5）.

② 高新才，童长凤. 欠发达地区与发达的区域经济学研究［J］. 社会科学家，2008（11）.

③ 安树伟. 中国区域经济学发展三十年［J］. 学术界，2008（5）.

④ 侯景新，尹卫红. 区域经济分析方法［M］. 北京：商务印书馆，2004.

科交叉边缘性特点和实践性极强的特点，使得相关学科的理论越来越多地运用于区域经济问题的分析和研究，区域经济学科知识体系在不断丰富、发展。

青海大学区域经济学教学科研团队在借鉴国内外诸多优秀教材内容体系的基础上，结合多年课程教学和青藏高原区域经济研究成果，于2010年编写了《区域经济学》教材。经过8年教学实践，紧密围绕应用型人才培养目标要求，对原教材体系在理论体系方面做了修订与更新，编写完成《区域经济学通论》教材。本教材系统介绍区域经济学基本理论知识与研究方法，按照“区域经济形成→区域经济发展→区域经济关系→区域经济治理”这个脉络来组织教材内容体系，突出理论与实践相结合。本教材有配套教学课件，可以作为高等学校应用经济学与地理学类本科和研究生课程教材，也可作为区域开发规划、区域经济管理等方面的决策者和研究人员的参考书。

本教材参编者及编写分工情况如下：

丁生喜：教授，硕士研究生导师，长期承担区域经济学课程讲授和青藏高原区域城市化与可持续发展问题研究。主持完成国家社科规划基金项目2项，科技部软科学计划项目1项，省级科研项目5项，参与完成国家级科研项目4项。获得青海省哲学社会科学优秀成果三等奖2项，在国家核心期刊发表区域经济相关学术论文30余篇，出版学术著作5部。主持区域经济学省级精品课程和校级重点课程建设，参与区域经济学省级重点学科建设，负责青海大学“区域经济学创新团队”建设。负责全书主要章节编写与审定。

李双元：教授，博士，主要承担发展经济学、区域经济学等课程的建设与研究工作。主持完成省部级以上科研项目多项，在青藏高原地区农牧业发展方面，研究成果丰硕，荣获青海省哲学社会科学优秀成果二等奖。主要负责第四章第一节的编写。

曲波：教授，硕士研究生导师，长期承担制度经济学课程讲授以及青藏高原制度保障与区域经济发展问题研究。主持国家社科基金项目1项，参与完成国家社科基金项目2项，获得青海省哲学社会科学优秀成果二等奖1项。参与区域经济学省级精品课程和校级重点课程建设。主要负责第八章第二节的编写。

赵玲：教授，博士，主要承担经济预测与决策、生态经济学等课程讲授。主持和参与省部级以上科研项目多项，在西部区域生态经济研究方面成果丰富。主要负责第五章第一节的编写。

郑永琴：副教授，硕士，承担发展经济学等课程讲授。长期从事青藏高原资源开发与区域经济发展问题研究，主持国家社科基金项目1项，省级科研项目4项，参与区域经济学省级精品课程建设。主要负责第三章第一节的编写。

殷颂葵：副教授，在读博士，从事微观经济学、宏观经济学、区域经济学等课程讲授以及青藏高原区域经济问题研究。主持校级以上科研项目 2 项，参与完成省部级以上科研项目多项。参与区域经济学省级精品课程和校级重点课程建设工作，主要负责第六章第二节、第三节的编写。

全书由丁生喜教授统稿、修改，青海大学在读研究生任海静、李燚校对。

本教材的编写和应用对于区域经济学课程“教－学－研”互动的教学机制形成和高层次应用型人才培养有积极促进作用，也是青海大学区域经济学省级精品课程建设项目和青海省高校第二轮“135 高层次人才培养工程”项目、青海大学首批教学名师培养项目的主要成果。本教材编写过程中参考了大量国内外相关教材和研究成果，本教材的出版得到青海大学 2017 年度教材建设基金项目和青海大学教学名师培养项目资助，在此表示最诚挚的感谢。由于编写人员水平有限，书中难免有不足之处，恳请各位读者批评指正！

编 者

2018 年 2 月 10 日于青海大学

目录
CONTENTS

第一章　导论

第二章　区位论与区域空间的形成

第三章　区域经济增长与发展

第四章　区域产业结构

第五章 区域经济特征分析与发展模式

第六章 城市化与区域经济

第七章 区际分工与合作

第八章 区域经济政策与发展战略

第九章 经济区划与区域国土开发

第一章 导 论

区域经济学作为经济学科中一个较为年轻的分支，具有综合性强和实践性强的特点，是指导微观经济主体的区位决策、地方政府制定区域经济发展战略，以及中央政府制定区域经济政策和进行宏观经济决策必不可少的理论工具。任何一门学科都有其特殊的研究对象和研究领域，本章对区域经济学的相关概念、研究对象、研究内容、区域经济学的发展历程及其与相关学科的关系等基本范畴进行界定。

第一节 区域经济学的基本概念

一、区域的概念及其内涵

（一）区域概念的界定

不同的学科对区域的含义有着不同的回答：地理学把区域定义为地球表壳的地域单元，是按地球表面自然地理特征划分的，并且具有可重叠性和不遗漏性；政治学将区域看作是国家管理的行政单元，并且具有可量性和层次性；社会学视区域为具有相同语言、相同信仰和民族特征的人类社会聚落，按语言、信仰、民族特征来划分。经济学中关于区域的概念没有统一的定义，有代表性的说法有：

1. 区域是基于描述、分析、管理、计划或制定政策等目的而作为一个应用性整体加以考虑的一片地区。它可以按照内部的同质性或功能一体化原则划分。①

2. 经济区域（区域）是指一国范围内在经济上具有同质性或内聚性、具有一定的共同利益，经济结构较为完整且在全国专业化分工中分担一定职能的地域空间。②

3. 所谓区域，应该是这样的一种经济区域，即它是人的经济活动所造就的、具有

---

① ［美］埃德加·M·胡佛．区域经济学导论（中译本）［M］．王翼龙，译．北京：商务印书馆，1990：7.

② 吴传清．区域经济学原理［M］．武汉：武汉大学出版社，2008：4.

特定的地域构成要素的不可无限分割的经济社会综合体。①

4. 经济学的区域概念就是区域经济学的区域概念，它在地理学和政治学关于区域概念的基础上，还要考虑某个地域空间的人口、经济、资源、环境、公共设施和行政管理等特点，指的是居民高度认同、地域完整、功能明确、内聚力强大的经济地域单元。②

5. 经济区域是按人类经济活动的空间分布规律划分的一种区域类型，是指人类经济活动与具体时空条件紧密结合而形成的具有特定结构、功能和类型的，相对完整的地理空间。在同一经济区域内自然条件、资源和社会经济条件大致类似，经济发展水平和所处阶段大致相同，经济发展方向基本一致，表现为经济意义上的连续性和同类性。③

（二）区域概念的基本内涵

经济学的区域概念的基本内涵有：④

1. 区域是一个空间的概念，同时也是有限的空间范围。人类的所有经济活动，不管它的发展处于何种阶段，不管是物质生产还是非物质的信息生产，最终都要落实在一定的区域空间。不同的只是坐落的方式和坐落的地点。从空间角度研究经济现象，正是区域经济学区别于其他经济学学科的根本所在。

2. 区域必须包括于某一主权国家的疆域内（有时可能相等），中央政府对它拥有政治、经济方面的控制权，各级政府为该地区经济发展提供公共产品，通过各种经济政策来引导该区域的经济活动。正因为这样，区域间会存在政策上的差异性，而在区域内又具有政策上的一致性。

3. 区域在经济上尽可能是一个完整的地区。这种完整，是指区域能够独立生存和发展，具有完整的经济结构，能够独立地组织与其他区域的经济联系。为此，区域不但要有三次产业组成的经济循环系统，还应当有一个能够组织和协调区域经济活动的中心城市存在，作为区域经济的核心。

4. 任一区域在全国或更高级的区域系统中担当某种专业化分工的职能。不同地区资源禀赋不同，发展水平也有差异。这种区内的同质性与区间的差异性，表现为一种区际之间的分工与专业化。这样，不同区域间以分工与专业化为基础结成密切经济联系，就构成了一国的国民经济体系。

---

① 程必定．区域经济学——关于理论和政策问题的探讨［M］．合肥：安徽人民出版社，1989：4.

② 孙久文．区域经济学［M］．北京：中国人民大学出版社，2006：2－3.

③ 武友德，等．区域经济学导论［M］．北京：中国社会科学出版社，2004：29.

④ 郝寿义，安虎森．区域经济学［M］．北京：经济科学出版社，1999：3－5.

二、经济区域的构成要素

经济区域同其他区域的一个重要区别，是它具有自身特定的三大构成要素：经济中心、经济腹地和经济网络。无论是什么类型的经济区域，这三大要素都是缺一不可的。

（一）经济中心

经济中心是经济区域三大构成要素的核心，经济中心的形成，是区域由一般的自然区或行政区发展为经济区域的重要标志。城市作为区域的经济中心，是商品经济条件下区域经济空间聚集运动的结果。区域的经济中心是多层次的，在不同的地域范围内，城市的聚集力不同，城市的经济吸引或辐射力也就不同，从而形成多等级、多层次的经济中心。区域经济中心并不一定是区域的地理几何中心，而是区域经济活动的中心。

（二）经济腹地

经济腹地是经济区域三大构成要素的基础。经济腹地是经济中心影响和辐射所及的地域范围，没有经济腹地，就不会有经济中心，也就没有区域经济的存在。

（三）经济网络

经济网络是一种非常宽泛的概念，它不仅表示经济发展的地域联系，而且还表示这种联系的各种依托。经济网络可以表现为经济联系的渠道，这种渠道的物质构成是交通运输网络和邮电通信网络等。经济网络还可以表现为经济联系的系统，这种系统的基本构成是经济中心与经济腹地之间有序的经济交往和信息交往。经济网络还可以表示经济联系的组织。这种组织的基本构成是经济中心和经济腹地之间所形成的具有内在联系的产业结构，以及与此相关的市场的贯通和技术的推移等。

三、区域经济的特征

区域经济是特定区域的经济活动和经济关系的总和。① 如果我们把全国的国民经济看作是一个整体，那么区域经济就是这个整体的一部分，是国民经济整体不断分解为它的局部的结果。我们把国家宏观经济管理职能下按照地域范围划分的经济实体及其运行，都看作是区域经济的运行。区域经济具有五大鲜明的特征：②

（一）中观性

区域经济是一种承上启下，并具有区域自身特点的中间性、非均衡性经济，是一

① 孙久文．区域经济学［M］．北京：中国人民大学出版社，2006：3.

② 吴传清，等．区域经济学原理［M］．武汉：武汉大学出版社，2008：7.

种介于宏观经济（国民经济）和微观经济（企业经济）之间的中观性经济。

（二）区域性

一国国民经济的发展，不论是农业、工业的发展还是服务业的发展，都要落实到一定的区域，并受该区域的自然条件、社会经济条件的影响。各区域的不同特点和区域客观情况使区域经济呈现出强烈的区域性特点。区域性是区域经济最基本、最显著的特征。

（三）差异性

不同区域所具有的经济发展要素条件（如地理位置、自然资源与自然条件、社会经济条件等）总是各不相同，这种差异性实质上反映了各区域经济的优势和劣势，也是决定区域经济发展不平衡的一个重要因素。

（四）开放性

一方面，与国家经济相比，区域经济一般在社会制度、经济体制、经济运行规则和币制等方面是一致的，没有国家之间常有的关税、进口配额、移民限制等人为障碍，因而具有更大的开放性。另一方面，区域经济是一种充分承认并利用不同区域所具有的各种经济要素及其程度上的差异，注重区域间经济交往的开放式经济。区域经济还具有不断强化自身输出、输入功能和扩张功能的作用，推动生产要素流向更高层次发展，进而促进不同区域经济相互补充，协调发展。

（五）独立性

区域经济是一个相对独立而内部又有着密切联系的有机系统，区域经济活动具有一定的自组织特点。尽管任何区域的经济发展战略都必须受制于整体国民经济的发展战略，并为国民经济发展战略服务，但也必须注重能动地发挥本区域优势，扬长避短，也必须为谋求本区域社会经济发展和居民福利服务。

四、区域经济分异的客观基础与区域经济学的基石

要正确认识区域发展差异，并发挥不同区域的优势与特色，以促进区域经济协调发展，首先必须分析区域经济赖以存在的客观基础。

（一）生产要素的不完全流动性

由于空间是非均质的，气候、矿藏、土壤、江河、地形和其他许多自然特征在空间中显现出某种不均匀分布，并表现出完全的或部分的不流动性，许多类型的经济活动在特别的地理空间上形成。

这种不完全流动性包括两层含义：一是指生产要素不是都能够流动的，其中有些能够流动，有些则是固定不动的。前者如人口、劳动力、资金、物资设备和技术等；

后者如土壤、矿藏、地形、水文和气候等自然资源和条件。由于这些自然资源和条件不均匀的地理分布，使其成为“某些经济活动会产生在某个区域”的一个基本解释。要素不完全流动性的第二个含义是指，能够流动的生产要素其流动性是有限的或不完全自由的。对这种要素流动的约束来自许多方面，主要有：①管理体制。出于国家行政管理的需要而对要素流动做出种种规定，如户籍管理制度，使人口的迁徙和居住地的选择受到一定制约。②主体利益。利益动机是流动约束的内在原因，资本追逐利润率、劳动者向往高收入，违背这些目标，会使流动自行停滞。③历史文化。传统的习俗和观念，常常使许多人不愿离开本乡本土，一国人口的流动频率往往同该国的文明程度成正比，文化层次低的人，由于就业面窄而限制其广泛流动。

显而易见，生产要素的不完全流动性使得经济活动不可能形成空间均衡化，因而构成区域经济分异的基础。

（二）经济活动的不完全可分性

要素的不完全流动性只是解释区域经济存在的一个必要条件决非充分条件。可以作这样的假设：在资源赋存和自然状况完全一致、要素可以充分流动的一片平原上，经济活动按照逻辑将出现什么格局呢？人们一般会认为，或者各种产业都集中在某一地点，或者各种产业均匀分散于整个地区，或者各种产业杂乱无章、毫无规则地分布。实际结果都不是这样，而是会形成一种缜密有规则的结构，它的基础之一即源于经济活动的不完全可分性。①

经济活动的不完全可分性由产业的规模经济和集聚经济（或称外部经济）所决定。规模经济一般分为内部规模经济与外部规模经济。内部规模经济是指生产规模的扩大而产生的平均生产成本的降低，生产规模的扩大有利于生产的专业化以及产品的标准化，从而提高生产效率和劳动生产率。外部规模经济是一种空间集聚经济，即多数不同的工厂、企业在同一空间地域内的集聚与联系，导致平均生产成本的降低和经济效益的产生。规模经济性和集聚经济性推动了生产要素和企业在一定空间范围内的相对集中，形成了以城市为中心的区域经济。

（三）商品和劳务的不完全流动性

空间是有距离的，从一端到另一端，不仅要耗费时间，而且要付出费用，克服空间分离的耗费即距离成本。产品和劳务是不可能免费或在瞬间完成流动，要素流动需要花费运输费用、时间成本、信息成本、心理成本等，而这些成本会限制自然资源优势和空间集中经济可能实现的程度。经济活动中的生产地、原料地和市场地往往不会同在一处，企业在选址时必然要考虑三者的距离最短，运输费用最低的区位；消费者去商店购物，既要占用一定时间，也要支付一定的路费，因而愿意就近购买。这些距

---

① 陈栋生. 区域经济学［M］. 郑州：河南人民出版社，1993：6－7.

离成本限制了自然天赋优势的发挥和空间集聚经济得以实现的程度，使经济活动局限于一定的空间范围。所以它构成区域经济存在的又一重要基础。

以上生产要素的不完全流动性、经济活动的不完全可分性、商品和劳务的不完全流动性构成了区域经济学的三个基石。①

第二节 区域经济学的研究对象与学科发展

一、区域经济学的研究对象

对于区域经济学的研究对象，有多种观点：

第一种观点：区域经济学是研究经济活动的地理分布和空间组织，强调地理分布、经济空间秩序或地域组织规律，所以又将其称为空间经济学。胡佛认为，区域经济学即“空间”经济学，可以用“哪里有什么，为什么，又该怎么办?”这个问题概括。②

第二种观点：认为区域经济学是从宏观角度研究区域经济发展规律和区际关系。有代表性的表述有：区域经济学也叫区域科学，它是研究如何建立国家经济区域系统，并按照地域分工与合作的原则来组织系统内各区域中第一、第二、第三产业的发展与布局，使之形成一个既能顺应世界经济发展潮流，又能最大限度发挥地区优势的产业结构；形成一个大、中、小企业相结合，聚集与分散相结合，以多层次城市为结点，由运网、信息网、服务点分布网等网络系统将全区域连成一起的经济有机体的科学。③区域经济学是从宏观角度研究国内不同区域经济发展及其相互关系的决策性科学。④ 区域经济学是运用经济学的观点，研究国内不同区域经济的发展变化、空间组织及其相互关系的综合性应用学科。⑤ 区域经济学就是研究区域经济发展的科学，这里所谓的“区域经济发展”，既包含了单个区域的经济增长和发展，也包括了区域之间的经济联系和相互制约关系。⑥

第三种观点：认为区域经济学是以区域为着眼点，运用以经济学为主的理论和方法，研究和探索人类经济活动的空间规律。⑦

---

① ［美］埃德加·M·胡佛．区域经济学导论（中译本）［M］．王翼龙，译．北京：商务印书馆，1990：7－8.

② ［美］埃德加·M·胡佛．区域经济学导论（中译本）［M］．王翼龙，译．北京：商务印书馆，1990：6.

③ 周起业，刘再兴等．区域经济学［M］．北京：中国人民大学出版社，1989：3.

④ 陈栋生．区域经济学［M］．郑州：河南人民出版社，1993：19.

⑤ 魏后凯．现代区域经济学［M］．北京：经济管理出版社，2006：7.

⑥ 李京文．中国区域经济教程［M］．南宁：广西人民出版社，2000：3.

⑦ 张敦富．区域经济学原理［M］．北京：中国轻工业出版社，1999：1.

第四种观点：认为区域经济学是研究经济活动的空间分布与协调，以及与此相关的区域决策的科学。①

第五种观点：认为区域经济学有广义与狭义之分。狭义的区域经济学是研究区域经济发展和区际关系的学科；广义的区域经济学是研究区域经济发展一般规律的学科。② 广义的区域经济学应该包括区际经济学和狭义的区域经济学。前者主要侧重于研究区际资源的优化配置与组合，以及区际经济的运行规律；后者主要侧重于研究区内资源的优化配置与组合，以及区内经济的运行规律。③

我们认为区域经济学是研究经济活动的空间分布与协调，以及与此相关的区域决策的科学。

二、区域经济学的学科性质以及与相关学科的关系

（一）区域经济学的学科性质

区域经济学是由经济学和经济地理学以及后来的产业布局学交叉而形成的一门新学科，属于应用经济学的分支学科。区域经济学作为一门应用经济学，是建立在经济地理学基础上，运用经济学的基本理论和方法研究空间问题，它是一门关于人的空间经济活动规律和经济的区域秩序和区域组织的科学。④

（二）区域经济学的学科特点

1. 综合性

区域经济学是经济学、地理学、布局学的交叉边缘学科，研究解决区域经济问题需要综合运用多学科的知识和方法。事实上，区域经济学与众多学科之间都存在着紧密的联系，其研究不仅涉及经济地理学、发展经济学、城市经济学、产业经济学、资源经济学等学科，并且与社会学、环境科学、公共管理学、历史学等学科也有较为密切的关系，区域经济学被誉为迄今为止几乎是综合性最强的学科之一。

2. 实践性

区域经济学具有很强的应用性，作为应用经济学的分支，与现实问题联系较为密切，在解决区域问题、缩小区际差异、促进区域之间协调发展等方面能够发挥出独特的作用，所以，区域经济学的发展十分迅速。

---

① 安虎森．区域经济学［M］．北京：经济科学出版社，2008：3－5.

② 孙久文，叶裕民．区域经济学教程［M］．北京：中国人民大学出版社，2003：7.

③ 朱传耿，沈山，仇方道．区域经济学［M］．北京：中国社会科学出版社，2001：3.

④ 陈秀山，张可云．区域经济理论［M］．北京：商务印书馆，2003：11.

（三）区域经济学与相关学科的关系

1. 区域经济学与经济地理学的关系

区域经济学是在经济地理学基础上产生的一门应用经济学科，它借助地理学的一些方法论来研究经济问题，其生命力无比旺盛。区域经济学不是经济地理学，经济地理学也不是区域经济学，但两者无论从方法还是从研究本身，都在日益靠拢，日趋融合。

2. 区域经济学与发展经济学的关系

发展经济学作为一门经济学科，是第二次世界大战以后逐渐形成的。它以发展中国家的经济发展问题为研究对象，为发展中国家的经济发展提供理论依据，区域经济学中的很多概念和理论都来自发展经济学。例如，区域增长理论，就是在发展经济学的增长理论基础上引入了区域的概念而形成的。区域经济学和发展经济学的区别主要体现在：发展经济学主要研究的是发展中国家的增长问题，区域经济学研究"发展"的空间范围不存在局限性，可以大到国家，小到乡镇，所以引入的理论需要进行区域化的改造；发展经济学没有地理学的基础，而区域经济学在研究很多问题时都把地理环境作为研究的出发点。从目前的学科发展来看，区域经济学还在不断地把经济学的理论应用于区域的研究，其中也包括大量的发展经济学的理论。

3. 区域经济学与产业经济学的关系

产业经济学是现代经济学的重要分支，它以产业部门作为研究的对象，研究企业组织、产业组织及其行为和相互关系，以改进企业关系、优化产业结构、提高企业和产业经济竞争力为研究目的。产业问题也是区域经济研究的核心内容，区域经济中的产业发展和结构演变理论来自产业经济学。区域经济学中的产业研究区别于产业经济学的是，区域经济学中的产业研究有特定的范围，即局限于特定的区域，而产业经济学研究的产业问题，是一个纯粹的经济学问题。另外，区域经济研究产业问题是为产业布局服务的，要形成为区域经济发展服务的产业布局方案。实际上，区域经济学与产业经济学在理论上的互相借鉴一直都存在，如产业经济学中对产业布局的研究，也要应用区位理论，而且它已成为产业经济学研究的重要组成部分。

4. 区域经济学与空间经济学的关系

根据《新帕尔格雷夫经济学大辞典》中的定义，空间经济学是关于资源在空间的配置以及经济活动的区位问题的学科。区域经济学与空间经济学都是以经济空间问题作为自己的研究对象，而经济空间本身存在不同的层次性，可以从不同角度区分为：抽象空间/具体空间、理论空间/应用空间、匀质空间/异质空间、整体空间/局部空间等几个对应的层次。空间经济学研究的经济空间属于抽象空间、理论层面的空间、匀质空间，而区域经济学研究的经济空间属于具体空间、应用层面的空间、异质空间，前者更具基础性。空间经济学和区域经济学在研究对象上存在层次性：空间经济学是一门研究经济空间问题的基础性、理论性经济学科，而区域经济学是一门研究经济空间问题的应用性经济学科，区域经济学应该以空间经济学作为主要的理论基础。①

（四）区域经济学在应用经济学专业中的定位

区域经济学作为经济学本科专业课之一，与本专业各类基础课和专业课都有密切的联系，其中微观经济学、宏观经济学、政治经济学等课程为区域经济学课程的学习提供坚实的基础理论，计量经济学、统计学、经济预测与决策等课程为区域经济学提供基本研究方法基础；发展经济学、制度经济学、产业经济学、资源经济学、生态经济学等专业课与区域经济学之间是融会贯通的关系，通过区域经济学可以更加明确各门经济学专业课在区域经济实践中的作用。通过区域经济学这门综合性极强的专业课程的学习，有助于进一步提升学生综合运用专业知识分析解决区域经济问题的能力，为学生毕业论文写作夯实基础，也为学生进一步研究深造打下基础。区域经济学课程定位见图 1－1。

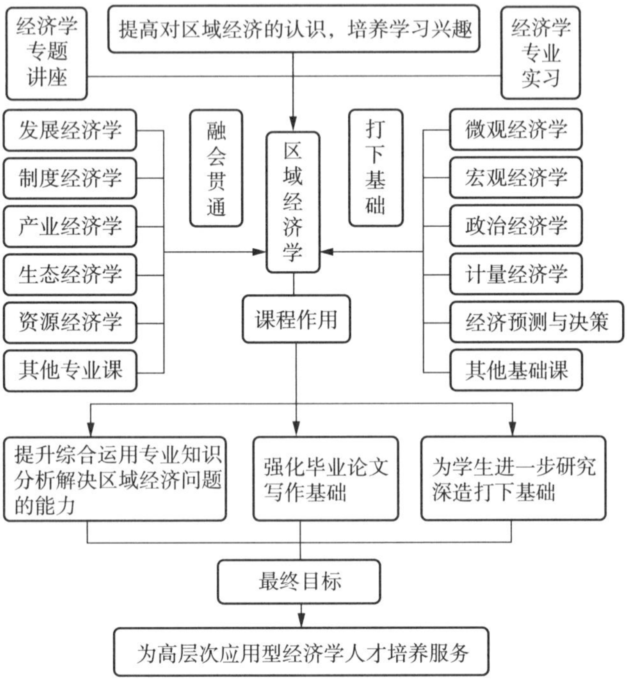

图 1－1 区域经济学课程定位

① 陈祖华．试论经济空间研究的层次性——以空间经济学和区域经济学为例［J］．西南民族大学学报（人文社会科学版），2010（1）：93.

三、区域经济学的形成与发展

（一）西方国家区域经济学的形成与发展

西方国家在资本主义经济发展过程中，地区间不平衡日益显著，城乡之间、发达地区与落后地区之间贫富差距越来越大。尤其是20世纪30年代的经济大危机使贫困地区经济更加恶化。为缓和矛盾，政府不得不采取一些措施，帮助落后地区发展经济。西方国家对区域经济问题的广泛重视和实施干预是在第二次世界大战以后。战后西方各国为了追求经济高速发展，把大量人力、物力、财力投放到那些条件好、见效快的发达地区，结果加剧了地区间的两极分化，而市场机制并未有效调节地区差距，这种情况引起经济学界的关注。1957年，瑞典经济学家缪尔达尔提出的“累积因果论”明确指出，在市场机制的作用下，一旦地区间发展水平与发展条件出现了差距，条件好而且发展快的地区就会在发展过程中不断为自己积累有利因素，从而进一步遏制落后地区的经济发展。

西方国家区域经济活动实践已充分说明，在完全竞争条件下以具体企业微观的区位选择为主要研究对象的区位理论，显然不能适应制订中观或宏观的国家区域发展计划和区域经济政策的需要。因此，西方经济学家在凯恩斯主义影响下开始运用宏观经济的分析方法，研究国内不同区域的资本积累、就业与国民收入增长的关系，研究如何在各地区合理分工的基础上形成最优产业结构，以及研究如何采用政策工具援助落后地区发展、控制大城市过度集中和改善生态环境，实现全国各地区均衡发展的目标。这些研究吸收了众多学科的研究成果，最终形成了一门新的应用经济学科——区域经济学。

区域经济学在20世纪60年代和70年代获得了迅速发展，在此期间区域经济学的理论框架初步形成，各种著述也相继问世，其中具有代表意义的著作是E·M·胡佛的《区域经济学导论》（1970年版）和N·W·理查森的《区域经济学概论》（1969年版）。在西方区域经济学已有几十年的发展史，但其理论仍在发展，其研究领域仍在不断地拓宽。①

（二）中国区域经济学的形成与发展

我国区域经济学的形成与发展经历了两个阶段：②

1. 传统的生产力布局研究

改革开放以前，我国经济体制是中央高度集权的计划经济。对我国区域经济

① 本部分内容整理自郝寿义，安虎森．区域经济学（第2版）［M］．北京：经济科学出版社，2004：14－27.

② 同上。

的研究，主要受苏联模式的影响，局限于生产力布局的理论和方法上。在生产布局理论指导下，当时区域政策的取向以平衡布局发展为目标，追求和维护国家的政治和经济利益，区域利益主体没有独立性，区域内部产业结构配置以及区域间利益协调、产业分工格局主要由中央政府安排，地方政府只是被动执行国民经济计划的一个环节，区域经济利益往往被忽视，或置于次要地位。这一时期平衡发展改变了旧中国生产力布局的严重畸形状况，推进了内地的经济开发，增强了内地的自我发展能力。

2. 改革开放以后区域经济学的形成与发展

自 1978 年起，我国开始了以市场化为目标的经济体制改革，区域经济发展与研究的宏观环境发生了重大变化。一是以中央向地方和企业放权为主线，循着重新构筑经济主体和利益分配机制的道路。二是使地方政府成为具有独立利益和决策权力的经济主体。这激发了地方政府对本区域经济建设的扩张冲动，使区域经济出现了空前的发展和建设高潮。三是区域经济的垂直依赖弱化，区际的横向关系迅速发展。四是区域产业结构的转换、区域市场与统一的国内市场以及区际的利益分配调节等区域问题随之提出而备受各方关注。

从 20 世纪 80 年代开始，我国的经济学者，以及经济地理学、人文地理学、社会学、城市科学工作者等纷纷参与区域经济发展的研究和探索工作。在此过程中，我国的一些学者翻译西方区域经济学著作和文献，并把这些理论与我国区域经济的实践结合起来，逐渐形成了一支新的分支学科——区域经济学，并出版了诸多有关区域经济的专著，为构建适合于我国国情的区域经济概念体系、理论范式、学科结构和分析方法做出了巨大贡献。①

（三）现代区域经济学的主要流派

目前，区域经济学形成了三大流派：新经济地理学派、区域政策学派和区域管理学派。②

1. 新经济地理学派

以克鲁格曼、藤田（Fujita）等为代表的新经济地理学派，形成于 20 世纪 90 年代。新经济地理学派的宗旨是将区域经济学带进主流经济学的殿堂，正是从这点出发，其分析区域问题的模型框架基本上是经济学的，其理论的基石建立在三个命题之上：收

---

① 武友德，等．区域经济学导论［M］．北京：中国社会科学出版社，2004：20－21.

② 孙久文．区域经济学［M］．北京：中国人民大学出版社，2006：13－16.

益递增、不完全竞争和运输成本。① 新经济地理学派建立了区域经济的“中心－外围”模型的空间经济研究框架。应当说，“中心－外围”模型是新经济地理学派对区域经济学的主要贡献。新经济地理学派认为，区域经济学有五大传统，并依照这五个方面向前发展。它们是区位理论、城市地理学、累积因果关系、外部经济、地租和土地利用。

2. 区域政策学派

区域政策学派研究的中心是将制度要素引入区域分析当中，研究政府及其体制对区域发展的影响，并通过制定相应的区域政策，协调区域发展。所以，该学派研究的中心是区域政策问题。区域政策的主要特征是积极的区域倾斜和集中化，因而区域政策的内容包括：①通过政府的干预而导致生产的空间转移。政府可以选定可支持的部门，并由这些部门的分布来影响空间结构，从而提高地区的经济竞争力，改善贸易平衡，发展自身的研发能力等。②产业和部门规划。国家通过制定援助规划，促进某些产业和部门的发展，或是延缓其衰退的过程。③缩小区域差距。国家通过财政政策、金融货币政策等，实现转移支付，帮助落后区域的发展，缩小地区差距或者抑制地区差距的扩大。缩小区域差距是区域政策最直接的内容。

3. 区域管理学派

区域管理是区域经济融入管理学的内容后形成的新的学派，对于区域经济学从理论到应用，起着一个桥梁的作用。区域管理起源于人们对20世纪50—60年代区域发展和区域问题的认识。由于落后地区和发达地区的对立，人口大量从落后地区流向发达

---

① 新经济地理学认为，收益递增、运输成本和不完全竞争是影响经济空间集聚的三个基本要素，构成了区域经济学新三大基石：

规模收益递增包括两方面的解释：一个方面是指单个企业生产的规模收益递增，具体是指在企业内部由于生产规模的扩大带来产出的增加，虽然可变成本在增加，但单位产出的成本在不断下降，从而产生规模收益递增的现象，另一个方面的解释是分工演进的规模收益递增，由于前后向关联等外部性的作用，处于一条生产链不同阶段的企业集聚在一起，形成地理上的集中，地理上的集中形成大型的聚集地区，其规模优势远远大于某一个部门或产业的集中优势，同时，行业内每个企业从整个行业的规模扩大中获得更多的知识积累，产生阿罗所说的干中学效应（learning by doing）。规模收益递增为地区获得竞争优势创造了前提。

运输成本：泛指商品和劳务在空间转移过程中发生的所有费用。传统经济学假设空间是匀质的，商品和服务可以在瞬间流动，故不考虑运输成本，这显然与现实有很大差别。现代主流经济学将运输成本解释为“冰山成本”，即商品或者劳务在空间转移过程中会发生损耗，科学技术的发展和交通运输水平的提高会逐渐减少经济活动的运输成本，但并不能轻易改变运输成本因素在空间经济活动中的重要作用，运输成本仍是决定厂商区位选择的重要因素之一。

不完全竞争：现实生活中很少存在真正意义上的完全垄断或完全竞争的经济活动，不完全竞争的经济环境是现实经济活动的常态环境。由于不完全竞争的存在，当某个地区的制造业发展起来之后，形成工业地区，而另一个地区则仍处于农业地区，两者的角色将被固定下来，各自的优势被锁定，从而形成中心区与外围区的关系，地区之间有各自的竞争优势。参见孙海鸣，张学良．区域经济学［M］．上海：上海人民出版社，2011：14.

地区，而发达地区的产业部门却很难向落后地区转移，产业结构升级受到阻碍。要解决这一问题，人们认识到，仅有政策和规划是不够的，还必须借助管理学的方式，把区域作为对象进行管理。区域管理由三部分内容组成：区域经济发展管理、区域人口管理、区域环境管理。

四、本教材的内容框架

区域经济学是研究区域经济发展一般规律的学科，其最大的特点是综合性强和实践性强。因此，本书的编写和教材内容组织尽可能结合应用经济学专业课程设置特点和培养目标要求，处理好本课程与各专业课程之间的衔接关系，内容安排体现系统性、逻辑性，符合本专业学生认知规律。

本教材主要研究内容可以概括为区域经济形成理论、区域经济发展理论、区域经济关系理论、区域经济治理理论 4 个方面。

（一）区域经济形成理论

区域结构是区域经济学区别于其他经济学分支学科的重要标志。任何区域空间都具有一定的结构，区域结构是由中心城市、中心城镇、广大乡村以及各种网络所组成。① 区域的本质是一种结构，这种结构的形成过程就是区域的形成过程。因此，在第二章首先探讨区域的形成理论。以区位论为基础，从微观经济主体的区位选择开始研究，分析经济活动的区位、集聚经济理论及产业集群理论。

（二）区域经济发展理论

区域形成之后，区域经济增长是如何发生或决定的？有怎样的规律性？也就是如何发展区域经济的问题，它是区域经济研究最主要的内容之一。区域经济增长与发展的关系、区域经济增长要素、区域经济增长理论、区域可持续发展等内容将在第三章中介绍。区域经济发展过程必然伴随结构变化，最为典型的就是产业结构演变，有关产业结构演变基础理论、产业结构分析和区域产业结构配置的内容将在第四章中介绍。区域在形成和发展过程中，伴随总量增加和结构变化，总会出现区域经济发展水平差异和发展梯度，对此首先应当客观分析评价，然后选择恰当的区域社会经济发展模式，并要对区域经济特征分析和诊断，才能够为进一步实施区域开发制定政策或发展战略，这一部分内容将在第五章中介绍。

（三）区域经济关系理论

区域形成之后，在发展过程中必然存在两种关系，一是区域内城市与腹地之间的关系，即城乡关系；二是不同区域之间的分工与合作关系。城市是区域的核心，在区

---

① 郝寿义，安虎森．区域经济学［M］．北京：中国经济出版社，1999：36－37.

域经济发展过程中起着举足轻重的作用，它是区内经济活动和区外经济联系的组织者和领导者。城乡边缘区是多样化经济活动和区域经济增长的重要地域，广大乡村地区作为腹地，承担着支撑核心区发展的任务。区域经济形成之时，首先就存在城乡之间的关系，并且随着城市化发展，城乡之间的关系也在动态演进。关于区域城市化的相关理论、城市化与区域经济发展的关系、城市化动力机制等内容将在第六章中讲述。区域之间由于要素赋存不平衡和经济利益等因素，必然出现分工与合作。区际分工是社会生产分工的空间形式，它不仅决定区域生产专门化、区际联系的性质和规模，同时也决定了各个区域内部的部门比例和区域国民经济整体结构的动态变化。关于区域经济分工与区域经济合作以及区域贸易的内容将在第七章中讲述。

（四）区域经济治理理论

发达国家的经济发展历史以及区域经济实践表明，单纯依靠市场机制无法实现区域经济协调发展。各国无一例外地通过政府制定区域政策等手段刺激欠发达地区的经济发展、缩小区域间发展差距以及协调区域经济关系。这种政府为引导和干预区域经济活动所采取的各项政策措施构成区域经济政策的主要内容。总之，如何实现区域之间合理分工，如何解决效率与公平的问题，是区域经济政策的核心，也是区域经济学研究的重点课题之一。而政府为了引导区域经济健康发展，除了制定区域经济政策之外，还需要科学制定区域经济发展战略，以及进行经济区划和区域国土资源开发，关于这部分内容将在第八章和第九章中讲述。

第三节　区域经济研究的一般过程与基本方法

区域经济研究的一般过程是：从需要研究的某一区域经济问题出发，首先界定研究范围，确定研究目标，明确研究任务；围绕要研究的问题开始搜集资料，初步整理，并到现场调查、实地考察，以丰富和完善资料；系统、全面地分析资料，整理成完整的区域经济方案（供区域决策者参考使用）或综合的有效信息；专家咨询、科学鉴定；跟踪研究、反馈调整。

在区域经济研究过程的各个环节，都需要采用恰当的方法，以确保研究的深度和研究结论的可靠性，下面简要介绍各主要研究环节的基本方法。

一、资料收集与整理方法

（一）室内收集法

室内收集主要是利用各种文献检索系统，收集有关研究区域自然、区位、人口、产业、城镇系统等文字资料、图表资料，以及国内外研究现状、已有的研究成果等。

（二）实地调查法

经济地理学中，对自然条件和自然资源进行野外考察和技术经济评价，对区域产业布局的社会经济条件以及产业布局现状、特点进行详细的实地调查等室外工作统称为实地考察。[①] 民族学中的田野调查，也称实地调查，是经过专门训练的民族学工作者亲自进入民族地区，通过直接观察、具体访问、住居体验等方式获取第一手研究资料的过程。[②] 由于区域经济学实践性极强，所研究的区域经济问题又是一个复杂系统，因此，在研究过程中，也必须重视实地调查。

1. 实地调查的作用

（1）对研究对象或区域进行实地考察，有助于增加研究者的感性认识和全面、细致地了解区情，分析问题有的放矢。

（2）有助于搜集有关资料。区域经济分析中仅从已有研究成果和各级政府公布的资料中取得第二、三手材料是不够的，大量有针对性的材料须由研究者亲临实地，对地方政府部门、业务部门和科研机关，以及微观经济主体企业和居民进行调查、访问才能取得。

2. 实地调查的方法[③]

（1）全面考察

全面考察是指对整个考察区域或考察对象各个部分做观察、调查，从而取得全面、系统、准确的材料。全面考察使我们对考察对象有个轮廓性认识，但其缺点是工作量大，人、财、物消耗多，时间长。

（2）典型考察

在对考察对象全面分析的基础上，有意识地选择典型单位进行深入细致的考察，借以推论总体的特征和规律。典型考察的特点是轻便灵活，收效迅速，节约人力、物力和时间。典型考察的关键在于选择的考察对象具有代表性和典型性。主要采用典型地点、线路和区域三种典型考察方式，即所谓点、线、面相结合的方法。

（3）抽样考察

抽样考察是利用社会经济事物空间分布的随机性，按随机原则从总体中选取部分进行考察或调查，用以推算总体的一种考察方式。

抽样考察和典型考察都是一种非全面考察方式，但两者有根本差别：①典型考察对考察对象的选择是有意识的，选择具有典型性的单位，而抽样考察对象却是任意选择的，排斥人的主观意识，每个单位被抽取考察的概率相等；②典型考察的任务是通

---

① 杨万钟．经济地理学导论（第3版）［M］．上海：华东师范大学出版社，1992：231.

② 林耀华，金天明，陈克进．民族学通论［M］．北京：中央民族大学出版社，1997：150－151.

③ 杨万钟．经济地理学导论（第3版）［M］．上海：华东师范大学出版社，1992：232.

过典型数据，推论分析总体，而抽样考察是从数量上推算总体。

3. 实地调查的阶段

（1）准备阶段，要依据区域经济研究目的制订野外工作计划，包括调查目的、要求、项目和方法等，同时还要做好出发前的各种准备工作，包括物资、人员准备等。①

（2）野外工作阶段，是指在野外的观察、调查、访问等实际工作。要注意在调查过程中勤看、勤问、勤听、勤走、勤记、勤思考。

（3）室内整理阶段，首先对收集到的资料要进行分类，然后对数据资料进行分析，加工整理成统计图表或绘制成专题地图，以备分析问题之用。

二、区域描述方法

区域描述是通过语言文字对区域的区位、自然条件、社会经济背景条件、区域类型、区域功能、区域结构、区域优势、存在问题等的定性描述。② 区域描述是建立在深刻细致观察的基础上，它的最大特点是具有客观性与全面性。

（一）区域发展的自然条件及社会经济背景条件的描述

主要包括区域自然条件和自然资源、人口与劳动力、科学技术条件、基础设施条件及政策、管理、法制等社会因素。对这些条件的描述主要目的是明确区域发展的基础，摸清家底，评估潜力，为选择区域发展的方向、调整区域产业结构和空间结构提供依据。对区域自然条件和自然资源的描述，应说明其数量、质量和组合特征、优势、潜力和限制因素，可能的开发利用方向及技术经济前提，资源开发利用与生态保护的关系等问题；对人口与劳动力的描述应重点说清人口的数量、素质、分布，及其与资源数量和分布及生产布局的适应性或协调性，区域适度人口的规模等问题；对科学技术条件的描述主要应评价区域科学技术发展水平及引进并消化吸收新技术的能力，技术引进的有利条件和阻力，适用技术的选择等；对区域基础设施的描述应重点评价基础设施的种类、规模、水平、配套等对区域发展的影响；区域社会因素的描述应以区域发展政策、制度、办事效率、法制等的说明为重点，评价其对区域发展的作用。

（二）区域经济问题说明

主要是对区域经济发展的水平及所处的发展阶段、区域产业结构和空间结构进行分析。它是在区域自然条件分析基础上，进一步对区域经济发展的现状做一个全面的考察、评估，为下一步区域发展分析打好基础。对区域经济发展水平和发展阶段的分析说明主要是在建立经济发展水平量度标准的基础上，通过横向比较，明确区域经济

① 孟庆红．区域经济学概论［M］．北京：经济科学出版社，2003：15.

② 杨云彦．区域经济学［M］．北京：中国财政经济出版社，2004：194.

发展水平，确定其所处的发展阶段，为区域发展的战略决策提供依据。对区域产业结构和空间结构的分析，则主要是通过各种计量方法分析比较产业结构和空间结构的合理性，再进行有效说明，为区域产业结构和空间结构的调整提供依据。

（三）区域发展分析

发展分析是在区域发展的自然条件和经济分析的基础上，通过发展预测、结构优化和方案比较，确定区域发展的方向，制定区域发展的政策并分析预测其实施效应。由于区域发展是一个综合性的问题，它不仅涉及经济发展而且还涉及社会发展和生态保护。因此，区域发展的定性分析也应包括经济、社会和生态环境三个方面，并以三者综合效益作为区域发展分析中判断是非的标准。

三、区域分析方法

（一）对比分析法

比较是科学方法论中具有普遍意义的思维方式，在区域分析中有重要的应用价值。

1. 按照比较的形式

（1）纵向比较。即对比同一研究客体在不同时期空间分布的异同点，进而探求其发生发展的运动过程和规律性，为科学预测提供依据。

（2）横向比较。即在同一时期对不同研究客体进行比较，切取事物的断截面，它是揭示区域差异性的有效手段。按比较区域的大小层次又可分：①国内外对比或国际对比研究；②国内各地区（如经济区、行政区及其他类型的地域单元）间的比较。

纵向比较与横向比较是分析问题的两个不同侧面，它们既可单独使用，也可联合使用。

2. 按比较的具体内容

按照比较的具体内容可分为：经济区域之间的全面比较；经济部门之间及部门内的比较；经济中心的比较；具体布局方案的比较等。

3. 区域间的可比性

在做区域比较前，必须注意区域间的可比性。

（1）对象属性的可比性。一般来说，比较研究是在两个具有相似特征的事物间进行，借以区别其细微的差异。若将两个属性不同、特征迥异的事物进行对比，不仅科学意义不大，而且往往会导致错误的结论。此外，对不同区域的比较要注意一定的经济发展条件，包括自身条件和环境条件，这在中外对比研究中尤其应注意。

（2）资料的可比性。对比研究常要运用一些统计数据资料，然后构成某些指标参数进行比较，数据资料的统计范围、年代、单位要求统一或折算一致，方可进行比较。在实际工作中，必须注意行政区划的变更，统计指标内涵变动，币值或汇率的变动，地区间物价的差异等造成的指标不一致性。

（二）经济学的研究方法

区域经济学属于应用经济学之一，因此经济学的一般研究方法都可应用于区域经济问题的研究，区域经济的研究方法汇总如表 1－1 所示：①

表 1－1　区域经济的研究方法

<table>
<tr><th>研究方法</th><th>定义</th><th>关系</th></tr>
<tr><td>规范分析</td><td>是指从一定的价值判断出发，提出一些衡量区域经济活动的标准，根据这些标准来研究分析区域经济现象和处理区域经济问题，将其作为制定区域经济政策的依据，并研究区域经济活动通过何种途径才能达到符合这些标准的状态的一种区域经济问题分析方法</td><td rowspan="2">区别：①规范分析依据一定的价值判断对区域经济现象进行分析和研究，实证分析超脱价值判断去研究区域经济本身的内在规律。②实证分析要解决“是什么”的问题，而规范分析要解决“应该是什么”的问题。③实证分析所得到的结论具有比较强的客观性，结论可以根据事实进行检验，而规范分析所得到的结论则具有比较强的主观性，结论无法通过客观事实来验证
联系：①规范分析会影响人们对于实证分析的态度，而实证分析则能增进人们对于区域经济活动和政策运用的了解，有助于减少认识上的差异。②两种分析方法是不同目标层次上的研究。区域经济研究的问题越具体，实证分析的成分越多；研究的问题层次越高，决策性越强，则规范分析的成分一般就越多</td></tr>
<tr><td>实证分析</td><td>是指企图超脱或排斥一切价值判断，只研究区域经济本身的内在规律，分析区域经济是如何运行的以及它为什么是这样运行的，并根据这些规律，分析和预测人们的经济行为的效果</td></tr>
<tr><td>微观研究</td><td>也称为个量研究方法，主要以区域单个经济主体活动为视角和研究对象，在假定其他条件不变的前提下研究个体的经济行为和经济活动</td><td rowspan="2">区别：①微观研究不考虑外在复杂因素而突出个体经济主体运行特征。宏观研究抓住了区域经济运行的总体状况，因而其研究结果对把握区域经济全局具有重要的作用。②微观和宏观的关系不是简单的加总关系，有些区域经济分析问题，从微观和宏观两个不同的角度观察和研究，所得结论会有所不同
联系：两种方法都有其适用的范围并具有互补性，在区域经济研究中应当灵活运用</td></tr>
<tr><td>宏观研究</td><td>也称为总量研究方法，主要以区域总体经济为视角和研究对象，在假定制度不变和区域经济个量不变或已知的前提下研究宏观经济总量及个量间的相互关系</td></tr>
<tr><td>静态分析</td><td>是在有关生产要素等假设条件不变的情况下，对经济现象的均衡状态，以及有关经济变量达到该均衡状态时所需要具备的条件进行研究的一种经济分析方法</td><td rowspan="2">区别：①静态分析不涉及时间因素所引起的变动，不考虑均衡变动过程，是一种状态和事物横断面的分析。②动态分析要涉及时间因素所引起的变动，考察各种变量在不同时期的变动情况，是一种过程分析或时间序列分析
联系：静态方法简单、直观、分析难度小，可以为分析区域问题提供基本思路；而动态研究可以为我们动态地反映时间变化轨迹地、较精确地考察区域经济现象的变化规律提供帮助</td></tr>
<tr><td>动态分析</td><td>是通过分析各个时期经济体系中各个经济变量的连续变动，来研究整个经济体系运动的一种经济分析方法</td></tr>
</table>

① 整理自孙久文．区域经济学［M］北京：中国人民大学出版社，2006：312－318.

续表

研究方法	定义	关系
均衡分析	假定所涉及的区域经济变量中的自变量为已知的和固定不变的，以观察因变量达到均衡状态时所出现的情况以及实现均衡的条件	均衡分析是现代微观经济学与宏观经济学运用的主要分析工具，均衡分析中通常抽掉了时间因素，因而它又总是与静态分析联系在一起的 在区域经济学研究中，均衡与非均衡方法主要体现在对空间均衡分析方法的运用上，着重研究的是区域资源配置的空间均衡问题
非均衡分析	认为经济现象及其变化的原因是多方面的、复杂的，不能单纯用有关变量之间的均衡与不均衡来加以解释，而主张采取历史、制度、社会等因素分析的方法作为基本方法	
定性分析	就是分析研究经济现象内在的性质与规律性。即运用历史和逻辑相统一的抽象方法，对所获得的各种社会经济材料进行思维加工，归纳出影响经济运行机制的主要因素，再对主要因素进行分析和综合，演绎出经济发展的一般规律	区别：①定性分析得出的结论一般是问答各种主要因素对经济运行有怎样的影响，各种主要因素之间有何种抽象关系，经济发展的历史过程是怎样形成的，未来发展趋势的概貌如何等。②定量分析是要说明事物或现象是“如何变化”或“变化过程与结果怎样”的问题 联系：定性分析与定量分析相互补充，相得益彰，为了使区域研究具体化、精确化，一般要求将定性分析与定量分析结合起来
定量分析	将所研究的经济现象的有关特征及其变化程度进行量化，然后对取得的数据进行数学处理，再从对事物量变过程的分析中得出结论和揭示经济现象规律	

（三）系统分析方法

区域系统是复杂的综合结构系统，系统内部结构也复杂多样，宏观结构内部包含微观结构，大系统下又分若干子系统，各子系统相互交叉、复合，连接成区域系统的结构网络。从实际情况与研究需要来看，区域系统主要涉及以下 14 个方面的结构：①

1. 空间结构。资源、社会经济活动、经济发展水平在空间上的分布。

2. 城镇结构。区域系统内大、中、小城镇和经济中心的等级与规模分布。

3. 资源结构。土地资源、农林牧渔生物资源、矿产资源、水资源的组成结构。

4. 社会（人口与劳动力）结构。人口年龄结构、民族结构、家庭结构、学历结构、职业结构、城乡结构等。

5. 产业结构。如按照三次产业结构分析、要素密集程度分析、产业功能分析等。

6. 规模结构。大中小企业、公司、单位的比例等。

7. 技术结构。高精尖技术、中间技术、传统技术的开发应用比例。

8. 投资结构。各部门、各行业、各类用途的投资比例；内资与外资、国家投资与地方投资比例等。

9. 消费结构。消费水平高中低、衣食住行的消费比例。

10. 交通结构。铁路、公路、水路、航空、管道等交通运输方式的运输能力构

---

① 吴殿廷．区域经济学［M］．北京：科学出版社，2008：12.

成等。

11. 能源结构。石油、煤炭、水电、火电、核能、太阳能、风能、潮汐能等各种能源的生产与使用比例。

12. 消费积累结构。国民收入用于消费和积累的比例关系。

13. 进出口结构。输入与输出产品的组成结构。

14. 市场结构。区域市场、国内市场、国际市场的比例关系。

在区域研究和规划设计中，要深入分析以上各方面结构及其相互关系，从系统整体性出发确定各种结构的最优比例，以期达到系统整体功能最优化。

（四）统计分析方法

区域统计分析，包括一般性反映区域的统计图表分析法和统计指标分析法和数理统计分析方法。

1. 统计图表法

统计数字，是区域经济学的重要资料，区域经济研究者经常借助统计学的方法，把大量统计数字加工成图表，用以说明区域经济发展的状况和问题。

（1）统计表

统计表，是对各种经济指标有效的表述方式。在统计表中，除包含统计汇总所得的综合指标外，还包含进一步加工所得的平均值和相对值。因此，利用统计表可以从多方面系统地分析大量经济数据，以表明社会经济现象的数量关系及其发展趋势。如果将各地区的数据加以对比，那么区域经济特征，就可以在统计表中显示出来。

统计表的种类，是根据主词的结构来确定的，也就是按主词是否分组和分组的程度，分为简单表、分组表和复合表三种。简单表的主词只是调查单位的简单排列或时间顺序的简单排列，简单表虽然可以用来分析各单位或各经济部门经济活动的发展动态，但它所反映的问题深度有限。分组表，是将表的主词按某一标志进行适当分组，利用分组表可以显示事物的不同特征，揭示总体的内部结构和现象之间的关系。复合表，是将表的主词按两个或两个以上标志进行分组的统计表。复合表和分组表在经济地理研究中用处较大，特别是在比较、分析影响生产布局现象变化的各种因素作用时，复合表效果更好。

（2）统计图

统计图，是利用几何图形和区域略图说明统计资料的图件。在区域经济研究中，利用统计图来表现统计资料的优点很多。它可以使统计资料更加生动、鲜明，更加具体化和形象化，看起来一目了然；也有助于对统计资料进行综合分析，对同类指标加以对比；并可用以说明经济现象发展过程以及总体单位在地区上的分布状况。在区域经济分析中，常用的统计图主要有条形图、圆形图和曲线图。

条形图所使用的资料可以是绝对数，也可以是相对数或平均数；既可以显示同类指标在不同地点、时间、单位之间进行对比，也可以显示现状与发展指标的对比。而且条形图具有制作简单、通俗易懂、一目了然的特点，所以应用广泛。主要方法是利用长短不齐相互平行的条形加以排列，从而说明事物状况及其发展变化趋势。

圆形图是以圆形面积、圆的个数或圆内各扇形面积来表示指标数值的大小。它可以用于各指标数值的比较，也可以用圆形的整个面积代表被研究对象的总体，而以其圆内各扇形面积表示总体的各部分，从而说明总体内部构成。一般来说，大体有三种圆形图，即圆形结构图、圆形比较图和圆形结构比较图。

曲线图是以图内曲线高低升降来表示统计资料的变动，常用的有动态曲线图和依存关系曲线图。

动态曲线图：是通过连续曲线的升降，以表示地区经济现象的动态。制作的方法是利用直角坐标，在坐标的横轴上划分时距，在纵轴上划分数量尺度。从纵横轴上各标点分别引申出细直线，这就构成了坐标格，也就是图形的底图，再根据图式的动态数列，在坐标格上确定图式点，联结各点形成曲线，于是就构成了动态曲线图。它的作用就在于把动态数列用图形表示出来，作为对动态的分析和对社会经济现象在时间上的变化及其发展趋势的研究。

依存关系曲线图：是说明某一标志的变化，受另一标志变化所制约，因而也称相关曲线图。依存关系曲线图和动态曲线图不同，在绘制时不是把主体放在横轴上，通常是把起作用的现象放在横轴上，将被制约现象放在纵轴上，如倒U型曲线、城市化S型曲线等。

2. 统计指标分析法

根据所采用统计指标的不同，可以进行区域系统内部各子区域系统结构分析、要素比例关系分析、各部门发展协调程度分析等，包括百分比、区位商、多样化指数、集中化指数等计算与分析。①

3. 数理统计分析法

在区域经济学中，应用的数理统计方法主要包括如下几种：

（1）数学分类技术

数学分类技术是多元统计方法中应用于事物分类统计技术的总称，应用于区域经济研究的主要有判别分析和聚类分析两类。判别分析，用于划分区域经济区的界线或功能、结构、水平的类型。聚类分析，简单地说，就是进行分类，即依据某种方法及准则对一组样本或变量进行分类的多元统计分析方法。广泛应用于各科学领域分类的研究，在区域经济研究中使用系统聚类方法，是以“距离”和“相似系数”确定区域经济地区之间的差异性和相似性，然后再用不同种类的归类方法划分出类型组合。这

① 具体方法可参考杨云彦．区域经济学［M］．北京：中国财政经济出版社，2004.

里，对样本进行分类被称为Q型聚类，对变量进行分类被称为R型聚类，比较常用的是Q型聚类的系统聚类法。

利用系统聚类法进行聚类分析的一般步骤如下：

第一步，确定基础数据，选定一种相似性度量准则，计算出相似性度量矩阵；

第二步，认为各样本自成一类，即N个样本就有N类；

第三步，按某种方法，计算类与类间的距离，将其中最近的两类合并成新类；

第四步，按同样方法，计算新类与其余各类间的距离，再将其中最近的两类合并，并重复这一步，直到最后聚为一大类为止。

最后，还可以根据聚类过程画出谱系图，直观地进行分析。

（2）主成分分析与因子分析

经济区域是一个多种要素相互作用的复杂系统，主成分分析与因子分析都是提取主要因素、分析各要素间相互关系的多元统计方法。它是利用多维空间坐标轴的旋转，来计算区域要素的主成分载荷、因子载荷和得分，用以求得各地区新的综合要素，从而对区域系统进行数值分类。

因子分析与主成分分析在多指标综合评价上的相同之处：①

第一，因子分析进行多指标综合评价的基本思想与主成分分析是一致的，也是要合成一个综合评价值对样本进行排序，整个过程中也完成了去量纲、去相关、定权数、降维四项基本工作；

第二，两种评价方法应用的范围基本一致，两种方法通常都是从相关矩阵出发，都要求变量间有一定的不完全相关性，两种评价方法的过程基本一致；

第三，因子模型的建立和主成分分析一样，都需要对原变量数据进行标准化处理，从而同样在处理中解决了综合评价中的可综合性问题；

第四，主成分分析和因子分析的权数都具有客观性，都是来源于原始数据，在变换过程中伴随产生，不是人为确定而是从信息量角度确定的；

第五，主成分分析和因子分析都从众多原变量来分解出少数几个主成分或公共因子，从而减少了评价指标的维数，都是在信息量损失尽量少的基础上减少了评价工作；

第六，两种方法都没有充分考虑指标本身重要程度在合成中的作用，都是用线性关系来处理变量和主成分或因子的关系，分析结果也受到原变量间相关程度的影响，都比较适合用于一次性评价。

主成分分析与因子分析在综合评价上的差异：

第一，主成分分析是一种数据变换，不假定数据阵有什么样的结构形式，而因子分析假定数据阵有特定的模型，而且其中因子满足特定的条件；

---

① 王晓鹏，丁生喜，等．基于多元统计和GIS的环境质量评价与指数研究［R］．国家社会科学基金项目研究报告，2009.

第二，主成分分析重点放在从观测变量到主成分的变换上，而因子分析重点则在从公共因子和特殊因子到观测变量的变换上，即主成分分析是从一个协方差或相关矩阵出发，直接求一组互不相关的主成分，并通过一定的法则选前 m 个主成分来代替原变量，而因子分析是要用假设的公共因子来解释相关矩阵的内部关系；

第三，主成分分析是将主成分表示为原观测变量的线性组合，是比原变量更复杂的函数，是由原变量得到的，二者间存在可逆关系，且主成分数与原变量数相同。而因子分析是将原观测变量表示为因子的线性组合，因子比原变量单一，包括公共因子和特殊因子，因子数与原变量数不等，且理论上因子与原变量之间是不可逆的，由回归法估计因子得分。

（3）原始数据的标准化变换

假设要对具有 P 个特征（变量）的 N 个区域（样本）进行聚类或主成分分析，就会有 P×N 个原始数据。有时原始数据各个变量的量纲不一样，差距很大。如区域的产值（亿元）和三次产业的比重（百分比）两个指标在数量级上相差悬殊，为了使它们在分析中处于同等地位，就需要对原始数据进行标准化变换，将变换后的数据作为进一步分析的基础数据。常用的原始数据变换方法有：

第一种：均值化方法，其公式为：

$$X'_{ij} = X_{ij}/\overline{X}$$

第二种：正规化方法，其公式为：

$$X'_{ij} = (X_{ij} - MIN_j)/(MAX_j - MIN_j)$$

式中，MAX_j：j 列的最大值；MIN_j：j 列的最小值。

第三种：标准化方法，其公式为：

$$X'_{ij} = (X_{ij} - \overline{X})/\sigma$$

式中，σ：标准差。

第四种：中心化方法，其公式为：

$$X'_{ij} = X_{ij} - \overline{X}$$

第五种：对数化方法，其公式为：

$$X'_{ij} = \mathrm{Ln}(X_{ij})$$

此外，在进行区域比较分析时，比较素材的获取和表现可以采用地理学中常用的地图（利用地图、绘制草图）和遥感技术法等。这些方法不但能够直观反映区域经济特征，而且可以应用现代计算机技术对信息进行加工处理，使分析更为方便、可靠，对区域分析的意义尤其重大。

复习思考题

1. 目前国内外区域经济学的研究内容主要涉及哪些方面？
2. 如何界定经济区域？经济区域的构成要素是什么？

3. 论述改革开放后，我国区域经济学研究的新进展。
4. 区域经济学的对象、内容和任务是什么？
5. 如何认识区域经济学的三个理论基石？
6. 当代区域经济学有哪些主要流派？
7. 目前中国区域经济学研究的主要问题是什么？
8. 区域经济研究的一般过程是什么？
9. 实地调查的方法有哪些？
10. 试述各种区域经济分析方法及其特点。

参考文献

[1] [美] 埃德加·M·胡佛. 区域经济学导论（中译本）[M]. 王翼龙，译. 北京：商务印书馆，1990.
[2] 周起业，刘再兴，等. 区域经济学 [M]. 北京：中国人民大学出版社，1989.
[3] 陈栋生. 区域经济学 [M]. 郑州：河南人民出版社，1993.
[4] 魏后凯. 现代区域经济学 [M]. 北京：经济管理出版社，2006.
[5] 凯恩斯. 就业利息和货币通论 [M]. 北京：华夏出版社，2005.
[6] 武友德，等. 区域经济学导论 [M]. 北京：中国社会科学出版社，2004.
[7] 李京文. 中国区域经济教程 [M]. 南宁：广西人民出版社，2000.
[8] 张敦富. 区域经济学原理 [M]. 北京：中国轻工业出版社，1999.
[9] 安虎森. 区域经济学 [M]. 北京：经济科学出版社，2008.
[10] 孙久文，叶裕民. 区域经济学教程 [M]. 北京：中国人民大学出版社，2003.
[11] 朱传耿，沈山，仇方道. 区域经济学 [M]. 北京：中国社会科学出版社，2001.
[12] 陈秀山，张可云. 区域经济理论 [M]. 北京：商务印书馆，2003.
[13] 踪家峰. 中国区域经济学教学的现状、问题与改革方向 [J]. 经济研究导刊，2008（5）.
[14] 高新才，童长凤. 欠发达地区与发达的区域经济学研究 [J]. 社会科学家，2008（11）.
[15] 安树伟. 中国区域经济学发展三十年 [J]. 学术界，2008（5）.
[16] 侯景新，尹卫红. 区域经济分析方法 [M]. 北京：商务印书馆，2004.
[17] 吴传清. 区域经济学原理 [M]. 武汉：武汉大学出版社，2008.
[18] 程必定. 区域经济学——关于理论和政策问题的探讨 [M]. 合肥：安徽人民出版社，1989.
[19] 孙久文. 区域经济学 [M]. 北京：中国人民大学出版社，2006.

[20] 郝寿义，安虎森．区域经济学［M］．北京：中国经济出版社，1999.
[21] 杨万钟．经济地理学导论（第3版）［M］．上海：华东师范大学出版社，1992.
[22] 林耀华，金天明，陈克进．民族学通论［M］．北京：中央民族大学出版社，1997.
[23] 孟庆红．区域经济学概论［M］．北京：经济科学出版社，2003.
[24] 杨云彦．区域经济学［M］．北京：中国财政经济出版社，2003.
[25] 侯景新，尹卫红．区域经济分析方法［M］．北京：商务印书馆，2004.

第二章　区位论与区域空间的形成

区域经济学首先要研究的是人类经济活动的空间分布规律，然后才能因势利导，促进区域经济健康、持续发展。因此，区域经济主体的区位选择问题就成为这一学科的核心内容之一。本章将首先阐释有关区位的基本概念和微观个体的区位决策问题，然后系统介绍区位理论和区域集聚经济理论。

第一节　经济活动的区位

一、区位与区位因素分析

区位是指某一主体或事物所占据的场所，具体可标识为一定的空间坐标。区位本身并无优劣之分，但在一定的经济系统中，由于社会经济活动的相互依存性、资源空间布局的非均匀性和分工与交易的地域性等特征，各区位对经济活动在市场、成本、资源、技术等方面的约束不同，从而产生不同的经济利益，因而在区域经济学中，区位更多地强调经济利益差别。

（一）经济区位

经济区位是某一经济体为其社会经济活动所占有的场所（即经济活动的地区或地点）。工业生产所占场所即为工业区位；而居住活动所占据的场所则为居住区位；各城市经济活动所占据的场所则称为城市区位。经济区位对经济活动的效果有深刻影响，因而经济区位有优劣之分。

（二）区位单位

区位单位是指布局于某一区位上的某一社会经济统一体内的各个组成部分。它是经济区位的布局主体。根据研究的层次不同，区位单位的具体内涵也不相同。例如，在研究区域产业布局时，某一工业整体即可视为一个区位单位；而在更微观的研究层次上，区位单位则可能是指一个工厂、学校、百货公司等。可见，区位单位是经济区位的主体因素，是社会经济活动区位布局的物质实体。

（三）区位因素

区位因素是指区位单位进行空间配置的外部约束因素。在不同的区位上，人口与资源分布、市场供求状况等不同，从而其区位利益就具有很大差异，区位单位的布局状况也就不同。一个区位的相对优劣，主要取决于四类区位因素：①

1. 地区性投入：该区位上不易转移的投入的供应情况。它具体是指存在于某一区位、难以从他处移入的原料、供应品或服务等。如土地资源、气候资源、矿产资源以及区域医疗、教育基础设施等。

2. 地区性需求：该区位上对不易转移的产出的需求状况。这取决于区域人口数量、收入水平等。

3. 输入的投入：从外部供给源输入该区位的可转移投入的供应情况。如输入区域经济发展所依赖的资本、技术、劳动力、一般原料供应等，它在一定程度上反映该区位的经济吸引力。

4. 外部需求：区域向外部市场销售可转移产出物中得到净收入的情况。通常情况下，优越的区位产品外销费用低，可利用发达的流通渠道输出产品迅速赚取收益，而处于不利区位上的经济产出则受到当地生产技术水平和市场、运输条件等制约，不容易输出到区外。它在一定程度上反映该区位在大区域中的地位。

区位因素也称为区位因子，可以根据其特点划分为自然因子（包括自然条件和自然资源）、运输因子、劳动力因子、市场因子（市场与企业的相对位置、市场规模、市场结构）、集聚因子（集中或分散）、社会因子（包括政治、国防、文化等）。② 在不同的区位上，区位因素（区位因子）不同，其区位利益具有很大的差别，从而也就决定了各个区位的相对优劣。而且在区位决策时，由于考虑的区位因素重点不同，由此形成了不同的区位理论学派。

（四）区位决策

区位决策即决策主体（又称区位决策单位）的区位选择过程。

在一定的经济空间中，各区位上的区位因素不同，从而其市场、成本、技术、资源约束不同。为追逐经济利益最大化，各决策主体将根据自身需要和相应的约束条件选择最佳区位，这就是区位决策。当区位决策主体与区位单位一致时，区位单位的区位选择是自主的；否则，是由外部决策所决定的。

---

① 埃德加·M·胡佛. 区域经济学导论（中译本）［M］. 王翼龙，译. 北京：商务印书馆，1990：19－21.

② 杨吾杨，梁进社. 高等经济地理学［M］. 北京：北京大学出版社，1997：55－57.

二、个体单位的区位决策分析

由于生产要素的不完全流动性、经济活动的不完全可分性和产品与服务的不完全流动性，各个区位的区位因素具有很大的差异，因而经济空间是非均匀的，具有区位优劣之分。优势区位将给经济主体带来额外的经济利益，而劣等区位的经济利益则相对较小。所以，生产者与居民必须通过区位决策获取区位利益，以扩大其利润或效用。①

（一）生产者的区位决策

1. 假设条件

在既定的技术条件下，一定的投入可以得到的最大产出是既定的。该经济系统中各个区位上的要素价格（包括工资和地租）和产品价格相同，从而厂商的要素投入成本不因区位改变而不同。

2. 分析与结论

在既定的经济空间中，厂商的区位不同，即使生产投入不变，等量的投入也可能得到不同的最大产出。由于优势区位利益的存在，在同样的技术约束下，优势区位的厂商比劣等区位的厂商可以获得更高的产出，从而单位产品成本也就相应降低，利润也就随之提高，于是生产者均衡将趋向于更高的规模。当然，区位利益减少时，产出也将减少。当在某一区位上获得的产出甚至小于既定技术条件下应有的产出水平时，厂商必然迁出该区位。

在一个经济系统中，如果距离聚集中心远近不同，其区位利益不同，则厂商的均衡决策也将随之出现差异。

（二）消费者的区位决策

1. 假设条件

假设居民所面临的产品或服务的价格是既定的。

2. 分析与结论

由于居民所处的空间位置不同，可能得到的区位利益不同，居民的消费、就业和生活可能产生很大的差异。区位经济利益至少在以下三个方面对居民产生影响：

（1）优势区位所产生的交易费用节约能够提高居民的支付能力。在名义收入不变的情况下，它显然节约了居民消费时的搜寻、交通等方面的支出，从而提高了货币的购买能力。同样的货币收入由于区位上的便利显然可以购买更多的消费品。

① 郝寿义，安虎森. 区域经济学 [M]. 北京：经济科学出版社，1999.

（2）区位利益作为外部性经济效果能够为居民带来额外的效用满足。例如，城市便利、舒适的生活文化环境，显然作为一种非支付品为居民带来了额外效用；城市消费品的多样性所产生的补偿性效应显然提高了消费效用。

（3）区位利益也可能导致居民货币收入的提高。城市居民相对于农村居民而言，显然具有更好的受教育条件，其接受新知识、新思想的机会更多，从而劳动能力和劳动技术能相对提高，其收入水平也相对较高。越接近就业中心，居民的就业机会就越多，就业决策就越正确，从而可以发挥专长，从事尽可能高收入的工作。

综上所述，区位经济利益显然从支出、消费、就业三个方面提高了居民的真实收入水平。

（三）厂商与居民区位选择的一般趋势

由于区位利益的存在，对于生产者而言，同样的投入获得了较大的产出；对于消费者而言，同样的支出获得了较大的效用。反过来讲，区位优势会使生产者节约成本或消费者获得同样效用的支出减少。因此，能够带来经济利益的优势区位自然成为生产厂商选址的理想所在。而且由于优势区位具有外部性特点，只要存在超额利润，就会有更多的厂商靠近和加入。居民的区位聚集也存在上述倾向，优势区位的经济利益必将吸引更多的居民迁入。于是，在利益最大化原则下，优势区位将吸引众多厂商、居民的集聚，从而带动资本、人口、资源等形成区位聚集。但若存在市场竞争，上述状况就不可能永远维持。因为区位的竞争必然增加具有不可移动性质的土地的稀缺性，从而会提高土地要素的价格；而聚集所伴随的人口、资源、产品流动也不是没有代价的，超过一定范围后运输费用的增加必然抵消聚集所获取的外部性利益；与此同时，区位利益对生产者、消费者行为的上述影响必然会引起要素配置的空间变动，从而形成新的优势区位。

从整个经济系统来看，居民、厂商的空间集中将呈现出两种倾向：个人利益最大化的倾向和聚集数目最大化的倾向。前者是微观经济主体区位选择的根本动机，后者则是前者所导致的市场竞争的结果。

（四）区位因素的相对重要性与区位决策

1. 居民的差异与区位偏好

居民收入水平不同，其效用函数不同，对一般商品和土地的偏好不同，对中心聚集利益的评价不同，因而对市中心的依赖程度也就不同。在同一区位上，高收入阶层对靠近聚集中心区位所带来的消费性外部经济的评价与低收入阶层相比相对较低，从而高收入阶层对市中心的依赖性相对较弱。另外，高收入阶层对土地空间的需求大于低收入阶层，因而对于递减地租的较远距离区位的偏好相对较强。

2. 厂商的差异与区位偏好

具有不同技术约束的厂商，其投入组合不同，在同一区位上可能获得的区位利益不同，因而其区位偏好不同。劳动密集型产业的厂商对人口聚集地具有较强的依赖性；加工型企业则受原料购入和产品运出的影响更为明显；运输成本在总成本中所占比重较大的厂商对距离的依赖性更强；小型厂商更愿意选择聚集中心地区以获取市场、信息等方面的聚集利益；较大型的加工业厂商则因土地投入比重较大而远离聚集中心。

三、公共设施的区位选择

公共设施具有非排他性、联合消费的可能性和非竞争性，公共设施根据使用的特点可以分为出行设施（为了获得服务需要移动，图书馆、剧院、公园等）和保险服务设施（具有距离衰减效应的纯公共设施，如消防队、警察、急救中心等）两大类。① 区域政府提供公共设施的基本目标是福利最大化，因此在出行类公共设施区位选择时，尽可能考虑让居民减少为了获得服务而花费的成本；而在保险类公共设施区位选择时，则要考虑覆盖面更大。

总之，人类的空间行为是有规律的，各种区位类型是在一定的行为驱动下形成的，如产业区位形成的动机一般是追求利润最大化，住宅区位的形成主要是追求效用最大化，而都市基础设施区位通常追求福利最大化。② 区位类型与区位选择机制如图 2－1 所示。③

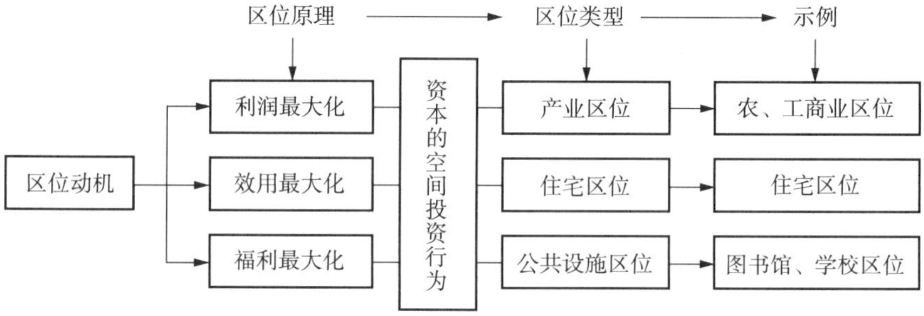

图 2－1　区位类型与区位选择机制

事实上，正是多种多样的决策主体，在不同的区位偏好下，相互竞争和协调，共同决定了经济空间各区位单位的空间布局状况。也正因如此，在现实中，不仅有众多的同质主体的区位聚集点，而且也形成了众多的异质主体聚集点，从而形成了相互依存又相互竞争的经济空间系统，也就是某一特定区域空间。另外，区位优势是动态的，优势区位有可能丧失其优势，而劣等区位有可能发展成为新的优势区位。④

---

① 郝寿义，安虎森．区域经济学（第 2 版）．［M］．北京：经济科学出版社，2004：67.

② 张文忠．经济区位论［M］．北京：经济科学出版社，2001：5－6.

③ 孟庆红．区域经济学概论［M］．北京：经济科学出版社，2003：33.

④ 有关区位潜在优势转化为现实优势的分析内容，见本教材第五章。

四、产业布局指向

在各种因素和布局机制共同作用下的产业布局，往往反映出向某一类地域集中的倾向，称为产业布局指向。

（一）产业布局指向的主要类型

1. 燃料、动力指向（也称为能源指向）。如火电站、有色金属冶金、稀有金属生产、合成橡胶以及石油化工等部门。另外，重型机械制造、水泥、玻璃、造纸业等在有些情况下也属于能源指向型产业。在这类部门中，能源的耗费在生产成本中占很高的比重，一般在35%～60%。能源的供应量、价格和潜在的保证程度是决定产业布局的重要因素。

2. 原料地指向。原料地指向部门包括采掘工业、原料运量大或可运性小的部门。如原料开采、化纤、人造树脂、塑料、水力发电、钢铁、建材、森林工业、机械制造（部分），以及轻纺工业、制糖、罐头、肉类加工、水产加工和茶叶、棉花、毛皮等粗加工业。原料地指向型产业大多是物耗高的产业部门，一般要考虑资源的数量、质量和开采的年限，还要考虑运输的能力等。

3. 市场指向（消费地指向）。此类部门主要包括为当地消费服务的部门，以及产品易腐变质、不耐用、不易储存的部门。如重型机械、大型机械和特种机械的制造，建筑构件制造，面包、糖果、缝纫以及各类副食品生产部门。布局的要点是考虑产品本身的特性、产品就近销售的比重以及消费地所能够提供的产业间的协作规模。除此之外，城市中的传统服务业、小型企业等区位单位，其经营状况和生存与否主要取决于城市内的市场需求状况。

4. 劳动力指向。在劳动力指向部门中，劳动力费用的支出在产品成本构成中占有很大的比重，超过其他费用项目的支出。如仪器制造、纺织、缝纫、制鞋、制药、塑料制品以及工艺美术品等。劳动密集型产业的布局，往往考虑地区劳动力的供应情况。

5. 交通运输枢纽指向。对于产品耐运性较强、运费在产品成本中所占比重很高的部门而言，港口或其他转运点是最小运输成本区位。另外，若生产地与市场之间有直达运输线，企业布局在交通线的起点或终点可减少中转费用。

6. 高科技指向。高科技指向部门如电子计算机、生物工程、航天工业、机器人工业、新材料、新能源等，要求运用最先进的科技成果，研发能力强，设备先进，劳动力素质高，多布局在科研单位和大学聚集区附近，如日本的筑波、我国的中关村等。

7. 环境指向。对一些区位决策单位而言，区位的优劣主要取决于该区位上各种因素综合状况，即区位环境的好坏。比较典型的如居住区位的选择、某些高新技术企业的区位选择，更多地将受到该区位上科学技术、人才供给、创新刺激等方面的综合环境的影响。

（二）产业布局指向的新变化

由于企业规模技术特征、企业所有权状况、科学技术发展、市场竞争变化对产业布局产生影响，传统布局主要是对物质产品生产的布局，现代增加了对知识产品生产的布局，布局指向产生新变化：第一，无指向性产业增多，由于要素流动、网络和电子商业的发展，使一些产业的布局指向越来越不明显。第二，聚集型布局指向出现，是指许多具有生产关联和非直接生产关联的企业在空间上集中布局，以获取更多效益。第三，在传统区位因素的基础上，区域软环境、智力资源、网络等新区位因素日益重要。

（三）影响区位选择和产业布局的主要机制

影响各类经济主体的区位选择和产业布局的主要机制有四类：一是利益驱动机制。就是微观经济主体在利润、效用、福利最大化驱动下，做出区位抉择和布局决策。二是市场调控机制。市场通过价格机制引导和调节微观经济主体的区位选择和布局决策。三是宏观调控机制。国家或地方政府运用投资、财税等手段，改变区位优势，调整优化区域空间布局。四是目标驱动机制。通过建立国家、区域或企业发展目标体系，间接引导和改变微观主体的区位选择。

第二节　区位理论

区位理论（Location Theory）又称空间理论，是研究人类活动，包括产业、城市和区域经济活动的空间组织及优化的理论。经济活动的存在和运动，都会占据一定的空间，从而在空间上形成一定的地理分布和移动。只有这种分布和移动比较合理，才能获得较好的经济效益，因此区位理论的产生与社会分工和经济发展紧密相关。

根据区位理论产生与发展的时间，有古典、近代与现代之分。一般而言，古典与现代区位理论主要区别在于立论依据以及考虑问题的范围和内容的差异。① 古典区位理论主要是指农业区位论和工业区位论；近代区位理论主要指中心地理论、市场区位论等；现代区位论则包括从运输区位论到新经济地理理论中的区位理论的大量内容。② 根据分析区位因素的侧重点和各个历史阶段的社会要求不同，可分为不同的区位理论学派，其中影响最大的有成本学派、市场学派、行为学派。③

① 李小建．经济地理学［M］．北京：高等教育出版社，1999：26.
② 孙久文．区域经济学［M］．北京：中国人民大学出版社，2006：30.
③ 杨吾杨，梁进社．高等经济地理学［M］．北京：北京大学出版社，1997：57.

一、区位论的成本学派

成本学派又称最小费用区位论，是最早的区位论流派，其理论核心是根据企业生产的最低成本，确定企业的最优区位。

（一）农业区位论

农业区位理论侧重研究人类农业经济活动中的空间选择和空间分布规律。德国经济学家杜能（Johan Heinrich Von Thünen，1783—1850）的《孤立国同农业和国民经济的关系》（1826）一书的出版标志着经济区位理论的诞生，杜能被推崇为经济活动区位理论的鼻祖、农业区位理论的奠基人。①②

1. 杜能农业区位论的前提条件

第一，在“孤立国”中只有一个城市，且位于中心，其他都是农村和农业土地。农村只与该城市发生联系，即城市是“孤立国”商品性农产品的唯一销售市场，而农村则靠该城市供给全部工业品。

第二，“孤立国”内没有可通航的河流和运河，马车是城市与农村间联系的唯一交通工具。

第三，“孤立国”是天然匀质的大平原，各地农业发展的自然条件等都完全相同，宜于植物、作物生长。荒地圈的存在使孤立国与外部世界隔绝。

第四，农产品的运费与重量及产地到消费市场的距离成正比例关系。

第五，农业经营者以获取最大经济收益为目的，并根据市场供求关系调整他们的经营品种。

2. 农业区位论的主要内容

（1）杜能区位理论的基本经济分析

杜能认为农业布局的区位选择实际就是在单位面积土地上获得最大利润问题。他认为市场上农产品的销售价格决定农业经营的产品和经营方式；农产品的销售成本为生产成本和运输成本之和；而运输费用又决定着农产品的总生产成本。因此，某个经营者是否能在单位面积土地上获得最大利润（P），将由农业生产成本（E）、农产品的市场价格（V）和把农产品从产地运到市场的费用（T）三个因素所决定，它们之间的变化关系可用公式表示为：

$$P = V - (E + T) \qquad (2-1)$$

按照杜能理论假设的前提进一步分析，“孤立国”中的城市是全国各地农产品的唯一销售市场，故农产品的市场价格都要由这个市场来决定。因此，在一定时期内“孤

① 吴传清. 区域经济学原理［M］. 武汉：武汉大学出版社，2008：21.

② 本节内容主要参考孙久文. 区域经济学［M］. 北京：中国人民大学出版社，2006.

立国”各种农产品的市场价格应是固定的，即 V 是个常数。杜能还假定，“孤立国”各地发展农业生产的条件完全相同，所以各地生产同一农产品的成本也是固定的，即 E 也是个常数。因此，V 与 E 之差也是常数，故上式可改写成：

$$P+T=V-E=K \tag{2-2}$$

上式中 K 表示常数，也就是说，利润加运费等于一个常数。其意义是只有把运费支出压缩为最小，才能将利润增至最大。

杜能还探讨了距离市场远近的地租差异，他认为土地经营者为取得某块土地的使用权而必须支付的代价（级差地租，即区位地租）是不同的，越接近市场中心地租越高。那么，应当采取什么样的经营方式，怎样进行农业布局才能获得最大利润呢？

（2）结论：农业圈层布局

根据区位经济分析和区位地租理论，杜能提出六种耕作制度，每种耕作制度构成一个区域，而每个区域都以城市为中心，围绕城市呈同心圆状分布，这就是著名的“农业圈”。

第一圈：自由式农业圈。自由式农业圈为最近的城市农业地带，主要生产易腐难运的产品，如蔬菜、鲜奶等，本圈大小由城市人口规模所决定的消费量大小所决定。

第二圈：林业圈。供给城市能源、建筑用材等，由于重量和体积均较大，不便运输，从经济角度讲必须在城市近处产出，形成林业圈。

第三圈：轮作式农业圈。轮作式农业圈没有休闲地，在所有耕地上种植农作物，以谷物（麦类）和饲料作物（马铃薯、豌豆等）的轮作为主要特色。

第四圈：谷草式农业圈。谷草式农业圈为谷物（麦类）、牧草休耕轮作地带。生产谷物和畜产品，以谷物为主。

第五圈：三圃式农业圈。此圈是距城市最远的轮作农业圈，也是最粗放的农业圈。生产谷物和畜产品，以畜产品为主。

第六圈：畜牧业圈。此圈生产的谷麦作物仅用于自给，而生产的牧草用于养畜，以畜产品如黄油、奶酪等供应城市市场。此圈之外，则为无人利用的荒地。

3. 农业圈的修正模型

杜能根据假设前提得出的农业空间地域模型过于理论化。因为现实存在的国家中，找不到与“孤立国”中所设想的自然条件完全相同的土地，不可能有那种既不靠河流边，也不在通航运河边的唯一的大城市，而且在具有一定国土面积的国家中，除了首都，还会有许多小城市分散在全国各地。为了使其农业圈模式更加符合实际条件，杜能根据市场的变化、可通航河流和其他小城市的存在对“孤立国”农业区位模式产生的巨大影响，对“农业圈”进行了修正。他假设当有一条通航河流可达中心城市时，若水运的费用只及马车运费的 1/10，则一个距城市 100 英里且位于河流边上的农场，与一个同城市相距 10 英里远、位于公路边上的农场是等同的。这时，农作物轮作制将沿着河流两岸延伸至边界。当孤立国内有一个大城市及其他小城市的情况下，小城市周围的农场需供应小城市农产品，同时小城市需供应周围地区农业生产资料，从而形成以小城市为中心的独立模式（如图 2 -2 所示）。

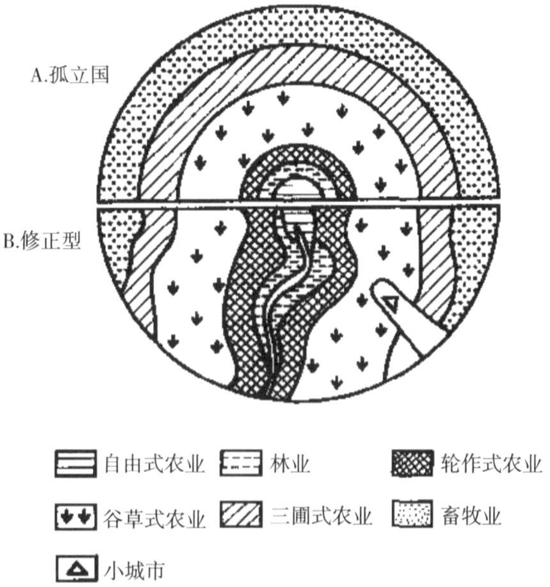

图 2 -2　可通航河流和其他小城市对“孤立国”模式的影响①

4. 杜能的农业区位论简评

杜能农业区位理论对后世经济区位理论发展产生了深远的影响：一是理论研究方法的创新，杜能所采用的“孤立化”的研究方法，利用这一方法是为了排除其他要素（如土质条件、土地肥力、河流等）的干扰，只探讨一个要素（即市场距离）的作用。即不考虑所有的自然条件差异，而只是考察在一个均质的假想空间里，农业生产方式的配置与距城市距离的关系，这种研究方法即我们通常所利用的两种基本科学方法（演绎和归纳法）之一的演绎方法；② 二是杜能首次将空间摩擦对人类经济活动的影响加以理论化和体系化，其研究不仅仅停留在农业的土地利用上，对城市土地利用亦具有重要指导意义。

杜能农业区位理论也存在一定的局限性：①自然条件的非现实性；②商品性生产的单一性；③科技进步对距离因素制约的挑战；④农业土地利用方式的局限性。③

---

① 李小建. 经济地理学［M］. 北京：高等教育出版社，1999：57.

② 李小建. 经济地理学［M］. 北京：高等教育出版社，1999：53.

③ 现代城市周围的土地利用存在农业土地利用及工商业、住宅土地利用等混杂现象。城市近郊农民因农地转化为住宅等城市用地，可能随时放弃耕种或转为临时性耕作，而远离城市的农民则可能从事相对集约度高、农业利用价值大的经营活动，从而可能出现农业生产方式呈“逆杜能圈”的现象。参见吴传清. 区域经济学原理［M］. 武汉：武汉大学出版社，2008：24.

（二）工业区位论

德国经济学家阿尔弗雷德·韦伯（Alfred Weber，1868—1958）在《工业区位论：区位的纯理论》（1909）一书中，以工业（制造业）生产活动为研究对象，论述了工业生产活动的区位选择原理，创建了系统的工业区位理论体系。① 韦伯被誉为工业区位理论的奠基人，其工业区位理论也是成本学派最具有代表性的区位理论之一。

工业区位理论的理论核心就是通过对运输、劳动力及集聚因素相互作用的分析和计算，找出工业产品的生产成本最低点，作为配置工业企业的理想区位。

1. 韦伯工业区位理论的假设条件

为了理论演绎的需要，韦伯首先做了下列若干基本假设：

第一，研究的对象是一个均质的国家或特定的地区。在此范围内只探讨影响工业区位的经济因素，而不涉及其他因素。

第二，工业原料、燃料产地分布在特定地点，并假设该地点为已知。

第三，工业产品的消费地点和范围为已知，且需求量不变。

第四，劳动力供给亦为已知，劳动力不能流动，且在工资率固定的情况下劳动力的供给是充裕的。

第五，运费是重量和距离的函数。

第六，仅就同一产品讨论其生产与销售问题，不考虑生产的相互作用。

2. 区位三角形

假设在一个市场和两个原料产地的情况下，市场和原料产地之间的连线将形成一个三角形。如果市场 C 需要某种产品，生产该产品主要需要 M_1 和 M_2 两种原料，则在三角形内必有一点 P，是生产该产品工厂的最佳厂址，如图 2－3 所示。这就是著名的“韦伯区位三角形”。

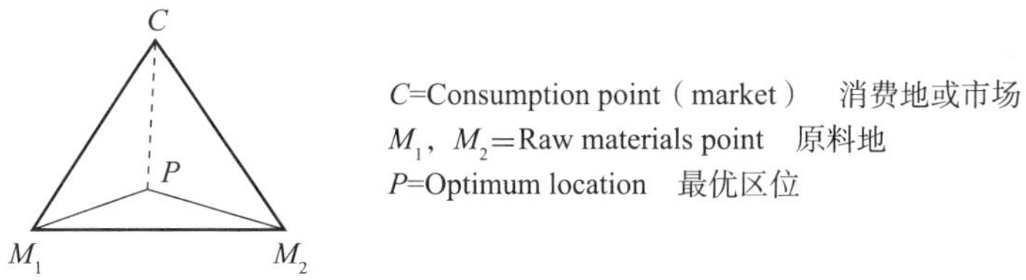

图 2－3 区位三角形

由于一个工厂往往不只有一个原料地，韦伯假定有 n 个原料地，将一个市场和几个原料产地之间用直线连接起来，就形成了一个多边形，韦伯将其称为“区位多边形”。在区位多边形中，选择工厂的最优区位，必须满足的条件为

① 李小建. 经济地理学［M］. 北京：高等教育出版社，1999：53.

$$\min F = f \times \min\left(\sum_{i=1}^{n} M_i R_i + R_k\right) \tag{2-3}$$

式中，F 为单位产品总运费；f 为运费率；M_i（$i=1, 2, \cdots, n$）为单位产品消耗的 i 原料、燃料重量；R_i 为 i 原料、燃料的运距；R_k 为产品运距。

3. 以运输成本为基础的工业区位分析

以运输成本为基础的工业区位分析，是假定在没有其他因素的影响下，仅就运输与工业区位之间的关系而进行的分析。韦伯认为，工厂企业自然应选择在原料和成品二者的总运费为最小的地方，因此，运费的大小主要取决于运输距离和货物重量，即运费是运输物的重量和距离的函数，亦即运费与运输吨公里成正比例关系。

在货物重量方面，韦伯认为，货物的绝对重量和相对重量（原料重量与成本重量间的比例）对运费的影响是不同的，后者比前者尤为重要。为此，他对工业用原料进行了分类：一是广布性原料，指到处都有的原料，此类原料对工业区位影响不大；二是地方性原料，即指只分布在某些特定地点的原料，它对工业区位的选择有重大影响。

原料
- 广布原料（广泛分布于各地的原料）
- 地方原料（只分布在某些地点的原料）
  - 地方纯原料（在生产过程中其重量几乎完全转移到成品中的原料）
  - 地方失重原料（生产过程中只有部分重量转移到成品中，其余废料排出）

根据以上分类，韦伯提出原料指数的概念，以此来论证运输费用对工业区位的影响。所谓原料指数，是指需要运输的地方性原料总重量和制成品总重量之比，即

$$原料指数(MI) = \frac{地方性原料总重量}{制成品总重量} \tag{2-4}$$

按此公式推算，可得到在工业生产过程中使用不同种类原料的原料指数。地方性原料的失重程度越大，原料指数也越大；广布性原料的参用程度越大，原料指数则越小。原料指数的不同将导致工业区位的趋向不同。因此，在原料指数不同的情况下，只有在原料、燃料与市场间找到最小运费点，才能找到工业的理想区位。

4. 劳动成本影响工业区位的分析

韦伯从运输成本的关系角度论述了工业区位模式之后，用影响工业区位的第二项因素－劳动力成本进行了分析。他认为劳动力成本是导致以运输成本确定的工业区位模式产生第一次变形的因素。所谓劳动力成本，是指每单位产品中所包含的工人工资额，或称劳动力费用。

韦伯认为，当劳动力成本（工资）在特定区位对工厂配置有利时，可能使一个工厂离开或者放弃运输成本最小的区位，而移向廉价劳动力（工资较低）的地区选址建厂。其前提是在工资率固定、劳动力供给充分的条件之下，工厂从旧址迁往新址，所

需原料和制成品的追加运费小于节省的劳动力费用。在具体选择工厂区位时，韦伯使用了单位原料或单位产品等运费点的连线即等费用线的方法加以分析。同时，他还考虑了劳动力成本指数（即每单位产品的平均工资成本）与所需运输的原料和成品总重量的比值即劳工系数的影响。

5. 集聚与分散因素影响工业区位的分析

集聚因素是指促使工业向一定地区集中的因素，可分为一般集聚因素和特殊集聚因素。它们主要通过以下两方面对工业企业的经济效益产生影响。

第一，生产或技术集聚，又称纯集聚。它对工业效益的影响主要通过两种方式：一是由工厂企业规模的扩大带来的；二是同一工业部门中，企业间的协作使各企业的生产在地域上集中，且分工序列化。第二，社会集聚，又称“偶然集聚”。它是由企业外部因素引起的，也包括两方面：一是由于大城市的吸引、交通便利以及矿产资源丰富等原因使工业集中；二是一个企业选择了与其他企业相邻的位置，获得额外利益。

韦伯认为，生产集聚是一般集中因素，社会集聚则是特殊集中因素。前者是集聚的固定内在因素，后者则是偶然的外在因素。我们在讨论工业区位时，应主要注意一般集中因素，而不必太注意特殊集中因素。集聚因素如同劳动力成本可以克服运输成本最小区位的引力一样，由其形成的集聚经济效益也可使运费和工资指向的工业区位产生偏离，而形成工业区位的二次变形。分散因素与集中因素相反，指不利于工业集中到一定区位的因素。受此影响，一些工厂宁愿离开工业集聚区，搬到或新建在工厂较少的地点去，但前提条件是要看集中与分散的比较利益的大小。

6. 确定工业区位的步骤

工业区位因子的地区差异导致不同地点设厂的收益差异，因而确定工业区位的步骤是：

首先，根据运费因子来确定工厂的最优区位；

其次，根据劳动费因子对工厂区位进行修正；

最后，根据聚集（分散）因子对工业区位进行再修正，得出合理区位。

7. 韦伯的工业区位论简评

韦伯的工业区位论是经济区位论的重要基石之一。其进步性主要体现在：第一，韦伯首次将抽象和演绎的方法运用于工业区位研究中，建立了系统化的工业区位理论体系，为后世区位论学者提供了研究工业区位的方法论和理论基础。第二，韦伯理论的最大贡献之一是最小费用区位原则，即费用最小点就是最佳区位点。继他之后的许多区位论者的理论仍脱离不开这一经典法则，仅仅是在其理论基础上的修补而已。第三，韦伯理论不仅局限于工业布局，对其他产业布局也具有指导意义。特别是他的指向理论已超越了原有仅仅论及工业区位的范围，而发展成为经济区位布局的一般原理。

由于理论与现实之间存在客观差距，韦伯的工业区位理论也存在一定的局限性。①

（三）运输区位论

区位论的研究十分重视运输因素，但运输因素本身有很多问题需要研究。美国学者胡佛于1931年与1948年分别写了《区位理论与皮革制鞋工业》和《经济活动的区位》两本书，考察了运输成本问题。②

1. 运输成本的构成

运输成本由两部分构成：一是线路运营费用；二是站场费用。前者是距离的函数，后者在大多数时间是常数。此项研究奠定了运输区位论的理论基础。

2. 研究结论

（1）若企业用一种原料生产一种产品，在一个市场出售，且在原料与市场之间有直达运输线，则企业布局在交通线的起点或终点最佳，因为在中间设厂将增加站场费用。这就是胡佛的“终点区位优于中间区位理论”。他认为这是大城市工业集中的重要原因之一。

（2）如果原料地和市场之间无直达运输线，原料又是地方失重原料，则港口或其他转运点是最小运输成本区位。

运输区位论的建立对区位论的发展起到了很大的促进作用。由于仅用运费来说明产业布局的指向，存在很多问题，对运输因素的深入研究则可以更准确地对其进行解释。运输区位论建立以后，引出了人们对市场区位的研究，加速了古典区位论向现代区位论的转化。

二、区位论的市场学派

市场学派又称最大利润区位论，产生于20世纪20年代，在区位论中晚于成本学

① 工业区位理论的局限性：第一，运费制度的非现实性。现实中的运费制度是区段增加且是远距离递减；运费率因原料、产品的不同而不同，而非统一运价体系；运费也因运输方式不同而不同。第二，完全竞争条件的非现实性。随着远离工厂，运费增加，其结果是产品销售价格会上升，导致需求减少，企业收入必将受到影响，企业家不仅关注成本节约，更追求利润最大化。第三，工厂经营可分为生计性经营和企业性经营两种。生计性经营一般为小规模作坊式经营，极少关注最小成本，也不会受最小费用指向所左右，而企业性经营则是大规模的工厂式经营，更重视利润的最大化。第四，技术和交通运输的发展削弱了运费与劳动力成本的指向作用。本来属于原料地和劳动供给地指向的区位类型现在已变为消费地指向区位类型，特别是一些尖端技术工业布局受地域限制极小，工业区位的选择范围很广。在这种条件下，工业区位出现了新的指向类型，如临空型、临海型和高智能型等区位类型，这些类型的工业区位无法直接套用韦伯的区位理论。参见吴传清．区域经济学原理［M］．武汉：武汉大学出版社，2008：28.

② ［美］埃德加·M·胡佛．区域经济学导论［M］．王翼龙，译．北京：商务印书馆，1990：45－69.

派。20 世纪初，资本主义社会进入了垄断资本主义阶段，商品的价值实现成为企业经营者最重视的问题。同时，第二、第三产业取代第一产业成为国民经济的主导部门，以及交通运输网的发展和运输效率提高，单位产品运输成本迅速降低，运输对企业区位的制约作用逐步弱化，而市场问题则上升为企业能否盈利、能否生存的关键，导致区位论的市场学派产生和发展。① 区位论对市场因素的研究，标志着古典区位论向现代区位论的转化。

这一学派的主要观点是：产业布局必须充分考虑市场因素，尽量将企业布局在利润最大的区位。在市场的激烈竞争中，商品销售问题日益突出，这时在考虑生产成本与运费的同时，还必须充分考虑到市场划分与市场网络合理结构安排。围绕这两个问题，产生了许多市场区位论，包括注意市场区划分和占领地域扩大化的半宏观区位理论，以及市场网合理结构的宏观区位论。

研究市场划分的主要理论有谢费尔（Schaffle）的空间相互作用理论，费特（F. A. Fetter）的贸易区边界区位理论，帕兰德（T. Palander）的市场竞争区位理论，罗斯特朗（E. M. Rawstron）的盈利边界理论以及吉（J. Gee）的自由进入理论等。其中，空间相互作用理论受到了许多学者的关注。研究市场网合理结构的理论主要有克里斯塔勒（W. Christaller）的中心地理论和廖什（A. Losch）的市场网络理论，是近代区位论的重大贡献。②

（一）中心地理论

中心地理论也称为中心地方论，是由德国地理学家克里斯塔勒提出的。在他的重要著作《德国南部的中心地——关于具有城市职能聚落的分布与发展规律的经济地理学研究》（中译本《德国南部中心地原理》）中，系统地建立起了这一对地理学尤其是聚落地理学具有重大影响的中心地理论。

1. 基本概念

中心地是指区域内向其周围地域的居民点提供各种货物和服务的中心城市或中心居民点。由中心地提供商品和服务的职能称为中心地职能。中心地职能主要以商业、服务业为主，同时还包括社会、文化等方面的活动，但不包括中心地制造业方面的活动。

中心性或者中心度，可理解为一个中心地对周围地区的影响程度，或者说中心地职能的空间作用的大小。

需求门槛是指某中心地能维持供应某种商品和劳务所需的最低购买力和服务水平。

① 杨吾杨，梁进社．高等经济地理学［M］．北京：北京大学出版社，1997：57；孟庆红．区域经济学概论［M］．北京：经济科学出版社，2003：40.

② 杨吾杨，梁进社．高等经济地理学［M］．北京：北京大学出版社，1997：63－66.

在实际中，需求门槛多用能维持一家商业服务业的最低收入所需的最低人口数来表示。这里的最低人口数，就称为门槛人口。

在其他条件不变的情况下，消费者购买某种商品的数量，取决于他们准备为之付出的实际价格。此价格就是商品的销售价格加上为购买这种商品来往的交通费用。显然，实际价格是随消费者选择商品提供点的距离的远近而变化的。距离越短，交通花费越少，商品的实际价格越低，该商品的需求量也就越大；否则相反。由此可以得出，商品销售范围就是指消费者为获取商品和服务所希望通达的最远路程，或者是指中心地提供商品和劳务的最大销售距离和服务半径。

2. 假设条件

（1）有一个匀质平原，在平原上各个地点自然条件相同。

（2）生产发展的条件、人口分布、每人的购买力水平与消费习惯都是均匀一致的。

（3）市场是统一的，在各中心地商品和服务的质量价格完全相同。

（4）生产者和消费者都是理性的经济人，生产者追求利润最大化，消费者要节约交通费用。

3. 六边形市场区

在一个均质平原上，由一个中心地为所有人提供商品和服务显然是不可能的。超额利润的存在，必然吸引其他中心地的厂商加入进来。为了避免相互竞争引起销售额下降，第二个中心地必须与第一个中心地相隔一定距离，不能相距太近。以后，在这块平原上由于新的中心地厂商的不断自由进入，竞争结果使各厂商经营某类商品的最大销售范围逐渐缩小，直到能维持最低收入水平的门槛范围为止。这样，就使某类商品的供给在均质平原上最终达到饱和状态，而每个中心地的市场区都成为圆形，且彼此相切。但是，相切的圆形市场区，如果不重叠的话，圆与圆之间必然会出现空隙，这将使居住在这些空隙里的居民得不到服务。但在相互激烈竞争的情况下，这种现象不可能长期存在下去。各中心地都试图把这片空白区吸引到自己的市场区内。竞争的结果，使它们之间的距离进一步缩短，以致各中心的销售范围都有一部分相互重叠。这时，居住在重叠区内的居民就有两个可供选择的区位。按照消费者最近供应地购物的假设，重叠区就被平均分给两个相邻的中心地。其中位于平分线上的居民到两个相邻的中心地的距离是相等的，故这条线被称为无差别线。由于重叠区被无差别线分割，圆形的市场区即被六边形的市场区所取代，从而推导出正六边形市场区这一便于组织中心地与服务区相联系的最有效的全覆盖的理论图式（如图 2 -4 所示）。

4. 市场等级序列

根据前面的论述，中心地商品和劳务的需求门槛、利润和服务范围，是与中心地规模、人口分布密度、居民收入水平及商品与服务的种类密切相关的。例如，在一个规模较小、人口密度和居民收入都很低的中心地，其每个单位面积内的商品销售量和服务需求水平很低。不同规模的中心地，其需求门槛和销售范围也是不同的。它们在空间地域上的这些差异，经过互相作用和人类经济活动的干扰，就将形成规律有序的中心地—市场等级体系。

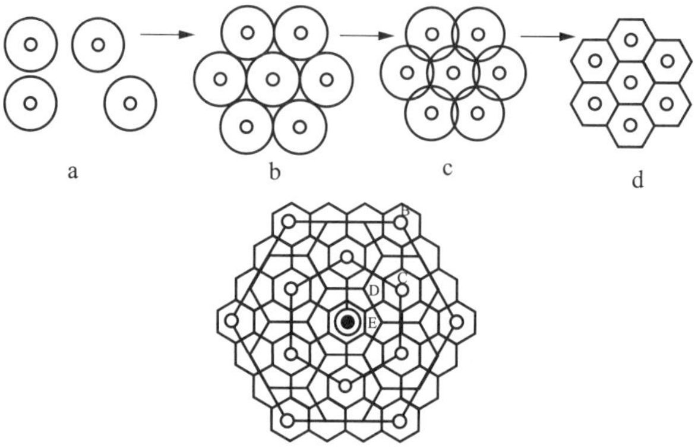

图 2－4　中心地理论市场等级序列图①

就区域内各城镇而言，大城市的商业服务设施和商品种类向高级发展，多而全；中等规模的城市具有中高级或仅能维持中级水平，服务项目较少；小城市具有中低或只有低级水平，种类少而不全。一般城镇（县城、建制镇）只有基本生活性商业与服务业，水平很低，种类更少。就城市内部而言，市级中心、区级中心和小区级商业服务中心也有类似的分异规律。

就不同商业、服务行业而言，有些行业经营品类多，有些则少；有的以高级为主，有的以低级为主。商品的种类、级别不同，其需求门槛和服务范围也不一样，由此形成的等级序列可归并为：低级商品和服务，售价低，顾客购买频率高，需要量大，需求门槛低，销售距离短或服务半径小；高级商品和服务，因质量好、耐用、更新慢，故售价高，需要量相对少，购买频率低，运费占售价的比重小，致使其门槛高，销售距离长或服务半径大。

高级商业服务中心提供高级到低级的全部商品和服务，中级商业服务中心提供从中级到低级的全部商服活动，而低级商业服务中心只提供低级的商品和服务。需求门槛和服务范围也依次由高到低、由大变小。

（二）廖什对中心地理论的发展

1939 年德国经济学家廖什发表了《经济的空间秩序》一书，后经修改再次出版，改名为《经济区位论》，提出了与中心地理论相似的市场区位理论。廖什理论的特点是把生产区位和市场结合起来，他从市场区的概念入手，并把其作为解决问题的起点。他提出，生产和消费都在市场区中进行，生产者的目标是谋求最大利润，最低成本、

① 孙久文．区域经济学［M］．北京：中国人民大学出版社，2006：38.

最小吨公里的区位不一定能保持最大利润，因此，正确地选择区位要谋求最大市场或市场区。

廖什对克里斯塔勒的中心地理论做了如下补充：

1. 在现实生活中，市场区和中心地的分布模式是不规则的和多样的。

2. 交通线对市场区的范围和分布影响很大，在主要交通干线两侧必然会集中更多的工业、商业和人口，形成富裕区，而在两条交通线之间交通不便的地方则很少有企业和人口集聚，则为贫穷区。富裕区与贫穷区间隔分布是现实经济生活中经济景观的重要特点。

3. 在富裕区的中心地和市场区范围内，一般拥有更高级的经济活动和更为稠密的交通网络，而贫穷区则较少。

4. 由于交通方便，可以延长商品销售的经济距离，因此市场区会在交通干线上向两边延伸，形成矩形，而不再是标准的六边形。

由于中心地理论是以匀质区域假说为基础，艾萨德补充研究了在人口分布不均匀条件下的中心地模式。基本观点是：在绝大部分地区，人口的空间分布是非均匀的，中心地附近人口密度会比较高，随着中心城市向外围延伸，人口密度逐渐下降。人口密度的不同将对中心地模式中市场区的大小发生重大影响。在人口密度高的中心城市附近，单位面积土地产生的商品和服务需求量大于人口密度较低的地区，较小的市场区面积就能够满足企业较高销售量的需求。因此，在人口密度大的地区市场区范围通常比较小，或者说，同样大面积的地区中心地比较多；相反，在人口密度比较低的地区，市场区范围比较大，同样大小的面积范围内中心地个数比较少。①

第二次世界大战以后，市场学派理论在西方国家被广泛应用于市场空间分析、城市体系布局、城市土地利用分析等。

三、区位论的行为学派

这是一种考虑与分析人的主观因素（对环境的知觉和相应的行为）从而对工厂区位进行决策的学派。它采用对个体主观因素的群体客观分析法，考虑了人的心理过程。

最早提出行为分析的学者是英国经济学家邓尼逊，他在20世纪30年代批评韦伯等人的区位论是一种技术联系的空间或地域分析，而忽视了心理社会联系的一面。20世纪60年代后期，美国数量地理学家普赖斯详细研究了行为因素对工业区位的影响。他发展了史密斯的空间成本曲线和盈利边际理论，他发现企业的布局行为与企业掌握的信息量以及运用信息的能力密切相关，这为区位分析的行为因素定量研究奠定了基础。20世纪70年代以来，对于区位问题，出现了两种行为地理研究方法。一种是空间行为法（Spatial），即从普遍性观点研究人的行为对区位规律的影响。如企业主总是想挑选

① 孙久文．区域经济学［M］．北京：中国人民大学出版社，2006：38.

一定区位使成本低、利润大、独占市场；消费者总希望价格低、距离近、挑选性强。对于这些问题，在区位论的成本学派和市场学派最终也是考虑的，但不自觉。另一种是行为空间法（Behavioral Space），从特殊性观点出发，来研究人的行为对区位的规律的影响，它采用类型区调查，得出结论，然后应用到同类型地区中去。①

无论哪种方法，就区位研究而言，都要考虑以下几个方面：

（一）决策者行为

工业区位的决策者是经理及高级技术管理人员，他们在决定设厂时，要考虑该地区社会文化生活、已有设施、相关企业经营状况，以及中央和地方政府的财政、税收政策、科技水平和协作条件等。不同的决策人掌握的信息量和对信息的运用能力有差别，因而做出的区位决策也不同。

（二）被雇佣者行为

企业从事生产经营活动需要大量管理人员、技术人员和工人，他们的择业目标不同，并且在不同时期会有变化。例如，一些人注重劳动报酬，他们倾向于在收入高的地区就业；一些人注重生活质量，企业所在区域的生活环境就成为他们选择就业地区的主要条件。另外，同一个劳动者，在他初期工作与积累丰富经验之后对企业的要求也会不同。因此，企业需要针对不同人群进行心理分析，确定最优区位。

（三）消费者行为

消费者包括生产消费者和生活消费者。生产消费者重视产业协作条件、上下游企业的发展水平与竞争状态，以及集聚经济效益。生活消费者是一般居民，由于民族、收入水平、居住地区等差异，消费行为也有很大差别，这就要求生产者不断调整生产、服务内容与方式，以适应消费者行为变化及消费市场的需求。

第三节　集聚经济理论

在利润最大化动机下，微观经济主体的区位选择具有明显的规律性，这在空间中表现为经济活动的向心力，并导致经济活动和人口的集聚。但是，产业集聚的规律性如何？怎样分析企业在地理上集中与分散的经济合理性问题？这将是本节主要介绍的内容。②

---

① 杨吾杨，梁进社．高等经济地理学［M］．北京：北京大学出版社，1997：68－71.

② 本节内容主要参考张金锁，康凯．区域经济学［M］．天津：天津大学出版社，2004：74－75. 周起业，刘再兴等．区域经济学［M］．北京：中国人民大学出版社，1989：64－78.

一、集聚与集聚经济

集聚是指或因生产过程社会化分工，或因利用某些共同生产资源，或因市场，或为扩大地区同种产品的生产能力促使企业在地域上的集中。

集聚经济一般是指因社会经济活动及相关要素的空间集中而引起的资源利用效率的提高，以及由此产生的成本节约、收入或效用增加。①

集聚经济产生的原因可以概括为四个方面：首先，空间集中能够产生规模经济效应；其次，空间集中能够产生大数法则利益。经济活动涉及众多的参与者，如果经济活动分散在较大的空间，交易的偶然性就较强，交易的风险也就增大。而通过集聚，每一项经济活动都会有足够多的个体与之相适应，从而降低了风险。再次，空间集中能够产生互补性利益。任何一项经济活动都不是孤立存在的，而是需要相关的经济活动的支持或配合。最后，空间集中能产生信息传递利益。空间的集中使交往的次数大大增加，大大便利了信息交换和技术扩散。②

二、集聚的类型

（一）经济联系集聚

这种集聚的目的在于加强地区内企业之间的经济联系，为企业发展创造更有利的外部条件。它又分为两种类型：纵向经济联系和横向经济联系。

1. 因纵向经济联系而形成的集聚

纵向经济联系是指企业之间互为投入产出的关联关系。纵向经济联系有前向与后向联系之分：前向联系是指与后续加工过程之间发生的生产联系，如炼钢业的前向联系产业依次为轧钢、机器制造、金属加工等；后向联系是指与前续加工过程之间发生的生产联系，如炼钢业的后向产业依次为炼铁、炼焦、烧结、选矿、采矿等。另外，还有分支产业，如由炼焦的副产品（煤焦油、煤气）做原料的焦化学工业，由炼铁过程排出的矿渣做原料的矿渣水泥。

2. 因横向经济联系形成的产业集聚

横向联系是指那些围绕着地区主导专业化部门形成的产业群体之间的关系。如以石化工业为地区主导专业化部门的地区，围绕石化工业建立起来的石化设备生产与维修企业、石化产品运输企业、销售企业以及石化科研机构。

---

① 与集聚经济相对应的集聚不经济是指因社会经济活动及相关要素的空间集中而引起费用增加或收入、效用的损失。

② 蔡孝箴．城市经济学［M］．天津：南开大学出版社，1998：70.

（二）指向性集聚

指向性集聚是为充分利用地区的某种优势而形成的产业（企业）群体。具体可分为三种：

1. 同指向同产业部门集聚

这是基于地区一种区位优势而集聚了大量同产业部门的企业，如在产棉区或纺织品消费市场区集聚了大量棉纺织工业企业。同类企业集聚在一个地区，便于开展专业化协作，且有助于加强平等竞争、共同提高技术装备水平和产品质量，从而使每个企业都能分享集聚所带来的好处。还可共同使用交通、供水、供电等公共设施，以及为这类产业服务的科研、信息机构，从而产生外部经济性。

2. 同指向多产业部门集聚

这是基于地区的同一优势而集聚了大量不同部门的产业，形成多产业群落，如利用地区的廉价劳动力集聚了纺织、服装、食品、家具制造等不同部门的产业。这些产业存在横向与纵向的经济联系，可带来较多的外部经济效益。

3. 多指向多产业部门集聚

这是基于地区的多种区位优势而集聚了大量不同产业部门的企业，形成多产业群落，如在一些大城市集聚着金融业、商业、房地产业、工业等产业部门。

首先，多种类型的企业集聚在一个地区，就可以形成比较完整的产业结构、技术结构和产品结构体系，彼此之间互为对方的原料供应商和产品使用者，从而缩短了运距，减少了运费，节约了时间，提高了效益；其次，可以满足消费者对商品的多样化需求，吸引更多的客源，开拓市场；最后，可以协调各种不安定的因素，克服由于偶然性、季节性、周期性所导致的经济波动。

三、集聚经济效益

（一）集聚经济效益的内涵

从微观角度看，由于区域的主导产业在生产上或在产品分配上有着密切联系（经济技术联系），或布局指向相同，它们往往成群地按一定比例布局在区域的某个优越的地区内，形成一个高效率的生产系统，改善了企业生产的外部环境，使区域整个生产系统的总体功能大于各个企业功能之和。这种由于产业集聚获得的超出各个组成部分的效益，称为集聚经济效益。

（二）集聚经济效益的表现

集聚经济效益主要表现在：第一，增加地区人口与就业；第二，使地方为出口提供投入的企业得到扩大生产；第三，增强地区财政收入。集聚经济发展的连锁反应与正反馈效应如图 2－5 所示。

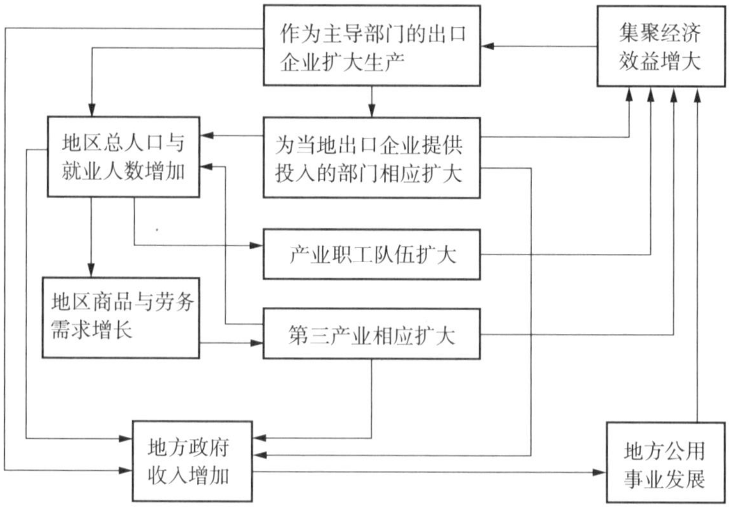

图 2－5　集聚经济发展的连锁反应与正反馈效应①

（三）集聚效应的特点

集聚效应的特点可以概括为空间性、外部性和规模性三个方面，见表 2－1。②

表 2－1　集聚效应的特点

特点	内涵
空间性	集聚效应是因为企业和居民在空间上的彼此靠近而获得的
外部性	集聚效应是空间上集中的企业和居民，通过外在因素在客观上互相为对方提供利益而使经济利益增加或费用的减少
规模性	集聚效应以一定的规模为前提，通过微观主体的内在规模经济来实现，即只有取得自身的规模效益，才能使外在利益得以转化为现实的利益

四、产业集聚的地域合理规模评价

地域合理规模体现在两个层面：一是地域内每个企业的合理规模；二是地域内整体产业布局的合理规模，后者以前者为基础。产业集聚地域合理规模的评价标准主要有以下几点：

第一，构成该产业的单个企业的经济效益是否最好。市场经济条件下，每一个企业都是独立的经济人，追逐利润最大化是其根本目标。一个企业与同类企业是否布局在特定地方，取决于是否能获取最大的利润。

① 周起业，刘再兴等．区域经济学［M］．北京：中国人民大学出版社，1989：72.

② 郭鸿懋．城市空间经济学［M］．北京：经济学科学出版社，2002：49.

第二，地区产业结构是否最优。区域产业结构是全国经济空间布局在特定区域组合的结果，产业结构的优劣决定了该地区经济发展的速度和质量。地域内整体产业布局的合理规模，主要表现为某一产业的合理规模和三次产业的结构与规模是否合理。

第三，社会效益是否最大。从社会效益方面评价产业布局的优劣，主要是指产业布局对地区发展所做的贡献。产业布局在特定地区，取得经济效益并不是唯一目标，而能为该地区提供税收、安置就业、提高该地区的人均国民收入等也很重要。有的企业布局在特定地区，会产生很大的环境污染，那么，虽然它能产生很大的经济效益，也不能考虑。

总之，实现产业布局的地域合理规模，既是企业的自主选择，也是政府部门的规划决策。在市场经济条件下，主要通过区域产业政策来调整。

五、影响集聚规模的因素

影响区域集聚规模的因素主要有以下几个方面：

第一，资源条件。地区资源条件的优劣是影响产业集聚规模的基础因素。它既是促进产业集聚的因素，也是限制集聚规模的因素，如矿产资源、水资源、土地、劳动力等。第二，地区的经济基础，特别是公共基础设施的承受能力，是限制集聚规模的主要因素，如交通道路运输能力、供水、供电、污水排放处理系统、通信系统的完备程度等。第三，地区及地区核心城市的管理水平、组织能力、城市的承载能力、政策环境等软环境条件，对集聚规模影响很大。第四，居民的文化教育、观念、开放程度、生活条件、素质对产业集聚有吸引能力。第五，地区的自然地理位置、知名度。第六，生态环境的承受能力。

这些因素有的是积极因素，有利于产业集聚，有的是消极因素，限制产业集聚，或两方面的作用都有。

六、集聚不经济

产业的集聚规模在一定范围内是地区经济发展的推动力量。在知识经济条件下，单个企业的合理规模表现出适当聚集的态势。一个地区的原材料和能源的供给，资金和劳动力的供给、基础设施的承受能力、环境的排污能力、管理水平等，在特定时期都是有一定限度的，在这个限度内聚集，就能产生节约，实现规模效益。但是，聚集效益服从边际效益递减规律，聚集超过一定界限，程度越强，其效益越低。无论什么地区，在特定时期及特定经济技术条件下，可能达到的集聚规模总有一定限度，超过了这个限度，就会由集聚经济转化为集聚不经济，导致原材料供应紧张、生产及销售成本上升、利润下降；同时加重区域辅助产业的负荷，增加区域管理的复杂性。集聚不经济表现为两个方面，一是因不合理集聚造成的不经济；二是因集聚过度造成的不经济。

（一）因不合理集聚造成的不经济

不是任何类型的集聚都会给地区经济带来利益。例如，把一个钢铁厂与一个矿渣水泥厂布置在一起，一方面起着资源综合利用、利益互补的作用，另一方面也会造成矛盾，水泥厂会与钢铁厂争水源、电力、运力、公用设施。若把一些相互没有经济联系，又指向不同的产业硬拼在一起，就会相互争夺有利区位因素，这是不合理的集聚。

（二）因集聚过度造成的不经济

即使把经济上、生产上有密切联系的企业布局在一起，若集聚过度也会造成不经济。例如，过度集聚会造成地区间生产力布局不均衡，影响地区间经济的协调发展。在自由市场经济条件下，集聚一旦形成，就会形成集聚累积效应，加剧生产力在地区分布的极化效应，从宏观角度看，这种极化效应是不利于地区整体经济发展的。过度集聚规模超过地区的承受能力（物力、运力、基础设施能力），会导致经济膨胀病，阻碍地区经济的进一步发展。

其实集聚的有利因素和不利因素，从一开始就是共存的，只是两种因素的对比关系不同，当区域中出现集聚不经济时，就会产生扩散，表现为资金、技术、材料、信息、人才等生产要素直接外流或者企业外迁、在区外设分厂等。①

第四节　产业集群

一、产业集群与产业集聚

产业集群是指在产业发展过程中，特定领域内联系密切的企业和相关支撑机构在一定地域内的集中所构成的产业群。② 这些产业群通过地理集中和产业组织优化，通过群体效应获得经济要素的竞争优势。

产业集聚（industrial agglomeration）与产业集群（industrial cluster）是既有密切联系又有一定区别的两个概念，两者分别指区域经济发展的两个不同阶段。

产业集聚是指产业在空间上的集中分布现象。产业集聚主要是研究产业的空间分布形态，特别注重产业从分散到集中的空间转变过程。产业集聚在某一共同空间发展，可以共享基础设施，带来规模经济收益。产业集聚与产业集群关系密切，但是两者又有区别。产业集聚是指同一类产业或者不同类产业及其在价值链上相关的、支持的企业在一个地区的集中与聚合；而产业集群是指大量专业化的产业或相关性的、支持性

---

① 孙翠兰．区域经济与新时期空间经济发展战略［M］．北京：中国经济出版社，2006：31.

② 孙久文．区域经济学［M］．北京：中国人民大学出版社，2006：107－110.

的企业以及机构（包括大学、科研部门、政府机构等），在一定范围内的柔性集聚并结成合作创新网络，植根于当地的社会文化环境中。产业的空间集聚可以形成产业集群，但是并不是所有的产业集聚都可以形成产业集群。虽然有的产业集聚在一起，但是相互之间没有联系，就不能形成产业集群。因此产业集聚只是产业集群形成的一个必要条件，而非充分条件。产业集聚与产业集群的联系和区别如表 2－2 所示。①

表 2－2　产业集聚与产业集群的联系和区别

对比内容		产业集聚	产业集群
联系	性质	集约经济	
	范围和层次	微观经济与宏观经济下的传统产业实体和高新技术条件下的实体	
	生产布局	生产地理区域的趋同、生产专业化与集中化	
	产业链	与区域内的相关产业、支持产业具有纵向和横向联系	
	绩效	都通过规模经济与范围经济来降低成本，提升产（企）业的竞争力	
区别	社会类型	农业经济社会，主要在工业经济社会	工业经济社会，主要在知识经济社会
	生产要素	自然资源、劳动力、资本、知识、技术	还包括制度环境
	产业链	仅包括产业实体的产品链与增值链	包括产业实体与非实体间的产品链、增值链和信息链
	创新	仅停留在价值链线性范围内	架构了一个包括大学、政府在内的网络创新环境
	根植性	低，是一种“松脚型”产业	高，构筑区域经济的核心竞争力
	发展层次	区域经济发展的初级阶段	区域经济发展的高级阶段

二、产业集群理论

产业集群理论最早可以追溯到 19 世纪末马歇尔的外部经济理论，到 20 世纪逐渐成为产业探讨的热点，理论观点不断趋于成熟。②

（一）外部经济论

外部经济理论的主要代表人物是马歇尔与克鲁格曼。马歇尔在其出版的《经济学原理》中提出了外部经济的概念。在他看来，产业集群有利于群内的企业享受更多的外部经济，包括外部规模经济和范围经济。马歇尔的外部经济理论主要包括以下内容：第一，技术、信息、技能、工艺和新思想能在集群中的企业间迅速传播和应用；第二，产业集群能促进相关配套辅助产业的成长和专业化协作，提高设备的综合利用效率；第三，产业集群有利于集群内人才市场的建立。

克鲁格曼发展了马歇尔的思想，提出了“规模报酬递增模型”，实际考察了报酬递

① 蔡秀云．产业经济学［M］．北京：经济日报出版社，2007：285.
② 张建平．区域经济理论与实践［M］．北京：中央民族大学出版社，2007：29－30.

增对制造业地理聚集的作用机理，解释了制造业部门的地理集中和农业部门的地理分散现象。

（二）聚集经济理论

这一理论的主要代表人物有韦伯、胡佛、巴顿。韦伯通过其区位理论强调了聚集经济的作用。他认为，促进产业聚集有四个基本要素：技术设备的发展、劳动力的高度分工、市场因素、公共基础设施的建设。胡佛则将聚集经济视为生产区位的一个变量，认为产业集群是某产业在特定地区聚集体的规模所产生的经济。巴顿的主要贡献在于探讨了产业集群与创新的关系。在他看来，地理上的集中能给予企业很大的刺激去进行改革和创新，同时，聚集有利于企业和客户间的联系与交流。此外，通信工具的应用能够促使该地区的所有企业很快采纳这种创新。

（三）交易费用论

主要代表人物是科斯、威廉姆斯。交易费用理论认为，产业集群内企业众多，可以增加交易频率，降低区位成本；同时由于数目众多的企业地理接近，增加了市场参与的角色，更有利于市场机制发挥作用，有利于提高信息的对称性，克服交易中出现的弊端，有利于总成本的节约。

（四）新竞争理论

此理论的主要代表人物是迈克尔·波特。1998 年，他发表了“产业集群与新竞争经济学”，系统提出了产业集群理论。他认为，产业集群不同于垂直一体化组织，是对于价值链的一种替代，这种产业集群代表着一种能在效率、效益及柔性方面创造竞争优势的空间组织形式。产业集群竞争优势的形成有三方面的原因：一是产业集群能够提高集群内企业的生产率，容易形成专业人才市场；企业间易建立起协调与信息机制；相关市场、技术、竞争的信息能够在集群内迅速传播。二是产业集群能够提高集群内企业的持续创新能力。创新动力来自集群内的竞争压力、竞争潜在压力和持续的比较。三是集群能够降低企业进入的风险，促进企业的产生与发展。

三、产业集群的形成

产业集群的形成是经济要素在空间聚集与扩散作用的规律下，各经营主体充分追求其最大利润的体现。其作用机制就是空间聚集为经营单位所提供的外部经济性吸引企业聚集在特定地区。

（一）产业集群形成的条件

产业集群的产生需要具备一定的经济和社会历史条件。

第一，集群产生的供给条件。其中主要包括集群产品存在技术可分性；集群产品的运输成本低；集群产品存在丰富的产品差异化机会；企业竞争环境的动态多变与速度的经济性；技术创新的网络性与知识的互通性。

第二，集群产生的需求条件。其中主要包括集群产品的消费行为易变性；营销信息沟通的口传性；集群中企业可获取多方面的需求利益；本地市场的支持与挑剔顾客的存在。

第三，集群产生的社会文化和历史条件。丰富的社会资本与文化资本使集群内部的经济关系具有很强的社会嵌入性。运行良好的集群往往存在共同的文化传统、行为规则和价值观。这种社会文化环境氛围促使集群内部形成一种相互依赖关系，大大减少了交易费用，使企业家之间的协调与沟通容易进行，企业之间的深度劳动分工得以执行。

（二）产业集群形成的途径

产业集群主要通过以下几种途径形成：

第一，关键性企业的衍生。产业链的形成一般都有一个关键性企业，通过该关键性企业的衍生、裂变、创新与被模仿而逐步形成产业集群。

第二，中小企业的集中。由于某种共同的低成本和某种特定的地域条件，使得某种类型的中小企业集中分布在特定的地域范围内，从而形成了具有共生性的中小企业群体。

第三，政府引导。产业集群在形成之初基本上都是企业在市场力量的驱动下自发形成的，一旦产业集群的雏形出现后，地方政府往往都会积极参与，通过相应的产业政策热情扶持，对本地产业集群的跃升起着重要的助推作用。

第四，城镇化的推动。除了一些大的专业性开发园区演变为产业集群外，我国大部分地区的产业集群都是在农村与小城镇开始兴起的，这缘于城市化快速推进的结果。

（三）产业集群形成的动力机制

1. 市场机制

公平的市场竞争是很多机制的前提，但是，实际的情形往往都不是最理想的。当交易费用很高时，市场被分割成规模有限的条块，由于空间距离所决定的不完全竞争性和就地供应市场的要求决定了厂商的数量有限，而有限的市场也抑制了专业化分工和产品细分，使市场外部性难以体现，整个经济空间为众多分布于不同区域的厂商和分散的规模有限的市场所覆盖。当交易费用逐渐下降，分立的小规模市场趋于融合，厂商和劳动力在更大规模的市场区域中形成集聚。市场的扩大和厂商的集聚，导致各加工环节及前期供料、后期销售等以专业化分工体系的形式出现。专业化分工与交易费用下降进一步推动市场的扩张，市场外部性逐渐提升。进一步的市场扩张支持更多的厂商以更低的成本进行规模生产和开发细分产品，产业链不断分解、拉长，产品越做越精，市场的外部性显著提升，使得区域对更多的厂商形成吸引，从而形成“市场扩张→生产专业化/产品细分→外部经济加强→厂商集聚→市场扩张”的循环累积效应，最终导致较大规模的产业集群的形成。

2. 成本机制

首先，企业的集聚会带来交易费用的节约，直接降低了企业的运行成本。其次，竞争对手的存在会迫使企业不断降低成本，改进产品和服务，获得比较成本优势。最后，竞争对手的集聚将通过专业化分工获得外部规模经济，区域内企业的外部性增强，成本下降；聚集企业的成本下降将刺激更多的企业在本地出现，而更多企业的集聚将进一步增强区域经济的外部性，使企业成本进一步降低，从而形成“企业聚集→专业化分工→区域经济外部性增强→企业成本降低→企业集聚”的循环累积效应，较大规模的产业集群形成。

3. 社会动力机制

在产业集聚区，凝聚着大量的经济活动要素。各个市场主体形成相互依赖的经济网络关系，它们在市场这只看不见的手的引导下，采取利润最大化的经济行为，而这不可避免地会造成市场失灵，从而阻碍集聚的形成和发展，抑制集聚功能的发挥。因此，在产业集聚中，政府和市场应构建一种适当的平衡关系，将政府的职能定位于产业集聚的市场失灵领域，在遵循产业集聚规律的前提下，按照市场经济的发展状况来确定政府干预的程度，做到政府职能的到位，提高地方政府行为的有效性，并注重政府权力的约束。

4. 创新机制

创新是产业集群的重要优势，由于集群成员间通过协调性的集群学习形成知识共享效应，以及良性竞争机制下成员间相互“挤压效应”的存在，一种有利于提高集群整体竞争力的技术创新平台便伴随集群的成长而不断巩固。

第一，由于对客户和其他相关实体进行近距离观察和面对面沟通，集群中的企业拥有认识创新机会的良好“窗口”。

第二，集群企业可以较为便利地吸收供应商和其他伙伴参与创新过程，从而获得快速创新所需要的资源。

第三，集群中的企业可以比较方便地和其他组织相协调，进行低成本的创新试验。

第四，集群中的竞争压力能够推动企业不断创新。

四、产业集群的作用

产业集群是内部除了企业这一产业的主角外，还有由政府、金融部门、行业协会、科研院所和培训学校等形成的支撑机构，他们为企业提供配套服务。企业与企业之间的相互联系、相互作用，是一种经济关系，而企业与政府、行业协会、金融部门、科研院所和培训学校等方面之间则体现出社会经济、政治、文化等多层面的关系，因此，产业集群是一个由社会、经济、政治、文化等多层面构成的区域复合体。具体来说，产业集群的作用主要表现在以下几个方面：

（一）减少成本支出

地理上集中的企业，可以共同使用公共设施，减少分散布局所需的额外投资，还可以节省相互间物质和信息费用。集群内企业的共同采购、销售活动，不但能降低原材料价格，也能减少运输、库存、营销等费用。相同的地缘和文化背景，有利于企业间建立起以信任、合作为基础的社会网络，降低了供应商定价过高或违约的风险，使双方容易达成交易并履行合约，还节省了企业搜索市场信息的时间和费用，节约了交易成本和信息成本。集群的区域性能够带来人才在地理上的集中，形成充足的专业化且有经验的劳动力储备，企业可以降低培训、搜寻成本。

（二）提高生产效率

在产业集群内，大量专业化的企业集中在一起，这些专业化企业的生产因为是集中于有限的产品和过程，形成了在各个产业环节上的高效率。当这些专业化的企业按照分工进行相互协作和补充而形成产业或产业集群时，就实现了产业集群的整体高效率，这不但解决了纵向一体化的大企业在迅速变化的环境中缺乏效率、反应不灵活的问题，而且实现了产业的规模经济效率。

（三）提高产品差异化

企业在空间上的集中使得市场对企业的产品和服务形成特定的地域性认识，进而形成区位品牌，依靠产业区位的知名度可提高产品的差异化。在产业集群内，各环节联系紧密，上游企业可以便捷、全面地了解下游客户对产品的新需求，企业的灵活性保证了一旦有新需求就会生产出新的产品，对需求的敏感促成了产品的精致化和多样化，多样化的产品也提高了产品的差异化。

（四）促进新企业的形成

产业集群中企业的集中会吸引客户的集中，这为新企业的形成提供了机会，在集群中工作的个人会很容易发现产品或服务的缺口，从而围绕这些产品或服务来建立企业。大量供应商的存在、丰富的劳动力储备以及集群内公开或半公开的技术秘密等，保证组成新企业所需的资产、技能、投入品、员工等在产业集群随处可得，这又为新企业的出现提供了可能。集群内金融机构和投资者对产业集群的情况非常了解，对资本的风险报酬要求也会较低，新企业很容易取得资金支持。总之，产业集群促进了新企业的出现，而新企业的不断出现，又会强化产业集群。

（五）推动创新

产业集群是一个由完善、发达的供应商，经验丰富、挑剔的客户群，垂直、水平联系的众多企业和各个支撑机构之间共同作用，形成知识和技术创新及扩散的区域创新系统。持久的创新能力是产业集群持续发展的推动力。与企业和相关机构的紧密联系，可以帮助企业及早掌握技术、原材料、先进元件、机械供应、服务和市场需求的变化。企业之间激烈的竞争也迫使企业在创新上加快步伐。大学、研究所及企业都是创新的力量。企业可以通过行业协会或直接与集群内其他企业、大学、研究所进行交流与合作，组成产、学、研协作网络，联合攻关，解决创新上的实际困难，也加快了科技成果从实验室向市场的转化。

复习思考题

1. 杜能农业区位论及其应用。
2. 韦伯工业区位论及其意义。
3. 中心地理论的主要内容。
4. 影响产业布局的社会经济因素。
5. 产业布局指向的类型及其特点。
6. 什么是区位因素？一个区位的相对优劣取决于哪些区位因素？
7. 个体单位的区位决策及其影响因素？
8. 如何处理好区域产业集聚与分散的关系？

参考文献

[1] 周起业，刘再兴，祝诚，张可云．区域经济学［M］．北京：中国人民大学出版社，1989.

[2] 蔡秀云．产业经济学［M］．北京：经济科学出版社，2006.

[3] 郝寿义，安虎森．区域经济学（第2版）．［M］．北京：经济科学出版社，2004.

[4] 魏后凯．现代区域经济学［M］．北京：经济管理出版社，2006.

[5] 埃德加·M·胡佛．区域经济学导论［M］．王翼龙，译．北京：商务印书馆，1990.

[6] 张文忠．经济区位论［M］．北京：经济科学出版社，2001.

[7] 李小建．经济地理学［M］．北京：高等教育出版社，1999.

[8] 张金锁，康凯．区域经济学［M］．天津：天津大学出版社，2004.

[9] 蔡孝箴．城市经济学［M］．天津：南开大学出版社，1998.

第三章　区域经济增长与发展

区域经济的增长与发展进程受诸多因素影响，并且存在自身发展的规律性。本章主要介绍区域经济增长和区域经济发展及其关系；区域经济增长的影响因素、区域经济增长与发展机制、区域经济增长与发展理论、区域经济增长阶段等内容。

第一节　区域经济增长与发展的关系

一、区域经济增长

（一）区域经济增长的定义

区域经济增长是指一个区域生产的产品和劳务总量不断增加的过程。区域经济增长实质上是指区域经济总量的增长，表现为一系列经济指标值的增加，如国内生产总值、人均国内生产总值、人口规模等。区域经济增长的速度通常用国内生产总值年增长率来表示。

（二）增长的特性

增长一词源于英文 growth，意即长大、增加、增多、扩大、提高等，它具有三个特性：

1. 增长仅指经济总量的增加，即国民生产总值的增大。而总值的增大不一定意味着某个产业部门产值的同步提高，或某项经济指标的上升。

2. 增长是一个长期的变动过程，是一个地区经济总量的攀升过程。在这个过程中，经济增长并不一定都呈正值，即有时会出现负增长。但区域经济变动过程的总体趋势只能有一个，即经济总量的不断增加。

3. 增长既是区域经济发展的基础和前提，又是区域经济发展的必然结果。与增长相伴出现的，是人均收入水平的提高，人口的向心迁移和城市人口的增多，以及就业规模的扩大。

二、区域经济发展

（一）区域经济发展的含义

20 世纪中叶以前，传统的经济理论认为，经济发展的全部内涵就是一个国家财富的积累和劳务生产的增加，以及人均国民生产总值的提高。20 世纪 60 年代以后，这种观点面临着许多国家尤其发展中国家经济发展现实的严峻挑战。这些国家的人均国民生产总值虽然有了很大提高，但其经济结构、社会结构和政治结构却没有得到相应的改善，贫困、失业、收入不均等问题仍很严重。有鉴于此，经济学家开始重新认识、界定经济发展这个概念，并将它与经济增长区别开来。①

区域经济发展是指在经济增长的基础上，一个国家经济结构、社会结构不断优化和高度化的演进过程。

（二）区域经济发展的特性

发展一词源于英文 development，它具有多重含义，既可以表示经济的增长、人们的富裕，又可以表示人类美好、进步和文明，还可以表示政治、经济和社会结构的演进。

1. 区域经济发展不仅着重外延扩大再生产，即经济规模的扩大，更强调内涵扩大再生产，尤其是科学技术进步和组织管理水平提高带来的经济效率的提高。

2. 发展是一个多层次的变动过程，它不仅涉及物质产品生产的增长，而且涉及社会和经济制度的完善以及人们价值取向的变动。

3. 发展是一个长期的变动过程，短期的经济波动并不能真正反映经济发展的本质特征。

4. 发展不仅代表人类的进步过程，还蕴含着人类所采取的开发行动，如各种开发方案、各项政策措施，以及开发的结果。

三、区域经济增长与区域经济发展的关系

无论是国家或区域的经济发展，都应包含两个方面的内容：一是这个国家或区域在一定时期内，国民经济总产出的增长，或者说，是生产部门的实物增长和服务部门的劳务增长；二是这个国家或地区在一定时期内，国民经济社会环境的改善，或者说，

---

① 1958 年，美国经济学家基尔斯·P·金德尔伯格提出经济发展应包括四层意思：人们尤其是低收入者物质福利的改善；根除贫困、文盲、疾病和过早死亡；改变投入产出结构，将经济的基础由农业转为工业；向适龄劳动人口普及生产性就业等（见其《经济发展》一书）。他的观点为许多经济学家所接受。人们还设计了经济发展的指标，如人均收入、文盲率、平均寿命、人均日蛋白消费量、每千人拥有医生的比例、人均能源消费等。

是国民经济结构、社会结构、经济关系和经济管理体制的改善。前一个方面的内容是经济增长问题，后一个方面的内容是社会经济进步问题。区域经济增长与区域经济发展的关系如下：

（一）包容关系

经济发展包容着经济增长。一方面，增长是发展的基础和核心内容，没有经济总量的增长，经济实力就不可能得到增强，经济、社会和政治结构的调整与变革便成为空中楼阁；另一方面，增长不一定能带来相应的发展，许多发展中国家经济增长的经验证明了这一点。即使是在经济高速增长的情况下，也并没有取得明显的经济和社会进步，反而出现了“有增长无发展”，或“没有发展的经济增长”的奇特现象。因此，在20世纪70年代之后，“发展”一词被赋予了新的、更丰富的含义。这一概念包括消除贫困、失业、收入差距过大，满足人的基本需要、制度变迁和结构调整等内涵。

（二）互动关系

增长是手段，发展是目的。经济发展的核心是制度变迁和结构转换的过程，制度变迁主要是指政治的和经济的、社会的以及产权制度的转型等。钱纳里强调，结构转换还涉及由国民生产总值连续增长所必然引致的经济和机制结构的一系列变化。物质资本和人力资本的累积及需求，生产贸易和就业结构的转化，被认为是经济结构转变的经济内涵。经济发展实际上就是一个数量增长和质量提高的过程，也是大多数人参与财富的生产和财富的分享。① 从短期来看，经济增长不一定能带来相应的发展，但从长远来看，经济增长必然或早或晚地引发社会进步，发展将不可避免。

（三）同属于历史范畴，都需要动态考察

一个区域由落后经济走向发达经济要经过经济增长为主—经济发展为主—经济增长为主—经济发展为主的多层次循环，对同一时期不同国家或地区，从横向看，有的以经济增长为主，有的以经济发展为主；从纵向看，各国或地区都交替经历以经济增长为主的时期和以经济发展为主的时期。因此，需要动态考察，才能确定增长和发展的速度、水平、质量。

社会经济进步必须是建立在经济增长的基础之上，而增长的合理程度，又应遵循社会进步的原则，在某种场合下，生态环境和社会进步，又约束着经济增长的幅度。因此，经济发展完整的含义，应是经济增长和经济社会进步的融合。这样，发展、增长和进步的关系就是：经济增长＋经济社会进步→经济发展。同样，对于一个经济区域来说，三者的关系也是：区域经济增长＋区域经济社会进步→区域经济发展。②

---

① 孟庆红．区域经济学概论［M］．北京：经济科学出版社，2003：83.

② 程必定．区域经济学——关于理论和政策问题的探讨［M］．合肥：安徽人民出版社，1989：292.

第二节　区域经济增长因素

经济活动是人类最重要的社会活动，区域经济发展的核心是增长。因此，分析区域经济增长的影响与制约因素是研究区域经济增长的起点，对于促进区域经济发展具有重要意义。亚当·斯密对经济增长理论研究的主要贡献之一就是深入分析了影响经济增长的基本因素。① 现代经济增长理论正是由于探索不同要素对经济增长贡献的差异，建立了不同的增长模型，形成了不同的流派。

一、区域经济增长因素分类

综合古典经济增长理论和现代经济增长理论的不同流派，区域经济增长的影响因素可以归结为区域的自然条件和自然资源、区域经济基础、区域产业结构和空间配置、区域市场容量和开发程度、区域资金总量和流动渠道、区域对外界的开放特征、区域间的相互作用、区域教育和科研水平、民俗和消费习惯等。从不同的角度出发，采用不同的标准，可以把区域经济增长因素分为不同的类型。②

根据影响的来源和作用方式不同，可以将区域经济增长因素分内部因素和外部因素，内部因素产生于区域的内部，包括生产要素的供给、消费和投资需求等因素；而外部因素则来源于区域的外部，包括区际要素流动、区际商品贸易、区域产业结构与产业布局，以及国家区域政策等方面。前者反映了区域经济增长的潜力和自我发展能力，后者则反映了外部环境条件对区域经济增长的影响。区域经济增长主要影响因素如图 3－1 所示。

---

① 亚当·斯密认为，劳动、资本、土地的数量决定一国的总产出。

② a. 从各种因素与社会生产过程的相关程度看，可以分为直接影响因素和间接影响因素两类。直接影响因素是指直接参与社会生产过程的因素，主要包括劳动力和生产资料（资本、技术）两方面。间接影响因素是指通过直接影响因素对社会生产过程间接发生作用的因素，包括自然条件和自然资源、人口、科学技术、教育、经营管理、产业结构、对外贸易、经济技术协作、经济体制和经济政策等。这些间接影响因素通过改善生产条件、劳动力和生产资料的质量来影响区域经济的增长。b. 从各种因素的地区来源看，可以分为内部因素和外部因素。c. 从各种因素的性质和特征看，则可分为一般性因素和区域性因素。前者是指国家和区域都具有的增长因素，如资金、劳动力投入和技术进步等因素，它反映了区域经济增长的共性特征；后者是指区域所特有的增长因素，如城市化水平、资源禀赋与配置，以及国家投资的区位偏好等，它反映了区域经济增长的个性特征。参见陈栋生. 区域经济学［M］. 郑州：河南人民出版社，1993：37－38.

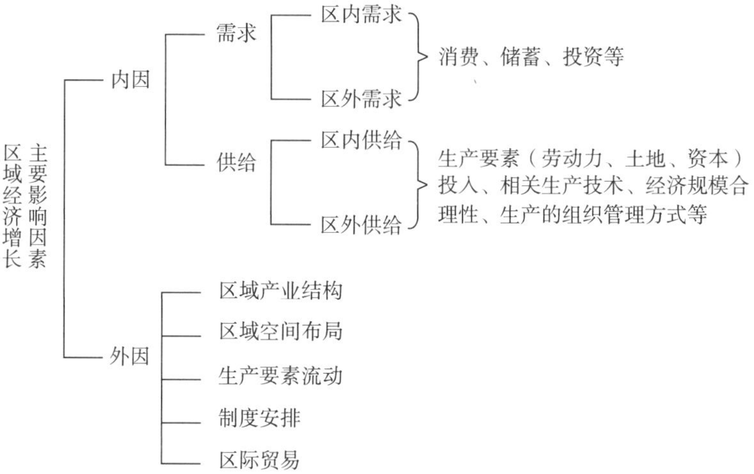

图 3-1　区域经济增长主要影响因素①

二、区域经济增长的内因分析

区域经济活动得以正常运转，一要有供给，如土地、资源、资金、劳力、技术、设备等生产要素的供给投入；二要有需求，即对产出的物质、非物质产品和服务有消费需求。需求对区域经济增长具有一种拉力，而供给对区域经济增长又产生一种推力，在需求拉动和供给驱动的双重作用下，区域经济才得以启动并逐渐增长和发展起来。因此，需求和供给是启动区域经济增长的原动力，是区域经济发展的内在因素，对区域经济增长和发展起着决定性作用。

（一）需求

需求因素又可分为外部需求和内部需求两类。

外部需求是指某个区域空间范围以外的市场对该区域所生产的某种产品和服务的需求。为满足这种需求，该区域需要扩大生产规模，出口或输出市场需要的产品和服务，从而为本区挣得收入，带动区域经济快速发展。因此，许多经济学家普遍认为，外部需求是区域经济增长的主导力量和决定性因素。内部需求是指某个区域自身市场对本区的产品和服务的需求。外部需求表现为区际贸易，内部需求表现为区内贸易。传统观点认为，与外部需求相比较，内部需求对区域经济增长的拉动作用要小得多。

区域的需求能力取决于投资和消费水平。消费，是对现有产品和服务的需求，它可直接带动区域经济增长和发展。投资，无论是投资质量，还是投资数量，都直接关系着国家和区域经济的增长，是决定总需求的关键因素。要扩大投资，就必须要有丰

① 根据张敦富．区域经济学原理［M］．北京：中国轻工业出版社，1999：261 页图 9-1 略有补充。

富的金融资本。而储蓄是投资资金的重要来源之一，只有当储蓄转化为生产性投资，才能刺激区域经济增长。消费实际上是对当前资源的利用和消耗，而投资（储蓄）虽然抑制了当前的消费，却能在可预期的未来创造更高水平的消费。因此，要实现区域经济增长，就必须将一部分消费转化为储蓄，进而转化为投资。

（二）供给

区域生产过程中所需的生产要素由本区提供称为区内供给，反之，若某一区域生产过程中所需的生产要素由区外提供，则称为区外供给。无论是区内供给还是区外供给，都可以给区域经济带来发展机遇，推动区域经济快速增长，很难判断区内供给和区外供给对区域经济发展的促进作用孰大孰小。区内和区外供给的生产要素分别通过区内贸易和区际贸易、劳力迁移以及资金流动等来实现，但各种生产要素对于区域经济增长的影响和作用是不同的。

1. 自然条件和自然资源对区域经济增长的影响

（1）自然条件与自然资源是区域经济形成与发展的自然物质基础

联合国环境规划署将自然资源定义为：在一定的时间、地点条件下，能够产生经济价值，以提高人类当前和未来福利的自然环境因素和条件。生产力由劳动力、生产工具和劳动对象三个部分组成，其中生产工具和劳动对象两个因素直接或间接地与自然条件和自然资源有关。因此，自然资源是区域生产力的重要组成部分。随着生产力的发展和科学技术的进步，自然资源开发的广度和深度不断扩展，自然资源的范畴也不断扩大。①

（2）自然资源状况和丰裕程度影响区域经济发展战略定位和战略重点选择

气候状况直接决定农林牧渔业发展的比例、重点和生产效率；地形地貌、人口密度决定了交通运输业及城镇的布局；自然资源禀赋直接影响各地区工业投资的重点和投资比例，并在很大程度上决定了各地区经济发展的水平和方向。在自然资源丰裕的区域，对资源的开发利用可能成为区域发展战略的重点选择。同时，自然资源禀赋差异制约着区域的生产活动，进而影响区域的社会劳动分工。

（3）自然资源的质量和数量影响区域的产业结构调整

一个地区自然资源状况对该区域产业结构起着重要的甚至是决定性的作用。区域内自然资源种类多，围绕不同的自然资源进行生产和深度开发的产业群就多。相反，区域自然资源数量越少，对区域规模经济发展和产业结构调整的制约就越大。根据资源对地区经济的影响程度不同，可将地区经济结构分为资源型、资源加工型和加工型三种类型。资源型经济结构是指区域自然资源赋存状况良好，资源的地域组合状况较为理想，自然资源对区域专业化部门的形成和发展起决定作用，区域向外输出的是直

---

① 聂华林，高新才，等．区域发展战略学［M］．北京：中国社会科学出版社，2006：32.

接的采掘工业产品、农产品或资源含量较高的材料工业产品和重化工产品。资源加工型经济结构是指区域内具有部分资源，资源组合不理想，部分重要资源仍然需要区外输入。加工型经济结构是指区域缺乏发展经济所需的自然资源，农矿产品、能源主要依赖区外输入，通过不同层次的加工和再加工向外输出制成品。

自然资源数量和质量不但影响自然资源开发的效益，而且也是决定区域产业发展的方向和内容，以及选择区域发展模式的依据之一。

（4）自然资源的可持续利用状况决定着社会经济的持续发展

自然资源的开发对社会经济发展做出了不可替代的贡献，自然资源禀赋是社会经济可持续发展的基础和条件。但是自然资源的开发利用不仅仅是资源的保护和利用问题，更是环境问题，关系到人类的生存和发展。如果对自然资源开发利用不当，它将在一定程度上对环境和生态造成不可逆转的破坏作用，对经济、社会可持续发展造成影响。

2. 劳动力资源对区域经济增长的影响

劳动力资源是指区域内的人口总体所具有的劳动能力的总和，是存在于人的生命机体中的一种经济资源。研究区域内劳动力资源对经济增长产生的影响必须从数量和质量两方面来考虑。

（1）劳动力数量对区域经济增长的作用

劳动力投入的增加，可以提高区域经济的产出水平。在一定的技术条件下投入经济活动的劳动力越多，能够推动的生产资料也就越多，所生产的产品就越多，经济增长就越快。

劳动力数量影响要素投入的结构。在劳动力资源丰富的区域，为了充分利用劳动力数量多的优势，一般选择劳动密集型产业，这样可以最大限度地避免资金的约束，而使区域经济获得稳定增长；而在劳动力资源较为短缺、资金较为充裕的区域，则宜采用资本密集型产业，使生产要素得到最合理的配置。

（2）劳动力素质与经济增长

劳动力素质指的是劳动者具有的体质、智力、知识和技能的总和。①

劳动力素质的提高将会导致一个区域产出的增加。从体质上讲，劳动力充沛的精力和健壮的身体使其在劳动过程中能增加实际的劳动供给，同时，健康的身体能减少劳动者的生病时间，增加有效劳动时间。从智力方面来讲，劳动者创新能力的提高使

---

① 诺贝尔经济学奖获得者，著名经济学家西奥多·舒尔茨认为，单纯从自然资源、实物资本、劳动力的角度，不能解释生产力提高的全部，人力资本的快速增长，导致了国民收入中劳动份额的上升和源于财产份额的相应下降。由于人力资本的收益率较高，也就成为推动经济增长的最主要因素。人力资本的形成，主要从三个方面来实现：一是教育和培训费用；二是卫生保健费用；三是人力资源流动费用。劳动力资源的流动是现代经济的重要特征，人力资源的流动可以使劳动力资源获得最有效的配置，从而提高劳动力资源的利用效率。

得劳动者能从事发明、创造，寻求解决生产过程中所出现问题的思路和方法，从而在劳动量投入不变的情况下增加产出量；知识水平的提高，使劳动者可以较快地接受新工艺、新操作方法，适应新技术、新设备，并能将发明和引进的新技术尽快和生产相结合，转化为生产力，从而增加产出。

劳动力素质的提高，将提高劳动生产率。假如劳动力投入数量不变，由于劳动力素质的提高使得经济增长中实际劳动投入的增加，经济就会在节约资本和更多地利用劳动力的情况下获得增长。随着科学技术的进步，经济发展对劳动力的科学、技术、文化素质的要求越来越高。一个区域只有具备高素质的劳动力条件，才能大力发展技术密集型产业，优化产业结构，提升区域竞争力。

3. 资本对区域经济增长的影响

从类型上看，一般把资本分为物质资本、人力资本和金融资本。物质资本指的是长期存在的生产物质形式，包括机器、设备、厂房、交通运输设施等，这里讲的资本即物质资本。资本是经济增长的重要因素之一，在古典经济增长理论中已提出经济增长与资本积累成正比例关系，资本积累的大小是经济增长率高低的关键。

经济学家罗斯托在他著名的经济发展阶段理论中，深入分析了实现经济“起飞”的条件，其中资本积累率达到10%以上是最基本的先决条件。就我国的实践来看，经济增长速度快的区域，其资本的推动的确起着重要作用。

4. 技术变化对区域经济增长的影响

随着社会经济的不断发展，科学技术对社会经济发展的作用越来越大，技术进步对经济增长的贡献远远超过资本和劳动力投入量增加的贡献，成为经济增长的主要动力和源泉。技术变化对经济增长的影响主要表现在以下几个方面：

（1）不同的技术决定了各种要素在经济活动中的结合方式

资本、劳动和自然资源在经济活动中总要按一定比例，以某种具体形式结合在一起才能形成现实的生产。而各种生产要素结合的比例，从根本上来讲是由技术决定的。一般来讲，技术进步能使其他要素得到节约，而降低劳动时间和劳动强度是技术进步的最终目的。然而，就不同区域来讲，由于要素禀赋的差别，技术进步对各种要素投入结构的变化也是不同的。对于劳动稀缺的区域，宜采用“节约劳动型技术”；对于资本稀缺的区域，宜采用“节约资本型技术”；而对于自然资源稀缺的区域，则应采用“节约资源型技术”。科学技术的应用与推广可以缓解经济发展对有形资源的依赖，改变经济增长方式，促进经济可持续发展。

（2）技术进步不断改变劳动手段和劳动对象

劳动手段，主要表现为生产工具，尤其是机器设备。一般来说，技术的重大变化主要体现在机器设备等劳动手段的变化上。大机器代替人工劳动，自动化机器代替人工操作机器，这种变化都是技术进步的结果，而且能大大提高产出的水平。技术进步对劳动对象的影响主要表现在两个方面：一是通过改变材料的物理或化学属性，导致新材料的出现；二是为人类寻找新的矿产资源提供手段。科学技术进步加深对资源的开发利用程度和效率，扩大资源的利用范围，降低了资源的有限性和稀缺性对社会经济发展所造成的瓶颈制约。

（3）技术进步能促进劳动力质量提高

人类社会的一切技术进步都是劳动力质量不断改善的结果，反过来，技术进步又会促进劳动力质量的提高。这是因为：一是较先进的技术要求劳动者具有较高的素质，这就迫使劳动者接受更多的教育和不断进行技术培训；二是技术的现代化往往与分工的深化相联系，因而能使劳动者在专门化的劳动中提高技能；三是技术进步导致劳动时间的节约，从而为提高劳动者的精神素质和体力创造了条件。

（4）技术进步促进产业结构变化

区域产业结构的变化趋势为，生产要素不断地由第一产业向第二产业转移，再由第二产业向第三产业转移。从要素的密集程度来看，由资源密集型、劳动密集型产业向资本密集型产业转移，再由资本密集型产业向技术密集型产业转移。引起产业结构变动的原因，有要素禀赋的变动，人们消费偏好的变化，区域输出和输入商品结构的变化等，但最根本的原因还在于技术的进步。

技术与自然资源、劳动、资本的表现形式有很大不同。从投入角度来讲，技术是通过改变其他要素的形态和质量来实现自身价值的，无法从其他要素中分离出来。从产出角度来看，一般是用产出增长减去其他要素的投入增长来表现技术进步对经济增长贡献的。

（三）影响区域供给能力的因素

从以上分析可知，要素供给对于区域经济增长具有重要作用，如果没有充足的要素供给，区域将无法组织生产活动。影响区域供给能力的因素包括四个方面：第一，可获得的生产要素投入量及其生产过程；第二，与生产要素相关的生产技术；第三，生产过程中经济规模的合理性，包括内部规模经济和外部规模经济的实现；第四，生产的组织管理方式，大规模专业化的生产组织形式出现，以及通信技术和专家服务、社会化服务业的持续发展，将大大提高生产的管理效率和产出能力，从而增加区域内供给能力。除以上因素外，生产要素跨区域流动，越来越影响区域供给能力变化，关于这一问题，后面将详细介绍。

需要指出的是，供给本身对区域经济增长的驱动是不明确的。如某地煤炭资源丰富，那么以这种资源为基础，如何设计生产链呢？其答案并不唯一，它既可以输出原煤，又可以燃煤发电，向外区输电，还可用煤为原料和燃料，发展煤化工、有色冶金等工业。因此，在分析区域经济发展问题时，必须紧密结合市场需求变化，综合考虑供给和需求，以及复杂的外在因素影响，然后才能做出决策。

三、区域经济增长的外在影响因素分析

（一）结构变化与区域经济增长

区域产业结构优化配置及产业组织结构优化、空间结构的合理有序等，都是促进区域资源优化配置的重要途径，是促进区域经济增长的重要因素，影响区域经济的稳定增长。

伴随着区域经济增长，产业结构必将发生变化，产业结构变动是资本寻求利益最大化的结果。而资本收益的增加，意味着在资本投入量既定的情况下增加了产出，所以产业结构变动能够促进经济增长。产业结构的变动会引起就业结构的变化，劳动力向收入更高的产业转移，这也说明在就业总量不变的情况下，就业结构的变化能提高全社会的劳动生产率。同时，就业结构的变化将有助于提高劳动力的素质，进而会促进经济增长。①

此外，伴随着经济发展，区域内外企业的组织结构将发生变化，各产业内部将形成以一个或几个大型企业集团为主体和其他中小企业联系密切的组织形式，获得规模经济效益和集聚经济效益，促进区域经济的增长。

（二）空间布局与区域经济增长

由于各地区自然条件和自然资源禀赋存在很大差异，在规模经济和集聚经济机制影响下，区域经济的空间分布不是均匀的，产业和人口在一些极点、轴线上高度聚集，而在广大腹地则十分稀疏。集聚合理、疏密有致的空间结构，可以取得较大的集聚经济效益，对区域经济增长产生积极的推动作用。相反，过分强调空间匀质布局，则不能取得相应的集聚经济效益，区域经济发展进程缓慢；而过度集聚又会使大城市地区过度膨胀，造成集聚不经济，从而延缓或阻碍区域经济的增长和发展。

（三）制度安排与区域经济增长

关于“制度”这一概念，不同经济学家有不同的理解。舒尔茨（Schultz，1968）在《制度与人的经济价值的不断提高》一文中，将制度定义为管束人们行为的一系列规则，这些规则用以规范社会、政治经济行为。诺斯（1994）认为：“制度是一个社会的游戏规则，更规范地说，它们是为决定人们的相互关系而人为设定的一些制约。”②

1. 政府通过制定区域经济政策，影响各区域的经济增长

区域经济政策属于制度范畴。政府制定区域经济政策的目的，要么是公平，要么是效率。政府通过这种制度安排，改变各区域的要素供给特征和要素配置效率，影响

① 关于产业结构规律性演变的原因分析，详见本教材第四章的相关内容。

② 魏后凯. 现代区域经济学［M］. 北京：经济管理出版社，2006：361.

各区域的经济增长速度。① 一般来讲，当经济发展处于工业化初期阶段，区域经济政策的目的就是要提高整个资源的利用效率。通过区域经济政策，促使国外和落后地区的生产要素流入发达地区，从而提高要素利用效率，但也使得区域间的经济发展差距进一步扩大。当经济发展水平处于较高阶段后，公平就成为政府制定区域经济政策的主要目标。通过区域经济政策，促使生产要素发生逆向流动，即要素从发达地区流向相对落后的区域，改变落后地区的要素组合特征，增加有效要素的供给，从而推动了经济的加速增长。

2. 制度创新能力的差异，影响区域的经济增长

制度是一个涵盖范围很广的范畴，不仅包括体制、政策和法规，而且还包括道德、伦理、观念和习惯等。由于不同区域的道德、伦理和观念的差异，各区域的经济人在对政策法规的理解、适应和应用方面就会出现差别，因而造成区域制度创新能力的不同。

政府通过正式制度安排（体制、政策、法规、组织、规划）可改变区域的要素供给特征和要素配置效率，影响区域经济增长速度。区域非正式制度安排（道德、伦理、观念、风俗习惯或文化传统、企业家精神）的差异引致区域制度创新能力的差异，进而影响区域经济增长速度和质量。

3. 制度变迁影响区域经济增长

制度变迁是指制度诸要素或结构随时间推移和环境变化而发生的改变，是制度的替代、转换和交易过程。制度变迁对经济增长和经济效率有重大影响：第一，通过改变制度安排的激励机制，改变制度安排的效率，从而影响区域经济发展的速度与质量。第二，制度变迁可以通过降低交易费用、减少交易风险和优化交易行为来提高区域的产出增长率。第三，制度变迁将改变贸易和专业化的范围，使组织经济活动的途径和方式发生改变，从而影响区域经济发展的广度和深度。第四，制度变迁扩大了允许人们寻求并抓住经济机会的自由程度，促进区域经济增长。第五，对于同一个制度安排，不同区域初始条件的差异将使得各区域实施这一制度安排的成本和收益大大不同。第六，区域经济增长会影响制度安排的效率，使原有制度不相适宜，进而产生制度变迁的必要性。②

（四）生产要素流动影响区域经济增长

要素流动对区域经济发展有着重要的作用，归纳起来主要有5个方面：③

1. 区域要素的流动产生组合效应。各种经济活动在空间中是分散的，要素流动使

① 关于区域经济政策的内容见本教材第八章。

② 魏后凯．现代区域经济学［M］．北京：经济管理出版社，2006：362－363.

③ 卫鹏鹏．中国区域经济协调发展机制研究［M］．武汉：中国地质大学出版社，2009：77.

它们组合为一个整体，通过迁移、流动、交换等作用过程，分散的人群和活动便被吸收和组织在一个统一的系统中，从而使经济社会逐渐秩序化。

2. 区域要素流动使得具有比较优势的要素可以超越本地的市场，以广大的区际市场为对象从事生产。而市场的扩大又促使企业分工，进一步促进区域内部的分化，强化劳动地域分工，提高劳动生产率，促进区域经济发展。

3. 通过要素自由的流动，利用本区的比较优势与其他地区的交换，得到本地区缺乏的资源。同时，要素的流动意味着竞争机制的引进，适度的竞争使企业致力于不断改善其产品的质量，降低产品价格，使得资源得到最有效的配置。

4. 区域要素的流动表明各地区的相对优势是可以改变的，今天所具有的优势明天也许就会丧失，各地区都有机会根据资源变化情况，在不同的方面强化、发展各自的相对优势，形成区域特色经济。

5. 生产要素流动可以在一定程度上改变一个地区的要素禀赋状况。生产要素长期的、充分的流动，尤其是资本和劳动力的跨区域流动，密切了一国之内各区域之间的贸易联系和经济合作关系，增强了各要素间的互补性，使要素得到最优配置，促进各区域的要素利用效率并提高实际收入水平，从而为区域经济一体化的实现提供了条件。

（五）区际贸易与区域经济增长

基于区域外部需求的区际贸易有广义和狭义之分。广义的区际贸易既包括一国范围内各个区域间的国内贸易，也包括跨国界的国际贸易；既包括区际商品贸易（商品输入和输出），也包括区际服务贸易，如旅游业等。区际贸易也是影响区域经济增长的重要因素，对区域经济增长具有乘数效应。①

第三节　区域经济增长与发展理论

一、区域经济增长与发展机制

区域经济的增长通过各种不同的机制发生扩散和传播，主要包括以下几个方面：

（一）市场需求的拉动机制

市场需求包括区内市场的需求和区外市场对本区域产品、劳务的需求。为了满足市场最终需求，区域就会对产业进行产出定位并注重区域内各产业部门之间的后向联

---

① ［美］埃德加·M·胡佛．区域经济导论［M］．王翼龙，译．北京：商务印书馆，1990：248－253，转引自吴传清．区域经济学原理［M］．武汉：武汉大学出版社，2008：40. 关于区域贸易的详细阐述参见本教材第七章。

系，以确保最终产品的生产需要。随着需求发生变化，区域将不断组织生产要素进行新产品的生产，从而带动区域经济持续增长。

（二）要素投入的驱动机制

资本、劳动和技术等生产要素的投入，是区域经济增长的必要条件。从区域经济来看，一种新的（或稀缺的）生产要素引入，就可以与其他生产要素配合生产出新产品（或降低原来的生产成本），从而带动区域经济增长。将稀缺的要素投入生产效率更高的产业或地区，能够产生显著的杠杆效应，宏观的经济增长必然会十分明显。此外，区域通过改善硬环境和软环境要素，可以降低经济运行成本或提高经济活动效益，也会间接促进区域经济增长。硬环境指基础设施条件，相关产业的布局条件等，软环境则包括经济制度、管理方式及组织形式等。

（三）中间投入的拉动和驱动机制

中间产品投入对某些部门来说，形成了其需求市场，对另外一些部门来说，又形成了其投入的要素。中间投入比重的增长是区域经济增长的一种趋势。特别是在工业化的过程中，第二产业的中间投入增加很快，并随着增加中间投入的使用量来增加经济产品的价值，促进区域经济的增长。

（四）产业部门增长的拉动机制

区域经济增长可以具体化为各种产业部门的增长。在一定时期，可能有某一个或几个部门增长速度很快，从而带动区域经济获得整体上的增长。在区域经济发展的不同阶段，关键是正确选择重点发展的产业部门，以充分发挥其生产联动作用，促进技术进步，提高区域整体发展水平。

（五）先行地区增长的拉动机制

区域经济增长也可以具体化为各地区的增长，在一定时期，可能有某一个或几个地区增长速度很快，成为带动性的先行地区，从而使区域经济获得整体上的增长。例如，中国沿海地区近些年来的经济增长，受到三大直辖市和五个“新兴工业省份”广东、福建、浙江、江苏、山东经济增长的巨大拉动，而沿海地区更成为拉动中国经济增长的重点区域。

（六）区域创新的引领机制

熊彼特的创新理论是发达地区经济增长理论的基础。人力资本成为经济增长的主要因素后，创新就成为左右经济增长的关键性行动。事实上，人力资本的开发就是通过创新表现出来的，这种创新可以反映在熊彼特指出的 5 个方面：使用一种新的技术、开发一种新的产品、运用一种新的工艺、开拓一种新的市场和尝试一种新的组织形式。区域创新是这 5 个方面的集成，是把人力资本所实现的创新在区域上表现出来。通过不断创新，区域经济增长水平和质量不断提高。①②

二、增长的传播途径及其效应

导致区域经济增长的需求拉力和供给推力一旦产生，便通过各种渠道迅速在区域内传播开来，从而带动区域经济增长。这种增长力在区域经济增长达到一定程度后，会向区外扩散，引发另一个区域的经济增长。区域经济增长得以传播的途径就是区域内部或区际各种各样的经济、社会、文化甚至政治联系，其中又以经济联系，特别是生产性联系最为重要。③

（一）纵向经济联系与乘数效应

纵向经济联系的企业之间存在互为产品和原料的生产联系，纵向联系具有自动强化的属性，它可导致累积性或连锁性反应。例如，聚集的外部经济对性质相似的企业或产业具有很大的吸引力，从而促使这类企业向这里集中，势必会进一步强化集聚经济，使被吸引的企业个数增多，从而导致经济再一次扩张。纵向联系的这种自我强化作用，还可引发乘数效应，即一个经济区经济活动水平的某一初始变化，会导致同一方向的进一步变化，进而影响更多种类的产业增长或衰退。

（二）横向经济联系与抑制效应

横向经济联系作用下吸引大批企业围绕区域主导专业化部门而布局，使聚集的规模进一步扩大。横向联系除具有这种正面影响外，同时还具有限制区域经济增长的负面影响，从而削弱某种初始发展动力，使区域经济发展由高速增长转入稳定增长阶段。其原因就在于，一个区域内聚集的产业种类和企业个数增加，它们便与主导产业部门或它们之间竞争当地的稀有资源投入，如土地、水、电、运力等。特别是在短期内，这种对当地稀有资源需求的大量增加，势必会抬高上述资源的价格，加大生产成本，从而遏制区域经济的爆炸性增长或衰退。

区域经济增长的原始动力正是沿着纵向经济联系和横向经济联系的渠道，从一个企业传向另一个企业，从一个产业部门传向另一个产业部门，从一个地区传向另一个地区，从而带动区域经济全面增长和发展的。区域经济乘数效应的运行过程见图 3－2。

---

① 孙久文．区域经济学专业研究生系列教材——区域经济规划［M］．北京：商务印书馆，2004：62.

② 关于区域创新相关理论内容见本教材第七章。

③ 张敦富．区域经济学原理［M］．北京：中国轻工业出版社，1999：265－266.

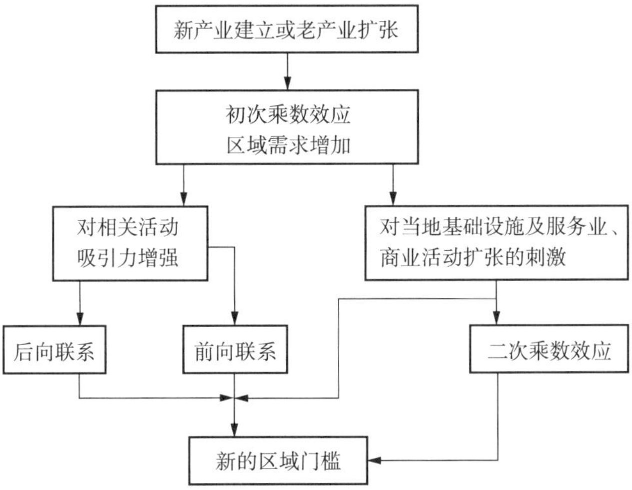

图 3-2　区域经济乘数效应的运行过程①

三、区域经济增长与发展的基础理论

（一）输出基础理论

输出基础理论（Export Base Theory，又译作“输出基地理论”“出口基础理论”），是以凯恩斯主义理论为基础，一种侧重从需求角度阐述区域经济增长动因的经典理论。② 美国经济学家诺思（D. C. North）于 1955 年在其著名论文《区位理论和区域经济增长》中首次提出输出基础理论。③ 在该理论中，经济被划分为两个部门，即基础部门（basic sectors，包括所有的区域外部需求导向的产业活动，即输出产业）和非基础部门（non-basic sectors，包括所有的区域内部需求导向的产业活动）。④

1. 理论要点

区外需求是区域经济增长的主要原动力，因此，一个区域的经济增长主要由该区域的输出产业来决定。⑤ 外部需求的扩大，会带动区内的输出产业和服务业的发展，使区域的输出基础得到相应增强，这将启动一个乘数过程，其乘数数值等于区域总收入或就业量与输出部门的收入或就业量之比。我们用基础乘数 BM（base multiplier）代表

---

① 安虎森．区域经济学通论［M］．北京：经济科学出版社，2004：244.

② 吴传清．区域经济学原理［M］．武汉：武汉大学出版社，2008：41.

③ 张敦富．区域经济学原理［M］．北京：中国轻工业出版社，1999：267.

④ 魏后凯．现代区域经济学［M］．北京：经济管理出版社，2006：251.

⑤ 埃德加·M·胡佛指出，输出，在这个意义上未必表示货物或者服务由其生产者输往区外。它们可以是为区外人偶尔来本区且在本区内消费的。如向区外来的旅游者提供娱乐或其他服务，就是某些区域的一项重要出口产业。对本区域发展有重大意义的是收入，而不是产品的移动。［美］埃德加·M·胡佛．区域经济导论［M］．王翼龙，译．北京：商务印书馆，1990：249.

这一乘数数值，则该乘数就等于第 t 个年度的区域总产出或就业与输出部门的产出或就业之比：

$$BM = \frac{E_t}{BE_t} \tag{3-1}$$

式中，E_t为该区域第 t 个年度的总产出或就业；BE_t为该区域第 t 个年度输出部门的产出或就业。

区域基础部门（输出产业）通过乘数效应带动区域经济增长，区域输出的既可以是各种各样的产品，也可以是技术、资金、劳务、信息等。一个区域输出产业的规模越大，它通过输出产品和服务挣得的收入就越多，扣除生产成本外，还有一笔可观的收入可用来满足人们对区内产品和服务的需求，从而构成一个庞大的消费市场，带动区域内生活自给型产业的发展。同时，输出产业得以正常运行，还需要区域内许多产业提供的生产协作。因此，输出产业的发展还会带动与之有生产性联系的相关产业和生产性服务业的发展。

2. 理论局限与适用范围

①这种将出口需求作为区域经济增长唯一原动力的输出基础理论具有一定的局限性。当区域范围大到囊括众多国家的整个地球村，地球村内部各经济区之间互通有无，发展区间或国际贸易。按照输出基础理论，每个区域的经济都会成倍增长，全球的经济也会有相应增长。但是作为整体的地球村的经济是自给的，它并不向其他星球输出任何东西。可见，输出基础理论适用范围是有一定限度的，它不能用于最高层次的、空间范围过大的经济区。②能够采取输出基础理论指导本区域经济发展的地区，必须具有优于其他地区的多种优势。

（二）进口替代理论

美国区域经济学家埃德加·M·胡佛在其《区域经济学导论》一书中对进口替代理论进行了详细阐述。①

1. 理论要点

一个区域通过输出产品和服务，可以为本地区挣得收入；相反，进口产品和服务则需要花费外汇，使出口所得的外汇额减少。因此，区域输出额越大，对区域经济增长的正面效益即推动作用就越大；而在区域的收入总量中，为进口而支付的部分越少，则进口带来的负面影响即对区域经济增长的抑制作用就越小。

在经济发展的早期阶段，由于某种产品的区域市场容量小，或生产技术不成熟，或缺乏某种资源但从外区运入成本太高而不能组织生产，就需要从外区进口这种产品，

① ［美］埃德加·M·胡佛．区域经济导论［M］．王翼龙，译．北京：商务印书馆，1990：252－253.

以满足当地对这种产品的需求。而随着区域经济发展壮大，区域工业实力、收入水平和人口规模不断增加，市场容量不断扩大，生产技术渐趋成熟，区域又具备发展生产所需的各种条件，能够在当地生产原来需要进口的某种产品，来满足地方消费，代替进口。那么，这种代替进口的产业对区域经济的带动作用是显而易见的，其意义绝不亚于出口的相应增加。区域经济发展程度越高，进口替代的可能性就越大，从而创造出更多新的就业机会，增加新的收入，带动其他产业的发展，成为新的区域经济增长点。

2. 适用范围

进口替代理论强调的是区内生产和区内消费，它适用于区域范围比较大的高层次的综合性经济区。由于进口替代产业的发展，会增强区域的自给性，如果在低级的小型的经济区中推行进口替代战略，则势必会导致区域的闭关自守，形成“大而全、小而全”的经济结构，从而降低经济效率，减缓区域经济增长的速度。

（三）自产自销理论

区域之间的交换行为称为贸易；国家间的交换即进出口，称为对外贸易；一国边境之内各区域间的交换称为国内贸易。

胡佛在其著作中指出：“内部贸易和需求能够引起区域经济增长，一个区域实际上可以通过自产自销而变富。”① 显然，一个区域把自己生产出来的产品和服务进行内部交换，自己消费掉，也可以带动区域经济增长，只是增长的速度不同。

同时，胡佛认为自产自销的区域范围必须有一定的限制，它不能太小，如一个家庭、一个企业或一个村庄是不能通过自产自销致富的。当区域大到足以包含各个子区域，且子区域之间存在大量贸易时，自产自销理论才能够成立。②

四、区域经济均衡增长理论

区域经济均衡增长理论的理论基础是经济增长理论，实践基础是发展中国家和欠发达地区的经济社会状况。目的是通过对发展中国家和欠发达地区总体情况的分析，提出使其摆脱贫困，实现工业化和现代化的路径。这一理论产生于20世纪40年代，有代表性的学者是拉格纳·纳克斯和罗森斯坦·罗丹等。③

（一）贫困的恶性循环理论

1953年，发展经济学家拉格纳·纳克斯在题为《不发达国家的资本形成问题》一书中，基于对发展中国家长期贫困的分析，提出“一个国家之所以穷是因为它穷”的

---

① ［美］埃德加·M·胡佛．区域经济导论［M］．王翼龙，译．北京：商务印书馆，1990：252.

② 张敦富．区域经济学原理［M］．北京：中国轻工业出版社，1999：269.

③ 孙翠兰．区域经济与新时期空间经济发展战略［M］．北京：中国经济出版社，2006：84.

“贫困恶性循环”理论。

1. “贫困的恶性循环”的表现

纳克斯认为，发展中国家存在的“贫困恶性循环”表现在两个方面：

其一，“收入水平低下→储蓄不足→资本缺乏→投资不足→生产率低下→收入水平低下”的恶性循环；

其二，“收入水平低下→购买力不足→市场规模有限→缺少投资诱惑力→投资不足→生产率低下→收入水平低下”的又一个恶性循环。

以上两个恶性循环相互制约，互相加强，构成一个死结。

2. 发展对策

纳克斯认为，发展中国家摆脱贫困恶性循环的途径是，同时、全面地对国民经济各部门进行投资。在经济增长初期，之所以选择均衡增长的发展思路，一方面，由于各部门同时扩大生产规模，可以相互利用便利的生产、销售条件，降低生产成本，从而获得内在和外在经济效益；另一方面，由于均衡增长使各部门之间相互产生需求，避免形成多余的生产能力，并加强投资引诱，促进供给和需求保持平衡，使经济稳定而均衡地增长。

（二）大推进理论

大推进理论是英国发展经济学家罗森斯坦·罗丹，在研究战后东欧和东南欧落后地区工业化问题时，提出的一种均衡发展理论。

1. 理论内容

各类国家和地区要有效地促进资本的形成和经济增长，必须在国民经济各部门中同时增加投资，从而实现各部门的均衡增长。因此，该理论被称为“大推进”理论。

发展中国家由于缺乏大推进从而长期滞后于西方世界，如果这些国家有一个全面、大规模的大推进，世界经济的进程就会大不相同了。可见，罗丹也将启动发展中国家经济发展的切入点选在了投资环节。

2. 理论基础

大推进理论的理论基础是三种“不可分性”：

（1）社会基础资本或社会分摊资本的不可分性。罗丹认为，凡是投资项目，都是不能无限细分的，只能以大量的、全面的、连续的方式进行，才能达到最适度的规模，充分利用规模经济效益来降低成本。否则，就不能达到最适度的规模，也就不能充分降低成本。

（2）需求的不可分性。面对发展中国家市场规模小、收入水平低的现实，他认为，在没有充分可供选择的国外市场存在的情况下，需求量“不可分”。如果只对某一个产业或部门投资，将会使这个产业或部门因产品缺乏需求而难以发展下去。因此，适应需求的不可分性，就应广泛地、大规模地在许多产业或部门进行投资。

（3）储蓄的不可分性。投资的来源主要是储蓄。只有当收入的增长达到一定程度以后，储蓄才会快速地增加。为了达到这一程度，发展中国家的经济建设规模必须发展到足以保证收入的增长超过一定的程度，并以此突破“储蓄缺口”对经济发展的约束，从而为经济的增长提供充足的投资资金来源。

3. 投资资金来源

大推进理论认为，发展中国家促进资本形成的途径有两种：

途径一：不降低生活水平→将一切可能的资本转化为投资→收益的相当部分用于储蓄→再投资→生产率提高→收入提高。

途径二：引进外资→投资→新增收入用于储蓄→再投资→生产率提高→收入提高。

4. 投资部门选择

大推进理论并非主张对国民经济的所有部门同时进行投资，罗丹明确地指出，发展中国家在工业化初期，应把其全部资本的30%～40%投到包括电力、交通、通信等社会基础设施建设部门和轻工业部门，而不应将投资重点放在重工业部门，所需的重工业产品可通过国际贸易从发达国家获得。同时，通过对大推进带来的外部经济效益和对大推进重点投向产业部门的建设目的、建设周期以及资金需求量等因素的分析，罗丹认为，大推进过程不能由市场调节进行，而必须由政府通过计划组织实施。

（三）对区域经济均衡增长理论的评价

以上两种均衡发展理论，都把启动发展中国家经济发展的切入点选在了投资环节，特别是罗丹的在工业化初期，应将投资的重点放在基础设施和轻工业部门的理论，不仅在当时的历史条件下是合理的，而且对当前我国的西部大开发战略的实施，也有极好的借鉴意义。

但是由于这些理论的创建者，均没有提出该理论的阶段性或时限性，使其在实践中出现了普遍以牺牲较发达地区的经济利益为代价、降低经济效率的诸多案例。① 此外，虽然他们强调政府在推进发展中国家和欠发达地区经济发展中的作用是正确的，尤其是在工业化发展的初期阶段，政府的作用是市场所不能取代的，但这也应有个时限。并且，由于各地区的差异，在经济发展中非均衡是常态，不可能达到理想中的均衡发展。正如恩格斯所讲的：“在国与国、省与省，甚至地方与地方之间，总会有生活条件方面的某种不平等存在，这种不平等可以减少到最低程度，但是永远不可能完全消除。”②

---

① 孙翠兰．区域经济与新时期空间经济发展战略［M］．北京：中国经济出版社，2006：88.

② 马克思恩格斯全集（第三卷）［M］．北京：人民出版社，1976：3. 转引自孙翠兰．区域经济与新时期空间经济发展战略［M］．北京：中国经济出版社，2006：89.

五、区域经济非均衡增长理论

经典区域经济非均衡增长理论发端于现代区域经济学学科正式形成及早期发展的20世纪50—60年代，在70—80年代不断拓展。90年代以来，中外学者对区域经济非均衡增长理论又做了进一步丰富拓展，区域经济非均衡协调发展理论、区域经济后发优势理论等蓬勃发展。①

（一）“极化—涓滴效应”理论

非均衡增长理论的主要代表人物是赫希曼，1958年出版了代表作《经济发展战略》一书，倡导把非均衡增长战略作为经济发展的最佳模式。

1. 理论要点

（1）经济进步并不同时出现在所有地方，而一旦出现在某处，巨大的动力将会使得经济增长围绕最初的增长点集中。在经济发展过程中，往往一个或几个区域实力中心首先得到发展，增长点或增长极的出现必然意味着增长在国际间或区域间的不平衡，是增长本身不可避免的伴生物和前提条件。

（2）不发达区域应集中有限资源和资本首先发展一部分产业，以此为动力逐步扩大对其他产业的投资，带动其他产业的发展。

2. 区域非均衡增长中的两种效应

（1）极化效应（polarized effect）的产生是由于发达区域高工资、高利润、高效率及完善的生产和投资环境，不断吸引落后区域的资本、技术和人才，从而使其经济趋于萎缩，区域间经济发展差距日益扩大。

（2）涓流效应（trickling - down effect，又译作“淋下效应”“渗透效应”）的产生，则主要通过发达区域对落后区域的购买力或投资增加以及落后区域向发达区域移民而提高落后区域边际劳动生产率和人均消费水平，缩小了其间的差距。

3. 结论

在投资资源有限的情况下，经济发展应当实行不平衡增长战略。即首先集中资本投资于直接生产性活动部门，获得投资收益，增加产出和收入，待直接生产性部门发展到相当水平后，再利用一部分收入投资于基础部门，推动其增长。并应利用联系效应，选择具有显著前向联系（forward linkage）效应和后向联系（backward linkage）效应的产业，联系效应最大的产业就是产品需求收入弹性和价格弹性最大的产业，在发展中国家通常为进口替代产业。

在赫希曼看来，涓滴效应与极化效应相比，涓滴效应将会占据优势，当经由涓滴

---

① 吴传清．区域经济学原理［M］．武汉：武汉大学出版社，2008：46.

效应和极化效应显示的市场力量导致极化效应占暂时优势时，可通过国家干预政策（公共投资的区域分配政策）有效地矫正此种情势。

（二）循环累积因果论

新古典主义经济发展理论认为，生产要素在地区、部门之间的自由流动，使得工资、利润由劳动、资本的供求运动自动趋于均衡。因而，市场机制的自发调节可以实现资源的最优配置，达到经济均衡发展的目标。瑞典经济学家缪尔达尔认为，这一观点与经济发展的实际不符。他认为，社会经济和各种影响因素之间的关系，不可能是均衡或趋于均衡的，而是处于循环之中，并最终导致经济增长呈累积上升或下降之势。例如，发展中国家贫穷大众收入的增加→营养状况改善→提高劳动生产率→他们的收入增加。相反，低收入阶层健康状况的恶化→降低其劳动生产率→减少工资收入→降低生活水平→健康状况的进一步恶化。缪尔达尔在其循环累积因果论中，强调了三个环节，即初始变化、二次强化、最终的上升和下降过程。1957 年，在其所著的《经济理论和不发达地区》一书中，提出了循环累积因果理论。

1. *回流效应和扩散效应*

缪尔达尔认为，经济发展通过两种方式来实现，一是“回流效应”；二是“扩散效应”。

（1）回流效应

回流效应是指劳动力、资本、技术等受生产要素收益差距的影响，由经济落后地区向经济发达地区流动。经济活动正在扩张的地点和地区，将会从其他地区吸引净人口流入。资本运动也具有倾向于增加地区间不平等的类似效果。在经济扩张中心，需求的增加将会刺激投资，促使收入和需求增加，从而引发第二轮投资。贸易活动也基本上偏向于富裕地区和进步地区，而不是其他地区。回流效应使得经济发展中落后地区始终处于被动地位，并且阻碍着区域经济的发展，导致区域差距扩大化。因此，一个区域的持续经济增长，是以牺牲其他区域的利益为代价的。

（2）扩散效应

扩散效应是把扩张动力从经济扩张中心扩散到其他地区，即当经济发展到一定水平时，劳动力、资本和技术等生产要素出现一定程度的从发达地区向落后地区流动的一种现象。当具有初始优势的地区发展到一定程度以后，会出现人口过度集中、交通拥挤、污染严重等城市病现象，这时扩散效应便出现了，人口、资本、技术等向周围扩散。所有位于扩散中心的周围地区都会从不断增长的农产品销售中获益，而且被刺激促进该部门的技术进步。但是回流效应和扩散效应会互相抵消，当一个国家达到高发展水平而扩散效应很强时，回流效应将失去它的作用。不发达国家平均发展水平低的部分祸因，是该国的扩散效应太弱。

2. 理论要点

缪尔达尔将循环累积因果理论运用于区域经济发展，指出市场的力量通常是倾向于增加而不是减少区域间的差异，由于聚集经济效应，发达地区在市场机制作用下，会处于持续、累积的加速增长之中，并同时产生扩散效应和回流效应。在区域经济增长过程中，由于市场机制的存在，扩散效应比回流效应要小得多。在扩散和回流这两种力量悬殊的运动过程中，发达地区的经济增长呈现出一种不断上升的景象，而欠发达地区的经济则出现不断下降的趋势，即发达地区因其发达而愈加发达，欠发达地区因其欠发达而愈加落后。

3. 对策

缪尔达尔指出："如果只听凭市场力量发挥作用，而不受任何政策干预的阻碍，那么，工业生产、商业、银行、保险、航运，实际上几乎所有的经济活动——在一个发展中的经济中，这些活动都能获得大于平均利润的收益，以及除此之外，科学、艺术、文学、教育和一般更高的文化，所有这一切均云集在某些地点和地区，而使得该国的其他地区都或多或少地处于死水一潭的落后状态之中。"① 循环累积因果的发展结果，将导致地理空间上的二元经济结构。② 逐渐扩大的地区间差距，不仅会阻碍落后地区的发展，而且还可能使整个经济增长放慢。

在动态非均衡分析基础上，缪尔达尔提出了区域经济发展的政策主张，即在经济发展初期，应采取非均衡发展战略，优先发展有较强增长势头的地区，以取得较好的投资效益和较快的增长速度。通过这类地区的扩散效应带动其他地区的发展。当经济发展到一定水平时，为了避免贫富差距的无限扩大，政府应制定一系列特殊政策来刺激落后地区的发展，以缩小地区差距。③

---

① 孙翠兰．区域经济与新时期空间经济发展战略［M］．北京：中国经济出版社，2006：92.

② 所谓"地理上的二元经济结构"（geographical dual economy），即指在不发达国家经济发展过程中，存在着经济发达区域和落后区域并存的二元经济结构。在经济发展初期，各区域人均收入、工资水平和利润率均基本相同，生产要素可自由流动，但如果某些区域受到外部因素的作用，其经济增长速度快于其他某些区域，经济增长就会出现不平衡。这种不平衡累积到一定程度，就会产生区际经济差距。由于循环累积作用的存在，资源趋向更高利润水平的区域，会使得发展快的区域由于大量吸收外部的经济要素而发展更快，而发展慢的区域由于资源的外流而发展更慢，进而拉大区域间的经济差距，从而形成了地理上的二元经济结构。吴传清．区域经济学原理［M］．武汉：武汉大学出版社，2008：136.

③ 缪尔达尔和赫希曼关于"极化效应（回流效应）""涓滴效应（扩散效应）"的学说，初步揭示了区际经济传递的内容、效应等一般性规律。理查森（1976）对区际经济传递的极化效应和扩散效应二者的相互关系做了进一步研究，得出极化效应是时间 t 的二次函数，扩散效应随时间 t 呈指数分布的结论，并将扩散效应的正影响与极化效应的负影响的叠加（即扩散效应减去极化效应），称为溢出效应（spill over effect）。溢出效应实为极化效应与扩散效应复合作用的效应。通常以溢出效应的正负值来判断区域经济由局部聚集不平衡向相对平衡发展过程中所处的阶段。吴传清．区域经济学原理［M］．武汉：武汉大学出版社，2008：139.

（三）“倒U型”学说

1965年，美国经济学家威廉姆森以实证研究方法分析了世界上24个国家区域经济发展的指标后，提出了“倒U型”区域经济发展规律。

1. 研究思路

威廉姆森首先收集1950年24个国家的区域所得、人口资料，以计算各国的区域不平衡指标。他通过进行横断面分析（cross－section analysis）的比较结果发现：经济发展较成熟的国家（如美国、英国、瑞典等），其区域间的不平衡程度较小，而中等收入国家（如巴西、哥伦比亚、西班牙）因为正处于经济起飞阶段，区域不平衡程度极大。其次，对10个国家进行时间序列分析（time－series analysis），以揭示单个国家区域收入差异的变化趋势。从结果可以看出大多数已开发国家，其区域间不平衡程度多经历了递增、稳定、下降三个阶段。

2. 主要观点

在一个国家内，当经济发展处于初期阶段时，区域增长是不平衡的，但区域经济差异一般不是很大；随着国家经济整体发展速度的加快，区域之间的经济差异就会随之扩大；当国家的经济发展达到一个相对高的水平时，区域之间的经济差异扩大趋势就会减缓，既而停止；在经济发展的成熟阶段，区域之间的差异就会呈现缩小的趋势。从长期看，区域增长趋向均衡。这样，地区经济差异与国家的经济发展水平变化在形状上像倒写的“U”字，故称为“倒U型”理论。

总之，非均衡增长理论主要根据区域经济不平衡发展的客观规律，并针对均衡发展理论存在的问题，强调不发达地区不具备产业和地域全面增长的资金和其他资源（人才、技术、原材料等），因而理论上的均衡增长是不可能的。区域经济非均衡增长理论顺应了区域经济成长的一般规律，不同时期在生产力布局的决策上要选择支配全局的少数发展条件较好的重点部门、重点地区或地带实行重点开发，逐步实现由不平衡到相对平衡的转变。区域经济成长从不平衡到相对平衡的演变过程是极化效应和扩散效应相互作用、相互转化的结果。在区域成长初期，极化效应较扩散效应显著，区域经济差距呈拉大趋势，这种不平衡表现在生产要素首先集中在少数点或地区（增长极）上，可以获得较好的效益和发展。在区域成长后期，扩散效应变得更为重要，聚集经济向周围扩散渗透，并导致区域经济差异的进一步缩小。①

事实上，均衡发展理论与非均衡发展理论并不像表面上看来那样各执一端，互不相容，两者也有统一的一面，只是侧重点不同而已。均衡与非均衡是贯穿于区域经济发展过程中的矛盾统一体，它们相互交替，不断推动区域系统从低层次向高层次演化。

① 厉以宁．区域发展新思路——中国社会发展不平衡对现代化进程的影响与对策［M］．北京：经济日报出版社，2000.

六、区域可持续发展理论

（一）可持续发展的基本内涵

可持续发展的定义是："既满足当代人的需要，又不对后代人满足其需要的能力构成危害的发展。"其核心思想是，健康的经济发展应建立在生态可持续能力增强、社会公正和人民积极参与自身发展决策的基础上。它所追求的目标是既要使当代人的各种需要得到满足、个人得到充分发展，又要保护资源和生态环境，不对后代人的生存和发展构成威胁。

可持续发展的基本内涵应包括四个方面：第一，发展的内涵既包括经济发展，也包括社会发展和保持、建设良好的生态环境。经济发展和社会进步的持续性与维持良好的生态环境密切相连。经济发展应包含数量的增长和质量的提高两部分。数量的增长是有限度的，而依靠科学技术进步提高发展的经济、社会、生态效益才是可以持续的。第二，自然资源的永续利用是保障社会经济可持续发展的物质基础。可持续发展主要依赖于可再生资源特别是生物资源的永续性。必须努力保护自然生态环境，维护地球的生命支持体系，保护生物的多样性。第三，自然生态环境是人类生存和社会经济发展的物质基础，可持续发展就是谋求实现社会经济与环境的协调发展和维持新的平衡。第四，控制人口增长与消除贫困，是与保护生态环境密切相关的重大问题。①

可持续发展思想符合经济、社会、生态环境系统相互联系、相互作用和相互制约的内在关系和要求，是科学的、符合人类和自然界发展规律的新发展观。

（二）区域可持续发展

区域可持续发展是指应用生态经济学的原理和方法，寻求区域经济发展与其环境之间的最适合关系，以实现区域经济与人口、资源、环境之间保持和谐、高效、优化、有序的发展。它的实质是在区域经济发展过程中要兼顾局部利益和全局利益，当前利益与长远利益，要充分考虑到区域自然资源的长期供给能力和生态环境的长期承受能力，在确保区域社会经济获得稳定增长、发展的同时，谋求区域人口增长得到有效的控制、自然资源得到合理开发利用、生态环境保持良性循环发展。可以说区域可持续发展是区域经济发展的最高阶段。②

1. 区域可持续发展系统的构成

区域可持续发展系统的构成是十分复杂的，它包括人类社会本身以及与人类社会有关的各种基本要素、关系和行为。根据其基本特点，可以把区域可持续发展系统概

① 杨云彦．区域经济学［M］．北京：中国财政经济出版社，2004：191.

② 朱传耿，沈山，仇方道．区域经济学［M］．北京：中国社会科学出版社，2001：157.

括为人口、资源、环境、经济和社会五个子系统。

（1）人口系统。人口系统是区域可持续发展系统的主体。加强科技教育，控制人口数量，提高人口素质，是实现区域可持续发展的关键。

（2）资源系统。资源系统是区域可持续发展系统的物质基础。合理地开发和利用资源是经济可持续发展的前提。

（3）环境系统。环境系统是区域可持续发展系统的重要组成部分，环境保护是可持续发展的必要条件，环境质量的好坏是可持续发展与非可持续发展的重要区别。

（4）经济系统。经济系统是区域可持续发展系统的核心内容。区域可持续发展首先是经济发展，只有经济发展才是解决资源和环境问题的根本手段。

（5）社会系统。实现社会的可持续发展是区域可持续发展的最高目标。社会系统的质量是人口、资源、环境和经济子系统实现协调发展的关键。合理的政治体制、稳定的社会环境等因素是实现区域可持续发展的保证。

2. 区域可持续发展的识别标志①

①区域人口数量。区域人口的出生率与死亡率应达到并保持基本的平衡。

②区域人均综合财富保持稳定并逐步增加。据世界银行报告，综合财富包括自然财富（土地资源、水资源、矿产资源、生物资源等）、生产财富（工矿设施、基础建设、固定资产等）、人力财富（教育水准、科技能力、管理水平等）、社会财富（社会有序、社会保障、组织能力等）。

③区域科技进步。区域科技进步的贡献率应当抵消或克服投资的边际效益递减率。

④区域资源要素。主要指标包括区域内森林的采伐率与营造率之间保持基本平衡、草原的牧养量与载畜能力保持基本一致、地下水的抽取量与补给量保持稳定的动态平衡、耗竭性资源开采量与探明储量间保持动态平衡。

⑤区域环境演化。主要指区域人类活动与环境的协调，识别指标有人为的温室气体的产生率与环境中的固定率在长时期内保持平衡，避免全球变暖现象加剧；环境污染源的物质排放量与环境自净能力基本平衡。

⑥区域社会管理。一是要在效率与公正之间寻找均衡点与结合点；二是要在环境与发展之间寻求某种积极的均衡，并设计定量监控指标。

第四节　区域经济发展阶段理论

区域形成之后，就处在发展变化之中，并且会经历不同的发展阶段。区域经济的

---

① 牛文元．走向可持续发展的判断准则［J］．地理知识，1996（12）．转引自朱传耿，沈山，仇方道．区域经济学［M］．北京：中国社会科学出版社，2001：158.

成长是一个渐进的过程。这一渐进过程通常又表现出一定的阶段性特征。在同一区域，不同发展阶段的区域经济会表现出不同的特征，区域经济结构和社会文化观念也都会有所变化，这种结构性变化和经济总量的增长共同反映区域经济从一个发展阶段进入另一个更高的发展阶段。①

一、西方区域经济发展阶段理论

早在英国古典经济学家亚当·斯密的分析中，就已将人类社会的发展历程做了“狩猎社会”和“农业社会”的划分；随着人类社会的发展，发展经济学家李斯特在斯密划分的基础上，又增加了“农工业社会”和“农工商社会”两个阶段。西方区域经济发展阶段理论以罗斯托经济发展阶段论和胡佛－费歇尔经济发展阶段论最为著名，② 以下分别进行介绍。

（一）胡佛－费歇尔阶段论

1949 年，美国区域经济学家胡佛（E. M. Hoover）和费歇尔（J. Fisher）发表了《区域经济增长研究》一文。在该文中，他们经过大量的史实研究后认为，任何区域的经济增长都存在着“标准阶段次序”，具体包括五个阶段：③

1. 自给自足经济阶段。此为区域经济增长的初始阶段。其特征表现为：经济活动以农业为主，区域人口绝大部分为农业人口；区域经济呈明显的封闭性，区域间经济联系甚少；经济活动在空间上随农业资源分布呈离散状态。

2. 乡村工业兴起阶段。随着农业、交通运输业以及贸易的发展，乡村工业崛起并在区域经济发展中发挥重要作用；由于乡村工业的原料、市场、劳动力仍来源于农业区域，因此乡村工业主要分布在农业发展水平相对较高的地区。

3. 农村生产结构转换阶段。随着乡村工业发展，区域农业生产方式逐渐发生变化，由粗放型农业向集约型、专业化方向转变，区域之间的贸易和经济往来不断加强。

4. 工业化阶段。以矿业和制造业发展为先导，区域工业逐渐兴起并成为推动区域经济增长的主导力量。工业化阶段一般分为前后两期，前期是以农副产品为原料的食品加工、木材加工、纤维纺织加工业等为主，后期发展钢铁、石油冶炼业、金属材料加工制造业、化学工业、建材工业等。

5. 服务业输出阶段。此为区域经济增长的最后阶段，在这个阶段，拉动区域经济持续增长的主要因素是资本、技术以及专业性服务的输出。其中，专业性服务的输出逐渐成为区域经济增长的驱动力。

---

① 陈栋生．区域经济学［M］．郑州：河南人民出版社，1993：31.

② 刘再兴．区域经济理论与方法［M］．北京：中国物价出版社，1996：76－78. 转引自武友德，潘玉君．区域经济学导论［M］．北京：中国社会科学出版社，2004：183.

③ 魏后凯．现代区域经济学［M］．北京：经济管理出版社，2006：248.

胡佛－费歇尔的区域经济增长阶段理论只是对区域经济发展的状态描述，没有涉及区域经济发展的动力机制及其原因的解释，在理论的应用层面上，也并非每一个区域的经济发展都必须经历这样的“标准阶段次序”。①

（二）罗斯托的经济成长阶段论

美国著名的经济学家罗斯托在其1960年出版的《经济增长的阶段》一书中，通过对工业化国家增长过程的考察，归纳出国家或区域的经济增长大体上经历六个阶段：②

1. 传统社会阶段

该阶段的特点是：生产力水平低下，农业是主导产业；科学技术发展极其缓慢，且未与生产相结合；家族和氏族关系在社会组织中起很大作用；政治权力一般被各地区拥有或控制土地的人所掌握，在社会制度上尚不具备现代化产业必需的各种条件，社会的信念体系同长期宿命论结合在一起。

2. 为“起飞”创造前提条件阶段

该阶段是区域依靠内部和外部力量由传统社会向“起飞”阶段过渡的时期，该阶段的特点是：①生产力水平提高，剩余产品增多，储蓄欲望提高；②资本市场出现，投资率提高到超过人口增长的水平；③重视提高农业生产率，农业是主导产业，同时家庭手工业、商业、服务业也逐渐发展起来；④近代科学知识开始在工业生产和农业革命中发挥作用；⑤自给自足的区域隔离被打破，面向全国、全世界逐步形成统一的市场；⑥政治上，成立了中央和地方政府，建立并完善法律制度和社会基础，资源得以充分利用。

3. “起飞”阶段

这个阶段的特征是：以内燃机的发明为标志的产业革命引起生产方式的剧烈变革，使区域彻底挣脱了经济成长的瓶颈，打破了传统的经济停滞状态；近代工业开始萌芽，并迅速大规模地发展起来，工业成为产业体系的主体；人均国民收入开始急剧地持续地增长。起飞阶段持续20～30年，但会导致社会经济的深刻变化。

区域经济要想实现“起飞”，必须具备以下三个条件：

（1）生产性投资率有较大提高，占国民收入的比例约为10%。

---

① 吴传清．区域经济学原理［M］．武汉：武汉大学出版社，2008：58.

② 罗斯托（W. W. Rostow）是美国当代著名的经济学家和经济史学家。1960年发表《经济成长的阶段——非共产党宣言》一书，1971年出版《政治和成长阶段》。著作集罗斯托经济成长阶段论成果之大成，依据现代经济理论，从经济发展的角度，用历史的、动态的方法研究了各个国家，尤其是发展中国家经济发展的过程、阶段和问题，提出了经济发展的六阶段论（亦称“起飞论”）。该阶段论问世后受到了西方经济学界的重视，经济发展阶段论开始成为西方经济学一大流派，并在理论和实践中产生重大影响。武友德，潘玉君．区域经济学导论［M］．北京：中国社会科学出版社，2004：183.

（2）建立以制造业为代表的主导专业化部门。

（3）缔造能确保经济“起飞”的政治、社会和制度环境。

4. 向成熟推进阶段

指高度发达的工业社会。这一阶段的特征有：一系列现代技术广泛地应用于经济领域；工业朝多样化方向发展，钢铁、机械、石油、化学等重化工业的发展是经济成熟的标志。生产性投资率进一步提高，占国民收入的10%～20%；生产和人口出现双增长，前者的增长速度超过后者，农业人口比重有较大降低，由起飞阶段结束时的40%降至20%；教育事业迅速发展，劳动者的受教育程度和专业技能得到提高；社会结构中出现了企业家阶层。成熟阶段大约持续60年，是一个虽有波动但仍持续增长的时期。

5. 高额群众消费阶段

高额群众消费阶段指高度发达的工业社会。这一阶段的特征是：人均国民收入大幅度增长，消费水平明显提高，人均实际收入已能使众多的人在满足衣、食、住、行及其他消费品需求之外，转向对耐用消费品的需求；服务业得到广泛发展；工业结构由重化工型转为耐用消费品生产型；经济的国际化进一步加强，对外贸易作用显著加强；企业竞争日趋激烈，垄断开始出现；生产能力超过消费能力，政府通过财政、金融、税收等政策干预经济发展。

罗斯托对美国1899—1937年工农业增长情况进行分析，发现汽车增长居首位，其次是卷烟、石油、牛奶、水泥等，结果导致美国进入汽车化时期，所以他把1913—1914年福特汽车厂开始采用自动装配线的时间当作美国进入高额群众消费阶段的重要标志。

6. 追求生活质量阶段

追求生活质量阶段指工业化后社会。该阶段的特点是：人均国民收入进一步提高，人们由满足基本生活需要转向追求文化娱乐、环境质量等精神生活需求，以服务业作为主导产业；人类社会不再以物质产品数量的多少来衡量社会的成就，而是以劳务所形成的反映“生活质量”的高低程度作为衡量社会发展的标志；劳动力从第二产业向第三产业转移。

罗斯托认为，在区域经济发展的上述六个阶段中，“起飞”阶段和“追求生活质量”阶段是区域经济发展进程中的两次飞跃。主导产业的更替和科学技术的进步是决定区域经济发展处于哪个阶段的主要因素。

（三）钱纳里的经济增长阶段论

1. 传统社会阶段。产业结构以农业为主，绝大部分人口从事农业，没有或极少有现代化工业，生产力水平很低。传统社会发展水平低，基础设施、技术水平都比较落后。

2. 工业化初期阶段。产业结构由以落后的农业为主的传统结构逐步向以现代工业为主的工业化结构转变，工业中则以食品、烟草、采掘、建材等初级产品的生产为主。这一阶段区域开始走上工业化的道路，人民生活水平逐步提高，市场逐步扩大，投资环境得到改善。这一时期的产业主要是以劳动密集型产业为主，利用区域内廉价劳动力降低成本，提高产业和区域的竞争能力。

3. 工业化中期阶段。制造业内部由轻型工业的迅速增长转向重型工业的迅速增长，非农业劳动力开始占主体，第三产业开始迅速发展，这就是所谓的重化工业阶段。工业化中期阶段是区域经济发展由传统社会向现代社会发展的关键性阶段。

4. 工业化后期阶段。在第一、第二产业协调发展的同时，第三产业开始由平稳增长转入持续的高速增长，成为区域经济增长的主要力量。

工业化初期、中期、后期阶段合称为工业化阶段，是一个地区由传统社会向现代社会过渡的阶段。

5. 后工业化社会。制造业内部结构由资本密集型产业为主导向以技术密集型产业为主导转换，同时生活方式现代化，高档耐用消费品在广大群众中推广普及。

6. 现代化社会。第三产业开始分化，智能密集型和知识密集型产业开始从服务业中分离出来，并占主导地位；人们消费的欲望呈现出多样性和多变性，追求个性。现代化社会是一个用知识和智能来追求个性发展的社会，其投资领域主要是知识密集型产业和现代化的生产、生活服务业，多样化是其基本特征。

二、我国学者提出的区域经济增长阶段理论

（一）陈栋生、魏后凯的区域经济增长阶段论

区域经济的成长（增长）是一个渐进的过程，如同人的一生有少年、青年、中年和老年等成长阶段一样，区域经济发展也有待开发（不发育）、成长、成熟（发达）、衰退等发展阶段。除了特殊情况外，一般都是循序渐进的。①②

1. 待开发（不发育）阶段

在经济发展的初始阶段，区域经济处于未开发或不发育状态，生产力水平低下，生产方式原始，生产手段落后，产业结构单一，第一产业占极高的比重；商品经济甚不发达，市场规模狭小，经济增长缓慢，长期停滞在自给自足甚至自给不能自足的自然经济中；自身资金积累能力低下，缺乏自我发展能力。处于这一阶段的区域经济发展途径为：将外部资金、人才、技术输入和区域内条件有机结合，形成自我发展能力，

① 陈栋生．区域经济学［M］．郑州：河南人民出版社，1993：30－36.
② 魏后凯．现代区域经济学［M］．北京：经济管理出版社，2006：250.

启动区域经济增长。

2. 成长阶段

当区域经济跨过工业化的起点，呈现出较强的增长势头，标志着区域经济发展已由待开发阶段进入成长阶段。在这一阶段，区域经济呈现高速增长，经济总量规模迅速扩大；产业结构急剧变动，第二产业开始占主导地位；商品经济逐步发育，市场规模不断扩大，区域专业化分工迅速发展，优势产业开始形成或正在形成中；人口和产业活动迅速向一些城市地区集中，形成启动区域经济发展的增长极。伴随区域经济总量的增长和结构性变化，区域社会文化观念也相应地发生较大转变。

促使一个区域的经济发展由不发育阶段迅速进入成长阶段，可以通过不同的途径来实现，如外部推动型、国家投入型、自身积累型和边贸启动型等。

3. 成熟（发达）阶段

区域经济经过成长阶段的高速增长后逐步进入成熟（发达）阶段。其总体特征为：区域经济增长速度趋缓，并渐趋稳定；工业化达到较高水平，服务业较发达，基础设施完善，交通运输、信息已形成网络；生产部门齐全，专业化分工程度高；区内资本积累能力强，人力资本丰富。处于这一阶段的区域通常是国家经济中心区所在，区域经济发展状况与整个国民经济发展的关联度相当高。

但在区域经济发达、繁荣的背后也存在着潜在的衰退因素。比较突出的是：①“空间不可转移”和“不易转移”要素的价格上涨，如地价、水费、工资上涨，排污费增加，生活成本提高。②许多一度曾是领先甚至独占的技术，随着它的逐步普及而丧失其“独占利益”。③由于设备刚性，许多企业的“硬件”已经陈旧、老化，综合表现为越来越多的产业和产品的比较优势逐步丧失。④由于技术（产品）老化、市场萎缩和资源枯竭，一些在成长阶段支撑区域经济高速增长的主导产业，其增长速度大为减慢，有的甚至出现衰退，沦为衰退产业。

4. 衰退阶段

由于运输地理位置的变更、产业布局指向的变化、资源的枯竭、技术和需求的变化，部分区域在经历成熟阶段后，有可能转入衰退阶段。其总体特征为：经济增长缓慢，原有的增长中心和主导产业发展势头丧失；传统的衰退产业所占比重大，区域主导产业链条在时序上缺乏有机连接，导致区域经济的结构性衰退，若结构调整滞缓，缺乏新兴替代产业，则区域经济将出现绝对衰退，逐步走向衰落。

地区经济的衰退按其形成原因，大体可分为 4 种类型：

①区位性衰退。由于运输地理位置和产业布局指向的变化使原有区位优势丧失，导致经济增长出现衰退。②资源性衰退。主要发生在结构单一且以资源型产业为主导的地区。一旦地区内关键性资源发生枯竭，或者面临来自国外进口的廉价资源的激烈竞争，或者因替代品的出现而导致对某特定资源需求的急剧减少，导致经济衰退。

③结构性衰退。主要是由于带动地区经济增长的主导产业出现衰退期，而又缺乏新的主导产业来代替，或者新的主导产业还处于形成之中，导致地区经济衰退。④消聚性衰退。是指产业和经济活动在地理空间上的集聚过度，造成集聚不经济。从而促使产业和经济活动由集中走向分散，导致一些集聚过度的地区从繁荣走向衰退或相对衰退。

在上述4种地区经济衰退中，资源性衰退和结构性衰退主要是一种“结构效应”的现象。就是说一些地区之所以会出现经济衰退，是因为它们拥有较不利的产业结构。这些地区或者产业结构单一，以资源型产业为主导，或者是处于衰退中的传统产业的相对集中地区。因此，要重振、复兴衰退地区经济，关键是通过经济的多元化和结构的高度化，改变单一性的经济结构，进行结构的重组和改造，并建立与此相适应的灵活经济体制。

区域经济成长阶段与经济增长关系见图3－3。①

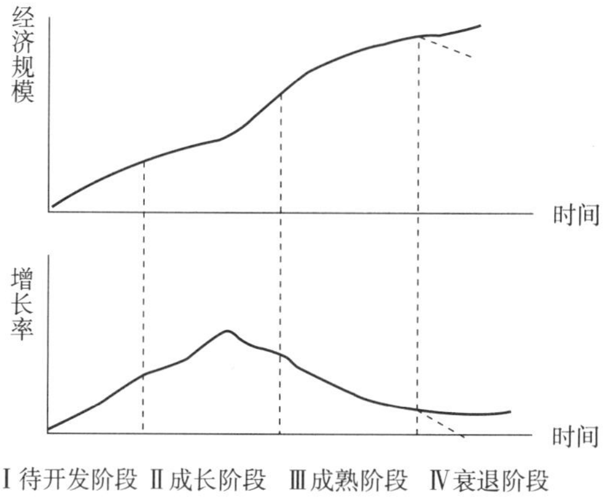

图3－3 区域经济成长阶段与经济增长关系示意图

在区域经济经历成熟阶段以后，也不一定马上进入衰退阶段。可以通过技术创新和技术进步，延长成熟阶段经历的时间，促进区域经济持续发展，进入新的成长阶段，开始新一轮成长过程。②

（二）郝寿义、安虎森的区域经济增长阶段论

郝寿义、安虎森将一般区域的经济增长分为待开发、成长、成熟和高级化4个阶段。③

---

① 陈栋生，等．区域经济学［M］．郑州：河南人民出版社，1993：32，图2－1.

② 陈栋生、魏后凯的区域经济成长（增长）阶段论是中国学者最早创造性地倡导的一种具有一定代表性的区域经济发展阶段理论，它实质上是一种关于区域经济成长阶段的定性分析和描述。吴传清．区域经济学原理［M］．武汉：武汉大学出版社，2008：60.

③ 郝寿义，安虎森．区域经济学［M］．北京：经济科学出版社，1999：183－186. 郝寿义，安虎森．区域经济学（第2版）．［M］．北京：经济科学出版社，2004：211－214.

1. 待开发阶段

其整体特征表现为：①经济结构落后。农业在经济结构中居绝对地位，以粮食生产为主的种植业是最主要的经济活动内容；工业所占比重极低；第三产业不发达。②要素配置不合理。区域储蓄能力弱，资本形成不足，资本稀缺是区域经济增长最主要的制约因素；区域劳动力充裕，后备劳动力资源极为丰富，但其素质低下；经济活动对自然的依赖性强，劳动生产率低。③经济活动处于自给自足的封闭状态，与区外经济联系微弱。④经济增长缓慢，经济发展水平低下。

2. 成长阶段

其总体特征表现为：①区域工业化开始启动，经济结构明显改善。农业所占比重明显下降，农业内部结构不断调整；工业成为区域经济的主导部门，资源密集型产业和劳动密集型产业占主体地位，资本密集型产业呈良好发展势头；服务业发展迅速。②要素配置更为有效。区域人均收入水平明显提高，居民储蓄能力增加，促进了资本形成及区域资本供给能力提高；农业劳动力逐步向工业和其他产业转移，劳动力素质不断提高。③劳动生产率不断提高，经济增长速度较快。

3. 成熟阶段

其总体特征表现为：①区域经济基本实现现代化，第三产业的增长速度高于工业、农业等物质生产部门的增长速度，劳动力由物质生产部门向第三产业转移。②推动区域经济增长的因素已由要素投入数量的增加转变为要素配置效率的提高和技术创新能力的增强。③劳动密集型产业逐渐被资本、技术密集型产业取代，促使区域产业结构高级化。④农业全面实现机械化，工业基本实现自动化，金融、保险、咨询、技术服务等新兴第三产业发展迅速。⑤由于要素供给质量明显提高、技术创新能力增强、产业结构不断升级，区域经济快速增长。

4. 高级化阶段

其总体特征表现为：①区域经济完全实现现代化，推动区域经济增长的主导因素已由要素投入的增加转变为技术和组织创新。②大型企业集团迅速成长和扩张，日益成为区域经济发展的主导力量。③区域和外部的经济联系更为密切，向外输出技术含量高的物质产品以及技术、资本和其他服务；经济联系范围更加广阔，国际市场对区域产品的需求状况以及区域产品在国际市场的竞争能力，对区域经济增长影响甚大。④消费结构发生根本性变化，物质消费退居次要地位，追求精神享受成为主流，服务于这一消费结构变化的第三产业快速发展，成为推进经济增长与发展的重要力量之一。

三、划分区域经济发展阶段的方法

国内外经济学家依据不同的标准，提出了多种区域经济发展阶段理论。结合国内外区域经济发展阶段论的划分标准，选取区域经济发展阶段标志性的指标作为阶段划分的标准。主要标准有生产力水平、产业结构、空间结构、城市化水平、生活质量、创新能力、环境优化程度等。

按照上述标准把区域经济发展分为四个阶段，即传统社会阶段、工业化初期阶段、工业化成熟阶段、工业化向后工业化过渡及后工业化阶段。各阶段特征如表 3－1 所示。①

表 3－1　区域经济发展阶段一般特征

标准		传统社会阶段	工业化初期阶段	工业化成熟阶段	工业化向后工业化过渡及后工业化阶段
生产力水平		水平低下，增长缓慢	水平中等，增长幅度大	水平较高，增长较快并逐步减缓	水平很高，增长平稳
生活质量	收入水平	低	有所提高	大幅度提高	很高
	富裕程度	贫困	温饱	小康富裕	高富裕
	消费结构	饮食支出比重大	工业品（特别是日用品）支出比重大	耐用消费品和部分劳务服务比重大，并呈现多样性	高级劳务服务、文化娱乐等支出比重大
产业结构	主导产业	农业	轻纺工业、采矿业	重化工业	第三产业
	三次产业构成	Ⅰ＞Ⅱ＞Ⅲ	Ⅱ＞Ⅰ＞Ⅲ	Ⅱ＞Ⅲ＞Ⅰ	Ⅲ＞Ⅱ＞Ⅰ
	技术层次	劳动力密集型	劳动力密集型为主	资金、技术密集型为主	知识密集型为主
空间结构		低水平均质化空间	极核化空间	点轴空间系统	网络化空间系统
城市化水平	城市人口比重	低（＜15%）	较低（15%～40%）	高（40%～75%）	最高（＞75%）
	等级规模	无等级，规模小	出现等级，符合克氏中心地等级	等级体系逐步完善，大城市、特大城市出现	多层次相互影响的等级体系
创新能力	知识创新	知识投入少，传播能力低，应用少产出低	知识投入有所增加，传播能力加强，开始用于生产	知识投入继续增加，传播能力显著提高，广泛运用于生产	知识投入成为最重要因素，传播能力更强，应用于生产的广度、深度加大
	技术创新	技术开发能力弱，仅限于传统技术应用，技术交流程度低	开始形成现代技术开发能力，技术转化应用能力提高	技术开发能力大为提高，技术转化与应用能力显著提高，技术交流频繁	具有极强的技术开发能力，现代技术不断应用于生产生活，技术交流活跃
	管理制度创新	制度不健全，缺乏创新	逐步建立制度体系	健全和完善制度系统，进行创新，适应经济发展	创新制度促进经济发展

① 武友德，潘玉君．区域经济学导论［M］．北京：中国社会科学出版社，2004：192－193.

续表

标准		传统社会阶段	工业化初期阶段	工业化成熟阶段	工业化向后工业化过渡及后工业化阶段
环境优化程度	基础设施	水平低	大规模建设	较高水平不断完善	形成经济发展强有力的支撑系统
	人文环境	开放程度低，文化水平低	开放程度增加，文化水平提高	形成统一市场，文化成为经济支撑	经济一体化，社会整体人文素质提高
	经济活动与自然环境的关系	原始和谐共生，走向对环境的适应	经济活动破坏环境，开始出现环境问题	进行环境整治，经济开发与环境逐渐协调	人与自然和谐共生，经济可持续发展

对区域经济发展状况进行研究时，我们可根据以上生产力水平、生活质量、产业结构、空间结构、城市化水平、创新能力、环境优化程度七个方面进行全面考察。当区域达到某阶段的前五个主要标准和基本达到后两个标准时，即可判定区域经济发展处于该发展阶段。

案例

青藏高原区域可持续发展问题研究

青藏高原素有“地球第三极”之称，既是江河之源、亚洲水塔，又是高寒生物自然种质资源库，生态价值巨大。青藏高原不仅具有生态上的特殊战略地位，其生态状况直接关系到青藏高原地区乃至国家的生态安全，对全球的大气、水循环具有重要作用，而且还具有地理环境、国土安全、社会稳定及矿产资源等方面的特殊战略地位。①

（一）青藏高原区域可持续发展 SRED 系统的建立

研究者一般认为，人口（Population）、资源（Resources）、环境（Environment）与发展（Development）是一个复杂的有机系统（以下简称PRED 系统），也是区域可持续发展的基本层面。社会支持系统是区域可持续发展的一个重要支撑体系，人口则是社会支持系统中的一个因子。在 PRED 系统中，实际上是将社会支持体系简化为人口子系统，这在探讨一般区域可持续发展问题上是可行的。但在一些特殊区域，仅从人口的角度关注社会支持系统对区域可持续发展的支撑作用是不够的。例如，在我国东部地区经济发展水平高、民族构成相对简单、宗教复杂性相对较弱，区域社会稳定与社会安全是常态，无须特别考虑，而在民族构成复杂的青藏高原地区社会稳定与社会安全是可持续发展的重要前提。② 因此，对于青藏高原区域可持续发展的研究就必须对原来的 PRED 系统进行修正，将其中单纯的人口系统 P 修正为复杂的社会系统 S（socie-

① 刘同德．青藏高原区域可持续发展研究［M］．北京：中国经济出版社，2011：39 – 41.

② 事实上，胡佛早就分析过少数民族聚居区的独特区域经济问题。［美］埃德加·M·胡佛．区域经济学导论（中译本）［M］．王翼龙，译．北京：商务印书馆，1990：411 – 420.

ty)，社会系统（S）中包含人口系统（P），社会稳定系统和本土知识系统。这样，原来的 PRED 系统就修正为 SRED 系统（见图 3－4）。这种修正赋予 S（社会系统）以更丰富的内容，并且是符合青藏高原实际的。

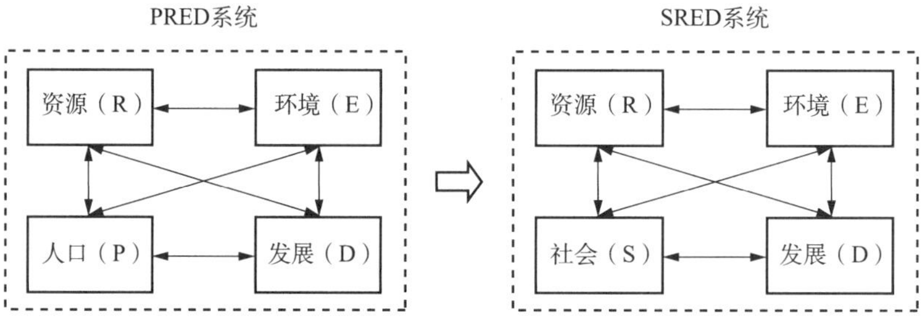

图 3－4　由 PRED 系统转化为 SRED 系统

（二）青藏高原区域系统协调发展结构模式

在可持续发展系统中，经济发展系统是主系统，是可持续发展系统的核心，其他系统如社会系统、资源系统、环境系统则为经济发展系统提供支持与支撑。

1. 经济发展系统是青藏高原区域 SRED 系统协调的核心

经济发展是社会、资源、环境等因素共同作用的结果。反过来，经济发展又是 SRED 协调的重要基础，经济发展促进社会的进步、科技水平的提高及资源环境的修复与改善。只有经济强大了，才能有更多的资金投入教育科学研究与开发，投入到生态环境的改善上。经济的发展提高了人们的生活水平与生活质量，促进了文化教育事业的发展，增进了民族团结与边疆稳定，也增强了恶劣环境的整治力度，改善了生态环境与生存环境。因此，经济发展系统是区域 SRED 系统协调发展的核心，是实现可持续发展的基础和保证。只有经济实现了可持续发展，才能保证构成可持续发展系统各子系统的持续发展。

2. 资源环境系统是青藏高原区域 SRED 协调的物质基础与前提

资源是支持人类活动的基本原材料和各种投入的来源。它的外延与内涵随着人类科技的进步逐渐扩大和深化，界限是经常变动的。环境为人类提供了不可取代的生命支持功能，也是吸纳和循环人类活动废弃污染物的储库和净化库。如果该系统发生故障，那么，它将导致经济发展系统和社会支持系统的不可持续，从而危及人类的生存。

3. 社会发展与进步是青藏高原区域 SRED 系统协调的目的

一般来说，经济增长着重涉及区域开发和“资源—生产—市场”的链式或环式过程，鼓励整体、社会集团的积极创造力和对于效率的追求，它十分关切“人与自然”之间关系的优化，求得年复一年的经济成长。而社会发展必然涉及社会公平、生活富足、环境舒适、道德文明、整体有序的内在机制，鼓励整体、社会集团的爱心和公德，以求公正、协调有序的全民幸福，它更加注重“人与人”之间关系的和谐。这也是青藏高原区域系统协调的目的。人类社会的发展最终都是围绕人的全面发展而进行的。经济发展是社会发展与进步的基础，是核心目标，但不是终极目的，终极目标和目的是人的全面发展。同时，社会发展与进步也有利于促进和保障经济的发展。

总之，构成区域SRED系统的各子系统之间既相互作用又相互依存，既相互促进又相互制约，既有积极的正面影响又有消极的负面影响。该系统包括相互关联的四大子系统，各子系统又由一系列的问题与要素构成。因此，区域SRED系统具有整体性、地域分异性和多层次性等特征。

（三）青藏高原区域可持续发展能力结构模式

青藏高原区域可持续发展的能力和水平，可由以下7个基本支撑体系及其发展关系去衡量，它们之间的相互作用也构成了可持续发展能力结构模式。

1. 区域竞争能力

竞争力是决定青藏高原区域在国家和国际环境中能否迅猛发展的关键指标，是高原经济可持续发展的重要支撑力量。区域竞争力的衡量是在国际、国内市场上各区域之间相互进行的整体比较和被其他地区依赖的程度。主要表现在：在国内市场中的地位（市场占有率、产销率）、区域内产业结构的合理程度、区域宏观经济效益状况。影响区域竞争力的因素包括区域发展成本、区域生产力布局、经济增长模式的选择及科技创新等。因此，青藏高原区域SRED系统中经济支持系统的核心是在遵循可持续发展原则的前提下，努力提升区域竞争能力。

2. 人口承载能力

人口承载能力是青藏高原区域SRED系统中社会支持系统重要的组成要素，是指一个国家或地区资源数量和质量对于该空间内人口的基本生存和发展的支撑能力。如果可以满足（不只是当代人，还要考虑后代人），则具备了可持续发展的初步条件；如在自然状态下不能被满足，则应依靠科技进步寻求替代能源，或控制人口，务求区域发展保持在满足区域人口需求的范围内。

3. 科技创新能力

科学技术是生产力中最活跃、最革命、最主要的因素，是“第一生产力”；科技进步是推动经济和社会发展的决定性力量；科技创新是社会生产力解放和大发展的重要标志。科技创新能力的培育与建设是解决经济社会发展的约束“瓶颈”、推进区域经济社会可持续发展的关键之举，科技创新能力是青藏高原区域可持续发展的重要驱动力。

4. 社会稳定能力

在青藏高原区域可持续发展过程中，不希望出现由于自然波动（如自然灾害等）和社会波动（如重大决策失误、社会动乱等）所带来的灾难性后果。因此，在社会支持系统建设中，必须不断提升整个社会系统“健康、有序、稳定”的运行能力；全体社会成员享受公共财富的公平能力；社会系统抵抗并缓解外部与内部的干扰和冲击的能力，从而保持高原地区社会的安全与稳定，为可持续发展提供稳定、有序的系统环境。

5. 资源的承载能力

资源承载力是指一个国家或地区那些与生存相关，并能被开发利用的资源转化为产品或服务的总体能力，是对该地区人口和经济活动需求的满足程度、保证程度和承载潜力的总和。例如，水资源、耕地资源、矿产资源、生物资源等，它们的赋存状况诸如数量的多寡、质量的优劣、组合或匹配程度、开发的难易，对一个地区的人口和经济发展非常重要，同时构成了区域可持续发展的先决条件。可持续发展要求此种生产能力在不危及其他子系统的前提下，应当与人口和经济活动需求同步增长。

6. 环境的承载能力

环境的承载能力通常也称为“容量支持系统”。人们对于区域的开发、资源的利用、废物的处理等，均应维持在环境的允许容量之内，否则，可持续发展将不能为继。环境的“缓冲力”“自净力”“抗逆力”及其相互之间的平衡，就成为这一支持系统的判别标志。提高环境的承载能力，关键在于加强生态环境建设，即提高生态服务的能力、增强生态环境的质量。

7. 发展的调控能力

区域 SRED 系统是一个复杂的巨系统，并不总是自动保持系统内部和系统之间的有序运行，因此，作为对于“自然—社会—经济”复合系统驾驭能力的政府调控能力的大小就显得非常重要。例如，对于制度选择和政策评价的“决断能力”；对于整体发展和宏观经济的“组织能力”；对于社会行为和公众意识的“引导能力”；对于不同社会诉求和利益集团的“整合能力”；等等。增强政府调控能力是青藏高原区域可持续发展的必然要求。

在上述能力结构模式中，根据 7 个能力要素的满足程度，就可以做出一个国家或地区 SRED 系统健康状况的判断，同时也可以全面地比较不同区域可持续发展的潜力。

复习思考题

1. 简述区域经济增长与发展的关系。
2. 试综述区域经济均衡增长与非均衡增长理论的主要内容。
3. 试论述各种因素对区域经济增长与发展的影响。
4. 试分析区域经济增长与发展机制。
5. 试述区域经济增长与发展的基础理论。
6. 简述区域可持续发展的内涵。
7. 建立一个区域经济可持续发展评价指标体系。

8. 综述国内外区域经济发展阶段理论的内容。

参考文献

[1] 程必定. 区域经济学——关于理论和政策问题的探讨 [M]. 合肥: 安徽人民出版社, 1989.

[2] 陈秀山, 张可云. 区域经济理论 [M]. 北京: 商务印书馆, 2003.

[3] [美] 艾伯特·赫希曼. 经济发展战略 [M]. 曹征海, 潘照东, 译. 北京: 中国经济出版社, 1991.

[4] 陈栋生, 等. 区域经济学 [M]. 郑州: 河南人民出版社, 1993.

[5] 陈栋生, 魏后凯, 陈耀, 刘楷. 西部经济崛起之路 [M]. 上海: 上海远东出版社, 1996.

[6] 魏后凯, 等. 现代区域经济学 [M]. 北京: 经济管理出版社, 2006.

[7] 郝寿义, 安虎森, 等. 区域经济学 [M]. 北京: 经济科学出版社, 1999.

[8] 郝寿义, 安虎森, 等. 区域经济学 (第 2 版). [M]. 北京: 经济科学出版社, 2004.

[9] 刘再兴, 等. 区域经济理论与方法 [M]. 北京: 中国物价出版社, 1996.

[10] 李娟文, 王启仿. 区域经济发展阶段理论与我国区域经济发展阶段现状分析 [J]. 经济地理, 2000 (4).

[11] 崔卫国, 刘学虎. 区际经济学 [M]. 北京: 经济科学出版社, 2004.

[12] 张金锁, 康凯. 区域经济学 [M]. 天津: 天津大学出版社, 2004.

[13] 周起业, 刘再兴, 祝诚, 张可云. 区域经济学 [M]. 北京: 中国人民大学出版社, 1989.

[14] 吴传清. 区域经济学原理 [M]. 武汉: 武汉大学出版社, 2008.

[15] 张培刚, 张建华. 发展经济学 [M]. 北京: 北京大学出版社, 2009.

[16] 孙久文, 叶裕民. 区域经济学教程 [M]. 北京: 中国人民大学出版社, 2003.

[17] 张敦富. 区域经济学原理 [M]. 北京: 中国轻工业出版社, 1999.

[18] 孙翠兰. 区域经济与新时期空间经济发展战略 [M]. 北京: 中国经济出版社, 2006.

[19] 崔功豪, 魏清泉, 陈宗兴. 区域分析与规划 [M]. 北京: 高等教育出版社, 1999.

[20] 聂华林, 高新才, 等. 区域发展战略学 [M]. 北京: 中国社会科学出版社, 2006.

[21] 卫鹏鹏. 中国区域经济协调发展机制研究 [M]. 武汉: 中国地质大学出版社, 2009.

[22] 埃德加·M·胡佛．区域经济导论［M］．王翼龙，译．北京：商务印书馆，1990.

[23] 朱传耿，沈山，仇方道．区域经济学［M］．北京：中国社会科学出版社，2001.

[24] 孙久文．区域经济学专业研究生系列教材——区域经济规划［M］．北京：商务印书馆，2004.

[25] 孟庆红．区域经济学概论［M］．北京：经济科学出版社，2003.

[26] 钱纳里，等．工业化和经济增长的比较研究［M］．上海：上海三联书店，1989.

[27] 西蒙·库兹涅茨．各国的经济增长［M］．北京：商务印书馆，2005.

[28] 高新才．中国西部民族地区工业化阶段判断及发展路径选择［J］．学习论坛，2007（9）．

[29] 陈佳贵，等．中国地区工业化进程的综合评价和特征分析［J］．经济研究，2006（6）．

[30] 刘同德．青藏高原区域可持续发展研究［M］．北京：中国经济出版社，2011.

第四章　区域产业结构

产业结构与经济发展有着非常密切的关系。产业结构的演进促进经济总量增长和质量提升，经济发展也会促进产业结构的加速演进，特别是在现代经济增长中，产业结构演进和经济发展的相互作用越来越明显。区域产业结构是全国经济空间布局在特定区域组合的结果，由于各区域所处地理位置、资源状况及经济发展阶段等不同，所以产业结构的类型和层次总是多样的。① 本章主要探讨产业分类、产业结构演变规律、区域产业结构分析与配置等内容。

第一节　产业结构理论体系

一、产业分类

为了便于分析、研究和管理产业活动，有必要对产业进行分类。产业分类就是根据产业的某些相同或相似特征将全部经济活动分成不同的集合。所以，产业研究和分析目的不同，产业的分类方法也就有所不同。

（一）生产结构分类法

生产结构分类法是依据再生产过程中各产业间的关系而进行的分类方法。

1. 两大部类分类法

马克思为了分析不同物质生产部门的相互关系，揭示社会再生产的实现条件，根据产品在再生产过程中的不同作用，在实物形成上将社会总产品分为两大部类，即将生产生产资料的部门划归为第Ⅰ部类，将生产消费资料的部门划归为第Ⅱ部类。这种产业分类法是产业结构理论的基本来源之一，是投入产出表的基础。但从分类界限来看，有些产品难以确定其类别，实际应用比较困难。

① 毛林根. 产业经济学［M］. 上海：上海人民出版社，1996.

2. 农轻重产业分类法

列宁在马克思两大部类分类法的基础上提出了以物质生产的不同特点为标准的分类方法。这里所讲的生产特点，主要指劳动对象、劳动资料、生产过程、加工方式和劳动产品的不同。在这一思想的指导下形成了农轻重产业分类法。农业包括种植业、畜牧业、渔业和林业；轻工业包括纺织、食品、缝纫（服装）、制革、毛皮、家具、造纸、印刷等产业；重工业包括燃料、冶金（如钢铁）、煤炭、石油、化工等产业。农轻重产业分类法具有比较直观和简便易行的特点。对于从宏观上安排国民经济计划、进行计划调控和研究社会工业化实现进程具有较大的实用价值。其局限性是农轻重产业分类法中农轻重三者的界限越来越模糊，确定产业划分界限日益困难。

3. 霍夫曼的产业分类法

德国经济学家霍夫曼（W. G. Hoffmann）于1931年出版了《工业化的阶段和类型》一书。他为了研究工业化及其发展阶段而将产业划分为三大类，第一类为消费资料工业，包括食品、纺织、皮革和家具等工业。第二类为资本资料产业，包括冶金及金属材料工业、运输机械工业、一般机械工业和化学工业等。第三类为其他产业。当某产业产品的用途有75%以上是消费资料时即将该产业归入消费资料产业，而当某产业产品的用途有75%以上是资本资料即将该产业归入资本资料产业。不能用上述原则确定产业归属的全部归入其他产业之中。

（二）三次产业分类法

1935年，澳大利亚经济学家费歇尔根据人类经济活动发展的三个阶段，最早提出了三次产业的分类方法。英国经济学家和统计学家科林·克拉克继承澳大利亚经济学家费歇尔的研究成果，于1940年发表著名的经济学著作《经济进步的条件》一书，在该书中克拉克运用三次产业分类法，总结了伴随着经济发展的产业结构变化规律，开拓了产业结构理论这一应用经济理论领域。随后，世界上许多国家都采用这种分类方法进行国民经济统计。

所谓三次产业分类法，就是把全部经济活动划分为第一次产业、第二次产业和第三次产业。第一次产业包括种植业、畜牧业、林业和狩猎业等；第二次产业包括［采矿业］、制造业、建筑业、［煤气、电力、供水］等工业部门；第三次产业包括商业、金融及保险业、运输业、服务业、公务、［其他公益事业］和其他。（其中有［］的，是在三个产业的归属问题上有争议的行业）。总之，第一次产业是广义的农业，第二次产业是广义的工业，第三次产业是广义的服务业。

（三）标准产业分类法

全面、精确、统一的经济活动统计对经济理论的探讨和整个国民经济问题的研究，对政府制定经济政策和进行国民经济的宏观管理都是十分必要的。① 国民经济管理的经济统计基础就是产业分类的标准化，即进行标准产业分类。

标准产业分类法（Standard Industrial Classification，SIC）是为统一国民经济统计口径而由联合国于 1971 年制定和颁布的一种产业分类方法。此法先将全部经济活动分成 10 个大项，再将各个大项分为若干个中项，然后将中项分为若干个小项，最后将各个小项分为若干个细项，并按大、中、小、细四个层次规定了相应的统计编码。

其中 10 个大项是：

1. 农业、狩猎业、林业和渔业；
2. 矿业和采石业；
3. 制造业；
4. 电力、煤气、供水业；
5. 建筑业；
6. 批发与零售业、餐馆与旅店业；
7. 运输业、仓储业和邮电通信业；
8. 金融业、不动产业、保险业及商业性服务业；
9. 社会团体、社会及个人的服务；
10. 不能分类的其他活动。

联合国的标准产业分类法与三次产业分类法保持着稳定的联系，从而有利于对产业结构的分层次深入研究。标准产业分类法便于调整和修订，也为各国制定标准产业分类以及进行各国产业结构的比较研究提供了十分便利的条件，许多国家根据国际标准产业分类制定供官方使用的标准产业分类法。中国制定的国家标准《国民经济行业分类与代码》（GB－T4759－94）也采用《国际标准产业分类》在 1988 年第三次修订版的分类标准。

（四）产业功能分类法

产业功能分类法根据各个产业在区域产业系统中的地位、作用和功能，将区域全部产业划分为主导产业、关联产业、基础产业、潜导产业 4 类。

1. 主导产业

主导产业是指以优势商品和服务产品为基础，具有较大的规模、较强供给力与市

① 夏大慰，等．产业组织学［M］．上海：复旦大学出版社，1994.

场竞争力以及发展后劲的优势产业或支柱产业。①②

主导产业具有两大功能：第一，主导产业具有明显的相对优势，产出规模大，产品调出规模也大，在全国或高层次区域同类产业中是主要的生产供应基地，能承担起全国或高层次地域分工的某一重大任务。第二，主导产业是区域经济系统中的主体和核心，在区域产业结构中，不仅产值比重大，而且关联效应强，它的发展能够带动区域经济的发展，并推动区域产业结构向高层次演进。

2. 关联产业

关联产业是直接配合和围绕主导产业发展起来的产业。关联产业包括后向关联产业、前向关联产业和旁侧关联产业。

后向关联产业，是为主导产业提供产前服务的产业。它们向主导产业提供原材料、燃料等中间投入，以及机器设备、生产工具和修理安装等劳务。前向关联产业，是为主导产业提供产后服务的产业。主导产业的产品可能有两种形态，一种是中间产品，另一种是最终产品，但以前者居多。深加工行业就是前向关联产业，它将主导产业的中间产品进行深度加工，提高附加价值，然后进入消费领域。旁侧关联产业，是为主导产业提供产中服务的产业。

3. 基础产业

除主导产业及其关联产业之外的其他产业部门都可以称为基础产业，它是主导产业及其关联产业的基础，包括生产性基础产业、生活性基础产业和社会性基础产业部门。

生产性基础产业是指为主导产业和关联产业发展本身提供公共服务的部门的总体。例如，交通运输、金融商业、邮电通信、能源供给、物资供应、供水，等等。生活性基础产业是指为产业职工及其家庭提供公共服务的部门的总体。诸如住宅及公用设施，生活服务、公共事业等。社会性基础产业是指既能为产业发展又能为职工家庭提供服

---

① 罗斯托是主导产业理论研究的先驱者，他认为，无论在任何时期，甚至在一个成熟并继续成长的经济体系中，经济增长之所以能够具有或保持“前进的冲击力”，是由于若干“主要成长部门”迅速扩张的结果。这些“主要成长部门”就是所谓的主导产业。主导产业具有以下特征：a. 引入了创新成果，获得了新技术；b. 具有大大超出国民经济总增长率的持续的部门高增长率；c. 拥有巨大的市场潜力和光明的发展前景；d. 具有显著的关联带动和扩散效应，对其他产业的发展具有极大的引导和带动作用。以上四个方面的特征是一个有机整体，缺少其中一个，就不能成为主导产业。主导产业并不是孤立存在的，它与其他产业部门之间存在着相互促进、相互影响、相互依赖、相互制约的关系。[美] W. W. 罗斯托. 经济成长的阶段 [M]. 北京：商务印书馆，1963.

② 支柱产业是指在区域经济中占有较大比重、对支持区域经济增长具有重大作用的产业。但是它不一定能够反映区域经济的发展方向，甚至其中的一部分可能在下一轮的发展中被压缩和淘汰。优势产业是指以地区比较优势为基础，能够利用和发挥地区特色和有利条件，资源配置基本合理，资本运营效率高，在一定空间区域和时间范围内有较高投入产出率，并能够体现、巩固和创立地区竞争优势的产业部门。标志着该地区的经济特色和发展方向。

务的部门的总体。例如，教育、科研、卫生、环保、治安，等等。

4. 潜导产业

潜导产业是指当时并不是很重要，作用还不很大，但是发展潜力比较大，或者是代表将来产业发展方向，前景比较好，可以在比较短的时间内上升为主导产业的产业。潜导产业存在于关联产业和基础产业之中，并非独立其外。

关联产业、基础产业及存在于其中的潜导产业统称为非主导产业，它们与主导产业一起构成区域产业功能分类系统，如图 4－1 所示。功能分类法既能够体现区域劳动地域分工的要求，也能体现区域各产业的地位和作用。

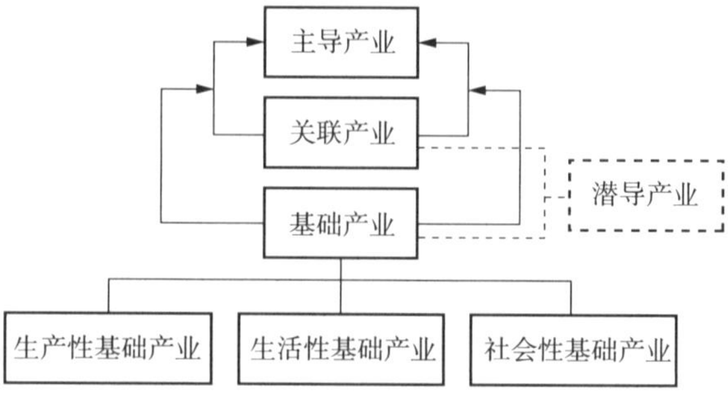

图 4－1　产业按功能分类示意图

（五）其他分类法

1. 生产要素分类法

生产要素分类法是根据不同的产业在生产过程中对资源的需求种类和依赖程度的差异，即以生产要素集约程度的不同作为划分产业标准的一种分类方法。这里的资源是指劳动、资本、土地、知识和技术、管理、自然资源等投入生产活动的生产要素的总和。由于产品的技术、特征各不相同，各产业在生产单位产品时所需投入的各个生产要素数量有很大差别，因此，以生产要素的集约度或密集度为标准将产业划分为资源密集型产业、劳动密集型产业、资本密集型产业、技术密集型产业、知识密集型产业。

2. 产业发展状况分类法

产业发展（industry development）是指产业的产生、成长和演进。① 产业发展状况

① 产业发展的内容，既包括单个产业的进化，又包括产业总体的演进；既包括产业类型、产业结构、产业关联、产业布局的演进，又包括产业组织的变化、产业规模的扩大、技术的进步、效益的提高。产业发展的过程，就是单个具体产业的产生、成长、繁荣、衰亡或单个大类产业产生、成长、不断现代化的过程，也是产业总体的各个方面不断由不合理走向合理、由不成熟走向成熟、由不协调走向协调、由低级走向高级的过程；也就是产业结构优化、产业布局合理化、产业组织合理化的过程。

分类法是根据产业发展的技术状况和变化趋势进行分类的方法，它具体包括两种方法：一是按技术先进程度进行产业分类，由于科学技术发展对产业发展和产业结构变迁起着重要的推动作用，因此可根据产业技术含量和技术先进程度的不同将产业划分为传统产业和高技术产业。二是按产业发展趋势进行产业分类，可以将产业划分为朝阳产业和夕阳产业两类。

二、区域产业结构的含义与特征

在经济领域，产业结构的概念始于20世纪40年代。最初利用产业结构这个概念分析经济问题时，其含义还不规范，它既可以用来解释产业内部的关系和产业之间的关系，也可以用来解释产业内部企业关系结构和产业的地区分布。① 随着对产业经济研究的不断发展和深入，产业结构的概念和研究领域逐渐明确下来，产业结构理论逐步形成体系，产业结构也与产业组织、产业布局区别开来。②

（一）区域产业结构的含义

产业结构是在社会再生产过程中形成的产业之间的生产、技术、经济联系。区域产业结构是指区域经济中各类产业的构成和产业间量的比例、质的联系等关系的总和。产业间的数量比例关系，首先反映的是各类经济资源在各产业间的配置情况，如资金、劳动力、技术等生产要素在各产业之间的分布。其次反映的是国民经济总产出在各产业间的分布情况，例如，一定时期内的总产值、总产量和劳务、利税额在各产业间的分布。产业间质的联系主要反映产业间相互依赖、相互制约的程度和方式。

（二）区域产业结构的特征

区域产业结构是全国经济空间布局在特定区域组合的结果。③ 在某特定区域内，之所以形成某种类型的产业结构，是由该区域的优势和全国经济空间布局的总体要求所决定的。区域产业结构具有以下特征：

1. 条件制约性

区域经济条件影响和制约区域产业结构，表现为对产业的类型和演化的影响。例

① 苏东水．产业经济学［M］．北京：高等教育出版社，2005.

② 现在，产业组织专指同一产业内企业间的市场关系和组织形态；产业布局专指产业的地域分布结构；产业结构是产业间技术经济联系与联系方式。这种产业间技术经济联系与联系方式可从两个角度来考察：一是从“质”的角度动态地揭示产业间技术经济联系与联系方式不断发展变化的趋势，揭示经济发展过程中的国民经济各产业部门中，起主导或支柱地位的产业部门不断替代的规律及其相应的“结构”效益，从而形成狭义的产业结构理论；二是从“量”的角度静态地研究和分析一定时期内产业间联系与联系方式的技术经济数量比例关系，即产业间“投入”与“产出”的量的比例关系，从而形成产业关联理论。

③ 吴殿廷．区域经济学［M］．北京：科学出版社，2009.

如，东部沿海地区由于能源、原材料的限制，就决定了该区域不能发展或少发展那些高耗能和高耗材的产业部门；老少边穷地区的条件决定了它不能发展知识密集型产业。当然有些条件不是一成不变的，条件的变化可以促使产业结构的变化。

2. 部门结构与空间结构的区域统一性

不同地区或同一地区的不同发展阶段产业结构是不同的，不同的产业结构也可以反映产业结构的阶段性，不同的产业空间结构可以反映产业结构的空间特征，产业部门结构与产业空间结构是内容与形式的关系，前者是后者的内容，后者是前者的空间表现形式，它们在区域上得以统一。

3. 多样性

区域条件多样性和复杂性决定了区域产业结构的多样性。由于各区域所处地理位置、资源状况及经济发展阶段等不同，所以产业结构的类型和层次总是多样的。任何地区的产业结构层次都会随着生产力的发展，不断地向高层次变化。

4. 开放性

区域产业结构形成和演变，也受到区外环境的影响，与区外不断进行着物质、技术、信息、人才和资金的交流。现代区域产业的发展绝不是封闭的，总是在更大区域范围内，在劳动地域分工中担当不同的角色。

从产业结构的特征出发，研究区域产业结构，在方法论上，需掌握三个特性，即协调性、动态性和目的性。协调性就是指研究区域产业结构要注重各产业间协调、不同区域间产业发展协调、区域产业发展与区域经济发展协调，不能脱离区域具体情况孤立的研究产业问题。动态性是指研究区域产业结构不能静态考察产业结构是否合理，而要从高层次区域的全局着眼，应考虑时间和空间变化。目的性是指研究区域产业结构要以提高区域经济、生态、环境、社会效益为目标，不断提升和优化区域产业结构。

第二节 产业结构演变规律

产业结构作为区域经济以往增长的结果和未来增长的基础，成为推动区域经济发展的主要因素，产业结构演变体现为三次产业内部由低级向高级的发展。在市场导向方面，产业结构的演变经历了由封闭型→进口替代型→出口导向型→市场全球化的演变。① 区域经济发展的过程其实就是产业结构演变的过程，考查和把握产业结构演变的一般规律是研究区域产业结构的基础。

① 李善明，等. 外国经济学家辞典［M］. 深圳：深圳海天出版社，1993.

一、配第－克拉克定理

早在17世纪，英国经济学家威廉·配第在他的名著《政治算术》中就指出：制造业比农业，进而商业比制造业能够得到更多的收入。① 这种不同产业之间相对收入上的差异，会促使劳动力向能够获得更高收入的部门移动。

克拉克于1940年在《经济进步的条件》一书中，通过对40多个国家和地区不同时期三次产业劳动投入和产出资料的整理和比较，揭示了人均国民收入水平和结构变动的内在联系，总结出了劳动力在三次产业中的结构变化与人均国民收入的提高存在着一定的规律性，得出了产业结构演进的规律性结论。②

（一）研究前提

第一，对产业结构演变规律的探讨，是以若干国家在时间的推移中发生的变化为依据的，这种时间系列是和不断提高着的人均国民收入水平相对应的。

第二，使用劳动力指标来考察伴随着经济发展，劳动力在各产业中的分布状况所发生的变化。

第三，以三次产业分类法为基本框架。

（二）结论

随着经济的发展，即随着人均国民收入水平的提高，劳动力首先由第一产业向第二产业转移，当人均国民收入水平进一步提高时，劳动力便向第三产业转移。人们将这种由人均收入变化引起产业结构变化的规律称为“配第－克拉克定理”。

“配第－克拉克定理”不仅可以从一个国家经济发展时间序列分析中得到印证，而且还可以从处于不同发展水平的国家在同一时点上的横断面比较中得到类似结论。③

二、库兹涅茨法则

美国经济学家库兹涅茨于1941年在《国民收入及其构成》一书中阐述了国民收入与产业结构之间的重要联系：产业结构和劳动力的部门结构将随着经济增长而不断发生变化；劳动收入在国民经济中所占的比重趋于上升，财产收入的比重趋于下降；政府消费在国民生产总值中的比重趋于上升，个人消费比重趋于下降。他考察了总产值变动和就业人口结构变动的规律，揭示了产业结构变动的总方向，从而证明了配第－克拉克定理。他发现的这种变化规律，即产业结构的变动受人均国民收入变动的影响，

① 李善明，等．外国经济学家辞典［M］．深圳：深圳海天出版社，1993.
② 李善明，等．外国经济学家辞典［M］．深圳：深圳海天出版社，1993.
③ 李悦．产业经济学［M］．北京：中国人民大学出版社，1998.

被称为库兹涅茨人均收入影响论。①

（一）研究思路

从“配第－克拉克定理”这一研究成果出发，库兹涅茨将国民收入在三次产业分布状况的变化趋势与劳动力分布状况的变化趋势结合起来。为此，他收集和整理了20多个国家的庞大数据。

（二）结论

1. 农业部门（即第一次产业）实现的国民收入，随着年代的延续，在整个国民收入中的相对比重同农业劳动力在全部劳动力中的相对比重一样，处于不断下降之中。

2. 在工业化阶段，工业部门（即第二次产业）国民收入的相对比重及占用劳动力的相对比重大体来看是上升的，其中前者上升速度快于后者，第二产业成为财富的主要创造者。在工业化后期特别是后工业化时期，第二产业的国民收入相对比重和劳动力的相对比重会不同程度地下降。

3. 第三次产业的劳动力相对比重、国民收入相对比重持续处于上升的状态。其中在工业化的中前期阶段，劳动力的相对比重上升的速度快于国民收入的相对比重上升的速度，第三产业成为吸收劳动力的主要场所。工业化后期，第三产业既是财富的主要创造者，也是吸收劳动力的主要场所。

（三）三次产业比较劳动生产率的变化规律

将时间序列分析和横断面分析相结合，三次产业比较劳动生产率的变化见表4－1。②

表4－1　产业发展形态的概括（三部门的构成）

项目	（1）劳动力的相对比重		（2）国民收入的相对比重		比较劳动生产率＝（2）／（1）	
	时间序列分析	横断面分析	时间序列分析	横断面分析	时间序列分析	横断面分析
第一产业	下降	下降	下降	下降	下降	（1以下）几乎不变
第二产业	不确定	上升	上升	上升	上升	（1以上）下降
第三产业	上升	上升	不确定	微升（稳定）	下降	（1以上）下降

从表4－1可以得出如下结论：

1. 第一次产业的相对国民收入（即比较劳动生产率）在大多数国家都低于1，而第二次和第三次产业的相对国民收入则大于1。从时间分析来看，农业相对国民收入下降的趋势说明，在劳动力相对比重和国民收入相对比重均下降的情况下，国民

① 西蒙·库兹涅茨．各国的经济增长［M］．北京：商务印书馆，1985.

② 时间序列分析即按时间的推移所做的分析；横断面分析即为同一时点不同国民收入水平国家的比较（从低到高）；“不确定”的意思是很难归纳出一般的趋势，从整体来看是变化不大，或者略有上升。转引自孙久文，叶裕民．区域经济学教程［M］．北京：中国人民大学出版社，2003.

收入相对比重下降的程度超过了劳动力相对比重下降的程度。可见，农业劳动力相对比重和农业实现的国民收入相对比重的减少，是任何国家在经济发展的一定阶段的普遍现象。

2. 第二次产业国民收入相对比重的上升是普遍现象，但劳动力相对比重的变化由于不同国家工业化水平的不同而有差异，即综合来看是微增或没有大的变化。这样毫无疑问，相对国民收入就是上升的。这说明工业化达到一定的水平以后，第二产业不可能大量吸引劳动力。然而，从相对国民收入来看，唯独第二产业是上升的。这说明在一个国家的经济发展上，在国民收入特别是人均国民收入的增长方面，第二次产业有较大贡献。

3. 第三次产业的相对国民收入，从时间序列分析来看，一般表现为下降趋势，但劳动力的相对比重是上升的。这说明第三次产业具有很强的吸收劳动力的特性。但是，劳动生产率的提高并不快。由于第三次产业具有对劳动力的强吸附特性，因此被人们称为劳动力的大蓄水池。一般来说，第三次产业是这三个产业中规模最大的一个，无论以劳动力的相对比重，还是国民收入的相对比重都占一半以上。

三、工业结构的高度化规律

在产业结构演进和区域经济发展过程中，工业化的发展起到至关重要的作用。工业化以18世纪60年代英国产业革命为起点，在发达国家经历了200多年的发展历程，到20世纪70—80年代，工业无论国民收入相对比重还是吸收劳动力相对比重都处于下降状态，说明发达国家工业化过程已完结，进入后工业化阶段，但发展中国家还在继续。工业的发展和工业化进程也有其内在规律性，所谓工业结构的高度化规律，是指工业化过程表现为工业结构的重工业化、高加工度化和技术集约化的总体趋向。

（一）工业结构的重工业化和霍夫曼理论

1. 工业结构的重工业化

工业结构的演进朝着由以轻工业为中心的工业结构向以重工业为中心的工业结构发展，这种现象通常称为工业结构的重工业化。

一个国家或一个区域由于受诸多条件的限制，工业化一般都是从资金投入少、建设周期短、吸收劳动力多、原材料可从传统农业中低价获得、技术要求不很高的轻工业开始的。英国是世界上最早进行工业化的国家，它就是从纺织工业开始的。但是，随着工业化的进展，一定时期内重工业的比重将不断上升，这是因为，一方面，轻工业的进一步发展要求重工业提供更加先进的技术装备；另一方面，人民生活水平的提高对工业品的需求由一般日用消费品转向耐用消费品，为制造业创造了广阔的市场。制造业是一个产业链长、关联度高的产业，特别是任何机械设备制造业的发展都需要矿业、原材料工业做基础，庞大的重工业体系一旦建立起来，就替代轻工业成为工业化的主导力量，重工业化过程贯穿于工业化的始终。美国1880—1975年轻、重工业产值比重变化见表4-2。①

表4-2 美国1880—1975年工业总产值中轻重工业的比重 单位：百万美元

年份	总计	轻工业		重工业	
		产值	%	产值	%
1880	5411	3540	65.4	1871	34.6
1890	8809	5280	60.0	3529	40.0
1900	12734	7110	55.8	5624	44.2
1921	47248	23310	49.4	23938	50.6
1929	74868	33150	44.3	41718	55.7
1939	62510	29457	47.1	33053	52.9
1967	606716	221114	36.5	385002	63.5
1969	703339	251290	35.7	452049	64.3
1975	1185726	406458	34.3	779268	65.7

2. 霍夫曼定理

德国经济学家霍夫曼对工业化问题进行了许多富有开创性的研究，提出了被称为霍夫曼定理的工业化阶段理论。所谓“霍夫曼定理”，就是在工业化的进程中霍夫曼比例是不断下降的。

$$霍夫曼比例=\frac{消费资料工业净产值}{资本资料工业净产值} \tag{4-1}$$

霍夫曼比例在一定程度上反映了一个国家和地区的工业化水平。霍夫曼比例越高，说明消费资料工业比重越大，资本资料工业比重越小，表明工业化水平越低；反之，霍夫曼比例越低，说明消费资料工业比重越小，资本资料工业比重越大，表明工业化水平越高。

以霍夫曼比例数值为5左右、2.5左右、1左右和1以下为依据，霍夫曼把工业化过程分为四个阶段。

第一阶段：消费资料工业占主导地位，霍夫曼比例为（5±1）；第二阶段：资本资料工业快于消费资料工业的增长，消费资料工业降到工业总产值的50%左右或以下，霍夫曼比例为（2.5±0.5）；第三阶段：资本资料工业继续快速增长，并已达到和消费资料工业相平衡的状态，霍夫曼比例为（1±0.5）；第四阶段：资本资料工业占主导地位，霍夫曼比例为1以下，这一阶段被认为实现了工业化。

① 孙久文，叶裕民．区域经济学教程［M］．北京：中国人民大学出版社，2003.

（二）工业结构的高加工度化

工业结构的高加工度化就是无论是轻工业还是重工业，都会由原材料工业为重心的结构向以加工、组装工业为重心的结构发展。

高加工度化意味着工业加工程度不断深化，并且意味着在原材料工业发展到一定水平后，加工组装工业的发展将大大超过原材料工业的发展速度。工业结构高加工度化表明，工业的增长对原材料的依赖程度到一定时期会出现相对下降的趋势，从而对能源、资源的依赖程度也将相对下降。根据这一规律，资源型和资源加工型区域都应该及早进行产业结构升级规划，选择培育适应发展趋势的潜在主导产业，以适应产业发展规律和经济发展要求。

（三）技术集约化

技术集约化即在制造业结构深加工化的过程中，进一步表现出高技术化的趋势。

技术集约化不仅表现为所有制造业部门都采用越来越高的技术、越来越先进的工艺并实现自动化，而且表现为大批以技术密集为特征的高技术产业得以兴起和发展，并逐步成为工业的主体。技术集约化过程中，科学技术将日益成为工业发展中最重要的资源。

（四）工业化过程中生产要素密集度转换规律

工业化过程是一个由劳动密集型向资金密集型再向技术密集型转化的过程，这就是工业化过程中生产要素密集度转换规律。

工业化的初期，轻工业在工业结构中处于重心位置，在工业的生产要素结构中劳动力处于最突出的地位，是一种劳动力密集型工业结构。随着工业结构的重工业化，重工业中原材料工业的地位将不断上升，钢铁、石油、石化、有色冶金、煤炭等原材料部门都是需要大量资金投入用于购买庞大的生产设备，才能实现规模发展。因此，在工业化的这一阶段，在工业的生产要素结构中资金处于最突出的地位，是一种资金密集型工业结构。而后，随着工业结构的高加工度化，加工组装业将逐步取代原材料工业成为增长最快的产业，各种机械工业占据重心地位，而它需要先进技术的支持才能得以实现，没有先进技术的投入和利用，就不会有高加工度化。因此，在工业化这一阶段，在工业的生产要素结构中技术处于最突出的地位，是一种技术密集型工业结构。

四、产业结构的信息化

随着信息技术的发展，国民经济中的信息部门迅速发展，其就业比重和产值比重不断增长，这种现象称为产业结构信息化。

信息部门一般可以划分为一次信息部门和二次信息部门。一次信息部门主要从事信息的基础结构，即制造、操作和运用各种信息设备和技术以支持信息市场和市场信息两种活动；二次信息部门包括信息市场和市场信息两种活动。

信息部门的发展反映了一个经济实体的能力，即增加生产要素的价值并制造出新的财富，以及更有效地分配这种财富。信息部门的快速发展和在国民经济中地位的提高，标志着全球信息社会的到来。

五、产业结构规律性演变的动因分析

（一）各产业产品需求收入弹性的差异

人们对某一产品的需求，随人均收入变化而变化的相互关系，经济学称为产品需求收入弹性。它是在价格不变的前提下，某一产品需求的增长率与人均国民收入的增长率之比。

$$\text{某一产业的产品需求收入弹性系数} = \frac{\text{该产业的产品需求增长率}}{\text{人均 GDP 的增长率}} \quad (4-2)$$

某一产业的产品需求收入弹性系数小于1，意味着人们在增加的收入中，用于购买该产业产品的比重在下降。某一产业的产品需求收入弹性系数大于1，意味着人们在增加的收入中，用于购买该产业产品的比重在上升，该产业具有不断扩大的市场潜力和发展空间。某产业的产品收入弹性越高，该产业在国民经济中的比重提高的速度也越快。

各产业产品需求收入弹性的较大差异及其变化导致了国民经济发展中产业结构的变化。

1. 在人均收入水平很低的阶段，生理性需求的产品占统治地位，农产品需求收入弹性极大。

2. 当人们基本解决温饱之后，第一产业产品的收入弹性系数处于不断下降之中。人们的消费需求向穿、用转移，轻工业产品需求收入弹性大增。为了适应这种消费结构的变化，社会必须重新安排资源，发展消费品工业，而且是首先从轻工业，特别是纺织工业开始。

3. 随着人均国民收入水平的进一步提高，人们的消费结构将进入第二个历史性阶段，即追求便利和机能的阶段。人们要求增加耐用消费品的消费，耐用消费品和投资品的需求收入弹性迅速上升，而轻纺工业品收入弹性下降。同时，人均国民收入的提高还为资本大量积累提供了可能，为资本资料工业的大发展奠定了基础。这两者都促使工业结构必然出现重工业化趋势。

4. 人们消费结构演变的第三个阶段，是追求时尚与个性的阶段。为了满足消费者对于产品的多样化需求，加工组装业迅速发展，这就必然导致工业结构高加工度化。

5. 当人均收入水平更高，有限的物质享受得到较好的满足，第三产业需求收入弹性持续提高，第三产业便成为继第二产业之后支持区域经济发展的主要力量，社会经济发展进入后工业化社会阶段。

三次产业的产品需求收入弹性系数是此消彼长的关系，第一产业收入弹性系数的下降必然带来第二、第三产业收入弹性系数的上升。第二产业具有高需求收入弹性，不仅取决于人民生活水平的提高需要更多的工业品，也取决于经济自身发展的需要。在工业化时期，特别是工业化中期，制造业内部各产业的迅速增长和城市发展为第二产业提供了广阔的市场，第二产业的收入弹性也因此得到很快提高。

（二）各产业技术进步及技术结构特征

技术进步是经济发展的基本动力。三次产业由于各自特性的不同，在生产过程中对技术进步的感应也完全不同，主要表现为技术进步在促使各产业降低成本、实现规模经营、提高劳动效率方面有完全不同的特点，从而决定着各产业在国民经济发展中功能和地位的变化。

从这个角度来分析，农业经济是一个半自然的再生产过程，生产周期长，受自然力的作用大，报酬递减，生产效率提高缓慢，农业技术进步比工业要难得多。另外，技术进步为提高农业劳动生产率创造条件，使劳动力不断地从农业中分离出来，农业占用劳动力的比重不断减少。第二产业的基本特征是大规模集约化生产，大机器生产能够最大限度地利用最先进的技术，最直接地实现创新和技术进步，并且具有显著的规模经济效益。因此，技术进步对第二产业影响巨大，并导致工业产品成本不断下降，生产效率不断提高，使第二产业成为工业化过程中对 GDP 增长贡献最大的部门。从第二产业吸收劳动力的状况看，在工业化初期和中期，工业行业不断增加，各行业发展规模也不断扩大，因而其吸收劳动力比重趋于上升，但是由于工业技术进步快，工业内部结构由劳动密集型向资金密集型进而向技术密集型转换，工业所需劳动力的相对量和绝对量都增长极慢，甚至会出现下降的现象。第三产业提供的商品是“服务”，它始终具有劳动密集型的特性，技术进步对降低成本的作用不如第二产业明显，因此，第三产业对 GDP 增长的贡献不如第二产业大。但是，它能够解决工业化过程中第二产业难以解决的大规模就业问题。到工业化的中后期，第三产业的发展以新兴服务业为主。新兴的第三产业既保留了劳动密集型特性，又具备技术密集型特性，从而既是吸收劳动力的主要场所，又是创造国民财富的主要力量。

（三）国际贸易的促动

产业结构演进的一个重要趋势就是与国际市场相适应，无论是发达国家还是欠发达国家都需要将本国产业发展与国际市场密切联系起来，使产业结构高度化发展。

1. *“雁行产业发展形态说”*

该理论是日本经济学家赤松要提出来的，立足于经济欠落后国家的理论。① 他发现落后国家的产业结构要经历三个阶段的变化：一是进口阶段，即在对某些产品的需求

① 李善明，等. 外国经济学家辞典［M］. 深圳：深圳海天出版社，1993.

增加，而国内生产困难时，靠进口满足需求；二是国内替代阶段，即在国内生产该种商品的条件成熟后，以国内产品满足需求，替代进口产品；三是出口阶段，即随着国内生产条件日益改善，该种产品生产成本大大降低，市场竞争力加强，产品转而进入国际市场。上述进口、国内生产和出口的进展过程，在图形上像三只大雁，因此称为“雁行产业发展形态”（见图4－2）。

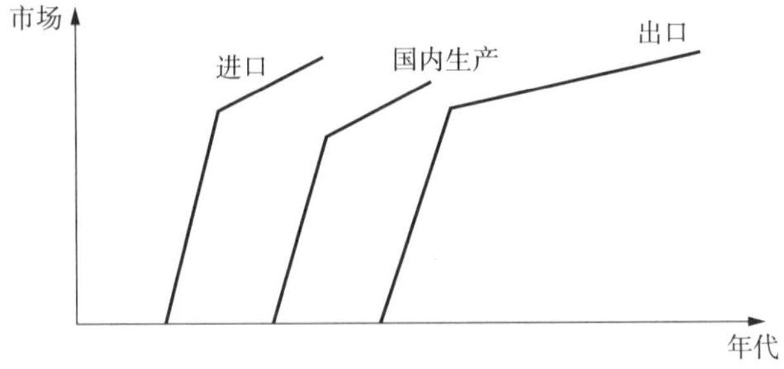

图4－2 雁行产业发展形态

第一只大雁是进口的浪潮，第二只大雁是国内生产的浪潮，第三只大雁是出口的浪潮。通过进口→国内生产→出口这种国际贸易的作用，发展中国家产业结构就随着发达国家技术和产业发展的拉动而发生演变。

2. *“产品循环说”*

该理论是由美国的弗农提出的，立足于发达国家的理论。所谓产品循环表现为以下几个阶段：从新产品问世，扩大市场直至国内市场饱和，这是第一阶段；然后将这一产品出口到国外，开拓国外市场，这是第二阶段；随着国外市场的形成，便有资本和技术的出口，资本和技术与当地廉价劳动力及其他资源结合，在输入国发展这种产品，这是第三阶段；国外生产能力的形成，又会使这种产品以更低的价格输入本国市场，使得开发了该种产品的输出国放弃这种产品生产，转而去开发新产品，这是第四阶段。

发达国家经济实力雄厚，研发和创新能力强，通过新产品开发→国内市场形成、饱和→产品出口→资本和技术出口→产品进口→开发新的产品……按照这种顺序不断循环上升，这就是所谓的“产品循环”。

将“雁行发展形态”和“产品循环”加以对照，可以发现，雁行发展形态的三个过程和产品循环的第2～4个阶段是一致的，只是前者是立足于发展中国家，而后者是立足于发达国家进行分析。但是这两种学说都揭示了同一个事实，那就是国际贸易既促进了发达国家的新产品开发和技术创新，又促进了发展中国家产业结构的演变和高级化。①

① 郝寿义，安虎森．区域经济学（第2版）．［M］．北京：经济科学出版社，2004：246－247.

（四）技术创新推动

产业结构高级化的根本动因是技术创新。① 技术创新的内容一般包括产品创新、工艺创新、设备创新、材料创新、生产组织与管理创新。历史证明，技术创新是产业结构升级并引起质变的强大推动力。

1. 产品创新促进了新产业的产生，从而实现产业结构的升级。从产业发展的近代史看，正是重大的技术创新推动了产业结构的高级化。例如，蒸汽机的发明、电力的发明、计算机的发明等，都带来了巨大的技术变革、技术进步和新产业的产生，并使得产业结构水平沿着农业为主导、工业为主导、信息产业为主导的方向不断升级。

2. 工艺创新促进劳动生产率的提高，从而实现产业结构升级。在手工技术的生产时代，无论是工业还是农业都是分散的、小规模的、相对封闭的生产方式，技术创新使得世界进入工业生产时代又进入信息经济时代，使得生产方式朝着多样化、社会化、国际化的方向发展，而生产方式的进步和社会化程度的提升同样是产业结构高级化的本质内容和重要表现。

3. 市场创新开拓了新的需求，从而推动了产业结构的高级化。通过市场创新，促进了生产和消费领域潜在的和更高层次的需求。对新产品的旺盛需求，使得新产业有很高的需求收入弹性，即国民收入的增长更大部分用于对新产业的需求；由于旺盛的市场需求，使得新产业产品价格高扬，其获利水平远远高于全部产业的平均水平，从而引起社会资源迅速流入该产业，使得该产业不断扩张。无论新产业，还是用新技术改造后的传统产业，都因为需求的不断增长而不断扩张，这种扩张正是产业结构高级化的表现。②

第三节　区域产业结构分析

一、区域产业结构总体评价

区域已形成的产业结构是否合理，在总体原则上可以从以下几个方面来考察：

（1）已有的产业结构与区域的资源结构是否相适应，能不能发挥区域的资源优势。

这里的资源结构指生产要素结构，即自然资源、劳动力、资金和科学技术之间的相对比例关系。各个区域生产要素禀赋各不相同，各种生产要素的供给能力和供给价格也就不同。合理产业结构的一个显著特征就是优先、重点开发基于优势资源的产业和产品。评价区域产业结构是否合理，既要看它同区域的资源结构是否相适应，也要

① 杨公朴，夏大慰．产业经济学教程［M］．上海：上海财经大学出版社，1998.
② 苏东水．产业经济学［M］．北京：高等教育出版社，2005.

看它同区域的消费水平、消费结构和市场容量是否相适应。区域产业结构必须既是资源导向的，又是市场导向的。

（2）区域产业系统的功能，是否能承担起全国地域分工的重要任务，对全国或上一区域层次产业结构的优化和协调做出独特的贡献。

一个较大的区域包含若干个范围较小的区域子系统，这些区域子系统的区域优势各不相同。因此，如果区域已形成主导产业，并且发展的规模比较适度，能够通过其产品大量向外输出，担负起大区域或全国地域分工的任务，对大区域或全国做出自己的贡献，那么就可以说这个区域的产业结构是比较理想的，比较健康。否则，如果区域未形成专业化部门，区域优势未得到充分发挥，担负不起大区域或全国地域分工的重任，对大区域或全国贡献不大，那么这样的区域产业结构就比较“差”，与区域经济发展的需要不相适应。

（3）区内产业之间关联度如何，即产业之间是否协调，特别是主导产业与非主导产业之间的关系是否协调。

区域内部产业间关联度大，则区域经济凝聚力强，经济综合实力大，产业之间可以相互促进，取长补短。在区内产业关联中，主导产业和非主导产业之间的关联非常重要，处于关键地位。一般来说，主导产业与非主导产业关联度大，可以将其产业优势辐射到区域的相关产业，带动相关产业的发展，从而促进整个区域经济较快发展；主导产业与非主导产业关联度大，也可以得到相关产业的扶持，促进主导产业健康发展。否则，区域主导产业与非主导产业关联性差，极易形成较强的二元结构，从而最终制约区域经济的发展。

（4）区域产业结构的转换能力和应变能力如何。

区域产业结构是不断发展变化的，如果现有产业结构不合理，就需要调整，使其向合理的方向改变。若产业结构转换能力强，则调整速度比较快，代价小，对区域经济发展有利；若结构转换能力差，则调整速度慢，代价大，对区域经济发展势必造成不利影响。

区域产业结构调整和转换的速度主要取决于产业结构演进和转换的客观条件。例如，区域现有产业结构的弹性较大，应变能力较强，那么区域产业结构就能够抓住有利时机迅速转换，进入一个更高的水平和阶段；相反，如果区域产业结构刚性很大，应变能力很差，那么它对已经变化了的客观条件反应迟钝，不能及时转换和升级，致使区域错过发展时机。

（5）结构性效益的高低怎样。

结构性效益是衡量区域产业结构合理与否的最终标准，也是区域经济发展的归宿。

一般而言，区域产业结构高级化程度越高，则结构性效益越好，这就是一个国家或一个区域极力追求产业结构高级化的原因。但是区域产业结构的高级化应当与区域要素特征相匹配、得到关联产业与基础产业的支持、有良好的软环境条件，只有这样才能获得较高的效益。因此，往往是与区域基础相适应的产业结构，效益可能要比盲目追求高技术更好一些。

通过以上5个方面的考察，对区域产业结构就可以有一个总体评价。在总体评价的基础上再对区域产业结构做进一步的分层次、多角度的具体分析，是非常必要的。①

二、区域产业结构的定量分析

优化区域产业结构，促进区域产业结构的高度化和合理化，必须对区域产业结构现状进行全面分析，常见的分析指标有以下几种：

（一）产业的比较优势度

衡量一个产业是否具有比较优势要从不同的侧面来衡量：

1. 比较成本

$$B_1 = \frac{C_1}{C_2} \tag{4-3}$$

式中，C_1代表被研究区域某行业某产品的销售成本；C_2代表较被研究区域层次更高的区域同行业同产品的销售成本；B_1代表被研究区域某行业某产品的比较成本。

$B_1 < 1$，说明研究区域这一行业的这个产品的成本低于高层次区域的平均值，则这个行业的这个产品具有比较优势，B_1值越小，说明该行业的优势度越大；$B_1 > 1$，说明这个行业的成本高于高层次区域的平均水平，不具备比较优势。

2. 劳动生产率上升率

$$B_2 = \frac{L_1}{L_2} \tag{4-4}$$

式中，L_1代表被研究区域某行业某一时期内的劳动生产率的年增长率；L_2代表较高层次区域同行业同一时期内的劳动生产率的年增长率；B_2代表研究区域某行业某一时期内的劳动生产率上升率。

$B_2 > 1$，说明研究区域这一行业劳动生产率高于较高层次区域的平均水平，说明研究区域这个行业具有比较优势。$B_2 < 1$，说明研究区域这个行业不具有比较优势。

上面两个指标，B_1从投入角度反映区域产业比较优势，B_2从产出角度反映区域产业比较优势。两个指标配合使用，可较好地达到评价目的。

（二）工业化结构比重数

$$G = \left(\frac{Z_1}{Z_2} \times \frac{S_1}{S_2}\right)^{\frac{1}{2}} \tag{4-5}$$

---

① 郝寿义，安虎森．区域经济学（第2版）．［M］．北京：经济科学出版社，2004：248－253.

式中，Z_1和S_1分别代表被研究区域的工业总产值和工业劳动者数；Z_2和S_2分别代表研究区域社会总产值和社会劳动者数；G代表研究区域工业化结构比重数。这个指标可以反映区域工业化水平高低和工业结构素质。G值越大，则说明区域工业化水平越高。

（三）区位商

$$Q = \frac{j_1}{j_2} \div \frac{b_1}{b_2} \qquad (4-6)$$

式中，j_1和j_2分别代表研究区域及其较高层次区域某同一产业部门的就业人数（或产值）；b_1和b_2分别代表研究区域及高层次区域就业总人数（或总产值）；Q代表研究区域某一产业部门的区位商。$Q>1$，则研究区域在某产业部门的集中程度大于其较高层次区域总体水平，是研究区域的专业化部门和产品输出部门。Q值越大，则研究区域在该产业部门的集中程度越高。反之，$Q<1$，则该产业部门不是研究区域的专业化部门。

（四）产业专业化系数

$$C_1 = \sum \left| (Q_{i1} - Q_{i2}) \right| \qquad (4-7)$$

式中，Q_i代表某产业部门i在整个产业中所占的百分比，下标1、2分别代表不同的区域；C_1代表区域产业专业化系数。计算方法是：分别计算两个区域同一年份各产业部门占各自整个产业的百分比，然后依次将两个区域相同产业部门的百分比相减，将所有差值取绝对值并相加在一起。该指标反映研究区域与对比区域产业结构的差异程度，用来衡量研究区域产业结构的特色。

C_1值在0~100%之间，和值越大，区域产业结构特色越明显，说明与对比区域经济互补性越强；反之，系数数值越小，说明研究区域与对比区域的产业结构越相似和雷同。

（五）产业结构变化率

$$C_2 = \sum \left| (Q_{j1} - Q_{j2}) \right| \qquad (4-8)$$

式中，Q_j代表区域某产业部门在整个产业中所占的百分比，下标1、2分别代表不同的年份；C_2代表区域产业结构变化率。计算方法是：分别计算某个区域两个年份各产业部门占整个产业的百分比，然后依次将两个时点相同产业部门的百分比相减，将所有差值取绝对值并相加在一起。这个指标反映了随着时间的推移，区域产业结构变化的程度。C_2越大，说明在考察时期内区域产业结构变化幅度越大；反之，C_2越小，说明结构变化幅度越小。

（六）偏离—份额分析

以一定时期内，国民生产总值（评价第一、第二、第三次产业结构），或工农业总产值（评价农轻重结构），或工业总产值（评价工业结构）的年增长率为基准，分别测算区域按全国平均增长率能形成的假定份额，进而将这一假定份额与区域实际增长额进行比较，分析区域国民生产总值增长相对于全国平均水平的偏离状况。这种偏离主要是由区产业结构因素和区位因素（竞争力）形成的。

其关系可表示为：区域经济增长 = 全国分量 + 产业结构分量 + 竞争分量

可从绝对增量与增长率两方面建立上式的数学式：

$$DY_j = Y_j^t \cdot S^* + \sum_j [Y_{ij}^t \cdot (S_i^* - S^*)] + \sum_i [Y_{ij}^t \cdot (Y_{ij}^* - S_i^*)] \tag{4-9}$$

$$Y_j^* = S^* + (G_j^* - S^*) + (Y_j^* - G_j^*) \tag{4-10}$$

式中，Y_{ij}^t为 t 时期 i 区域 j 产业的经济活动水平；Y_j^t 为 t 时期 j 区域总经济活动水平；DY_j 为 j 区域的增量；S_i^* 为全国 i 产业的增长率；S^* 为全国总的经济增长率；Y_j^* 为 j 区域的经济增长率；Y_{ij}^* 为 j 区域 i 产业的增长率；G_j^* 为假定的区域增长率：

$$G_j^* = \{\sum_i [Y_{ij}^t \cdot (S_i^* + 1)] - Y_j^t\} / Y'_j \tag{4-11}$$

偏离—份额分析只需少量数据，计算简便，易于理解，其结果在一定程度上与产业分类有关。

上述定量分析指标中，指标 1 揭示区域产业结构中具有比较优势的产业；指标 2 反映区域产业结构中工业发展的水平和程度；指标 3 反映区域产业结构中的专业化部门及专业化程度；指标 4 反映研究区域与对比区域产业结构差异程度；指标 5 反映区域产业结构随时间的变化程度；指标 6 反映区域产业结构的素质和效益。通过上述指标的测算，可以加强区域产业结构分析、评价的科学性和准确性。①

三、区域产业结构合理化

产业结构合理化主要是指产业与产业之间协调能力的加强和关联水平的提高。产业结构的合理化就是要促进产业结构的动态均衡和产业素质的提高。协调是产业结构合理化的中心内容，产业间的协调包括以下四个方面：

1. 产业素质之间协调。即相关产业间是否存在技术水平的断层和劳动生产率的强烈反差。如果存在着断层和强烈反差，产业之间就会产生较大的摩擦，表现为不协调。

2. 各产业之间的相对地位协调。在一定的经济发展阶段上，各产业的经济作用以及相应的增长速度是不同的，因而各产业在产业结构中所处的地位是不同的，从而形成了各产业之间有序的排列组合。如果各个产业主次不分，轻重无序，甚至出现产业结构的逆转，则说明各产业之间的相对地位是不协调的。

3. 产业之间的联系方式协调。产业之间存在着投入与产出的关系，表明了产业之

① 郝寿义，安虎森. 区域经济学（第 2 版）. [M]. 北京：经济科学出版社，2004：255－262.

间相互依赖和相互影响的关系。如果各产业之间能够做到相互服务和相互促进，那么它们之间的这种联系方式就是协调的；反之，则是不协调的。

4. 供给与需求协调。在需求正常变动的情况下，产业结构的协调将使其具有较强的适应性和应变能力，即通过自身的结构调整适应新的需求变动，使供给和需求之间的矛盾弱化。相反，如果对于需求的正常变动，供给迟迟不能做出反应，造成长时间的供需不平衡，则说明产业间的结构是不协调的。

区域产业结构合理化的作用机制有两种，一种是自组织机制，另一种是宏观调节机制。

1. 区域产业结构的自组织机制，就是市场机制。即在市场经济条件下，经济运行本身有一种内在的自行调整的力量，这种力量能够促使产业结构由不协调趋于协调，由不合理趋于合理。这种自行调整的力量主要是价格机制的作用。

2. 区域产业结构的宏观调节的机制，是指政府从整个国民经济目标出发，为从总体上及时、有效地协调产业结构所运用的一切宏观经济杠杆和产业政策的有机总和。

第四节 区域产业结构配置

一、主导产业与区域经济发展的关系

（一）主导产业是区域经济发展的主要动力

美国经济学家罗斯托对主导产业的研究做出了开创性的贡献。他认为，无论在任何时期，甚至在一个成熟并继续成长的经济体系中，经济增长之所以能保持，是由于为数不多的主导部门迅速扩大的结果，且这种扩大又产生了具有重要意义的对其他产业部门的作用，即产生了主导产业的扩散效应，包括回顾效应、旁侧效应和前向效应。回顾效应是指主导产业高速增长，对各种要素产生新的投入要求，从而刺激这些投入品的发展。旁侧效应是指主导产业的兴起会影响当地经济、社会的发展，如制度建设、国民经济结构、基础设施、人口素质等。前向效应是指主导产业能够诱发新的经济活动或派生新的产业部门，甚至为下一个重要的主导产业建立起新的平台。这些被称为罗斯托主导产业扩散效应理论。①

可见，通过主导产业发展，产生扩散效应，从而带动关联产业和基础产业的发展，是促进区域经济持续成长的主要动力。

（二）建立以主导产业为主体的产业结构，促进区域经济协调发展

主导产业构成区域经济的主体，但是对特定区域而言，过分突出主导产业的作用，

① ［美］W. W. 罗斯托．从起飞进入持续增长的经济学［M］．成都：四川人民出版社，1988.

片面专业化发展，将会带来不利的后果。第一，区域主导产业如果没有众多的辅助部门，服务部门的扶持与协助，是不可能顺利发展的。第二，片面专业化会削弱区域对周期性经济危机或偶发性危机的抵抗能力。第三，片面专业化会使区域难以适应国内外经济发展的潮流，及时顺利地实现产业结构转换。第四，片面专业化势必有相应一部分经济资源得不到很好的利用，造成资源闲置或浪费。

因此，建立以主导产业为核心，主导产业与关联产业、基础产业密切协作的区域产业结构，才能够促进产业不断升级与优化，促进区域经济协调、持续发展。

二、区域主导产业选择的原则

（一）主导产业必须具备的条件

地区主导产业应具备以下条件：

1. 有较高的区位商，一般 Q 值在 2 以上。主导产业是该地区集中度高的专业化部门，该产业的生产应当主要为区外服务，那么其他区域的发展将为本产业提供扩大的市场需求。

2. 产出规模大、就业比重高，能在一定程度上主宰地区经济发展。较大的区域产业门类多，对区位商和产值比重要求相对较低；范围较小的地区，产业门类少，对区位商和产值比重要求相对较高。

3. 产业关联性强，带动作用强。通过主导产业的前向关联和后向关联对其他产业部门产生扩散效应，对区域经济产生乘数效应。

4. 具有较高的需求收入弹性，极强的市场渗透和辐射能力。随着社会收入水平的提高，收入弹性大的产品社会需求增长更快、市场前景更广阔，以生产这种产品的产业为主导产业，才能带来更多的经济效益。

5. 科技进步潜力大，具有较高的劳动生产率和较强的创新能力。技术创新和技术进步作为最活跃的生产要素，是引导生产率上升的重要原因。选择科技进步潜力大的产业部门，生产率就能保持一个较高的上升率，该产业部门创造的国民收入相对比重就会随之增加。

（二）区域主导产业选择原则

1. 根据区域经济所处的发展阶段选择主导产业

一个地区在其经济发展的不同时期，应当选择不同的主导产业。在区域发展初期，主导产业以大农业、矿产采掘业、手工业等为主；进入聚集发展阶段后，主导产业演变为矿业、农副产品加工和纺织业等一般技术的产业，并开始产生为这些产业服务的较复杂技术的制造业，如纺织机械、农用机械工业；进入扩散发展阶段，主导产业以采用先进技术的制造业、组装工业等产业为主；进入成熟期后，主导产业以高技术产业、信息服务业为主。①

罗斯托在其经济成长阶段论中指出了人类社会经济成长6个不同阶段以及相应的主导产业。传统社会阶段的主导产业以农业为主体；为起飞准备条件的阶段，主导产业仍以农业为主体；起飞阶段主导产业是纺织工业；成熟阶段主导产业包括钢铁、电力、煤炭、通用机械、化肥工业等；高额群众消费阶段主导产业是汽车制造业；追求生活质量阶段以公共服务业和私人服务业为代表的生活质量部门作为主导产业。②

2. 根据产业发展的阶段来选择主导产业

随着技术和经济的发展，各产业部门之间的关系越来越广泛、越来越复杂。主导产业与其他产业之间的联系，把相关的产业组成一个群体，主导产业是以一个群体出现，主导产业对国民经济的带动作用正是主导产业群体作用的结果。主导产业群也是随着经济发展阶段的更替而不断变化，从近代第一次产业革命以来，世界经济的发展总共经历了5次主导产业群的更替，每次更替的主导产业部门都不同（见表4-3）。

表4-3 主导产业转换和发展的五个历史阶段

发展阶段	主导产业部门	主导产业群
第一阶段	棉纺工业	纺织工业、冶铁工业、采煤工业、早期制造业和交通运输业
第二阶段	钢铁工业、铁路修建业	钢铁工业、采煤工业、造船工业、纺织工业、机器制造、铁路运输业、轮船运输业及其他工业
第三阶段	电力工业、汽车工业、化学工业和钢铁工业	电力工业、电器制造业、机械制造业、化学工业、汽车工业以及第二个主导产业群各产业
第四阶段	汽车工业、石油化学工业、钢铁工业、耐用消费品工业	耐用消费品工业、宇航工业、计算机工业、原子能工业、合成材料工业以及第三个主导产业群各产业
第五阶段	信息产业	新材料、新能源、生物工程度等新兴产业，以及第四个主导产业群各产业

主导产业及其群体的更替说明，在产业发展中，主导产业及其群体的历史演进是一个由低级到高级、由简单到复杂，产业总量由小到大的渐进过程。在这个过程中，由于主体需要的满足和主体发展中不同阶段的难以逾越性，以及社会生产力发展中技术的不同阶段衔接的不可间断性，决定了发展中国家在选择和确定主导产业以及主导产业群体，进行主导产业以及主导产业群体的建设时，一方面必须循序渐进，但某些领域可以“跳跃式”发展；另一方面可以兼收并蓄，综合几次主导产业及其群体的优势，缩短产业建设高度化的时间，在起点低、发展时间晚的情况下，用较短时间实现产业结构高度化和经济社会的现代化。

① 吴殿廷. 区域经济学［M］. 北京：科学出版社，2009.

② 详细内容见本教材第三章。

3. 根据产业产品的收入弹性来选择主导产业

主导产业应当选择产品需求收入弹性高的产业，才能保证随着经济收入水平的提高，对该产业产生持续不断的需求，进而带动区域经济持续发展。①

三、区域主导产业选择的标准

依据主导产业选择原则，结合区域自然资源状况及区域经济所处的发展阶段，借助以下经济指标，有助于对区域主导产业做出定量选择。

（一）产业的市场潜力

社会需求是促进产业发展的强大功力，主导产业的产品不仅有着巨大的现实市场需求，而且也应有巨大的潜在社会市场需求，因此，主导产业部门必须具有收入弹性大的特点，但“需求的收入弹性”系数指标有一个缺点是市场对区域某个产业的产品的需求量不容易测出。因此，可采用另一指标作为替代，这个替代指标是“市场占有率”，其计算公式如下：

$$S=\frac{X_1}{X_2}\times\frac{R_1}{R_2} \tag{4-12}$$

式中，X_1和X_2分别代表研究区域及其高层次区域某产业的年销售额；R_1和R_2分别代表研究区域及其高层次区域同产业的人均年销售额；S是某产业的市场占有率。S数值越大，说明区域这个产业产品的市场容量越大；反之，说明其在市场上占有的份额越小，市场潜力小。

（二）产业的比较优势度

产业比较优势度的大小，可以用“比较劳动生产率”来衡量。其计算公式为：

$$B=\frac{\text{区域某产业国民收入相对比重}}{\text{区域该产业劳动力相对比重}} \tag{4-13}$$

式中，B代表比较劳动生产率。$B>1$，该部门劳动生产率高于全部产业劳动生产率的平均值，该产业是比较优势的产业部门。B值越大，其比较优势越大。

（三）产业规模

产业规模的大小，可以用指标“区位商”来衡量，其计算公式见式（4-6）。

$Q>1$，说明这个产业是研究区域的专门化部门，Q值越大，说明这个产业在研究区域中专门化程度（集中程度）越高，该产业的产品输出规模（或就业规模）越大。$Q<1$，说明这个产业不是研究区域的专门化部门。

① 具体分析见本章“产业结构规律性演变的原因”。

（四）产业关联度

主导产业与其他非主导产业通过相互影响发生联系，影响的方式有两种，一种是主导产业对其他产业的影响，其影响的程度叫作影响力；另一种是主导产业受其他产业部门的影响，其影响的程度叫作感应度，这两种影响合起来叫作主导产业的波及效果。

影响力和感应度借助于区域投入—产出逆矩阵系数表进行定量化，影响力的计算公式为：

$$Y=\frac{H_1}{H_2} \tag{4-14}$$

式中，H_1代表某产业纵列逆阵系数的平均值；H_2代表全部产业纵列逆阵系数的平均值的平均；Y就是某产业的影响力系数。$Y>1$，说明该产业的影响力大于全部产业的平均水平，Y越大，说明该产业的影响力越大；反之，亦反。感应度的计算公式为：

$$G=\frac{Z_1}{Z_2} \tag{4-15}$$

式中，Z_1代表某产业横行逆阵系数的平均值；Z_2代表全部产业横行逆阵系数的平均值的平均；G是某产业的感应度系数。$G>1$，说明该产业的感应度大于全部产业的平均水平。G越大，说明该产业的感应度越大；反之，亦反。

影响力系数和感应度系数可综合为一个指标，叫作波及效果系数，计算公式为：

$$J=\frac{1}{2}\times（Y+G） \tag{4-16}$$

式中，Y、G、J分别代表某产业的影响力系数、感应度系数和波及效果系数。J越大，说明该产业与其他产业的关联性越强，它的发展对区域经济发展带动作用越大。

一般而言，影响力系数和感应度系数均大于1，而且数值都较高的产业，其波及效果系数也大于1，而且数值也较高，则这种产业部门就产业关联方面来讲是主导产业的最佳选择；影响力系数与感应度系数均小于1的产业，其波及效果系数也小于1，则这种产业不宜作为主导产业；影响力系数和感应度系数有一个大于1，另一个小于1的产业，其波及效果系数可能大于1，也可能小于1，此时，该产业部门是否可作为主导产业，要看其他三项指标（市场潜力、产业规模和比较优势度）的数值大小如何来决定。

将以上市场占有率、比较劳动生产率、产业专门化率和波及效果系数四项指标计算出来后，再用加权平均法或几何平均法可将同一产业部门的这四项指标汇总为一个综合指标。

加权平均法的计算公式为：

$$A=\sum f_i\times x_i \tag{4-17}$$

其中，$\sum f_i=1(i=1,2,3,4)$

式中，X_i代表考察主导产业的四项指标；f_i代表标识四项指标重要性程度的权重，根据其对反映主导产业重要程度的贡献大小，市场占有率、比较劳动生产率、专门化率和波及效果系数的权重分别取0.2、0.25、0.35、0.2；A代表主导产业优选综合指数。

几何平均法的计算公式为：

$$A = \sqrt[4]{x_1 \times x_2 \times x_3 \times x_4} \tag{4-18}$$

式中，x_1、x_2、x_3、x_4分别代表市场占有率、比较劳动生产率、专门化率和波及效果系数。

将各个产业部门的主导产业优选指数都逐一计算出来后，依据指数的大小进行排序，其中位居前列的几个产业，就可作为区域主导产业的候选者。一个区域究竟选择几个主导产业合适？一般来说，区域资源综合优势度大，经济总体水平高，产业结构层次高，候选产业波及效果大，主导产业的个数可以多一些；反之，应少一些。特别是处于发展中初期阶段的区域，应集中力量，优先发展综合条件最好的产业。

对于区域主导产业的选择还有其他定量分析的方法，如日本经济学家筱原三代平提出了两条规划产业结构的基准，即"收入弹性基准"和"生产率上升率基准"。①

四、主导产业升级的途径

第一，以全新的、更高技术层次的产业来替代原有产业成为新的主导产业。

第二，在同一产业内部，通过技术进步实现产品结构的升级，或通过制度创新实现生产组织方式的重大进步，使原有主导产业劳动生产率大大提高，重新焕发出巨大的生命力和活力。

例如，吉林省的汽车产业在很长时期内都是载重车为主的产品结构，面对国内轿车需求量迅速扩张而载重车的需求则相对萎缩的市场状况，选择大规模发展轿车，逐步形成以轿车为主的产品结构，培育了吉林省新的产业发展优势。产品结构调整后，汽车仍然是吉林省的主导产业，但其内涵已经发生了巨大的变化。煤炭产业是山西省传统的主导产业，未来时期山西省需要大力调整煤炭产业的生产方式和技术水平，建立以现代化大型企业集团为龙头，以大规模机械化、电气化操作为手段的现代化煤炭产业体系，大幅度提高劳动生产率，从而获得比较利益。

五、产业结构优化

产业结构优化是指推动产业结构合理化和高级化发展的过程，是实现产业结构与资源供给结构、技术结构、需求结构相适应的状态。产业结构优化过程就是通过政府的有关产业政策调整，影响产业结构变化的供给结构和需求结构，实现资源优化配置，

① 日本经济学家筱原三代平提出了两条规划产业结构的基准，即"收入弹性基准"和"生产率上升率基准"，被称为"筱原二准则"。

推进产业结构的合理化和高级化发展。①

具体地说，其内涵包括以下三个要点：

1. 产业结构优化是一个动态过程，是产业结构逐步趋于合理、不断升级的过程，在一国经济发展的不同阶段，产业结构优化的衡量标准不同。

2. 产业结构优化的原则是产业间协调发展和最高效率原则。

3. 产业结构优化的目标是资源配置最优化和宏观经济效益最大化。

复习思考题

1. 什么是产业，如何对产业进行分类？
2. 产业结构演变的基本规律是什么，其原因是什么？
3. 影响区域产业结构的因素有哪些？
4. 试述工业结构高度化规律。
5. 试利用相关经济指标对特定区域产业结构进行定量分析。
6. 主导产业一般应具备怎样的条件？如何选择地区主导产业？
7. 试分析区域主导产业与区域经济发展的关系。
8. 如何构造以主导产业主体的区域产业结构框架？

参考文献

[1] 李悦．产业经济学（第2版）[M]．北京：中国人民大学出版社，1998.
[2] 周振华．产业结构优化论 [M]．上海：上海人民出版社，1992.
[3] 方甲，等．产业结构问题研究 [M]．北京：中国人民大学出版社，1997.
[4] 西蒙·库兹涅茨．各国的经济增长 [M]．北京：商务印书馆，1985.
[5] 李善明，等．外国经济学家辞典 [M]．深圳：深圳海天出版社，1993.
[6] 吴殿廷．区域经济学 [M]．北京：科学出版社，2009.
[7] 苏东水．产业经济学 [M]．北京：高等教育出版社，2005.
[8] 刘志迎．现代产业经济学教程 [M]．北京：科学出版社，2007.
[9] 夏大慰，等．产业组织学 [M]．上海：复旦大学出版社，1994.
[10] 毛林根．产业经济学 [M]．上海：上海人民出版社，1996.
[11] 凌云，王立军．技术创新理论与实践 [M]．北京：中国经济出版社，2004.
[12] 范金，郑庆武．应用产业经济学 [M]．北京：经济管理出版社，2004.
[13] 陈秀山，孙久文．中国区域经济问题研究 [M]．上海：商务印书馆，2005.
[14] 陈秀山，张可云．区域经济理论 [M]．上海：商务印书馆，2003.
[15] 杨云彦．区域经济学 [M]．北京：中国财政经济出版社，2004.

① 周振华．产业结构优化论 [M]．上海：上海人民出版社，1992.

[16] 魏后凯．现代区域经济学［M］．北京：经济管理出版社，2006.
[17] 郝寿义，安虎森．区域经济学（第2版）．［M］．北京：经济科学出版社，2004.
[18] 杨公朴，夏大慰．产业经济学教程［M］．上海：上海财经大学出版社，1998.
[19] 史忠良．产业经济学［M］．北京：经济管理出版社，1998.
[20] 李京文，郑友敬．技术进步与产业结构概论［M］．北京：经济科学出版社，1988.

第五章　区域经济特征分析与发展模式

区域经济发展存在差异，与其他区域相比，每个区域都有自己的优势，也有不足之处。区域经济要实现健康持续发展，首先需要对区域发展差异和特征进行分析，进而采取适宜的区域经济发展模式，通过这些模式使区域的各种要素加入区域经济活动，使区域增长和发展得以持续，区域特征分析是规划区域经济发展的重要依据。本章的主要内容是论述区域经济特征分析和区域经济发展模式的确定。

第一节　区域经济差异与发展梯度

区域经济差异一直是区域经济学研究的核心论题之一，也是各国政府制定区域经济政策的前提和出发点。

一、区域经济差异的内涵

（一）区域差异

所谓区域差异，简单地说就是一个区域与另外一个区域在自然、经济、社会、文化以及体制环境等方面的差别与不同。它具体体现在区域自然、人文、经济以及组织体制差异等方面。正是由于这种区域差异的存在，才形成各地区不同的区域特点。这种区域特点是各地区参与市场竞争与合作，开展区际产业分工的前提和基础。可以认为，没有区域差异，也就无所谓区域特色和区域优势。因此从这个意义上说区域差异只不过是一个具有描述性意义的中性概念，它本身并不含有人们的主观价值判断。①

（二）差异、差距、不平等和不平衡等概念的辨析

在经济学中，差异、差距、不平等和不平衡等概念之间，既有联系又有区别。差异这个概念是用来对经济现象或事物的比较，它反映经济现象或事物在质、量方面的

---

① 魏后凯．现代区域经济学［M］．北京：经济管理出版社，2006：421.

不同。不平等是用来表述经济利益主体之间在经济权益方面的不同或不等量。不平衡是反映某个经济系统中具有相互联系的若干组成部分之间没有达到应有的功能上、结构上的协调。虽然差异、不平等、不平衡都反映了相关经济事务或现象之间相对于某一标准而存在的差别，但不平等和不平衡是依据某个标准或理论认识去衡量这一状态，它们包含了研究者的价值判断，而差异这个概念则是对经济现象或事物的客观判断，不含有价值判断。差距不完全等同于差异，它是差异的数量表现，一般多用于总量规模和发展水平的比较。

（三）区域差异的类型

区域差异有多种不同的分类。按照研究对象的性质和内涵，可以把区域差异分为自然差异、人文差异、经济差异和组织体制差异。按照区域差异的形成机制和发展趋势，可以把区域差异分为自然差、位势差和趋势差，或者称为自然差异、发展水平现状差异和发展趋势的差异。① 按照采用的衡量方法，可以把区域差异分为绝对差异和相对差异。绝对差异是指某地区某经济指标偏离参考值的绝对额，它能反映地区间经济发展的实际差距。相对差异是某地区某经济指标值偏离参考值的相对额（多为倍数或百分比），能反映地区间经济发展速度的差异，具有动态性质，而且消除了不同计量单位和物价水平的影响。②

（四）区域经济差异

区域经济差异的内容十分广泛，它体现在国民经济的各个方面。

形成区域经济差异的原因很多，主要有以下几个方面：第一，是资源禀赋的差异，资源禀赋包含了丰富的内容，包括自然资源和社会资源，自然资源又包括地理位置、土地资源、水资源、矿产资源、气候资源等，社会资源包括劳动力、科学技术发展水平等；第二，是制度的差异，包括经济制度、政治制度、法律制度等；第三，是历史和文化差异。

由于经济发展的最终目的是不断提高居民的生活和福利水平，因此，对区域经济差异分析的着眼点放在发展水平、产业结构、居民收入、就业和工资差异等方面，并展开静态和动态的差异分析，而把资源禀赋、社会环境、组织体制等方面的差异作为外部影响因素加以考虑。

二、区域经济差异的测度

对于各个区域之间的经济差异，可以从绝对差异和相对差异两个方面来描述。衡

---

① 程必定．区域经济学——关于理论和政策问题的探［M］．合肥：安徽人民出版社，1989：169－173.

② 魏后凯．现代区域经济学［M］．北京：经济管理出版社，2006：422.

量绝对差异的指标一般有：平均差（D）、标准差（S）、极差（R）和发展率（Nich）；衡量相对差异的主要指标有：极值差率（R）、基尼系数（Gini）、锡尔系数（Theil）、变异系数（CV）以及库兹涅兹指数、阿鲁瓦利亚指数和收入不良指数等。当然，绝对差异和相对差异是有区别的，因此，使用绝对差异指标和相对差异指标研究同一地区差异变化趋势时，会得出不同的结论。即使采用相对差异分析，若选取的分析指标不同，也会因为不同的指标测度差异的角度不同而导致不同的研究结论。①

（一）绝对差异的衡量方法

1. 平均差

平均差（D）即离差的算术平均值，公式如下：

$$D = \frac{\sum_{i=1}^{n} |x_i - \bar{x}|}{n} \quad (5-1)$$

式中，x_i 为第 i 区域的某经济指标值（如人均 GDP）；$\bar{x}$ 为各区域该指标的平均值；n 为区域个数。

2. 标准差

标准差（S）又称均方差，是统计中应用最广泛的一种标志变动度指标，同平均差一样也是反映各区域指标值与其算术平均值的偏离程度，其值越大，表示区域间人均 GDP 的绝对差异越大，计算公式为：

$$S = \sqrt{\frac{\sum_{i=1}^{n} |x_i - \bar{x}|}{n}} \quad (5-2)$$

式中，S 表示标准差；x_i 为第 i 区域的某经济指标值（如人均 GDP）；$\bar{x}$ 为该指标的平均值（如各区域人均 GDP 的平均值）；n 为区域个数。

3. 极差

极差（R）又称全距，是指某经济指标总体各单位变量的最大值与最小值之间的离差，用以说明变量的变动范围和幅度，计算公式如下：

$$R = x_{max} - x_{min} \quad (5-3)$$

式中，R 表示极差；x_{max} 表示经济水平最高区域的某经济指标（如经济水平最高区域的人均 GDP）；x_{min} 表示经济水平最低区域的某经济指标（如经济水平最低区域的人均 GDP）。

4. 发展率（Nich）

对于区域经济发展速度的测定，多数学者倾向于采用增长率来表示，如 GDP 增长

① 覃成林．中国区域经济差异研究［M］．北京：中国经济出版社，1997：1－2.

率、人均GDP增长率等。表面上看各区域增长率相差不大，但发达地区基数大，在增长率相同的情况下，发达地区实际增长量大于欠发达地区。所以仅仅看增长率的大小还不能准确地反映各地发展情况。因此，可以采用能反映相对增长量差异的指标——相对发展率（Nich），相对发展率表示各区域在某一时期内某经济指标的变化与同一时期整个大区域某经济指标的变化的关系。计算公式如下：

$$\text{Nich} = (x_{2i} - x_{1i}) / (x_2 - x_1) \quad (5-4)$$

式中，x_{1i}和x_{2i}分别代表第i区域在时间1和时间2的某经济指标（如人均GDP）；x_1和x_2分别代表整个大区域在时间1和时间2的某经济指标（如人均GDP）。

（二）相对差异的衡量方法

1. 极值差率、极均值差率

极值差率（R）指极大值与极小值的比率，极均值差率（R_A）指极值与均值的比率，变量值偏离参照值的相对额。它们可以反映区域差异的特殊情况，如果指标为人均GDP，R_A表示一个国家（地区）人均GDP差异的特殊情况，即最富地区与最穷地区人均GDP之比，用公式表示为：

$$R = x_{\max}/x_{\min} \quad (5-5)$$

$$R_A = x_{\max}/\bar{x} \text{ 或 } R_A = x_{\min}/\bar{x} \quad (5-6)$$

式中，R表示极值差率；R_A表示极均值差率；$x_{\max}$表示经济水平最高区域的人均GDP；$x_{\min}$表示经济水平最低区域的人均GDP；$\bar{x}$表示各区域人均GDP的平均值。

2. 基尼系数

基尼系数（Gini）又称基尼集中率，是意大利经济学家基尼（Gini）于1922年根据洛伦兹曲线的性质所提出的判断收入分配差异程度的定量指标。它的经济含义是：在全部居民收入中用于不平均分配的百分比。基尼系数作为一个从总体上衡量一定范围（一国或地区）内居民收入分配不均等程度的相对量统计指标，在估计收入差异分析的众多方法中，被较多地采用。

对于基尼系数，人们一般习惯于借助洛伦兹曲线直观地给以形式化的表述。基尼系数的计算通常是通过计算洛伦兹曲线图中洛伦兹曲线与对角线之间的面积以及对角线右下方的直角三角形面积，将这两块面积相除而求得（见图5-1）。即：

$$G = S_A/S_{(A+B)} \quad (5-7)$$

式中，G表示基尼系数；S_A表示洛伦兹曲线L和直线OC围成的面积；$S_{(A+B)}$表示$\triangle ODC$的面积。许多经济学家和统计学家都不断致力于寻求具有可操作性的计算和分解方法。

发展经济学家R. M. Sundrum提出了城乡加权法测算地区总体收入分配差距的基尼系数。该方法的具体计算公式如下：

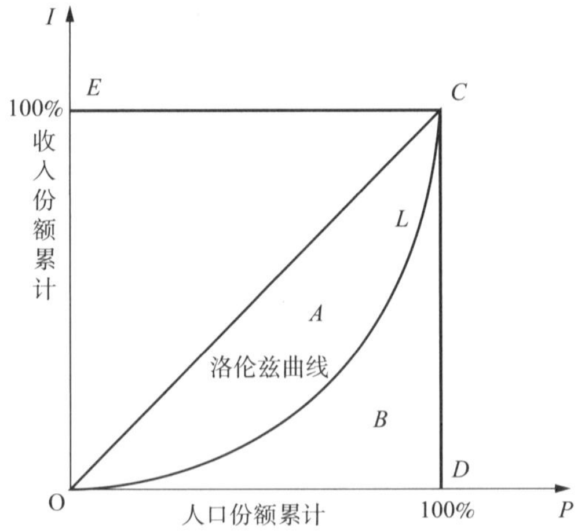

图 5－1 洛伦兹曲线图

$$G = P_u^2 \times \left[\frac{U_u}{U}\right] G_u + P_r^2 \times \left[\frac{U_r}{U}\right] G_r + P_u \times P_r \times \frac{U_u - U_r}{U} \qquad (5-8)$$

式中，G 表示全体居民收入分配基尼系数；G_u 和 G_r 分别表示城镇居民和农村居民收入分配的基尼系数；P_u 和 P_r 分别表示城镇居民和农村居民占全体总人口的比重；U_u 和 U_r 分别表示城镇居民和农村居民的人均收入；U 表示全体居民的人均收入。①

基尼系数值介于 0 和 1 之间，基尼系数越小，表示收入分配越趋向平均；反之，基尼系数越大，表示收入分配越是趋向不平均。根据联合国有关组织规定，基尼系数若低于 0.2 表示收入绝对平均；0.2～0.3 表示比较平均；0.3～0.4 表示相对合理；0.4～0.5 表示收入分配差距较大；0.5 以上表示收入分配差距悬殊。国际上通常将 0.4 作为收入分配差距的警戒线。②

3. 锡尔系数

锡尔系数（Theil）又称锡尔熵，最早是由锡尔（Theil and Henri）于 1967 年首先提出的，它是锡尔运用信息理论推出的一个可以按加法分解的不平等指数。锡尔系数的算法有两种，由此产生两个锡尔系数，即 Theil 系数 T 和 Theil 系数 L，两者的不同之处在于 Theil 系数 T 以 GDP 比重加权计算，而 Theil 系数 L 则以人口比重加权计算。

如果以 GDP 比重加权，则 Theil 系数 T 的计算公式为：

$$T = \sum_{i=1}^{n} x_i \log(x_i / p_i) \qquad (5-9)$$

式中，n 为区域个数；x_i 为第 i 区域 GDP 占全国的份额；p_i 为第 i 区域的人口数占全国

---

① 洪兴建．基尼系数理论研究［M］．北京：经济科学出版社，2008：23－26.

② 高鸿业．西方经济学（微观部分）（第 3 版）．［M］．北京：中国人民大学出版社，2004：316－317.

的份额。*Theil* 系数 T 越大，就表示各区域间经济发展水平差异越大；反之，Theil 系数 T 越小，就表示各区域间经济发展水平差异越小。

如果以人口比重加权，则 Theil 系数 L 的计算公式为：

$$T = \sum_{i=1}^{n} p_i \log(x_i / p_i) \tag{5-10}$$

4. 变异系数

变异系数（CV_{UW}）为各区域人均国内生产总值的标准差与其均值之比，它反映了各区域间人均 GDP 偏离全国人均 GDP 水平的相对差距，其计算公式如下：

$$CV_{UW} = \sqrt{\frac{\sum_{i=1}^{n} (x_i - \bar{x})^2}{n}} / \bar{x} \tag{5-11}$$

式中，x_i 为第 i 区域人均收入；$\bar{x}$ 为各区域人均收入的平均值；n 为区域数。

5. 加权变异系数

变异系数常受到各地区人口规模不同的影响，有的地区人口规模较大，有的地区人口规模较小。为了反映人口规模的影响，可以使用加权变异系数，计算公式如下：

$$CV_{UW} = \sqrt{\sum_{i=1}^{n} p_i (x_i - \bar{x})^2} / \bar{x} \tag{5-12}$$

式中，p_i 为第 i 地区的人口数占全国的份额；x_i 为第 i 区域人均收入；$\bar{x}$ 为各区域人均收入的平均值；n 为区域数。

6. 其他指标与方法

在计算各种系数的同时，一般还采用其他指标来辅证收入分配差距状况，这些其他指标一般直接采用一定百分比人口的收入份额来表示，如库兹涅兹指数、阿鲁瓦利亚指数和收入不良指数等。

库兹涅兹指数是以 20% 最富有人口的收入份额来表示，该指数的最低值为 0.2，指数越高，收入分配差距越大。阿鲁瓦利亚指数是以 40% 最穷人口的收入份额来表示，该指数的最高值为 0.4，指数越低，收入分配差距越大。收入不良指数（也叫欧希玛指数）是以 20% 最高收入人口的收入份额与 20% 最低收入人口的收入份额之比来表示，该指数的最低值为 1.0，指数越高，收入分配差距越大。

三、区域经济发展梯度

从生产力布局学诞生之日起，梯度就被广泛用来在地图上表现地区间经济发展水平的差别，以及由低水平地区向高水平地区过渡的空间变化过程。具体来说，梯度就是由低到高过渡的空间变化。如海拔高度的变化，我国从南到北降水的变化，温度的变化。杜能的农业圈层理论，经营水平由里向外、由高到低的变化。韦伯的等费用线，由里到外、由低到高的变化等。经济发展也可用梯度来表示，例如，中国的东中西经济发展水平的层次变化；青海省东部地区、环青海湖地区、青南地区经济发展水平梯层变化等。以人均收入为指标，以县域为中心，可以绘出全国不同收入水平的梯度变化。有些区域变化急剧，线条密集、陡峭，有些区域变化缓慢，线条稀疏。

第二节 区域经济特征分析

一、区域经济发展优势的确定

建立区域分工体系的主要根据就是各个区域在经济发展优势上的差别。为了明确一个地区的优势就必须对它所拥有的各种有利或不利于生产发展的条件，以及由此形成的种种区域生产发展环境做通盘的评价。

（一）区域经济发展需要的条件

为了便于展开分析，将确定地区优势所必须考虑到的地区发展条件列举如下，它们可以分成以下 4 大类：

1. 区域经济发展的政治社会环境

主要包括：①政局的稳定性。这是区域经济发展的必要前提条件。如果政局不稳定，则不但不能吸引外资，本地资本也会大量外流，经济难以持续发展。②政府管理经济的能力与效率。这取决于地区政府人事制度与管理体制的完善程度，各级领导班子能力的强弱及其办事效率的高低。③地区法规的完善程度。如市场管理、社会安全、地方法规的完善程度及投资软环境。④区域内社会各阶层、各民族、各社会团体的协作与团结；区域与相邻区域的关系是否和睦。⑤地区财政收入大小及分配使用的政策是否合理，是否有利于地区经济的发展。

2. 区域经济基础

①区域经济发展的实力及各产业部门的运作效率。这包括区域现状产业结构的发展水平及其与区内外经济协作与联系的完备程度。②区域的市场条件。表现为区域生产资料与生活资料的需求状况、购买力水平、消费结构、区域市场容量、区域商品输出与输入情况。③区域资源的供应条件。包括区域内生产的农矿原料的种类、数量、质量、成本及其向区内外供销的情况；从区内外输入原料的可能性；区域能源消费结构及其产供销平衡状况；区际能源供求关系等。④区域劳动力供应条件。这取决于区域人口中劳动力所占比重，区域劳动力数量及其年龄结构、知识与科学技术结构，劳动力的身体素质与劳动态度、劳动效率与工资水平等。⑤城市建设和基础设施条件。这包括区域城市化水平，城市基础设施质量，城市在区域中的分布以及大、中、小城

市相结合、城乡结合的状况。

3. 区域的科学技术环境

主要包括区域科学技术发展水平、技术结构；主要技术的地位；科技人员队伍的素质、规模；区域创新能力、技术转化效率、技术市场的发育水平等。

4. 区域经济发展的自然环境与自然资源条件

自然环境和自然资源条件主要包括矿产资源、动植物、森林、水资源、水产、自然动力、土壤、气候、地形、地理位置等。①

（二）有可能转化为区位优势的区位因素

1. 能够降低地区特定部门产品的成本或提高其质量，或两者兼而有之的区位因素，可形成某种定向性的区位优势。

2. 空间分布的差异性越大区位因素，优势越突出。如果某种区位因素是广泛分布的，则很难在此基础上建立起强大的区域优势。区域优势只能建立在地区间生产发展条件的差异上，差异越大，优势越突出。

3. 难移动的区位因素，有可能转化为区位优势。如果一个地区所拥有的某种有利条件在空间上是不能或难以转移的，这个意味着，当国家或地区需要开发利用这种有利条件时，必须把相应的企业配置在该地区。这种类型的有利条件因而更有可能在区域经济发展中起积极作用。

（三）区位优势如何转化为现实优势

区位优势要转化为现实优势（产品优势、产业优势），必须具备以下条件：

1. 区位优势只有与国家总体发展战略目标一致时，才有可能转化为现实优势。

2. 区位优势是相对的，在各地区之间比较具有相对优势时，才能形成现实优势。特别是与国际市场需求一致时，才可形成现实优势。

3. 地区的某种优势因素只有与区内其他相关的有利、不利条件综合协调运用，才能形成现实优势。

二、区域经济发展问题分析

区域经济发展是一个长期的历史过程，在此过程中，各个区域都会形成各自的发展优势，但也会不同程度的积累一些制约经济发展的问题。一个区域要制定出有针对性的发展战略和规划，除了要找出它的优势以外，还必须对区域存在的问题有充分的认识，并及时解决区域经济问题，引导区域经济健康发展。区域经济发展病症主要表现为经济增长缓慢、经济运行成本高、失业率高、人口大量外迁、要素外流等。但具

① 周起业，等. 区域经济学 [M]. 北京：中国人民大学出版社，1989：225－226.

体到不同地区，区域经济病症会有不同的表现形式。① 区域经济不健康发展主要有经济结构与经济功能方面的原因。

（一）经济结构方面

1. 经济结构落后

这类地区由于种种原因，发展落后，经济结构中占主导地位的仍是那些初级产业部门，如农业、林业、渔业与矿业。区内的第二产业也主要是农林矿产品的初步加工工业和简单劳动密集型行业，劳动生产率低。由于经济结构落后，地区收入水平低、失业问题严重，地方政府收入少、公用事业落后，造成区内劳动力与资本外流，地区经济每况愈下。

2. 经济结构陈旧

这类地区曾经是发展水平较高的区域，经济基础较好，科技文化比较发达，人均收入与生产力发展水平可能高于全国平均水平。由于没有及时调整产业结构，当主导产业由兴旺部门转为衰退部门，地区就陷入了结构性危机之中。产品需求收入弹性低，销售市场难以扩大，企业开工严重不足，失业率高，地区经济与人均收入增长缓慢。越是发展起步早的片面专业化的国家或区域，越容易出现经济结构陈旧问题。

3. 经济结构臃肿、紊乱

这类地区经济发展起步早，积累了资金、科技、信息、经济基础、市场等多方面的优势，这就使得许多新兴产业部门向这些地区大量聚集，但是在新兴部门发展的同时，没有及时淘汰那些陈旧的部门。从表面上看，地区经济是繁荣的，产业门类多，收入水平高。但潜在的主要问题是新、旧产业过度集中，经济发展规模过大，超过了地区承载能力，致使各项生产要素价格上升，公共设施成本上升，因污染、噪声等公害造成的社会成本也在上升。值得注意的是，这些地区的畸形繁荣是以边缘地区的衰退加剧为代价的。如果能合理地将一部分已老化的行业转移到落后地区去发展，将会对双方都有利。

（二）经济功能方面

1. 企业规模不经济，削弱了企业竞争力。随着技术的进步，企业经济规模不断扩大。建成较早的老企业虽然几经扩建，但由于工业用地、投资等多方面的限制，规模仍然过小，从而造成规模不经济削弱了竞争能力。

2. 产业布局不合理。这其中有少数是由于布局失误造成的，但更多的是由于地区生产发展条件或产业布局指向性发生变化而造成的。例如，有的地区的产业是靠交通枢纽位置或是靠某种重要矿产资源而发展起来的，如果运网布局发生变化，使该地在运网中的地位下降，或地区重要矿产资源因长期开发而品位下降，甚至枯竭，或出现

---

① 这里不涉及那些因周期性经济循环或其他原因给地区带来的暂时困难。

替代产品，都会使地区竞争能力下降。

3. 设备老化，技术落后，管理落后，使产品质量下降，成本上升。这种现象不仅在落后地区极为普遍，在发达地区的一些老工业部门也严重存在着。

4. 公共事业及基础设施落后于地区经济发展的需要。如一些地区供水、供电不足，交通堵塞已经成为工业开工不足、地区经济难以正常运转的主要原因。

5. 第三产业部门的发展落后于第一产业、第二产业部门的发展需要。如教育事业落后，人才培养不能满足经济发展需要，技术队伍质量下降；市场体系不健全，使工农业产品流通受阻；或是信息不灵通，丧失发展机遇；金融业落后，区域产业发展缺乏资金支持等。

6. 地区政局不稳定，或者政策连续性差。地区扶植产业发展的政策、措施不力，或缺乏连贯性，也会挫伤投资者的积极性。

对于经济结构缺陷，逐步改变地区产业结构是可行的治本办法。而对于经济功能不足，必须弄清楚主要原因，采取相应的措施加以治理。在区域经济实际中，可能是多种情况并存，而且是一个长期积累、从量变到质变的过程。因此对与区域经济发展问题必须随时诊断，及时治理。

三、区域经济发展问题的诊断方法

区域经济发展问题的诊断除了用上述定性的方法之外，还可以通过积累有关数据，并应用定量的方法来分析。

（一）克劳森相对指标法

克劳森相对指标法运用两个指标，很简便地确定某一区域所处的发展状态。这两项指标分别是：

a = 地区收入水平/全国收入水平

b = 地区收入水平增长率/全国收入水平增长率

根据这两项指标，把地区划分为 4 种类型：繁荣区、发展中地区、潜在萧条区和萧条区（见图 5－2）。

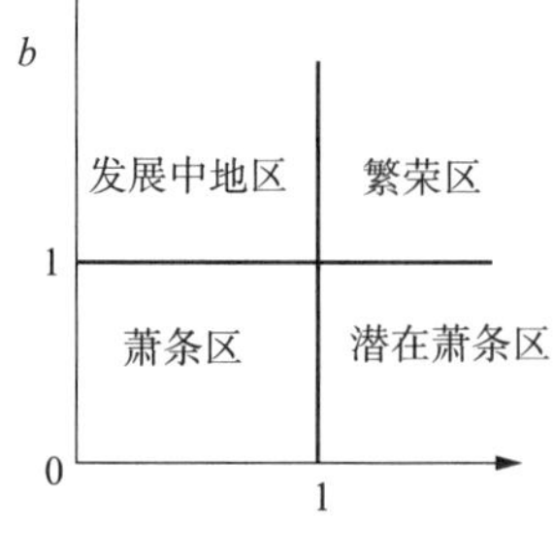

图 5－2　克劳森地区经济类型划分

1. 繁荣区（$a>1$，$b>1$）

繁荣区不仅人均收入水平高于全国水平，而且收入增长率也高于全国水平，这种区域的经济发展是健康的。

2. 潜在萧条区（$a>1$，$b<1$）

潜在萧条区的人均收入水平仍高于全国水平，从表面上看，这种区域是富裕的，但实际上，经济发展中潜伏着危机，致使它的收入增长率低于全国水平，如不及时进行治疗，有沦落为萧条区的危险。

3. 发展中地区（$a<1$，$b>1$）

发展中地区的特点是，虽然人均收入低于全国平均水平，但是发展速度很快，这种地区的收入增长率通常高于全国，只要合理规划和引导，未来就可发展为繁荣区。

4. 萧条区（$a<1$，$b<1$）

萧条区的标志是人均收入水平与区域收入增长率都低于全国水平。处于这种状态的区域有两种，一种是待开发地区，另一种是潜在萧条区经济完全衰落后的结果。

应当注意，劳克森相对指标法没有能够区分落后地区与萧条地区，因此，通过指标计算时须与实际情况相印证，做必要的修改才能得出正确的结论。

（二）产业部门增长率判定法

对于单个产业的产生、成长和进化过程，可以用产业发展的生命周期（industry life cycle）理论来描述。和其他任何事物一样，每一个产业都有生命周期。产业的生命周期可划分为4个阶段，即创新（形成）阶段、发展（成长）阶段、成熟阶段与衰老阶段。凡是处于创新阶段与发展阶段之间的产业部门，可称为发展部门，处于发展阶段与成熟阶段之间的部门称为成长部门，处于成熟阶段与衰退阶段之间的部门称为成熟部门，处于衰退阶段的部门称为衰退部门。发展部门、成长部门和成熟部门，都是不同程度的兴旺部门，见图5－3。

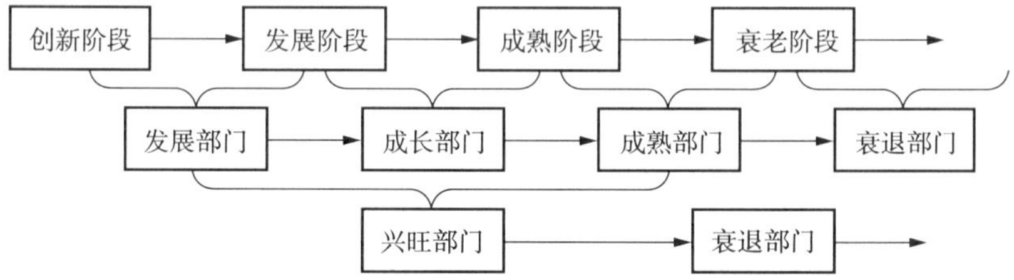

图5－3 产业部门的生命周期

产业部门增长率判定法是判断区域经济发展问题使用较多的方法。纵轴表示前一时期各产业部门的年产值增长率，横向虚线表示前一时期各产业部门的平均增长率；横轴表示后一个时期各产业部门的年产值增长率，纵向虚线表示后一时期的各部门平

均增长率。两条虚线把坐标图分成 A、B、C、D 四个区域（如图 5 –4 所示）：①

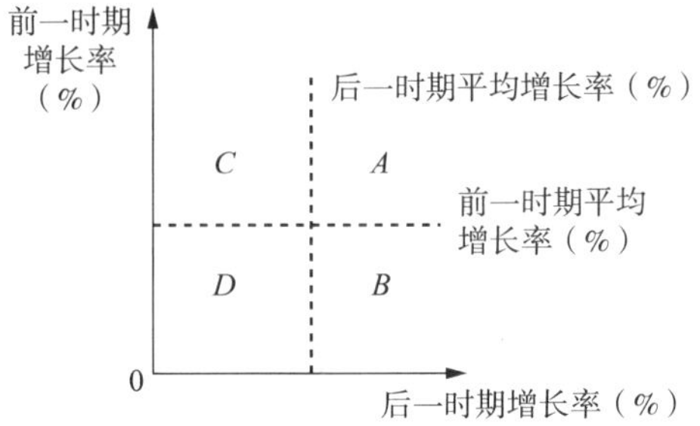

图 5 –4　产业部门增长的判定

处于 *A* 区域的产业部门，前后两个时期的增长率都超过平均增长率，这些部门可称为发展部门；处于 *B* 区域的产业部门，前一时期的增长率低于平均的增长率，后一时期的增长率高于平均的增长率，这些部门可称为成长部门；处于 *C* 区域的产业部门，前一时期的增长率高于平均增长率，后一时期的增长率低于平均增长率，这些部门可称为成熟部门；处于 *D* 区域的产业部门，由于其前一时期和后一时期都低于平均增长率，可称为衰退部门。

根据此方法，就能明确判断一个地区的主导产业部门所处的发展阶段，并据此评价该区域的发展状态。如果区域主导产业属于兴旺部门，则区域经济是健康的，反之，如果区域主导产业部门属于衰退部门，则区域经济是不健康的，需要具体诊断并治理。②

区域内部产业部门的更替，就是把区域经济要素从衰退部门转到兴旺部门，使相同的投入能够有更多的产出。如果主导部门和与之相关的其他部门在区域内已经形成，经济的继续增长，就必须根据产业的生命周期，将投入从生产率低的衰退部门转移到

① 孙久文，叶裕民．区域经济学教程［M］．北京：中国人民大学出版社，2003：61.

② 产品的市场生命周期决定产业的生命周期，但产业生命周期又具有自己的特点：a. 不是所有的产业都有生命周期。不仅产业总体没有生命周期，而且单个具体产业也不一定都存在生命周期，不一定都会走向衰亡。b. 产业生命周期曲线的形状更为平缓和漫长。这是因为一个产业往往集中了众多相似的产品，因此，从某种意义上说，其生命周期是所有这些众多相似产品各自生命周期的叠加，故反映其生命周期变化的曲线比单个产品的生命周期曲线会显得更加平缓而漫长。c. 产业生命周期存在缩短的趋势。随着新的科技革命的迅猛发展，人类社会向知识经济时代迈进，技术开发周期缩短，产品升级换代步伐加速，使得产业很快由成熟期进入衰退期，有的产品的市场生命周期只有几年甚至只有几个月，因而产业生命周期大大缩短。d. 许多产业可能“衰而不亡”。进入衰退期的许多传统产业，虽然在国民经济中所占的比重在不断下降，但对这些产业产品的需求不会完全消失，因而这些产业的比重也不会下降到零，具有明显的“衰而不亡”的特征。e. 衰退产业可能“起死回生”。由于科学技术进步和消费结构的变化，使得有些进入衰退期的产业可能用高新技术进行改造和武装，重新焕发“青春”，增强生命力，再次显示出产业成长期甚至成熟期的特征。

生产率高的兴旺部门。①

第三节 区域经济发展模式

根据区域经济发展阶段理论可知，处在不同发展阶段的区域有各自不同的发展特点，结合区域经济特征分析，对于不同的区域应当采取适宜的开发模式。区域经济发展模式主要包括增长极模式、点轴开发模式、网络开发模式和梯度推移模式等。

一、增长极模式

（一）增长极的概念

法国经济学家弗朗索瓦·佩鲁于1950年在《经济学季刊》上发表了题为《经济空间：理论与应用》的文章，在该文中他首次提出了增长极概念。②③ 但他20世纪50年代提出这一概念时，主要并不是为了解决区域经济问题，而是设计一种完全不同于凯恩斯和熊彼特关于经济增长模式的新构思；对佩鲁而言，增长极概念源于经济空间，是经济空间的经济单位（经济部门），后来被其他学者转化为一个“空间单位”，一个空间的经济增长极。增长极的两种概念解释如下。

1. 佩鲁提出的增长极是指“经济空间”中起支配和推进作用的经济部门

佩鲁所说的“经济空间”是指各经济单位（部门）之间关系的集合，从产业角度看，指的是产业关联的结构关系。在经济空间各个经济部门的相互作用中，一个或一组经济部门对其他经济部门起支配和推动作用，这种经济部门是一种优势经济单位，它的优先增长或创新会推动其他经济单位的增长。因此，整个经济系统的增长首先表现在这些优势经济单位的率先增长，然后带动其他经济部门的增长。根据佩鲁的思想，增长极是一组起主导推进作用的产业。它本身具有较强的创新能力和增长能力，并通过外部经济和产业间关联的乘数扩张效应，推动其他产业的增长。

2. 作为空间单位的增长极

空间增长极的概念是对作为经济单位的增长极的空间化改造，并赋予新内容。空间的增长极，是主导推进型产业的空间集聚体，强调空间集聚的地理概念，甚至可进

---

① 但是，产业又是生产相同产品或具有替代关系产品的企业的集合，一个产业由生产多种相似产品的企业组成，因此，很难用某一产品或某一企业的生命周期来代表整个产业的生命周期。

② 安虎森．区域经济学通论［M］．北京：经济科学出版社，2004：236－237.

③ 增长极理论源于对区域发展非均衡规律的观察。佩鲁提出该理论以后，又历经法国的布代维尔、美国的弗里德曼、瑞典的缪尔达尔和美国的赫希曼等诸多经济学家的发展和完善。武友德，潘玉君．区域经济学导论［M］．北京：中国社会科学出版社，2004：156－157.

一步完全脱离产业的概念。仅从地理角度，把增长极视为某一具有高创新能力、高增长率，并能够促进周围区域经济增长的中心区位，即增长中心。

这样，增长极的概念就从经济空间逐渐转化到地理空间，从一个经济单位或产业，转化为空间单位或城市。但实际上，作为主导推进型产业，它必须依附于某一地理空间而存在。作为一个区域增长中心，也必然有一些具有推进作用的产业部门，二者之间是不能完全割裂的。因此，全面准确地把握增长极的概念，必须把这两方面结合起来。

3. 增长极的定义

增长极是指围绕主导产业在空间上集聚的一组产业综合体，以及该产业综合体所在的地理位置。

（二）增长极模式

佩鲁指出："增长并不是同时在任何地方出现；它以不同强度首先出现在增长点或增长极，然后通过不同的渠道扩散，而且对整个经济具有不同的终极影响。"①

增长极开发模式（又称据点开发模式），是增长极理论在区域经济开发实践中的具体应用形式。强调对特定产业或区域进行优先开发，通过特定产业的发展带动其他相关产业的发展，或通过特定区域的发展带动周边区域的发展。② 尤其是对于开发程度较低的不发达区域而言，经济实力薄弱、可以支配的生产要素有限，发展区域经济必须首先选择有优势的主导产业和经济基础相对较好的城市（城镇），建立区域经济增长极，促使区域内的要素和经济活动向优势区位集聚，从而在较短的时期内实现区域增长极快速壮大。通过增长极的作用，逐步带动区域经济的全面发展。

（三）增长极形成的途径与必须具备的条件

增长极通过两种途径形成：一是由市场机制自发调节引导企业和行业在某些大城市或优势区位聚集而自动产生；二是由政府通过经济计划和重点投资主动建立。

增长极的形成必须具备三个条件：

第一，具有创新能力的企业和企业家群体的存在。企业家是经济增长的主体动力，他们进行技术创新和制度创新的精神带动有创新能力的企业不断扩张，并通过其影响产生一批模仿创新企业的新企业，最终决定了增长极的形成。

第二，产生规模经济效应的能力。增长极所在地区城市不仅要聚集大量的企业和部门，而且还要集中相当规模的资本、投资、生产规模、技术、人才等，以形成规模经济。

第三，适宜的周围环境的配合。周围环境中，交通、通信、能源等基础设施部门

---

① 郭熙保．发展经济学经典论著选［M］．北京：中国经济出版社，1998：335.

② 吴传清，孙智君，李群峰．促进中部崛起的产业增长极战略研究［J］．学习与实践，2007（10）：26－32.

的建设，效率观念和良好的社会风气的树立等，都有助于形成一个良好的投资和生产环境，吸引厂商、投资、人才和技术的进入，最后促成增长极的形成。

（四）增长极的两种作用机制

1. 极化效应

极化效应是指增长极利用优越的发展条件，快速和大量地吸纳区域资源要素和经济活动主体，促进自身的经济能量积累的过程。①

极化效应形成的原因如下：

（1）增长极在经济发展中积累了巨大优势，再加上技术进步工业布局指向性的变化（由原材料指向转变为消费区指向或技术指向），更进一步突出了发达地区的优势；

（2）一个地区的经济发展水平越高，就越有可能从规模经济和集聚经济中获得利益，从而提高自己在市场上的竞争能力；

（3）乘数效应进一步促使生产分布的极化。由于产业集聚，势必要求一些为它服务的生产性及非生产性服务业在该地区相应发展，这就引起了该地区人口的增长，而人口的增长又推动服务行业的加速发展。这种乘数效应一轮又一轮地作用，进一步推动了两极分化。

极化效应是增长极形成的基本标志，大量生产要素的聚集，产生了聚集经济效益，内部与外部规模经济同时出现，带动了相关产业的同步发展，最终形成了地理空间上的经济增长中心，扩大增长极与周围广大腹地的发展差距。

2. 扩散效应

扩散效应是指各资源要素和经济活动主体由增长极向外围地区扩散并由此带动腹地经济发展的过程，这实际上就是一个更加合理的区域发展秩序建构的过程。

扩散效应产生的原因如下：

第一，增长极自身发展的要求。随着增长极规模的扩大，对能源、原材料、初级加工产品的需求增加，带动了向其提供产品的地区和企业的发展。

第二，规模经济的要求。一是企业内部的适度经济规模要求。企业利润的分界点在于其边际效益最大的点，超过了这个点，企业效益开始下降，企业出于追求最大利润的目标，一般都把这个点视为企业规模扩张的外延限定；二是增长极自身发展的适度规模要求。增长极的空间容量、环境容量和经济容量都是有限的，过度极化将会导致外部规模不经济，恶化区域的宏观发展条件，并进而损害企业内部经济，产生一系列相关问题，使整个区域的对外吸引力大大减小。为了回避增长极规模经济的限制和容量限制，拓展新的发展空间，必须疏导或扩散一部分要素，转移到腹地区域。

扩散效应的作用结果加快了经济腹地的发展速度，缩小地区发展差距，带动大范

---

① 武友德，潘玉君．区域经济学导论［M］．北京：中国社会科学出版社，2004：156－157.

围区域经济的增长，促进区域均衡协调发展。它通常是通过邻近扩散、等级扩散、跳跃式扩散等多种扩散方式实现的。

极化和扩散效应是区域经济运行的两种作用机制，是区域空间的组织过程。在区域经济发展的不同阶段其作用强度不同。在初级阶段，以极化效应为主，当发展到一定程度后扩散效应增强并逐步占据主导地位，推动区域经济从不平衡向平衡的更高层次发展。

（五）增长极开发模式的局限性

1. 增长极开发往往带来区域内发展的不平衡。增长极对周围落后区域的推动作用及经济影响，主要通过极化效应和扩散效应来传递。在增长极发展的初期阶段，极化效应远远大于扩散效应，亦即增长极的发展往往是以牺牲外围区域的发展为代价。

2. 增长极开发对区域设施和环境配套要求较高。增长极作用的发挥需要有适当的周围环境与配套设施的建立。如果增长极中的主导工业和推进型企业属技术先进的现代化大工业，而周围区域又缺乏与之相适应的产业配套，工业企业只能增加对区外的购买和销售，那么经济“飞地”现象则不可避免。

3. 增长极对区域内就业的贡献不高。增长极一般以现代工业为目标，技术装备和管理方法较为先进，培育增长极并不可能解决较多的就业问题。

增长极模式强调集中开发、集中投资、重点建设、集聚发展、政府干预、注重扩散等，是在西方成熟的市场经济背景下产生的一种经典的经济不平衡增长理论模式，其在实践中的应用需要具备一定的社会经济条件，诸如较为广阔的市场、通畅的运输网络、发达的城市经济、健全的城镇等级体系等。因此，增长极模式的应用必须结合具体国情和区情，切忌盲目套用。在落后区域实施增长极开发，必须首先构建起当地的产业联系和空间联系，并培育市场环境。①

二、点轴开发模式

我国经济地理学家陆大道在借鉴克里斯塔勒的中心地理论、佩鲁的增长极理论、松巴特的生长轴理论的基础上，于20世纪80年代中叶在《我国区域开发的宏观战略》中提出了“点—轴”空间结构理论模式。②

（一）“点—轴”空间结构的内涵

1. 点：即增长极（核）、生长点

“点”的基本类型有：①各级居民点和工矿区。在点轴空间结构系统的形成过程

① 吴传清．区域经济学［M］．武汉：武汉大学出版社，2008：48－50.

② 吴传清，孙智君，许军．点轴系统理论及其拓展与应用：一个文献述评［J］．贵州财经学院学报，2007（2）：30－36.

中，首先是出现工矿区，进而形成一定的居民区。各级居民点和工矿点是点轴空间结构系统形成初期阶段的点的形态。②各级中心地，亦即各种中心城市（镇）。各级中心地是各级区域的集聚点，也是带动各级区域发展的中心城镇。③集聚区。集聚区是扩大了的“点”或点的集合，是最高程度的空间集聚形式，是在发展条件优越，往往是高级轴线交汇地附近建设起来的人口、城镇和经济设施密集的区域。

无论“点”以何种形式存在，都是区域内人口、产业、经济组织和社会组织的相对集中地。一般而言，“点”即为区域经济发展中的“增长极”，其已有的经济规模和发展潜力都要较周边区域相对突出，具有较强的极化、扩散效应，从而带动周边区域的发展。

2. 轴，即生长轴（或发展轴）①

“轴”是指由交通、通信干线和能源、水源通道连接起来的“基础设施束”。② 发展轴的主体部分是直接处于线状基础设施或其交叉点上的城市、工矿区、港口等。轴线的直接吸引范围是轴线上的所有城镇、港站直接集聚经济要素的范围。

“轴”的基本类型：根据发展轴的线状基础设施种类的不同，发展轴可分为沿海岸型（包括大型湖泊沿岸）、大河沿岸型、沿陆上交通干线型、混合型发展轴。

（1）海岸发展轴。海岸发展轴指自潮间带深入陆上约 50 千米的带状范围。海岸发展轴线的基础条件包括：优良港湾及河口地段，是建设联结陆上腹地和沿海城市的枢纽—港口的前提。港口既是海岸轴线开发的组成部分，又是整个海岸轴线开发的重点。位于陆地和海洋的界面，易于参加大区域范围内的社会经济活动和接受先进国家及地区的技术和文化的影响。土地和空间资源、水资源潜力大。

在海岸发展轴大规模建设各种类型的经济技术开发区、经济特区，已成为当今世界发展中国家发展振兴的重要途径和空间开发模式。

（2）大河河岸发展轴。大河河岸发展轴的基础条件：巨大的运输通道；丰富的水资源和水能资源的开发利用是带动发展轴及整个流域经济的强大促进因素。在大河流域范围内，往往拥有多种矿产资源、农林牧渔资源，具备培育多种产业群体，如农业、能源工业、金属矿的开发与冶炼、化学工业、建材工业等，发展产业带的条件。

（3）铁路干线沿线发展轴。铁路干线沿线发展轴的基础条件：巨大的陆上运输通

---

① 20世纪70年代，以沃纳·松巴特为代表提出的“生长轴”理论，成为点轴开发理论关于“轴”的内涵功能的理论前提。生长轴理论的中心内容是：随着联结各中心地重要干线（铁路、公路等）的建立，形成了新的有利区位，方便了人口的流动，降低了运输费用，从而降低了产品的成本。新的交通干线对产业和劳动力具有新的吸引力，形成有利的投资环境，使产业和人口向交通线聚集并产生新的居民点。这种对区域经济发展具有促进作用的交通线被称为“生长轴”。张敦富．区域经济学原理［M］．北京：中国轻工业出版社，1999：312.

② 陆大道．关于“点—轴”空间结构系统的形成机理分析［J］．地理科学，2002，22（1）：1－6.

道，能极大改善区域可达性，增强其开放程度；资源和经济基础的固有优势；铁路组成的交通网络对一国经济的贡献是其他交通运输方式无可比拟的，铁路干线沿线往往由于便捷的对外联系通道而形成发展轴。

（4）复合型发展轴。在国土开发和区域经济发展实践中，往往有多种类型的运输通道彼此结合在一起，共同发挥运输通道及带动发展作用，此即复合型发展轴。由于铁路、公路、水运、管道等运输方式都有其自身的服务对象，多种运输方式综合运用，可带动社会经济的多元化发展，从而在更深的层次彰显社会经济发展潜力。

3. “点—轴”空间结构

区域内的“点”和“轴”具有层次性，不同等级的“点”由轴线相互连接。由于社会经济空间结构的不均衡导致经济要素的空间扩散，“点”沿着若干扩散通道（线状基础设施束）促使经济要素向外扩散，在距中心不同距离的位置形成强度不同的新集聚，相邻地区扩散源的经济联系使扩散通道相互联结成为发展轴线，这种“点—轴”渐进式扩散引致最终形成“点—轴—集聚区”，不同规模和等级的“点”“轴”最终形成点轴空间结构。

（二）点轴开发模式的主要内容

点轴开发，就是在全国或地区范围内，确定若干具有有利发展条件的大区间，省区间，线状基础设施轴线，对轴线地带的若干点市进行重点发展。①

1. 确定生产、位置、资源好的重要干线作为重点开发轴

最佳的重点开发轴线是以水陆交通运输干线为依托的经济核心区域和发达的城市工业带。当然，自然条件优越、建设用地条件好、农业发展水平较高、矿产资源和水资源丰富且有一定开发规模的区域也可作为重点开发轴线。

重点开发轴线有等级之分，国家级开发轴线应是能带动全国经济发展，对区域经济起着决定作用的轴线；区域级开发轴线，应根据区域经济发展的现实状况，选取那些能有效布局区域主导产业，特别是有利于优势产业发展的轴线作为重点发展轴线。重点发展轴线的选择需要根据国家和地区的区域发展政策进行适时变动，新轴线的确定应选好时机，不应有所偏废。

2. 在发展轴上，确定重点发展的中心城市及其发展方向

点轴开发中的“点”，是各级中心城镇，由于开发轴线的确定，重点开发点就必须是轴线上的点或与轴线有密切经济关系的点。由于各级点的层次和主次不同，重点开发点就应当从各城镇发展的条件及其在区域中的地位、职能、发展规模方面进行考虑，选取那些在区域中起着关键增长极作用的城市作为主要开发点，同时加强对资源型城

---

① 张敦富．区域经济学原理［M］．北京：中国轻工业出版社，1999：312.

市或有发展潜力的城镇的开发和保护。

3. 确定中心城镇和发展轴的等级体系

点轴开发模式的实施，是从高级轴线向次级轴线、从高等级城市向次级城镇逐步展开的过程，因此确定重点发展城镇时，应根据城镇空间分布的现状，在与中心城市相适宜的距离上，选择有较好发展条件的点作为重点发展的城市，使之成为次级发展中心，并形成规模不等的城市群或城市圈。如我国的长江轴线上，重庆、武汉、南京、上海是天然的重点开发点，围绕以上几个重点城市，选择与之有着紧密经济关系的其他城市作为二级重点开发点。

点轴开发模式是增长极理论的延伸。从区域经济发展的过程看，经济中心总是首先集中在少数条件较好的区位，成斑点状分布。这种经济中心既可称为区域增长极，也是点轴开发模式的点。随着经济的发展，经济中心逐渐增加，点与点之间由于生产要素交换的需要，需要交通线路以及动力供应线、水源供应线等相互连接起来，这就是轴线。这种轴线首先是为区域增长极服务的，但轴线一经形成，对人口、产业也具有吸引力，吸引人口、产业向轴线两侧集聚，并产生新的增长点，点轴贯通，就形成点轴系统。因此，点轴开发可以理解为从发达区域大大小小的经济中心（点）沿交通线路（铁路、公路、江河等）向不发达区域纵深地发展推移。这种情况在自发的经济开发中较多见。交通和通信是主要的作用因素。

（三）点轴开发模式的特点

1. 实行点轴开发一般需要具备的条件

①在经过第一阶段的极点开发后，初步形成了启动区域经济发展的增长极；②具备一定的物质技术基础和经济实力，能够提供进行大规模带状开发所需要的资金、技术和人才；③初步建立了一个高效畅通的交通网络系统，并具备①～②条能作为重点开发轴线的主要交通干道。

如果尚不具备这些条件，就应进行前期的准备工作，如培育区域增长极、改善交通条件等。在以上条件基本成熟的条件下，点轴开发的关键是选择重点发展轴和重点发展点。①

2. 点轴开发模式的主要优点和适用范围

点轴开发模式的主要优点是：可以发挥各级中心城市的作用，并带动城市的发展；可以保证工业开发所必需的基础设施；可以防止工业布局过分集中或过于分散的弊端；它是指导工业布局的重要理论之一。从实践来看，点轴开发模式比较适用于开发程度低，尚未奠定布局骨架的国家与地区。② 而且，点—轴系统也不是一成不变的，随着

① 魏后凯．走向可持续协调发展［M］．广州：广东经济出版社，2001：35.

② 张敦富．区域经济学原理［M］．北京：中国轻工业出版社，1999：313.

“点”与“轴线”的不断延伸和日益完善，“点—轴”开发模式将转向网络开发模式。

三、网络开发模式

网络是指一定区域内不同规模等级的节点与轴线之间经纬交织所形成的区域经济系统。当经过极点开发和点轴开发后，区域经济具备了持续发展的基础和能力，为了促进区域的协调发展，有必要进行网络式开发。网络式空间结构理论是“点—轴”模式的延伸，是一种比较完备的区域空间组织模式，是区域经济相对发达条件下的产物。区域经济学家魏后凯于1988年提出了网络式空间结构理论模式①。

（一）网络式空间结构的内涵

网络式空间结构作为空间结构的高级形态，具有丰富的内涵。②

1. 网络式空间结构是集点、线、面于一体的区域经济系统

在这里，“点”不再是单纯的经济聚点，而是包括人口、经济活动和社会组织的综合性的点（即城镇体系），是节点发展的高级形态，在区域经济发展中充当着各级层次的经济增长极。“线”是指联结各点的线状通道，不仅包括一般的线状基础设施，而且包括无形的信息流通道、跨区域产业链条、人才交流通道、科技创新通道等诸多区际联系通道。这些立体结构的通道提高了点与点之间的可达性，沟通了区域之间、城市之间的联系，在区域经济发展中扮演着要素传递和资源配置的双重作用。网络上的各点通过对周边区域辐射其经济能量，组织和带动整个区域的经济社会发展，从而构成了分工合作、功能各异的点、线、面统一体。

2. 网络式空间结构以区域均衡发展为目标

区域经济发展初期，由于要素“瓶颈”的制约，某一区域的开发和发展不能全面而均衡地进行，只能采取非均衡增长战略，集中有限的资源和能力优先重点建设一个或若干经济集聚点，以发挥这些集聚点的经济带动作用。区域经济发展进入中期阶段后，点轴系统的形成加强了区域之间的技术经济联系，不同地域单元之间逐渐协调发展，区际经济差距呈现出缩小的趋势，但区域非均衡发展状态仍然明显。区域经济发展进入高级阶段后，网络式空间结构取代点轴式空间结构占据主导地位。此时区域经济发展遵循的是公平优先、兼顾效率的基本原则，通过区域间协调发展，缩小区际经济差距，逐步实现区域全面均衡发展。

3. 网络式空间结构是实现空间一体化的必然选择

网络式空间结构中的网络类型一般包括自然网络、人工网络和综合网络三类。其

① 魏后凯．区域开发理论研究［J］．地域研究与开发，1988（1）：16－19.

② 聂华林，高新才，等．区域发展战略学［M］．北京：中国社会科学出版社，2006：109－110.

中，自然网络由流域网、海岸线等组成，根据其自然属性，这类网络具有一定的稳定性和脆弱性；人工网络是区域经济发展的伴生物，是由交通网、通信网、电网等线状基础设施束组成的网络体系，根据人文属性，这类网络具有一定的灵活性和可操作性；综合网络是由自然网络和人工网络交织形成的，是网络式空间结构中的一种高级形态。网络式空间结构通过重点建设点轴与其腹地之间的由自然网络和人工网络错综形成的综合网络，将生产能力和经济能量传播到更广的范围，创造更多的发展机会，进而促进区域经济一体化，实现区域经济空间结构的优化。

4. 网络式空间结构以扩散效应为主、极化效应为辅

由于网络式空间结构是以区域均衡发展为主要目标，因此，网络式空间结构演化过程主要以扩散效应为主。这种扩散效应可以在缓解极化效应的过程中，将要素资源和生产能力传播到整个区域范围内，加强点与点之间、轴线与轴线之间的经济技术合作，缩小经济发展梯度差距，实现区域经济可持续发展。

（二）网络开发模式

一个现代化的经济区域，其空间结构必须同时具备 3 大要素：一是“节点”，即各级城镇；二是“域面”，即节点的吸引范围；三是“网络”，由商品、资金、技术、信息、劳动力等生产要素的流动网及交通网、通信网等织成。

网络开发，是指强化网络已有点轴系统的延伸，提高区域各节点、各域面之间，特别是节点与域面之间生产要素交流的深度与广度、促进地区一体化发展，特别是城乡一体化发展。这是区域发展中一种较完善的模式，是区域经济发展走向成熟阶段的标志。

在布局框架已经形成，点轴系统比较完善的区域，进一步开发就可采用网络开发模式，进一步构造现代区域空间结构。这种模式主要适合于经济较发达的区域，如京津唐地区、长江三角洲地区、珠江三角洲地区都属于这种开发模式。

（三）网络式空间结构的形成机理

当区域经济发展到高级阶段后，点轴系统中不同等级的点与点之间、轴线与轴线之间的技术经济联系进一步加强，为了满足要素跨区域配置和区域市场向外拓展的需求，各点开始与周围的多个点发生联系。相应地，点与点之间纵横交错的多路径发展轴线也相互连接，形成具有不同层次、功能各异的供给网络。网络的形成沟通了区域之间、城市之间的经济社会联系，促使点轴系统的经济能量向周围更大空间范围全面渐进式扩散，从而在区域空间上逐渐形成了以线状基础设施为脉络的网络式空间结构。网络式空间结构的形成必须具备一定的基本条件：①

---

① 吴传清．区域经济学［M］．武汉：武汉大学出版社，2008：116－117.

1. 网络空间结构的产生需要社会分工高度发达

由于空间网络需要经济要素在更大空间系统内部更充分地自由流动，各经济部门间分工达到相当高的专业化程度，因此网络式空间结构是区域经济发展到较高级阶段的重要表征，在区域经济发展的低级阶段，空间结构更多地趋向于极核结构和点轴结构。

2. 网络空间结构中的轴线模式必须是立体网络结构

当区域经济发展到一定程度后，空间结构中的点必然是存在紧密经济分工的点，而连接轴线比点轴系统中的轴线要求更高。专业化分工和产业的集聚需要轴线是立体网络式结构。这种立体网络不仅是空间上的网络，同时也是实物网络、信息网络与金融网络的立体结构，这样才能充分保证网络结构的稳定。

3. 网络式空间结构的形成与网络开发密不可分

网络开发是与区域开发高级阶段相适应、服务于网络式空间结构发展的开发模式。一方面，网络式空间结构的形成必然要求对区域内经济要素进行全面整合，从以重点开发为主的点轴开发模式向以谋求区域协调发展为主的网络开发模式转变；另一方面，网络开发只有在经济发展到一定程度、区域要素资源足够丰富、网络式空间结构初步形成的情况下，才能发挥其构筑经济网络的作用。经过网络开发，能有效加快空间结构从点轴模式向网络式结构转变。

四、梯度推移模式

区域经济学中的“梯度”概念主要是指区际经济、技术水平的差距，这实际上是一种狭义的“梯度”概念。广义的“梯度”不仅包括区域之间的经济、技术梯度，而且包括区域之间社会、自然资源、生态环境、制度、文化等差异形成的梯度。

（一）梯度推移模式理论内容

区域经济学研究者把产业生命周期理论引入到区域经济分析中，创建了区域经济梯度推移理论。

1. 梯度推移理论的基本论点

（1）区域之间客观上存在着经济、技术发展水平的梯度差异。由于资源禀赋、地理条件以及历史基础等原因，经济技术的发展在各区域之间必然是不平衡的，从而客观上形成了区际经济技术梯度。

（2）产业结构的优劣是衡量区域经济梯度水平的核心。一个区域的经济兴衰往往取决于其产业结构优劣，而产业结构的优劣则取决于区域经济主导产业部门在产品生命周期中所处的发展阶段。如果某个区域的主导产业部门主要由产品生命周期中的兴旺部门构成，则该区域经济高速增长，那么该区域即成为高梯度区域。相反，若一个区域的主导产业部门主要由衰退部门构成，则该区域为低梯度区域。

（3）经济技术存在由高梯度区域向低梯度区域推移的趋势。一般情况下，拥有较高技术水平的产业往往发端于高梯度区域，并遵循生命周期阶段的更替次序向低梯度区域推移。这种推移之所以能进行，一是作为扩散源的核心区有进行推移的内在动力和外在的市场压力；二是作为接受地的边缘区存在着吸收扩散的需要，因为推移有助于促进边缘区经济技术的发展。

（4）梯度推移主要是依托多层次城镇系统展开。经济要素由中心城市向中小城镇、进一步向农村推移，由发达区域向次发达区域推移，是区域经济梯度推移的一般形式。梯度推移往往是按“梯度最小律”推移。一般而言，只有处于第二梯度上的城市，才具备较强的能力接受并消化第一梯度的先进产业，随着产业的成熟与老化，逐渐向处于第三梯度、第四梯度的城镇推移，直至乡镇、农村。

（5）各区域所处的梯度是相对的和动态变化的。融合循环累积因果理论的梯度理论，可称为动态梯度理论。动态梯度理论认为，各区域所处的梯度是不断发展变化的。高梯度区域若不注重创新，导致产业结构老化，就会成为低梯度区域。反之，处于低梯度的区域若能有效组织技术创新并大量引入新技术和人才，则可促进产业的高级化，就会以更快的速度发展，成为高梯度区域。

梯度推移理论从一个侧面揭示了技术、产业经济活动空间位移的客观规律性，具有一定的科学性，但同时也是一种并不十分成熟的理论。

2. 梯度推移产生的原因

（1）处于创新阶段的工业部门大都布局在少数科技力量强、产业结构好、经济实力强的大城市，这些城市具有创新和接受创新成果的能力和优势。首先，大城市是科技信息、市场信息的汇集与传播中心，有利于创新者获得新思想，这些思想正是产生创新的源泉。其次，大城市集中了大量科研机构、高等学府、图书资料和人才，为创新提供了极有利的条件。最后，大城市为创新提供了优越的生产、经济和市场条件，并依靠这些条件来推动发明创造。

（2）处于发展阶段（在布局上称为扩展阶段）的工业部门需要由大城市向第二梯度上的一些条件具备的城市推移，谋求扩大市场。创新产业或产品由创新阶段进到发展阶段需要扩大市场，单靠大城市的市场已不能满足这些产业或产品对市场的需求。受市场需求的驱动，要求向第二梯度上的城市推移，这些第二梯度上的城市凭借运输费用低、劳动费用低、原料动力供应好等优势，有可能成为这种新产业、新产品的更大的生产地。

（3）处于成熟阶段与衰退阶段（在布局上称为普及阶段或称为标准化阶段）的工业部门，由于经过长期生产，产品已经成熟，技术易于掌握，生产已经完全标准化。他们的生产已由技术密集型逐渐转变成简单劳动密集型。在高梯度地区这类产品的市场已趋饱和。而一些发展中地区或落后地区，由于地价低、工资低、原材料价格低和税负的优惠，于是出现了这些部门向低梯度地区的推移。

世界上每出现一种新产业、新产品、新技术，就会随着时间的推移，由高梯度地区向低梯度地区一级一级传递下去，这种现象称为“工业区位向下层渗透”。①

（二）梯度发展的动态效应

缪尔达尔认为，梯度发展中同时起作用的有3种效应，即极化效应、扩展效应和回程效应，它们共同制约着地区生产分布的集中与分散状况。

1. 极化效应

一个地区只要它的经济发展达到一定水平，超过起飞阶段，就会具有一种自我发展的能力，可以不断地积累有利因素，为自己进一步发展创造有利条件。

极化效应主要体现在以下3个方面：第一，高梯度地区本身经济发展速度快，获取累积因果循环效应优势，为其进一步发展创造了条件。第二，产生规模经济效益，从而增强区域竞争力和对外部区域的影响力和吸引力。第三，整合区域各类经济资源要素，奠定区域良性发展的初步格局。

2. 扩展效应

一个地区经济发展梯度的上升，就会产生对周围地区经济发展的带动作用。扩展效应主要表现在：①使经济不发达的低梯度地区的初级产品、初级产业发展。②产业变迁与转移。在动态发展中丧失比较效益或因过度集聚而不经济的产业会逐步向经济不发达的低梯度地区转移，产生所谓“外流”现象。③促进经济不发达的低梯度地区旅游业等第三产业发展。④高梯度地区税收增加，国家通过税收支持落后地区发展。⑤一些污染严重的产业“外流”或分散到经济不发达的低梯度地区。

3. 回程效应

回程效应是扩散效应的对立物，是一种对扩散效应的负作用。主要表现在：①阻碍不发达地区的资本积累。在扩展效应的作用下，发达地区向不发达地区投放了大量的资本，到期要还本付息或支付利润。如果不发达地区未能改善投资环境，未能消化吸收转移技术，这时就会有大量资本（本息）回流到发达地区；②人才流到发达地区，使不发达地区缺乏人才；③竞争能力无法与发达地区抗衡。

4. 梯度推移净效果

一般认为，在经济发展初期，区域间的极化效应、回程效应远远大于扩展效应，而随着时间的推移，极化效应、回程效应趋于下降，扩展效应则迅速增强，区域差距缩小。原因是发达的高梯度地区在不断积累有利因素的同时，也为自己积累了制约因素，削弱极化效应，增强扩展效应。

---

① 周起业，等．区域经济学［M］．北京：中国人民大学出版社，1989：133.

（三）不同梯度地区的经济发展战略

1. 高梯度地区

高梯度地区必须防止产业结构老化而失去技术经济优势。预防产业结构老化的有效办法是不断创新、不断调整产业结构，建立新产业、新产品、新企业，以保持技术的领先地位，同时要淘汰已经成熟和衰退的产业部门。

2. 中梯度萧条区

萧条区形成的主要原因是思想保守，未及时调整产业结构，使区域的主导产业步入成熟或衰退阶段，经济结构失去活力。萧条区应当充分利用本地区科学文化发达、资金雄厚、工业基础好的优势，大力创造新产业部门和改造传统部门，即改变地区陈旧的产业结构。

3. 低梯度地区

在这类地区的经济结构中占主导地位的是初级产业等衰退部门。按照缪尔达尔的理论，低梯度地区要想摆脱贫困，除自身的努力之外（自力更生），需要国家财政支持和政策扶植。

（四）梯度推移理论在我国的运用

20 世纪 70 年代末 80 年代初，梯度推移理论被引入我国的总体布局与区域经济研究中。基本观点是：无论在世界范围内，还是在一国范围内，经济技术的发展是不平衡的，客观上已形成一种技术梯度，有梯度就有空间推移。生产力的空间推移要从梯度的实际情况出发，首先让有条件的高梯度地区引进、掌握先进生产技术，然后逐步向处于二、三级梯度的地区推移。随着经济的发展，推移速度加快，也就可逐步缩小地区间的差距，实现经济分布的相对均衡。①

（五）反梯度推移模式

反梯度推移理论是与梯度推移理论相对的范畴，是对梯度推移理论的拓展。反梯度推移理论认为现代技术转移有两个特点；其一，技术转移按现有生产力发展水平转移，这是常规的梯度推移；其二，以超越现有生产力发展水平推移，即落后地区可以通过引进先进技术，实现生产力的跳跃式发展。因此，按现有的生产力发展水平进行的梯度推移顺序，不一定就是引进先进技术和经济开发的顺序。这一顺序要由经济发展的需要与可能来决定。只要经济发展需要，又具备必要的条件，就可以引进先进技术，进行经济开发，而不管这一地区处于哪个发展梯度。落后的低梯度地区，可根据

① 这一观点引起了一些争论，提出了一些新的空间推移理论，如反梯度推移论、并存论、主导等，但多数学者认为起主导作用的还是梯度推移方式。刘再兴．区域经济学［M］．北京：中国物价出版社，1996：67－69.

自己的实际情况，直接引进世界最新技术，发展自己的高新技术，实行超越发展，然后向二级梯度、一级梯度地区进行反梯度推移。① 反梯度推移理论还揭示了梯度推移理论存在的诸多缺陷。②

五、其他开发模式理论

（一）优区位开发模式

优区位开发模式的理论基础是区位论。从经济学的角度看，区位论要求经济活动选择在投入最小而效益最大的点上发展，这个点就是最优区位。

区位论认为，影响区位的因子有自然资源、交通条件、信息条件、社会经济条件及人口劳动力条件。其中，自然因子是决定区位的初始因素。在人类社会早期甚至工业化初期，这都是最重要的人类选址原则。随着人类社会生产能力的逐步增强，人们逐渐摆脱了单纯的自然条件的制约，区位选择也变得更加自由和主动。到现在，很多以自然资源为其定位导向的传统工业基地或工业城市的衰落，证明了人类的位置选择正在采取新的取向，信息、交通、人口以及物流对一个地区的发展起着越来越重要的作用。

优区位开发模式就运用区位论所揭示的经济空间布局在空间上指向优区位的规律来进行区域空间结构的组织，是一种点状跳跃式的区域开发模式。③ 由于各地区经济发展条件的差异，在大的发达地区存在欠发达地区和不发达地区，在一些欠发达地区也存在着优区位地区。优区位地区包括经济发展水平较高的地区、城镇集中的地区、交通便利和位置优越的地区、自然资源丰富的地区、人口众多的地区以及兼有上述两种

---

① 周起业，刘再兴，祝诚，张可云．区域经济学［M］．北京：中国人民大学出版社，1989：151.

② 即：1）梯度推移理论设想通过技术转移的加速来逐步缩小区际经济差异的论点，在理论上和实践中均缺乏有力的证据。尽管随着经济的发展，技术转移会加速，但可能大都会在高梯度区域之间进行，并不能充分保证技术转移按梯度指向进行。如果技术梯度转移所产生的扩散效应在力量上弱于政府调控与市场机制双重作用下产生的极化效应，区际经济差距将不是缩小而是扩大。2）技术的梯度推移只是技术空间转移（扩散）的一种主要形式，并不是一条规律。从技术梯度的视角而言，技术的空间转移具有多种形式，既有纵向的梯度推移、反梯度推移或跨梯度转移，也有横向的水平推移（即技术水平相近区域的技术转移）。从技术转移（扩散）的空间形式而言，技术空间转移（扩散）有等级扩散、辐射扩散、邻里扩散、跳跃扩散等多种形式。梯度推移理论实际上是视技术梯度推移为技术空间转移（扩散）的唯一形式，因而是一种以偏概全的观点。3）梯度推移理论视技术梯度作为决定投资的区域倾斜和重点开发区域时序选择的唯一因素。实际上，重点开发区域的时序选择和投资区域指向往往受到多种因素的影响和制约。它要综合考量经济技术水平、地理区位、资源区域组合、产业优势度以及专业化程度等众多因素。郭凡生．评国内技术的梯度推移规律——与何钟秀、夏禹龙老师商榷［J］．科学学与科学技术管理，1984（12）：19－21；魏后凯．我国宏观区域发展理论评价［J］．中国工业经济，1990（1）：76－80.

③ 武友德，潘玉君．区域经济学导论［M］．北京：中国社会科学出版社，2004：171.

以上情形的地区等。

（二）产业滚动开发模式

产业滚动理论是针对落后地区开发所提出的模式。由于落后地区经济基础薄弱，资金短缺，开发初期启动非常困难。为迅速提高落后地区的自我发展能力，可建立科学合理、优化的产业发展顺序：即首先发展投资少、见效快的第三产业，如旅游、商贸等产业，以促进落后地区发展资金的原始积累，并沟通外界，为引进外部资金和技术打下基础。然后相应发展其他一些投资数额不大的加工业，如此滚动，可实现资金的最有效利用。

产业滚动模式的实施最关键的是解决如下两方面的问题：第一：因地制宜，选准该地区的带头启动产业；第二：建立优化产业发展顺序，如“贸工旅”“旅工贸”“农工贸”等模式都可采用。

优区位开发模式和产业滚动开发模式具有很多优点：开发所需投入资金少，见效快，经济效益明显，而且还能避免梯度推移模式造成的巨大区域发展差距。但这两种模式只能作为辅助，进行区域开发还必须结合实际情况与其他模式进行补充和配合。①

（三）辐射理论模式

辐射是一个物理学概念，是指能量高的物体和能量低的物体通过一定的媒介相互传递能量的过程。物理学上的辐射理论可以用来很好地解释经济发展中的辐射问题，因为两者之间具有很大的相似性。经济发展的空间辐射是指经济发展水平相对而言较高的地区与经济发展水平相对较低的地区进行资本、人才、技术、市场信息等流动和思想观念、思维方式、生活习惯等方面的传播。经济发展水平较高的地区为辐射源，交通条件、作息传播手段和人员的流动是辐射的媒介。② 辐射的方式有点辐射，线辐射、面辐射等多种形式。

（1）点辐射。点辐射一般以大中城市为中心向周边地区推开。从表态角度看，中心城市的发展水平较高，在资金、技术、人才和信息等方面具有优势，居民思想观念、思维方式和生活习惯相对也比周边地区先进。劣势是自然资源和劳动力较为缺乏。周边地区在劳动力数量、自然资源等方面具有优势，但资本积累和技术进步的速度相对可能较慢。这样，如果中心城市和周边地区能够很好地实现优势互补，则可以大大加快以中心城市为核心的地区经济发展速度。从动态角度看，点辐射的强度、方式与中心城市的经济实力和所处的经济发展阶段有关。在城市发展的初期，包括资金、技术、人才等在内的生产要素主要是流向城市，点辐射强度较弱；在城市发展后期，生产要素的点辐射明显增强。当然，点辐射的有效进行，必须依靠良好的辐射媒介，即良好

① 张建平．区域经济理论与实践［M］．北京：中央民族大学出版社，2007：197.

② 厉以宁．区域发展新思路［M］．北京：经济日报出版社，2001.

的交通、信息传播手段和市场机制，这是点辐射有效进行的根本保证。

（2）线辐射。线辐射一般以铁路干线、公路干线、大江大河以及大湖沿边航道和濒临沿海的陆地带为辐射的带状源，向两翼地区和上下游地区推开。我们把铁路干线、公路干线、大江大河以及大湖沿边航道和濒临沿海的陆地带称为辐射干线。线辐射的原理与点辐射的原理具有相似性。但需要强调的是，线辐射不仅包括辐射干线向两翼的辐射，而且还包括辐射干线上下游之间的辐射。这样上下游的纵向线辐射和向两翼地区的横向线就同时向两个方向展开，因此就形成了一个有效的辐射体系，辐射的范围和强度都比点辐射宽广。可以说线辐射是经济带形成和发展的动力。

（3）面辐射。点辐射和线辐射大大加快了辐射区域的经济发展速度，其结果会形成以中心城市为核心，以辐射干线为骨架的经济发展水平较高的区域。这些地区的大中小城市通过密如蛛网的交通网络紧密相连、分工合理，形成了具有较强辐射能力的面状辐射源，并进一步与周边落后地区进行相互辐射。面辐射可分为两类：一类是墨染式（或称摊饼式）辐射，它是指经济发展水平较高地区的生产要素和思想观念在空间上逐渐向外推移；另一类是跳跃式辐射，它是指经济发展水平较高地区的生产要素和思想观念在空间上跨过一些地区直接向另一些地区转移。

案例

区域开发模式的实践——以青海省为例

区域开发模式选择的主体是行使区域管理职能的部门，即区域政府；客体是以理论形式表达的区域开发经验、知识和观点；目标是促进区域社会经济的全面、协调和可持续发展；依据是区域的实际情况、科学民主的决策机制、理论的科学性和实践效用评价；作用方式是某种发展模式一旦被选定，即上升形成区域的发展规划及政策，并被行政力贯彻到区域发展管理的方方面面，再和国家法律体系相结合，获取某种法定效力，规定区域发展的方向和途径。

各种发展模式理论的实质在于怎样安排区域发展的先后顺序，以及如何进行资源配置和确定投资的空间布局。不同的理论立足点不一样，但从根本上讲，其不同点就在于怎样对经济发展的“公平”与“效率”做出选择，应注意这几种理论都有一定的合理性和适用范围。正确的区域开发模式必将大大地促进区域经济社会的快速发展，而不适当的开发模式则能延缓或阻止区域的发展，为其带来负面影响。一般而言，在经济发展落后或者工业化的初期阶段，一般采取极点开发模式；在经济发展已有一定基础或者工业化的初中期阶段，一般采取点轴开发模式；而在经济发展基础较好或者工业化中后期阶段，则通常采取网络开发模式。① 另外，区域是一个复杂的巨系统，任

① 魏后凯．走向可持续协调发展［M］．广州：广东经济出版社，2001：31.

何一种开发模式都不能解决区域发展的所有问题。[①] 不同地区有不同的经济特征，各个地区应该根据自己的区情，制定适合本地区实际的经济发展模式和资源配置策略。

青海省地处青藏高原，社会经济发展相对落后。青海省区域经济发展从梯度分布看如哑铃状，两个最高梯度地区（西宁市和格尔木市）如同哑铃的两端，两地间青藏铁路、公路地带如哑铃的柄，属于中梯度地区，其余区域均为低梯度地区。青海省经济开发总体适宜采用“点—轴”开发模式，以西宁市和格尔木市两个东西相望的城市为增长极辐射带动周边腹地的同时，以青藏铁路为主要轴线，带动环青海湖地区、青南地区经济发展。对处于不同梯度的区域则应采取不同的区域经济发展模式。[②]

（一）以西宁为增长极的东部综合经济区网络化发展模式

东部综合经济区是全省经济社会发展的重心区域，其发展阶段处于工业化和经济起飞阶段，区域开发以进一步增强各级增长点和经济轴线的基础上，逐步形成网络开发模式，从而实现经济的全面发展。为此，东部地区应加快以西宁市为中心的城镇群落建设，形成比较完备的中心城市、次中心城市和城镇相互配套连接的青海东部城镇群落体系；外依托兰州、内增强西宁的实力，以带动周边地区的发展；合理进行产业结构调整，进一步增强该区域在大区域分工体系中的特色。

（二）以格尔木市为中心的西部柴达木盆地工业经济区“点—轴”发展模式

从该区的社会经济情况来看，虽然其经济发展阶段也步入工业化和经济起飞阶段，但与东部相比它主要还是依靠资源优势，而区域基础设施、城市体系等不完善，因此适宜选择点轴开发模式。首先，积极发展该区域两个城市。格尔木市是柴达木新兴工业经济区的开发建设重镇，是青海西部经济、科技中心和交通通信枢纽，具有重要的战略地位和经济区位优势，随着资源开发的深入进行，格尔木市将逐步成为西部的中心城市，对于柴达木地区经济社会发展将起到有力的辐射和带动作用。在大力发展格尔木市的同时，增强州府德令哈市的发展，使两市发展成为带动海西经济腾飞的两只翅膀。其次，柴达木地区可充分利用青藏铁路这条经济轴线和交通枢纽，加速商品和要素流动。立足本地丰富的矿产资源和农牧资源，以发展循环经济为手段，实现工业结构从资源密集型向资本密集化、高加工度化、技术和知识集约化转变，变资源优势为经济优势，提高经济可持续发展能力。

（三）环青海湖农牧业经济区轴线开发模式

环青海湖地区经济发展应在确保青海湖湿地生态安全的前提下，采用轴线开发模式。首先，大力发展以旅游业为龙头的服务业，使环湖地区的小城镇建设与旅游业发展紧密结合起来，培养一批有特色的旅游城镇。其次，借助环青海湖布的交通干线作

---

① 武友德，潘玉君．区域经济学导论［M］．北京：中国社会科学出版社，2004：161－162.

② 丁生喜．青海省区域经济差异与发展模式分析［J］．青海师范大学学报，2008（2）．

为轴线，立足本地丰富的畜牧业、能源、矿产资源和旅游资源优势，充分发挥比较优势，把地区发展成为现代生态畜牧业产业化经济圈、环湖生态城镇经济圈、环湖旅游体育经济圈。通过突出民族特色、生态环境特色、产业特色的特色城镇化发展，使该地区摆脱 PPE 恶性循环，逐步实现环青海湖湿地区域经济、生态、社会的可持续发展。

（四）青南地区增长极开发模式

青南地区尚处于区域经济发展的初级阶段，应选择增长极模式。首先，在经济条件、自然条件、生态条件相对较好的地区选择一批小城镇重点建设，使其逐渐成为区域经济增长极，通过极化效应的发挥，促进人口和经济活动向城镇集中，实现牧业向城镇第二、第三产业的转移，使牧业人口向城镇人口转变，以减轻经济活动对该区域生态环境的压力。其次，应搞好草原“四配套”建设，增强抗灾防灾能力，结合社会主义新牧区建设，加快牧民定居点建设，稳定发展畜牧业。

复习思考题

1. 什么是区域经济差异？区域经济差异如何测度？
2. 简述点轴开发与网络开发模式的特点与适用范围。
3. 试述梯度开发理论模式及在我国的应用。
4. 试述增长极理论与我国西部大开发战略。
5. 试举例说明区位优势如何转化为现实优势。
6. 试以点轴开发理论为指导，构建青海省点轴开发体系。
7. 收集资料，对我国不同区域经济开发模式进行实证分析。

参考文献

[1] 冯云廷．区域经济学［M］．大连：东北财经大学出版社，2006.

[2] 聂华林，高新才，等．区域发展战略学［M］．北京：中国社会科学出版社，2006.

[3] 孙久文，叶裕民．区域经济学教程［M］．北京：中国人民大学出版社，2006.

[4] 吴传清．区域经济学［M］．武汉：武汉大学出版社，2008.

[5] 叶依广．区域经济学［M］．北京：中国农业出版社，2006.

[6] 周起业，刘再兴，祝诚，张可云．区域经济学［M］．北京：中国人民大学出版社，1989.

[7] 丁生喜．青海省区域经济差异与发展模式分析［J］．青海师范大学学报，2008（2）．

[8] 陈秀山，张可云．区域经济理论［M］．北京：商务印书馆，2003.

[9] 洪兴建．基尼系数理论研究［M］．北京：经济科学出版社，2008.

［10］高鸿业．西方经济学（微观部分）（第3版）．［M］．北京：中国人民大学出版社，2004.

［11］魏后凯．走向可持续协调发展［M］．广州：广东经济出版社，2001.

［12］武友德，潘玉君．区域经济学导论［M］．北京：中国社会科学出版社，2004.

［13］张建平．区域经济理论与实践［M］．北京：中央民族大学出版社，2007.

［14］厉以宁．区域发展新思路［M］．北京：经济日报出版社，2001.

［15］张敦富．区域经济学原理［M］．北京：中国轻工业出版社，1999.

［16］陆大道．区域发展及其空间结构［M］．北京：科学出版社，1995.

［17］郭熙保．发展经济学经典论著选［M］．北京：中国经济出版社，1998.

［18］魏后凯．现代区域经济学［M］．北京：经济管理出版社，2006.

［19］程必定．区域经济学——关于理论和政策问题的探［M］．合肥：安徽人民出版社，1989.

［20］覃成林．中国区域经济差异研究［M］．北京：中国经济出版社，1997.

第六章　城市化与区域经济

空间作为人类社会经济活动的场所，一切社会经济活动在多种区位因素作用下的集中和扩散都可以通过空间反映出来。由于规模经济和集聚经济效益的存在，在市场力量的作用下，经济活动倾向于集中于某些地区，并且在不同的区域经济发展水平与发展阶段，空间集聚规模和集聚形态也存在规律性变化。城市本身是空间集聚的结果，作为区域经济核心的城市与区域经济发展有密切关系。本章介绍区域空间结构演化理论、城市的形成与城市化理论、城市化动力机制、区域城镇体系等内容。

第一节　区域空间结构演化理论

区域经济空间结构的地域构成单元是指构成空间结构的实体，一般是城市、乡村或者其他经济活动的发生地域。① 区域经济非均衡发展，必然在区域空间形成不同的地域结构。区域空间结构并不是一成不变的，它随着社会经济的发展不断由低级向高级转变。归结起来，区域地域结构的演化趋势是：从极化导致的二元性加强，核心向外扩散导致的二元性削弱，最终实现区域空间在新的经济发展水平上的均质化，从而形成逐级传递和逐级推进的动态演变过程。② 从空间维度视角考察，区域经济空间结构突出表现为“中心—外围”二元空间结构和“城市—城乡边缘区—乡村”三元空间结构两种典型类型。

一、“中心—外围”二元空间结构理论

区域非均衡增长理论提出的区域经济空间最基本的地域结构模式为“核心－外围”二元结构，并解释了这种结构的形成机理。③

---

① 吴传清．区域经济学原理［M］．武汉：武汉大学出版社，2008：105.

② 安虎森．区域经济学通论［M］．北京：经济科学出版社，2004：490.

③ 郝寿义，安虎森．区域经济学［M］．北京：经济科学出版社，1999：298。区域非均衡增长理论见本教材第三章和第五章相关内容。

（一）古典“核心—边缘”理论的基本内容

美国城市与规划学家约翰·弗里德曼（J. R. Freedman）长期从事区域空间发展规划的研究，他根据缪尔达尔和赫希曼等人有关区域经济增长和相互传递的理论，① 于1966年在《区域发展政策—委内瑞拉案例研究》一书中首次提出了核心－边缘理论，之后又经过逐步完善，形成了适用于发达国家与发展中国家区域空间规划的一般理论。该理论试图解释一个区域如何由互不关联，孤立发展演变成彼此联系、发展不平衡、又由极不平衡发展变为相互关联的平衡发展的区域系统。

1. 核心区与边缘区的关系

弗里德曼引入熊彼特的创新理论，认为发展是一种不断连续、逐步积累的过程，是通过“通信域”（communication field）内具有高频作用潜力的少数“变革中心”（centres of change）自上而下的创新实现的，并由内到外扩散。创新变革中心称为核心区（core regions），核心区政治机构集中，在资本、技术和政策上都具有明显的优势，处于稳定发展和支配地位。核心区之外的地区则被称为边缘区（peripheral regions）。边缘区依附于核心区，两者共同构成了一个以权威性和依附性关系为标志的体系。②

一方面，核心区从边缘区吸聚生产要素产生出大量的创新（材料、技术、社会和文化体制等）；另一方面，这种创新又源源不断地从核心区向外扩散，引导边缘区的经济活动、社会文化结构和聚落类型的转换，从而促进整个空间系统的发展。

2. 核心区与边缘区的相互作用

第一，核心区在组织上强加于边缘区依附关系。这种依附关系是通过核心区权威控制机构对边缘区的渗透来维持的，渗透过程是否成功取决于区域内起决定性影响的决策是否由相关核心区权威机构做出。核心区支撑着大量的心理资源、物质资源、各种强制性资源，以维持其核心支配地位。边缘区则只能处于从属的，接受监督和指令的位置。

第二，核心区强化自身对边缘区支配地位的过程有自我强化之势。这一过程将产

① 区域传递是指两个或两个以上区域间经济发展中的某些因素相互影响、波及而使区域经济结构发生变化的过程，美国经济学家赫希曼在《经济发展战略》（1958）一书中首倡“经济增长的区际传递”（*interregional transmission of economic growth*，又译作“经济增长的区际传播”“经济增长的区际传导”）。在1950—1980年具有代表性的经典区域经济非均衡增长理论中，缪尔达尔的循环累积因果原理及地理上的二元经济结构理论、赫希曼的区际经济不平衡增长理论、弗里德曼的核心—边缘理论、威廉姆逊的倒“U”型理论、阿朗索的钟型理论等，均涉及区际经济传递内容。其中，1950年缪尔达尔、赫希曼关于区际经济传递效应的论述最为经典，两人被誉为区域经济学区际经济传递理论的奠基人。1970年理查森进一步发展了区际经济传递效应理论。见吴传清．区域经济学原理［M］．武汉：武汉大学出版社，2008：134－135.

② 陈秀山，张可云．区域经济理论［M］．北京：商务印书馆，2003：207.

生六种效应[①]：①支配效应，即通过自然资源、人文资源和资本资源由边缘区向核心区转移而导致边缘区经济的削弱；②信息效应，即因核心区人口、产量和收入增长产生的内部潜在相互作用增强而有利于创新速度的效应；③心理效应，核心区通过提供具有前景的创新机会及减少因模仿而引起的创新危机等方式而对创新者产生的一种吸引效应；④现代化效应，即核心区通过社会制度、组织结构、思想观念及生活习惯的转变来促进创新活动的效应；⑤连锁效应，即一种创新的出现往往导致另一种创新活动产生的效应；⑥生产效应，创新者通过专业化生产的开拓和创新关联系统的形成，扩大外部经济的规模，降低创新成本，从而达到刺激生产目的的效应。

第三，核心区创新活动向边缘区的渗透，扩大核心区输往边缘区的信息流。核心区的创新引入边缘区将有可能提高边缘区创造新人才的比例，而且可能形成新的生活方式，以改善进入核心区的劣势。同时，边缘区为了获得重大领域的自主决策权，必然会与核心区发生冲突，冲突的结果有可能使核心区弱化甚至放弃集中化的政策。

第四，核心区对边缘区扩散效应的加速会导致新形成的核心区与老核心区分享决策权。老核心区创新能力下降，有可能沦为具有强劲创新能力的新核心区的边缘区。

3. 核心—边缘结构消失的主要途径

第一，核心区对边缘区产生的因购买农副产品、矿产品、雇用劳动力等而形成的产品和劳务需求使货币由核心区流向边缘区，从而缩小核心区与边缘区之间的收入差距；

第二，核心区创造的大量就业机会吸引着劳动力的大量流入，不断提高边缘区的边际劳动力收益，促使核心区与边缘区的工资水平趋于一致；

第三，随着核心区的发展，将产生一定的负效应，投资利润率下降，资本会流向因资源开发而具有高投资利润率的边缘区，使核心区与边缘区的经济发展差距进一步缩小。[②]

4. 区域经济空间结构演化的阶段性

弗里德曼认为区域经济增长的同时，必然伴随着区域经济空间结构的变化，他把区域经济发展划分为四个阶段：即前工业化阶段、核心—边缘阶段Ⅰ（工业化初期阶段）、核心—边缘阶段Ⅱ（工业化成熟阶段）、空间经济一体化阶段（后工业化阶段）。在每个发展阶段上，由于资源要素流动状态不同，所以具有不同的阶段性特征，见表6－1。[③]

---

① 孙翠兰．区域经济与新时期空间经济发展战略［M］．北京：中国经济出版社，2006：94. 陈秀山，张可云．区域经济理论［M］．北京：商务印书馆，2003：210.

② 由此观之，新古典主义经济学关于核心与边缘间实现均衡发展的途径，主要是通过资本与劳动力从低收益的边缘区流向高收益的核心区，并通过核心区的发展产生的一种溢出效应缩小核心区与边缘区之间经济发展水平的差距来实现均衡增长的。

③ 资料来源：陈秀山，张可云．区域经济理论［M］．北京：商务印书馆，2003：209页的表8－1.

表6-1 不同发展阶段的资源要素流动状态与区域经济特征

特征	前工业化阶段	核心—边缘阶段Ⅰ（工业化初期阶段）	核心—边缘阶段Ⅱ（工业化成熟阶段）	空间经济一体化阶段（后工业化阶段）
资源要素流动状态	较少流动	外围区资源要素大量流入核心区	核心区要素高度集中，开始回流到边缘区	资源要素在整个区域内全方位流动
区域经济典型特征	已存在若干不同等级的中心，但彼此间缺乏联系	核心区进入极化过程，少数主导地带迅速膨胀	核心区开始对外扩散过程，外围区出现较小中心	多核心区形成，少数大城市失去原有主导地位，城市体系形成

从表6-1可以看出，核心—边缘模型中区域经济发展的阶段不同，区域空间特征也不相同，通过核心区的创新活动集聚或扩散资源要素，以及中心区对外围区所具有的支配和控制地位，引导和支配边缘区，最终走向区域经济一体化。

（二）新经济地理学派的“中心—外围”理论模型

新经济地理学派的“中心—外围”模型是克鲁格曼在新贸易理论研究基础上发展起来的。① 克鲁格曼等人对新经济地理学理论的探讨主要围绕着经济活动的空间聚集这一主题来进行，即解释地理空间经济活动的集聚现象。而决定经济活动在空间上将处于聚集状态还是分散状态，主要看促使产业地理集中的向心力和削减产业地理集中的离心力两者谁占据主导地位。

1. “中心—外围”理论的基本内容

促进产业地理集中的因素主要包括：市场规模效应、劳动力市场上劳动力的供给状况和纯外部经济性。促使经济活动分散化的离心力包括：要素的不可流动性、地租和纯外部非经济性。新经济地理学的目标就是通过建模分析来向人们解释，使经济活动集聚的向心力和使经济活动分散的离心力对经济活动的地理结构和空间分布的影响。克鲁格曼建立的核心—外围模型（CP），以完全竞争的农业部门（生产单一的同质产品）和垄断竞争的制造业部门（供给大量的差异化产品）为研究对象。在特定的假设条件下：农业雇佣劳动力要素不可流动，而制造业工人可以自由流动；农产品无运输成本，而制造品则存在“冰山成本”，且都存在收益递增。经济的演化将使制造业部门成为“核心”，而农业部门成为“外围”。

2. “中心—外围”结构形成过程中的经济效应

克鲁格曼认为，在“中心—外围”结构形成过程中，垄断竞争厂商根据其在不同区位的获利能力决定生产区位，而其生产区位的决定将产生三种不同的经济效应：②

（1）市场通路效应（又称需求关联或后向关联）。

① 孙海鸣，张学良．区域经济学［M］．上海：上海人民出版社，2010：205.
② 吴传清．区域经济学原理［M］．武汉：武汉大学出版社，2008：106.

一个厂商从其他区域迁往本地将使本地劳动力需求增加，当劳动力可在不同区域流动时，将吸引劳动力流入并使本地需求增加，本地需求的增加将使本地厂商的利润增加，继而又进一步吸引更多厂商进入，进一步产生需求关联。这一过程将循环反复，通过一个积累循环过程促进集聚经济发展。

（2）生活费用效应（又称为成本关联或前向关联）。

一个厂商从其他区域迁往本地使本地厂商数量增加，而在一个厂商数量增多的区域，消费者需要从区外购入的商品种类减少，从而支付的贸易成本下降，这意味着本地生活费用下降和实际工资水平提高。工人受吸引而大量流入，引起劳动力供给增加和本地名义工资下降，使得厂商生产的平均成本和边际成本下降，本地厂商利润增加。厂商利润的增加又进一步吸引更多厂商进入，并进一步产生一个不断自我强化的循环累积过程。

（3）市场挤出效应（又称为竞争效应）。

一个厂商从其他区域迁往本地使本地厂商需求减少和边际收益下降，这使本地厂商利润减少或亏损，厂商为获得正常利润而降低工人的名义工资。在其他条件不变时，这使本地对工人的吸引力低于其他地区，劳动力从本地流出，产生一个不断自我强化的循环累积过程，从而抑制了集聚。

3. 结论

①当本区域需求关联和成本关联所产生的向心力大于市场挤出效应所产生的离心力时，经济活动趋向于在本区域集聚，所有制造业厂商被吸引到本区域，本区域发展成富裕的中心区域，而其他区域发展成贫穷的外围区域；②当本区域需求关联和成本关联所产生的向心力小于市场挤出效应所产生的离心力时，经济活动趋向于扩散，各地形成类似的生产结构，经济趋于收敛。③向心力和离心力都会随着贸易成本下降而减弱，但离心力减弱程度更大，这使中心—外围结构的形成呈现突变的特征。当贸易成本较高时，离心力大于向心力，厂商生产区位变化并不能改变两个区域对称的生产结构。但随着贸易成本下降，离心力比向心力减弱更快。当贸易成本下降到某一临界水平时，向心力超过离心力，集聚发生，所有制造业厂商被吸引到本地，两个区域内生为工业化的中心和非工业化的外围。

由于古典“核心—边缘”理论与新经济地理学派的“中心—外围”理论产生的时代背景不同，前者更多的是借鉴熊彼特的创新理论、佩鲁增长极理论以及刘易斯二元结构理论，在极化空间的理论假设中分析区域经济空间结构的演变，其动力机制是极化和扩散效应，具有空间的接近性、区域性、闭合性特征；而新经济地理学在全球化视角下，利用国家竞争优势理论、空间竞合理论，通过同质空间的假设，构建空间结构和空间组织模型，分析空间结构的演变规律及其动态平衡与协调发展，具有空间自由性、可分离性、开放性特征。总之，两种分析框架都说明在经济发展过程中，在区域结构上必然形成“中心—外围”这一空间结构模式。①

二、城乡边缘区形成与区域空间的三元结构

在城市集聚发展过程中，城市内部企业和人口不断向城市周边地带迁移，而大量农村人口向城市集中。在这种郊区化与集中化的影响下，在城市与乡村相连接的部位出现了一个城乡因素彼此相互交融、相互冲突的中间地带，即城乡边缘区。

城乡边缘区是指位于城市和乡村之间，以城市和乡村土地的利用方式相混合为典型特征，人口和社会特征具有城乡过渡性质的一个独特地域。

在城市的动态发展过程中，城乡边缘区的内缘不断被城市侵吞，转变为城市的一部分。外缘区不断向外推移，使这一地带成为围绕许多城市的一个持续不断的景观，最终形成“城市—城乡边缘区—乡村”共同构成了一种新型的三元地域结构体系。

（一）三元空间结构形成的理论

区域空间的三元结构理论主要有以下几种：②

1. 山鹿诚次的阶段论

日本学者山鹿诚次认为城乡边缘区的形成分为三个阶段：

（1）一般农业向商品性农业转换的产品的商品化阶段；

（2）青壮年农业劳动力向兼业的农工户、农商户转化的劳动的商品化阶段；

（3）农民卖掉或出租土地，不再务农的土地商品化阶段。

可见，城乡边缘区是由农村要素商品化程度不断提高而形成的。

2. 科曾的周期性增长理论

20世纪60年代，英国地理学者科曾认为周期性增长因素使城乡边缘区呈“年轮”状的圈层式推进。城乡边缘区的形成存在加速期、减速期、稳定期三种状态，这种周期变化取决于城市经济发展和土地利用制约因素。

（1）加速期：城市向外扩散，农业用地大规模非农化；

（2）减速期：城市扩展呈环状推进，城乡交互作用；

（3）稳定期：边缘区范围稳定，内部填充。

3. 埃里克森动态模拟理论

埃里克森从人口、产业空间扩散的角度认为城乡边缘区的形成也分为三个阶段：

（1）外溢—专业化阶段

此阶段城市功能向周边地区外溢而形成一些专业化的生长点，如工业区、住宅区。

① 吴传清．区域经济学原理［M］．武汉：武汉大学出版社，2008：107.

② 郝寿义，安虎森．区域经济学［M］．第一版．北京：经济科学出版社，1999：301.

（2）分散—多样化阶段

此阶段城郊运输条件改善，人口、工业、基础设施向边缘区扩散。在沿交通轴线扩展的同时，进入圈层扩散阶段，农业地位下降，非农产业部门上升为主导部门。

（3）填充—多核化阶段

以内部填充为主，农业土地进一步非农化，地域稳定。在交通线网交叉点等优势区位点上，吸引了更多人口和产业活动，从而出现次一级中心地，使边缘区空间结构出现多核化趋势。

（二）城乡边缘区的特征

从地域空间上看，城乡边缘区是位于城市和乡村之间的过渡地带，即城市郊区。从内容上看，它是一个城市和乡村要素混合、交融的地域。从动力机制上看，它是城市和乡村两种异质空间相互作用的结果。①

城乡边缘区的主要特征有以下几方面：②

1. 地域空间结构上的动态、过渡性特征

靠近城市一侧的边缘区，受城市影响强烈，其城市要素、景观和功能明显要强，集中表现在布局有较多工厂、居民住宅和商业、饮食服务网点以及比较完善的基础设施。但随着向乡村地域的靠近，边缘区的城市景观逐渐减弱而乡村的地域特征越来越明显，农业用地比重较高，基础设施不完善，建筑群落也大多保持农村自然景观。

2. 多元化的人口社会学特征

城乡边缘区作为城市和乡村两大社区相互接触、混合与交融的地带，人口社会现象十分复杂。其人口密度介于城市和乡村之间，并且人口机械增长较快、流动人口占据较高的比重。

人口构成复杂，所以造成社会结构变动与管理混乱。

3. 经济发展的复合型特征

城乡边缘区的产业构成中既有第一产业，也有比重越来越大的第二、第三产业，其中第一产业并不是传统农业，而是城郊型农业③；第二、第三产业既有由于区位竞争从城市移出的产业部门，也有郊区自身发展形成的产业部门。

4. 竞争激烈的多样化土地利用特征

第一，土地利用方式复杂多样。从土地功能来看，有空间区位功能、生态保护功能、生产功能、娱乐功能等。从土地利用方式看，有居住用地、公共设施用地、工业

---

① 安虎森．区域经济学通论［M］．北京：经济科学出版社，2004：472.

② 郝寿义，安虎森．区域经济学（第2版）［M］．北京：经济科学出版社，2004：425－434.

③ 城郊型农业的特点是：除蔬菜、果品等种植业，还有养殖业，观赏、休闲农业等，农业现代化水平较高，产品商品化率高。

用地、商业网点用地、道路交通用地、耕地、绿地、特殊用地（墓地、垃圾场）等。

第二，土地布局混乱。受利益驱使以及规划滞后的影响，城乡边缘区多种用地类型并存，造成农业用地与工商业用地布局混乱，既影响当前用地效益，也制约城市的进一步发展。

第三，土地利用竞争与浪费并存。一方面，由城市溢出的多种经济活动在毗邻城市的城乡边缘区寻找新的有利区位，从而造成二、三产业与城郊农业竞争用地。另一方面，受短期利益驱使以及农业比较利益低下的影响，导致城郊耕地资源大量流失，威胁城郊农业和城市可持续发展。①

第四，土地利用方式变化大，转换效益高。总体来看，在多种用地方式的动态变化中，城乡边缘区的土地利用逐步由耕地为主向花卉园艺用地为主转变，再由花卉园艺用地等向城市用地不断转变，土地利用效益不断增加。

（三）城郊耕地资源可持续利用

在城乡边缘区呈圈层状向外滚动发展的过程中，城郊耕地资源可持续利用是城市和郊区实现可持续发展的基本前提。首先，这是由城郊耕地利用的经济性所决定的。城郊耕地资源有限、位置固定和质量差异的特性要求只有做好空间布局，才能充分利用不同位置、不同质量的土地，达到最优配置；城郊耕地的稀缺性及利用方向难以逆转的性质，要求数量有限而有多种用途的城郊耕地利用方式，既要满足当前需要，又要为城市留有持续发展的余地。其次，这也是由城郊耕地利用的社会性决定的。城郊耕地承担着服务城市的功能，如作为城市副食品和部分工业原料、建材基地，作为二、三产业发展、人口疏导以实现经济空间协调布局的首要腹地，作为城市环境绿化用地等。另外，城郊耕地还要满足郊区自身发展的需要，如提供城郊非农产业的发展和建设用地，提供郊区居民生活用地，并作为城郊第一产业用地。② 因此，通过合理规划和引导城乡边缘区土地非农化与人口非农化，是区域经济健康发展的必然要求。

三、区域地域结构的演化的阶段及其特征

我国学者陆大道（1991），安虎森、季任钧（1997）提出将区域空间的地域结构演化分为四个阶段：均质—低水平均衡发展阶段、聚集—二元结构形成阶段、扩散—三元结构形成阶段、区域空间一体化阶段。③

---

① 丁生喜．城市化与城郊耕地资源可持续利用［J］．西北农业大学学报，2000（6）：183.

② 丁生喜．城市化与城郊耕地资源可持续利用［J］．西北农业大学学报，2000（6）：183－186.

③ 参见陆大道．区域发展及其空间结构［M］．北京：科学出版社，1995：105－107；郝寿义，安虎森．区域经济学（第1版）［M］．北京：经济科学出版社，1999：305.

（一）均质—低水平均衡发展阶段

此阶段是农业经济占绝对优势阶段。

1. 社会经济特征：以农业为主，生产力低下，只能满足最基本的需要。区域中分布的农村居民点基本不承担服务职能，区域小城市间没有从属、等级关系；经济空间中道路网等级特征不明显，城乡之间缺乏联系，通常以小城镇为中心形成若干地域分割。

2. 空间结构基本特征：①没有形成大区域之间的经济发展不平衡即疏密问题；②社会经济空间组织的构架呈原始状态，道路网等级特征不明显，未形成发展轴的功能；③区域城镇居民点没有形成等级—规模体系。

在此阶段，导致区域差异和空间结构变化的作用因素尚未出现或作用力弱，空间地域结构表现出极大的稳定性，处于一种原始的均衡发展状态。

（二）聚集—二元结构形成阶段

这一阶段是农业经济向工业经济的过渡阶段。

1. 社会经济特征：由于社会内部的变革和外部条件的变化，导致社会经济的较快发展；有明显的社会分工，农业有了发展，还出现了繁荣的手工业以及矿业、规模不太大的原材料工业和制造业；水上交通，铁路网和公路运输逐渐发展起来，商品生产和交换的规模扩大，其结果使农村人口大量流入城市，促进城市规模扩大；工业化在优势地区聚集，在工矿业和港口附近形成新城镇；城市成为区域增长极，城镇间以纵向联系为主。

2. 区域空间结构的基本特征可归纳为：①大区间的经济发展不平衡开始出现。由于极化效应远远大于扩散效应，区域间的经济发展不平衡凸显出来，即开始形成一定的空间经济梯度，城市（核心区）和农村腹地（边缘区）之间经济不平衡加剧。②社会经济空间组织的构架在先发达起来的地区开始形成点—轴结构，出现等级特征。③区域的城镇居民点开始形成等级—规模体系。区域空间集聚程度很不平衡，在远离城市及经济中心的外围地带仍处在落后状态，区域空间结构不稳定。

（三）扩散—三元结构形成阶段

这一阶段是工业化的中期阶段。

1. 社会经济特征：科学技术进步以及社会和私人投资能力扩大，国民经济进入强烈动态增长阶段，第三产业蓬勃发展，区域产业结构体系层次更加丰富。

2. 区域空间特征：①综合交通运输体系逐步形成，城市之间的横向联系日益密切。②在强大的集聚经济因素作用下，大城市规模越来越大，城市规模—等级悬殊越来越大。③社会经济空间组织构架形成，发展轴线和城镇居民点形成“点—轴系统”，社会及产业主要集聚于高等级的城市和轴线上。④新的、高层次的经济活动向大中城市集中的同时，大批量、标准化生产企业和较低层次经济活动向城市周边扩散，形成城乡边缘区，区域的次级中心得到加强。区域由单纯的“中心—外围”空间结构逐步转变为多核心结构。⑤逐渐形成“核心—城乡边缘区—外围地区”的三元结构。⑥由于经济发展水平还不够高，并不是所有的外围地区都能得到充分开发，区域空间结构仍处在变化中。

（四）区域空间一体化阶段

这一阶段，整个社会进入工业化后期或后工业化阶段。

1. 社会经济特征：由于产业结构趋于高度化，再加上人口增长趋缓，社会收入和福利水平大为提高。形成发达的、现代化的交通和通信网络；欠发达和不发达地区都得到较快发展，区域不平衡缩小。

2. 区域空间特征：①形成完善的“点—轴”空间结构系统。②扩散效应越来越显著，各种城市规模等级差异减小，空间结构的各组成部分融合为有机整体，相互作用、相互依赖。③以区域城市体系为核心和骨架，实现地域结构的均衡一体化。

该理论揭示了区域经济发展是从低水平有序走向高水平有序的非均衡过程中，区域经济空间结构的变化规律。

第二节　城市的内涵与功能

一、城市的内涵及特征

（一）城市的内涵

不同学科对城市内涵的界定是有差异的。西方经济学家认为“城市是具有相当面积、经济活动和住房集中，以致在私人企业和公共部门产生规模经济的连片地理区域。”[①] 其中英国经济学家 K. J. 巴顿认为城市是一个坐落在有限空间地区内的各种经济市场—住房、劳动力、土地、运输等交织在一起的网状系统。[②] 地理学家认为城市是具有一定规模的工业、交通运输业、商业聚集的以非农业人口为主的居民点，也是具有一定人口和建筑、绿化、交通等用地规模、第二产业和第三产业为主的居民点；人口学家认为城市是指非农业人口为居民主体，高度集聚着社会的物质财富，并享受着高于乡村的精神文明和物质文明的地域综合体。《辞海》和《中国大百科全书》对“城市”的解释基本相同，即“人口集中、工商业发达、居民以非农业人口为主的地区，通常是周围地区的政治、经济、文化中心”。

---

① 沃纳·赫希．城市经济学［M］．北京：中国社会科学出版社，1990：24.

② ［英］K. J. 巴顿．城市经济学：理论和政策［M］．北京：商务印书馆，1984：14.

迄今为止，各学科并未对“城市”的定义形成共识。区域经济学对城市的理解应当从城市与区域经济发展的相互关系中去把握城市的本质，概括其特征。因此，区域经济学对“城市”应当这样定义：在一定空间范围由于集聚作用成长起来并成为区域增长极的经济中心。

（二）城市的特征

1. 空间集聚性

城市是人口、物质、文化等要素的集聚体，集聚性是城市的空间特征，也是城市区别于乡村的最重要的地理特征。集聚经济为城市的形成提供了直接推动力，它是多样化的厂商、居民及相关经济组织单位得以聚集，推动城市形成并使之不断膨胀的根本力量。①

2. 产业结构高级化

与腹地相比，城市的另一个显著特征就是其产业结构高级化。城市经济以二、三产业为主体，随着经济发展水平不断提高，工业的主导地位逐渐让渡给第三产业，尤其是第三产业中的金融业、房地产业、信息产业等获得快速发展。表6－2显示了我国部分城市产业结构状况。

表6－2　2016年我国部分城市国内生产总值构成比较

城市名称	第一产业比重（%）	第二产业比重（%）	第三产业比重（%）
北京	0.506	19.262	80.232
上海	0.389	29.832	69.779
广州	1.224	29.424	69.352
武汉	3.279	43.879	52.842
重庆	7.347	44.524	48.129
西宁	3.140	47.717	49.143
银川	3.623	51.035	45.342

资料来源：根据《中国统计年鉴2017》相关数据计算得到。

从表6－2可以看出，城市产业结构的高级化与城市经济发展水平是具有一定的相关关系的，城市经济发展水平越高，第一产业所占比重越低。我国发达地区的城市第三产业在经济中占有很大的比例，北京第三产业所占的比重甚至超过了80%，其中金融业和房地产业占GDP的比重达到了23.154%。相比之下西部地区的城市第三产业所占的比例相对较低，重庆、西宁和银川三个城市第三产业所占的比例均低于50%。

3. 开放性

城市的开放性是指城市与其腹地之间，城市与其他城市之间存在密切的经济联系

① 蔡孝箴．城市经济学［M］．天津：南开大学出版社，1998：70.

和物质能量交换。城市的开放集中体现在物资流动、劳动力流动、资本流动、技术扩散、信息传播以及城市的信息中心和运输枢纽作用方面。

4. 高效性

城市的高效性特征表现在两个方面：即高效率和高效益。

①高效率。城市与乡村相比，拥有比较完善的基础设施、便捷的通信网络、发达的交通工具和高智力的管理阶层，因此有着很高的运转效率。②高效益。城市基本上较少受自然气候等因素的影响，再加上众多的熟练工人、雄厚的资金投入和先进的科学技术，因而比乡村地区能取得更高的经济效益和社会效益。据统计，我国工业产值和国内生产总值的70%、税收的80%来自城市。以地处青藏高原的青海省为例，2016年省会西宁市土地面积占全省的0.05%，常住人口占全省的39.32%，GDP则占全省的48.52%，发达地区城市的集聚效益则更高。

二、城市的功能与分类

（一）城市的功能

城市功能是指城市在一定区域范围内所具有的能力和所起的作用。现代城市具有多种功能，主要有：①

1. 生产功能。现代城市是工业化的产物，是工业最集中的地方。因此，从事物质生产是现代城市最重要的功能之一。

2. 集散功能。城市是区域社会经济活动的中心，因而城市成为人口、资金、技术、信息以及原料与产品（服务）的集结地和扩散源。城市集散功能的发挥与交通状况密切相关，城市往往成为区域交通的枢纽和区际联系的中介点。

3. 组织和管理功能。首先，城市是国家政权或地方政权机构的主要所在地，因而城市承担着对所在区域的政治和行政管理职能。其次，城市通过集聚与扩散作用，对其所在区域的经济活动有自组织功能。

4. 承载功能。城市既是大量非农人口的居住地，也是二、三产业的布局地。城市所具有的非农人口和经济活动的承载功能，也是城市区别于乡村的重要特征。

5. 服务功能。城市以其强大的物质生产能力和完善的基础的设施、公共设施，服务于城市自身以及腹地区域经济发展。其中，为城市以外区域提供货物和服务的功能称为基本功能，为城市居民提供货物和服务的功能称为非基本功能，相应地把城市的经济活动分成基本活动和非基本活动。②

6. 创新功能。城市是经济、文化聚集的中心，也是研究机构、教育机构密集的地

① 孟庆红．区域经济学概论［M］．北京：经济科学出版社，2003：167.

② 杨万钟，等．经济地理学导论［M］．上海：华东师范大学出版社，1992：188.

方，因而成为新观念、新思想、新方法、新技术的发源地。

（二）城市的分类

城市按其规模、性质与职能、经济功能等标准可以分成若干类型。1921 年，美国学者奥隆索（M. Aurousseau）把城市分为行政城市、防御城市、文化城市、生产城市、交通运输城市、游览疗养城市等 6 类。1943 年，美国地理学家哈里斯（C. D. Harris）将美国城市按其职能分为 10 类：即加工工业城市、制造业城市、零售商业城市、综合性城市、批发商业城市、交通城市、矿业城市、大学城市、娱乐休养城市、行政城市。① 由于城市的类型不同，其在区域社会经济发展中的地位以及所发挥的作用也不同。

我国现行的城市分类主要有：②

1. 按城市的性质或功能分类。可以分为综合性城市、工业城市、矿业城市、交通港口城市、商业金融城市、风景旅游城市、科技文化城市。

2. 按城市的行政地位分类，可以分为直辖市、副省级市、地级市和县级市。

3. 按城市人口规模分类。可以分为超大城市、特大城市、大城市、中等城市、小城市及建制镇。

三、城市与区域的关系

城市与区域之间的关系可以表述为：城市是区域的核心，区域是城市的腹地。城市与区域具有密不可分的内在联系。一方面，城市是区域经济发展的空间集聚地，对区域经济的规模、性质、发展等方面起着核心和主导作用。城市的这种主导作用是通过其扩散机制完成的，空间扩散是城市实现其功能的基本方式之一。城市正是通过这种扩散机制与区域共享资源、优势互补、实现与区域的一体化发展。另一方面，区域是城市发展的腹地和基础，区域的资源条件、经济条件和交通条件影响了城市的发展，并决定了城市的性质、规模和经济结构。城市与区域互为条件，相互依存，构成经济活动空间运行的两个不可分割的方面。因此，以城市为中心的结节区成为经济区域的典型形式。

城市作为区域经济的增长极，其在区域经济中的作用主要体现为集聚效应和扩散效应两个方面。

（一）城市的集聚效应

所谓城市的集聚效应是指经济活动在城市的集中所产生的效益。

对于城市集聚效应产生的原因，英国经济学家巴顿将其分为十类：①本地市场的潜在规模，居民和企业的集中，降低了接近市场的运输成本进而降低企业的总成本；②大规模的本地市场也能减少实际生产费用，这是由于规模经济和促进分工及生产专

① 杨万钟，等．经济地理学导论［M］．上海：华东师范大学出版社，1992：191.

② 孟庆红．区域经济学概论［M］．北京：经济科学出版社，2003：169.

业化的结果；③良好的交通运输能够降低企业的运输成本，但是公路、机场等交通设施需要达到一定的规模，而这只有在城市才能实现；④某些工业在地理上集中于一个特定地区，有助于促进一些辅助性工业的建立，以满足其进口的需要，也为成品的推销与运输提供便利；⑤熟练劳动力的聚集以及相应的职业安置制度，降低了企业在人力培训和安置上的投入；⑥正如熟练的劳动力汇聚一样，有才能的经营家和企业家的集聚也发展起来；⑦在大城市，金融和商业机构条件更为优越，能在筹措资金和管理投资方面提供很大的帮助；⑧良好的娱乐、社交、教育及其他设施和舒适的生活水平对人们具有很大的吸引力；⑨工商业者更乐于集中，因为他们可以面对面地打交道，而这有利于增进彼此间的信任；⑩刺激企业实施改革措施，聚集的结果之一是加剧了竞争，而竞争也将促进革新。

（二）城市的扩散效应

所谓城市的扩散效应，是指经济活动以城市为中心向一定区域的扩大与分散所产生的效益。当城市发展到一定规模、区域空间结构进入成熟期，城市的扩散效应表现得尤为明显。

城市的扩散能力取决于以下因素：

1. 城市的规模与综合经济实力。城市规模越大、经济实力越强，城市的扩散能力也就越大。

2. 空间距离。空间产生距离，有距离必然有空间成本。空间成本是阻碍要素流动的主要因素，因而城市的扩散机制符合距离衰减规律。与城市空间距离越远的区域，受到的扩散影响越小。

3. 与空间扩散方式相适应的区域空间结构形态。包括：区域城镇体系的规模等级结构、职能结构、交通线的数量、密度、质量及其构成的网络状况，区域社会经济发展的总体水平等。经济活动的空间扩散，以城镇为节点，以交通线和网络为纽带向更为广阔的地域扩散。因此，区域城镇体系的空间组织结构与交通网络体系对城市的扩散能力有极大的影响。

第三节 城市化理论

一、城市化的含义

城市化一词源于英文“urbanization”，也可译作城镇化或都市化。①

---

① 西班牙学者赛达在1867年就提出了“城市化”这一术语，其后城市化理论研究经历了从1900年至第二次世界大战的发育时期、自20世纪50年代至今的鼎盛时期。见叶嘉安等. 中国城市化的第四波［J］. 城市规划，2006（1）.

（一）城市化的定义

城市化是指农业人口非农化和农业用地非农化的过程。

对于城市化的定义，不同的学科因其研究视角的差异而有不同的理解。人口学认为城市化是农村人口转变为城市人口的过程；地理学认为城市化是农村地区转变为城市地区的过程；社会学认为城市化是由农村生活方式转变为城市生活方式的过程。经济学家对于城市化的理解也是有差异的。谢文蕙、邓卫（2002）认为城市化是社会生产力的变革所引起的人类生产方式、生活方式和居住方式改变的过程，它不仅是物质文明进步的体现，也是精神文明前进的动力。孙久文、叶裕民（2003）认为城市化是由传统的农业社会向现代城市社会发展的自然历史过程，表现为人口向城市集中、城市数量的增加、规模的扩大以及城市现代化水平的提高，是社会经济结构发生根本性变革并获得巨大发展空间的表现。杨云彦（2003）主张从广义和狭义两个层面来理解城市化：从广义上讲，城市化是三个过程的同时进行，即一是居住在市、镇地区的人口占总人口比例的增长过程，即由于社会生产力的发展而引起的市、镇数量增加及其规模扩大，人口向市、镇集中的过程；二是市、镇物质文明和精神文明不断扩散的过程；三是区域产业结构不断转换、经济结构和社会结构发生本质性变化的过程；狭义的理解，城市化就是农村人口转化为城市人口的过程。郝寿义、安虎森（2004）对城市化的理解倾向于人口学的观点，即认为所谓城市化就是乡村人口转变为城市人口的过程。

尽管不同学科理解的侧重点不同，但一致认为城市化是一个过程，是人类文明由低级向高级不断发展的过程，是社会分工和生产力水平不断提高的结果，它包括人口的非农化、产业的高级化、地域景观的复杂化等。

（二）城市化的内涵

日本学者山田浩之在其《城市经济学》一书中认为城市化的内容包含两个方面：一是在经济基础过程中的城市化现象；二是社会文化过程（或上层结构）中的城市化现象，即城市的生活方式的深化和扩大。美国学者弗里德曼从地域空间转换角度将城市化分为I型和II型。城市化I型也称实体城市化，是指人口、非农业活动在城镇的地域集中、非城市景观转化为城市景观的地域推进过程；城市化II型即抽象城市化，是指城市文化、城市生活方式、价值观在农村的地域扩散过程。在结合上述观点的基础上，区域经济学中城市化的内涵可以表述为：生产要素向城市空间不断聚集并带来城市文明不断扩散的过程。

具体而言，城市化的内涵有以下几方面[①]：

1. 城市化是城市人口比重不断提高的过程；
2. 城市化是产业结构转变的过程；

---

① 孙久文，叶裕民．区域经济学教程［M］．北京：中国人民大学出版社，2003.

3. 城市化是居民消费水平不断提高的过程；
4. 城市化是城市文明不断发展并向广大农村渗透和传播的过程；
5. 城市化过程是人的整体素质不断提高的过程；
6. 城市化是农村人口城市化和城市现代化的统一。

二、城市化的测度

衡量城市化程度的指标有水平指标、速度指标和质量指标等。

（一）城市化水平指标

1. 城镇人口比重指标

采用城镇人口占总人口的比重来衡量城市化水平，用百分比来表示。该指标简单明了，是世界上公认的城市化水平指标。它实际上是反映了人口在城乡之间的空间分布，具有很高的实用性。① 城市化水平的计算式是

$$\text{城市化水平}=\frac{\text{城镇人口}}{\text{城镇人口}+\text{农村人口}}\times 100\% =\frac{\text{城镇人口}}{\text{总人口}}\times 100\% \qquad (6-1)$$

依据该指标可以算出我国的城市化水平，2016 年北京市、天津市和上海市的城市化水平均超过了 80%，而西藏自治区的城市化水平则低于 30%，城市化水平的地区差异比较明显，见表 6－3。

表 6－3　2016 年中国大陆城市化水平的地区差异

区域	城市化水平（%）	区域	城市化水平（%）	区域	城市化水平（%）
北京	86.50	安徽	51.99	四川	49.21
天津	82.93	福建	63.60	贵州	44.15
河北	53.32	江西	53.10	云南	45.03
山西	56.21	山东	59.02	西藏	29.56
内蒙古	61.19	河南	48.50	陕西	55.34
辽宁	67.37	湖北	58.10	甘肃	44.69
吉林	55.97	湖南	52.75	青海	51.63
黑龙江	59.20	广东	69.20	宁夏	56.29
上海	87.90	广西	48.08	新疆	48.35
江苏	67.72	海南	56.78		
浙江	67.00	重庆	62.60		

资料来源：《中国统计年鉴 2017》。

① 当然，我们必须意识到，城镇人口比重指标也存在一定的缺陷：一是由于各国设立城市的人口数量标准差距悬殊，在一定程度上缺乏可比较性；二是由于行政区划的变更和社会政治因素的影响，也会导致城市人口的不规则变化，缺乏连续性。

2. 非农业人口比重指标

即某一地区内非农业人口占总人口的比重，为其城市化水平。该指标体现了人口在经济活动上的结构关系，比较准确地把握了城市化的经济意义和内在动因，反映了生产方式变革的广度和深度。其计算式为

$$城市化水平=\frac{非农业人口}{非农业人口+农业人口}\times 100\%=\frac{非农业人口}{总人口}\times 100\% \qquad (6-2)$$

依据该指标测算，2016 年青海省的城市化水平仅为41.06%，比按照城镇人口比例测算的城市化水平低10.57%。

3. 城市用地比重指标

即以某一区域内的城市建成区用地占区域总面积的比重，来反映当地的城市化水平。该指标反映的是城乡之间在地理景观上的分野，对于成长迅速的城镇密集区，具有直观性和说服力。① 其计算式为

$$城市化水平=\frac{城市建成区用地面积}{区域总面积}\times 100\% \qquad (6-3)$$

（二）城市化速度指标

测量城市化速度与城市化水平之间的关系，以城市化水平年平均提高的百分点数来衡量，用公式表示为

$$平均城市化水平速度=\frac{报告期城市化水平—基期城市化水平}{间隔年数}\times 100\% \qquad (6-4)$$

青海省2000 年的城市化水平为34.76%，2016 年的城市化水平为51.63%，16 年间城市化水平提高了16.87%，城市化速度是平均每年提高1.054 个百分点。

（三）城市化质量指标

城市化的内涵十分丰富，城市化的质量广泛体现在经济、社会、文化、环境等多个方面。因此，对城市化质量的衡量只能采用多指标综合评价的方法。

1. 城市成长力系数

日本的“东阳经济新报社”在《地域经济纵览》中以10 项指标来测算“城市成长力系数”：区域总人口、地方财政支出、制造业从业人数、商业从业人数、工业生产总值、批发业总额、零售业总额、住宅竣工面积、储蓄余额、电话普及率。计算方法是：计算各城市在某一时期的增长率，以全国平均增长率为标准换算成增长指数，十个增长指数的算术平均数就是该城市的成长力系数。② 计算式如下

① 但是需要说明的是，城市用地比重指标忽略了人口密度大小所造成的城市用地的紧与松，以及在统计上存在着相当大的难度，因而应用不广。

② 需注意，如果全国某一项指标的年均增长率为负值，这个公式就不再适用了，需要调整指标后才能使用。

$$G = \frac{1}{10}\left[\frac{x_1}{y_1} + \frac{x_2}{y_2} + \cdots\cdots + \frac{x_{10}}{y_{10}}\right] = \frac{1}{10}\sum_{i=1}^{10}\frac{x_i}{y_i} \tag{6-5}$$

式中：G 为城市成长力系数；x_i 为城市第 i 项指标的年平均增长率；y_i 为全国第 i 项指标的年平均增长率；$\frac{x_i}{y_i}$为城市第 i 项的增长指数。

当 $G>1$，表示城市成长力强，当 $G\leqslant 1$，表示城市成长力弱。

该指标能够较好地反映城市的增长能力，若在不同城市之间进行比较，在一定程度上也能够反映城市的经济力状况。

2. 我国学者衡量城市化质量的指标体系

我国学者叶裕民认为城市化质量的研究可以从如下两方面进行：一是城市化核心载体——城市的发展质量，即城市现代化问题；二是城市化域面载体——区域的发展质量，即城乡一体化问题。研究城市化质量的指标体系也就包括两个方面：一是城市现代化指标体系；二是城乡一体化指标体系。①

（1）城市现代化的指标体系及计算方法

城市现代化是城市素质的综合反映，主要包括城市经济现代化、基础设施现代化和人的现代化三个方面。据此，可以将衡量城市现代化的指标体系划分为三大类 12 个指标：

第一类：经济现代化水平指标。包括 4 个指标：人均 GDP、第三产业就业比重、人均地方财政收入和居民年人均收入。

第二类：基础设施现代化水平指标。包括 4 个指标：人均铺装道路面积、万人拥有医生数、百人拥有电话机数（包括移动电话）和百人拥有公共图书馆藏书，它们分别反映交通、医疗卫生、通信以及文化基础设施的发展水平。

第三类：人的现代化水平指标。包括 4 个指标：万人中在校大学生数、建成区绿化覆盖率、人均居住面积以及每平方千米排放量，分别反映人的素质和人的居住环境状况。

根据上述指标体系，可以用综合评价法来分析计算城市的现代化水平。②

---

① 叶裕民．中国城市化质量研究［J］．中国软科学，2001（7）：27－29.

② 具体方法是：第一步，根据三大类 12 个指标的重要性分别赋予权重，权重之和为 100。第二步，确定各指标现代化的目标值。第三步，计算城市的现代化水平得分，计算公式：$S=\sum(P_i/M_i)\times Q_i$（约束条件：$P_i/M_i\leqslant 1$）；式中，$S$：城市现代化水平得分；$P_i$：城市第 i 指标的实际值；M_i：第 i 指标的目标值；Q_i：第 i 指标的权重；P_i/M_i：表示城市第 i 指标现代化目标的实现程度；约束条件 $P_i/M_i\leqslant 1$，是当城市第 i 指标实际值高于目标值时，视为城市在该方面已经实现了现代化，设定 $P_i/M_i=1$。第四步，城市现代化水平评价。将城市的现代化水平分为 4 个等级：A：$S>85$，高度现代化城市；B：$60<S\leqslant 85$，中等水平的现代化城市；C：$40<S\leqslant 60$，初步现代化城市；D：$S\leqslant 40$，现代化前期的城市。参见叶裕民．中国城市化质量研究［J］．中国软科学，2001（7）：27－29.

(2) 城乡一体化的指标体系

城乡一体化是指城乡之间的生产生活方式逐渐趋于一致的过程。与城乡一体化相对应的概念是城乡二元结构。

从理论上讲，反映城乡一体化的指标体系应该包括城乡间经济社会联系的指标，以及生产生活水平、方式城乡差异的指标。具体可包括如下4个指标：第一产业与第二产业、第三产业平均利润（反映生产效率）；城乡之间的物质流和信息流状况（反映社会经济联系）；城乡居民收入差异（反映生活水平）；城乡居民恩格尔系数的差异（反映生活质量）。

三、城市化规律

（一）城市化与经济发展相互促进，并随着社会经济发展水平的提高而提高

从经济学角度看，城市化是在空间体系中的一种经济转换过程。人口和经济之所以向城市集中是集聚经济和规模经济作用的结果。经济增长必然带来城市化水平的提高，而城市化水平的提高无疑又加速了经济增长。城市化与经济发展之间存在着显著的正相关关系，即在一定的经济发展水平上，有一定的产业结构和劳动力配置与城市化水平相适应，经济发展水平与城市化阶段之间有很大的一致性。

从时间序列数据来看，新世纪以来，我国的人均国内生产总值由2000年的7858元上升至2016年的53980元；伴随着经济的快速发展，城市化水平也稳步提高，由36.22%上升至57.35%。这说明经济发展水平与城市化水平之间的变化趋势基本保持一致，见图6-1。

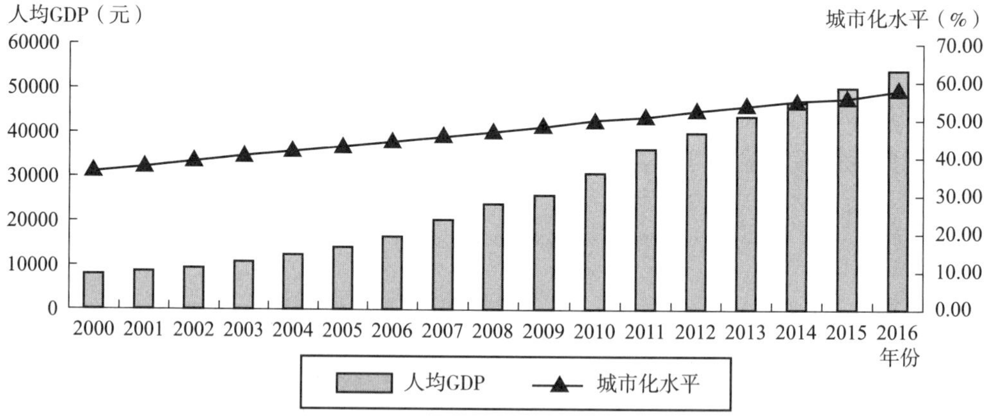

图6-1 我国2000—2016年经济发展与城市化水平的相关关系

从截面数据来看，经济发展水平高的地区城市化水平相应越高。2016年我国东部地区和西部地区的人均国内生产总值分别为77783元和42076元，东部地区是西部地区的1.85倍。同期东部地区和西部地区的城市化水平分别为65.94%和50.19%，东部地

区是西部地区的 1.31 倍。① 从图 6－2 中我们也可以看出，经济发展水平与城市化水平之间存在着密切正相关关系。

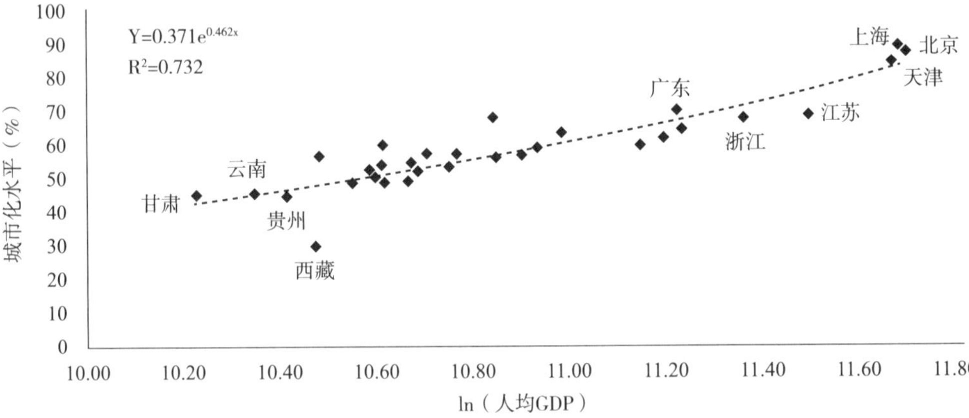

图 6－2　2016 年我国各地区经济发展水平与城市化水平关系示意图

从青海省城市化发展的进程来看，1952 年青海省的城市化水平仅为 5.19%，随着经济的恢复和快速发展，城市化水平不断提高，1978 年城市化水平上升至 18.59%，2016 年则进一步上升至 51.63%。

（二）城市化的阶段性规律

城市化的阶段性规律是指城市化的发展进程要规律性地经过若干阶段。

1. 城市化的三阶段规律

1979 年美国地理学家诺瑟姆发现，对于各国城市化发展过程所要经历的轨迹，可以概括为一条稍微被拉平的 S 型曲线。② 在 S 型曲线研究的基础上，大部分学者认为随着社会经济发展水平的提高，城市化水平由低到高明显地呈现三个不同的发展阶段，见图 6－3。

起步阶段：当区域经济发展处于工业化初期时，城市化进程缓慢，城市化水平在 30% 以下。

发展阶段：当区域经济发展进入工业化中期阶段以后，随着工业化进程的迅速推

---

① 东部地区包括北京、天津、河北、山东、江苏、上海、浙江、福建、广东和海南十个省（市）；西部地区包括内蒙古、陕西、甘肃、青海、宁夏、新疆、重庆、四川、云南、贵州、西藏、广西十二个省（区、市）。数据来源：根据《中国统计年鉴 2017》相关数据计算而得。

② 但是诺瑟姆没有具体给出这条曲线的数学模型，我国学者谢文蕙、邓卫（2002）在其《城市经济学》一书中对 S 型曲线的数学模型进行推导，并根据全世界和部分国家在 1800—1982 年的 180 余年来城市化发展水平的历史数据进行时间序列回归分析得出了经验模型且模拟出英国、美国、法国和日本等国的 S 型曲线。见谢文蕙，邓卫．城市经济学［M］．北京：清华大学出版社，2002：44－46.

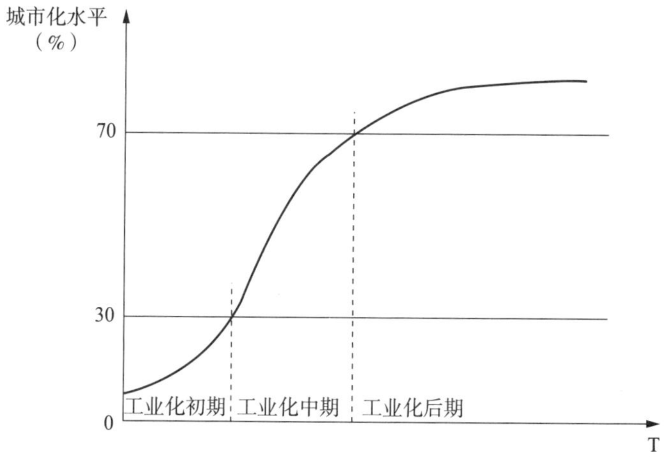

图6－3　城市化发展的S曲线

进，城市化呈现出快速增长的态势，城市化水平由30%持续上升至70%左右。

成熟阶段：当区域经济发展到工业化后期以后，城市化水平提高的速度开始减缓，城市人口比重最终大体稳定在80%～90%。

2. 城市化的五阶段论

城市化过程最直接地表现为乡村人口进入城市，城乡人口增长的对比关系是城市化过程中最基本的比例关系。在整个城市化的历史过程中，这一比例关系呈现出三个重要的转折，即城镇人口增长规模超过乡村人口的增长规模、乡村人口总规模由上升转为下降、城镇人口总规模超过农村人口规模，这三个历史性的转折点正是城市化五阶段理论的基本依据。因此，将城镇人口比重指标（S）和城镇人口增长系数（K）作为衡量城市化发展阶段的基本指标。其计算式为

城镇人口增长系数（K）＝城镇人口增长规模/总人口增长规模　　(6－6)

依据以上指标将城市化发展分为五个阶段，见表6－4。①

表6－4　城市化五阶段理论

城市化发展阶段	判定标准	工业化阶段	内涵及意义
前城市化阶段	$K<0.5$	工业化 起步阶段	城镇人口的增长规模小于乡村人口的增长规模，城市化水平很低，增长缓慢
城市化初期阶段	$0.5\leqslant K<1$	工业化 前期阶段	城镇人口的增长规模超过乡村人口的增长规模，城市化开始进入快速增长时期，这是城市化过程中的第一个重要转折点

① 孙久文，叶裕民．区域经济学教程［M］．北京：中国人民大学出版社，2003.

续表

城市化发展阶段	判定标准	工业化阶段	内涵及意义
城市化中期阶段	K≥1	工业化中期阶段	总人口的增长全部表现为城镇人口的增长，乡村人口的绝对规模开始由上升转为下降态势。这是城市化过程中的第二个重要转折点，意味着农村土地的人口压力开始减少，人地矛盾开始缓和，农业的规模化和现代化经营的条件正在形成，农业产业开始由低效率向高效率转换，从事农业和非农业的收入差距开始减少，城乡二元经济结构得以淡化
初步进入城市社会	65% >S≥50%	工业化后期阶段	该经济体已经初步实现城市化，城市化水平开始由高速增长向低速增长过渡。这是城市化过程中的第三个重要转折点
成熟的城市社会	S≥65%	后工业化社会	现代城市文明广为普及，城乡居民只是居住空间及就业岗位的差别，生活水平和质量基本趋于一致，城乡一体化作为城市化的终极目标已经成为现实

根据上述城镇人口增长系数的计算式可以测算出我国1971—2016年的城镇人口增长系数变化：1979年以前我国处于前城市化阶段，这一时期的城镇人口增长系数均小于0.5，城镇人口增长缓慢，远低于乡村人口的增长；1979—1995年，我国由前城市化阶段进入城市化初期阶段，这一时期的平均城镇人口增长系数为0.73，城镇人口的增长规模超过乡村人口的增长规模，城市化开始进入快速增长时期；1996年，我国开始进入城市化中期阶段，城镇人口增长系数大于1，乡村人口的绝对规模开始由上升转为下降态势，据统计资料显示，我国乡村人口总数在1996年达到了最大值8.59亿人，随后乡村人口总数一直呈下降趋势；2011—2016年，我国人口城镇化率均超过50%，意味着我国开始初步进入城市社会。我国1971—2016年城镇人口增长系数趋势见图6－4。

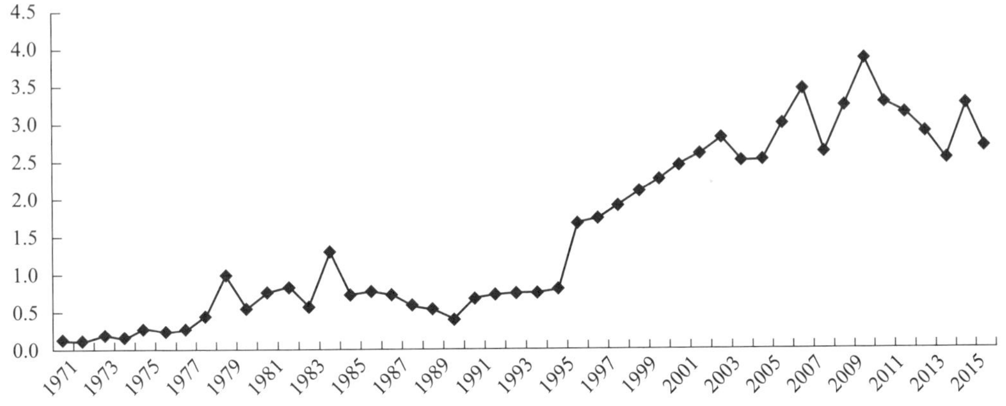

图6－4 1971—2016年我国城镇人口增长系数

（三）大城市超前增长规律

所谓大城市，一般是指人口在50万人以上的城市。大城市超前增长规律主要表现为在城市化进程的一定阶段内，大城市在数目和人口总量的增长方面明显超过了中小城市，并产生以大城市为核心的城市带和城市群，此即为大城市超前增长规律。① 一般而言，在工业化中期阶段，大城市超前增长规律表现得最为明显，见表6－5。②

大城市超前增长规律的根本原因应归结于大城市所特有的规模经济和集聚经济。大城市不仅是创立产业关联体系的主导产业的生长点，而且还因为它具有比中小城市更大的集聚经济效益，从而为产业部门的经济集聚提供了更为广阔的空间。③

表6－5　不同国家的城市规模与城市数量变动

城市规模	发达国家					发展中国家			
	1800	1850	1900	1950	1980	1900	1930	1950	1980
	城市数目（个）					城市数目（个）			
10～50万人	26	53	162	474	867	62	83	213	723
≥50万人	2	5	33	120	231	8	14	43	176
合计	28	58	195	594	1098	70	97	256	899
	城市人口（百万人）					城市人口（百万人）			
10～50万人	5.3	11	33.4	95	184.2	10.8	18.3	39.6	151.5
≥50万人	1.6	6	44	170.7	351.1	6.6	15.9	57.5	297.5
合计	6.9	17	77.4	265.7	535.3	17.4	34.2	97.1	449

当前，我国总体已经进入到工业化后期阶段，“十三五”规划提出了构建以陆桥通道、沿长江通道为横轴，以沿海、京哈京广、包昆通道为纵轴，大中小城市和小城镇合理分布、协调发展的“两横三纵”城市化战略格局，并提出了“优化提升东部地区城市群，建设京津冀、长三角、珠三角世界级城市群，提升山东半岛、海峡西岸城市群开放竞争水平；培育中西部地区城市群，发展壮大东北地区、中原地区、长江中游、成渝地区、关中平原城市群，规划引导北部湾、山西中部、呼包鄂榆、黔中、滇中、兰州—西宁、宁夏沿黄、天山北坡城市群发展，形成更多支撑区域发展的增长极；促进以拉萨为中心、以喀什为中心的城市圈发展”的总体要求，大城市及城市群在带动区域经济发展中将发挥更大作用，空间开发格局也将发生根本性变化。

① 蔡孝箴．城市经济学［M］．天津：南开大学出版社，1998：70.

② 保罗·贝洛克．城市与经济发展（中译本）［M］．南昌：江西人民出版社，1991：第154、247页。转引自蔡孝箴．城市经济学．南开大学出版社，1998：70.

③ 蔡孝箴．城市经济学［M］．天津：南开大学出版社，1998：73.

四、城市化与经济发展的关系

（一）城市化与工业化的关系

1. 工业化的内涵

工业化有狭义和广义之分。

狭义的工业化是指工业（特别是制造业）的发展。① 根据《新帕尔格雷夫经济学大辞典》中的定义，工业化是制造业和第二产业在国民经济中比重及其就业比重不断上升的过程。

广义的工业化是指国民经济的全面工业化，包括在国民收入和就业结构中工业比重的连续上升、农业比重的连续下降、工业生产方式和观念渗透到全部经济领域的过程。中国经济学家张培刚把工业化定义为国民经济中一系列基要的生产函数（或生产要素组合方式）连续发生由低级到高级的突破性变化（或）变革的过程。②

2. 工业化与城镇化的关系

库兹涅茨等研究发现，城市的发展与产业结构之间存在着十分密切的相互关联和相互制约的关系。城市化发展水平的高低决定着一个地区的产业结构总体状况。具体来说，城市化水平与第一产业呈负相关关系，与第二、第三产业呈正相关关系。

根据西方发达国家的发展经验看出工业化发展是城镇化发展的先导和根本动力，工业化发展对城镇化具有巨大的推动作用，两者呈明显的正相关性。③ 城市化率与工业化率比较的世界发展模型指出，工业化与城市化经历的是由紧密到松弛的发展过程。④发展之初的城市化是由工业化推动的，工业化通过调整供给结构来满足并适应由城市化引起的各种需求，最主要的如非食品类消费需求、非农劳动力就业需求和资本再分配的需求。受到工业化初始推动的城市化，以越来越快于工业化的速度发展着，这种格局也主要是由城市化引起的需求多样化引起的。随着人均收入的增长，城市居民对服务的需求也相应扩大，单凭工业结构的内部调整已无法适应这一趋势，工业化的速度开始滞后于城市化进程。

城市化促进工业化，工业化带动城市化，这是在理论界得到普遍认同的。工业化以城镇化为基础，城镇化反过来作用于工业化；工业化是近现代经济发展的主旋律，

---

① 马文春，张东辉．发展经济学［M］．北京：高等教育出版社，2005：190.

② 张培刚．发展经济学通论［M］．长沙：湖南出版社，1991：190－192.

③ 姜爱林，城镇化．工业化与信息化的互动关系［J］．城市规划汇刊，2005（5），32－37.

④ 霍利斯·钱纳里，莫伊斯·赛尔昆．发展的型式（1950～1970）［M］．北京：经济科学出版社，1988.

城镇化则是近现代社会发展的主旋律。① 因此，农业的社会形态，既不会有高速的城市化发展过程，也没有必要去探索加速城市化问题，只有在工业的高速发展中，城市化的加速度才会成为现实问题。②

（二）城市化与区域经济发展的相关关系

城市化与经济发展互相影响，交互作用。一方面是经济发展水平对城市化的影响，可以称之为“经济发展的城市化效应”；另一方面是城市化水平对经济发展的影响，可以称为“城市化的经济效应”。

1. 经济发展的“城市化效应”

经济发展的“城市化效应”是指经济发展引致城市化水平提高。

经济增长引起的需求变化和技术进步促使产业结构变动，导致农业产值比重下降，工业和服务业产值比重不断上升，而工业和服务业因聚集经济倾向于在城市聚集，使得城市数量增加和城市规模扩大。另外，产业结构变动还必然引起就业结构转换，农业劳动者向工业和服务业转变，而工业和服务业又主要聚集于城市，所以农村人口大量向城市迁移。人口和经济要素向城市集中是集聚经济和规模经济共同作用的结果，工业化进程的纵深发展必然引起人口、产业和要素聚集于城市，所以经济发展导致城市化水平提高。

同时，伴随着经济增长的地方化信息与知识外溢有利于聚集与人力资本积累，聚集在城市的人们则可以进一步享受到城市化经济所带来的收益，劳动者之间的分工和专业化加强、距离靠近降低运输费用和交流成本，进而促使城市规模扩大、城市数量增加，推进城市化。

为了证明经济发展与城市化水平之间的关系，国内外学者都曾就各国人均国民生产总值与其城市化水平之间的关系做过分析。③ 我国学者周一星教授曾对 1977 年世界 157 个国家和地区的资料做了统计分析，除了 20 个国家受特殊原因影响，其余 137 个国家和地区城市化水平与人均 GDP 符合对数曲线关系。④ 他提出的模型为

$$Y = 40.55\text{Log}(X) - 74.96 \qquad (6-7)$$

其中，Y 为城市化水平，X 为以美元表示的人均国民生产总值。模型的相关系数为 0.9609，标准差为 7.15。并且选取日本、苏联、美国和南斯拉夫等典型国家 1950—

① 参见孙久文，叶裕民．区域经济学教程［M］．北京：中国人民大学出版社，2003（第 1 版）；高佩义．中外城市化比较研究［M］．天津：南开大学出版社，1991.

② 工业化与城市化变动关系在工业化的不同阶段存在着较大差别，不同收入水平、不同类型国家工业化与城市化变动关系表现出不同特点。见郭克莎．工业化与城市化关系的经济学分析［J］．中国社会科学，2002（2），44－55.

③ 霍利斯·钱纳里，莫伊斯·赛尔昆．发展的型式（1950～1970）［M］．北京：经济科学出版社，1988.

④ 许学强，周一星，宁越敏．城市地理学［M］．北京：高等教育出版社，1995，51－52.

1975 年的城市化发展过程加以检验，初步证明在一个国家的城市化发展过程中，城市化水平与人均 GDP 之间也具有类似的对数曲线关系。

2. 城市化的“经济效应”

（1）组织和带动区域发展

城市化最直接的表现是城镇规模的扩大和数量的增加。城市作为区域经济的增长中心，通过极化效应和扩散效应对区域发展产生组织和带动作用。在城镇体系中，区域中心城市的发展和变迁往往会引起区整体的发展出现相应的变动。

（2）完善区域空间结构

在一个区域内，随着城镇化的发展，一般都存在若干个规模不等的城镇，这些城镇相互依存，彼此间有着比较稳定的分工和联系，在空间布局上都有一定的规律进而形成城镇体系。区域内的经济布局、要素流动和信息传播等主要是依托或通过城镇体系而进行的，并形成各种经济和社会网络，城镇体系实际上就构成了区域的空间框架。

（3）推动区域经济和社会的演进

城市化是根源于城市发展而兴起的以城市为核心的区域经济、社会结构和空间结构的演进过程。城市化在时间上和空间上的变化引起区域经济和社会结构随之发生变化，并不断改变空间的分布和组合状态。在初始阶段，城市发展缓慢，区域处于传统的农业社会状态；在加速阶段，农村人口开始大量进入城市，城市人口快速增加，城市数量增多，规模增大，与此相对应，区域的工业化在经济发展过程中占主导地位，城市在经济和社会发展的诸多方面都发挥着重要作用；终极阶段是城市化速度减慢的时期，区域中的大多数人口都集中在城市，城市在区域的经济和社会生活中起着主导作用，区域的发展表现出很强的城市特征。

（4）城市化促进城市文明的扩展和区域经济的协调发展

城市化使许多农村居民接受现代教育的机会大大增加，从而走向文明生产和文明生活的道路，提高了他们的生活质量，使他们可以享受到现代科技进步所带来的物质和精神财富。城市化使得城市与乡村的联系更加紧密，城乡一体化水平大大提高，有助于缩小城乡差别，消除“城乡二元经济结构”的负面影响，实现区域经济的协调发展。

改革开放以来，我国经济发展与城市化的相互作用表现为一种相互促进、相互推动的高度正相关关系，即经济的发展能够推动城市化进程，城市化水平的提高也必然推动经济的发展。经济发展和城市化是相互作用、相互推动的，但两者的相互作用并不同步。①

青海省 1985—2016 年的城镇化率与地区国内生产总值的对应关系见图 6－5：

由图 6－5 可以看出，青海省总体上城镇化水平与地区国内生产总值表现出正相关

① 赵显洲．我国城市化与经济发展相互关系的动态分析［J］．中国软科学，2006（9）．

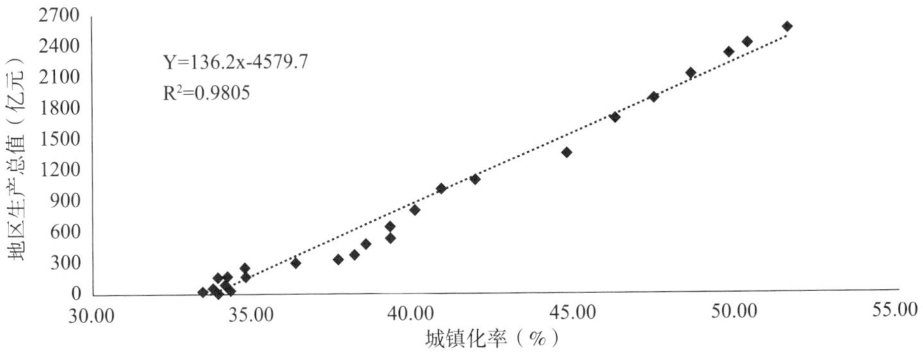

图 6－5　青海省城镇化率与经济发展水平关系散点图

关系，即城镇化的经济效应是明显的，表明城镇化水平的提高能有效促进区域 GDP 水平上升。为了促进经济发展水平持续提高，采取恰当的战略措施来提升区域城镇化水平，就显得十分必要。

总之，城市化水平与经济的发展水平是紧密联系在一起的，即经济发展水平的提高是推动城市化进程的主要动因，城市化的发展反过来又推动经济发展。城市化的内在动力是经济的发展，离开经济发展这一基本因素来分析城市化，无法得出城市化水平是否适宜的结论。

经济发展和城市化的相互作用如图 6－6 所示。

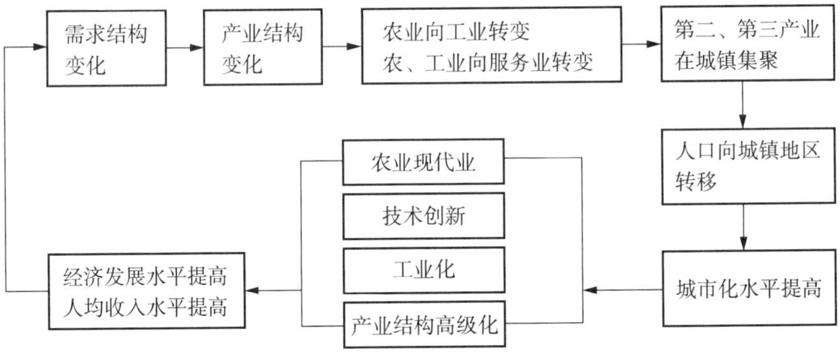

图 6－6　城市化与经济发展的关系①

五、城市化的类型

城市化是一个复杂的社会经济过程，国与国之间以及国内不同区域之间社会经济条件各不相同，因而在城市化过程中也形成了不同的类型和模式。②

① 高佩义．中外城市化比较研究［M］．天津：南开大学出版社，1991.

② 孟庆红．区域经济学概论［M］．北京：经济科学出版社，2003：184－186.

（一）向心型城市化与离心型城市化

向心型城市化也称集中型城市化，是指城市设施及职能部门不断向城市中心集聚，导致城市中心土地利用密度提高，城市向立体发展，形成中央商务区。离心型城市化也称为扩散型城市化，是指城市设施及职能部门自城市中心向城市外缘扩散，其结果导致城市平面扩大。离心型城市化又可细分为外延型城市化与飞地型城市化。外延型城市化是指城市在离心扩散过程中，一直保持与建成区接壤，连续渐次向外推进。飞地型城市化是指城市在离心扩散过程中，空间上与建成区断开，呈跳跃式推进，职能上与原有城市保持密切联系，形成卫星城镇或工业新区。

（二）景观城市化与职能城市化

城市景观指由城市人口和土地利用高度密集而形成的密集人口和各种人工建筑、构筑物和设施。景观城市化也称直接城市化，是指城市性用地逐渐覆盖地域空间的过程。职能城市化也称间接城市化，是指现代城市功能在地域发挥效用的过程。

（三）积极城市化与消极城市化

根据前面的分析可知，城市化与经济发展之间应当是相互适应、相互一致的。然而受诸多因素影响，城市化与经济发展之间也可能出现不一致的情形。由此，将城市化分为积极城市化与消极城市化。积极城市化是指与经济发展同步的城市化，消极城市化是指与经济发展不同步的城市化，又可分为过度城市化（城市化水平虚高于经济发展水平，功能却不足）、过低城市化（城市化水平远远落后于经济发展需要，制约经济发展）。

第四节　城市化动力机制

一、城市化动力机制的含义

机制，源于希腊语言，原意是机械、机械装置、机械构造及运行原理。后来被广泛运用于自然科学和社会科学中，泛指某一复杂系统的内部结构、运行工作原理及内在规律性。动力机制则是指事物发生、发展的动因及其构成，它是事物运行机制的重要方面。

城市化的动力机制是影响城市化发生和发展的诸动力要素的综合及互动过程。随着社会生产力发展水平的不断变化，不同地区、不同发展阶段的城市化动力机制也在不断发生变化。

二、城镇化动力机制一般分析

国内外学术界对城市化动力的研究，一般认为城市化的发生与发展，同样遵循着共同的规律，即受着农业发展、工业化和第三产业发展这三大力量的推动与吸引。城市化的动力机制可以概括为农村的推力和城市的拉力，及其交互作用所产生的共同作用力。①

（一）农业和农村经济发展是城市化的初始动力

人类社会生存与发展的过程首先也是农业发展的过程，农业是一个国家或地区赖以存在和发展的基础，城市化与农业发展密不可分。农村和农业经济的发展既是城市化的原动力，又是城市化的基础。乔根森通过研究指出劳动力从农业部门向工业部门转移的充要条件就是农业剩余。

在城镇化的初期，农村作为城市经济发展的腹地，首先，为城市非农产业和非农人口提供粮食、蔬菜等农产品；其次，大量农产品作为重要的工业原料支持城市工业发展；再次，农业和农村经济发展积累了社会财富，为工业发展提供资金；最后，广大农村腹地和农业人口又成为城市非农业产品的消费者，为城市经济发展提供广阔的市场，并且农业经济越发展，农村消费市场也越发达。因此，一个国家和地区城市化的初期，工业化和城市化总是起步于农业基础良好的地区。

而且随着农业的发展和技术水平的提高，以及农业土地报酬递减，农村中的富余劳动力越来越多，为了寻求新的就业机会和发展空间，就会逐渐选择进入城市从事非农产业。所以，农业和农村经济的发展不仅为城市提供口粮、工业原料、城市经济发展的空间和资金，而且源源不断地为城市非农产业发展提供劳动力资源。

（二）工业化是城市化的根本动力

工业化是城市化的经济内涵，城市化是工业化的空间表现形式；工业化是因，城市化是果。如果没有体制、政策等方面的强制约束，工业化必然带来城市化。

工业化为城市化的发展提供了物质技术基础和其他条件。首先，由于工业生产的规模经济和集聚经济效益，吸引更多产业的集中，进一步扩大了城市的规模。其次，大机器工业的发展不仅提高了工业自身的劳动生产率，也促进了农业劳动生产率的提高，使更多农业劳动力释放出来，向城市集聚，推动城市产业结构发生变化。刘易斯的农业剩余劳动力转移模型认为，城市工业部门集中了大量的资本，具有较高的劳动生产率，传统的乡村农业部门缺乏资本，劳动生产率极其低下，因而只要工业部门需要，就可以从农业部门中得到无限的劳动力。

① 孙久文，叶裕民．区域经济学教程（第1版）[M]．北京：中国人民大学出版社，2003.

当然通过工业化带动城市化发展也需要一些条件，如工业化水平不断提高、工业结构高度化发展、规模化与专业化的发展以及鼓励更多的人参与其中。

（三）第三产业是城市化的后续动力

随着工业化的实现，工业发展对城市化的促进作用不断减弱，而高度发达的社会化大生产以及大量消费人口的集聚，要求城市提供更多更好的生产、生活和社会服务，于是以提供服务为特征的第三产业迅速发展，这不仅能吸纳大量的劳动力，还有利于不断提升城市基础设施水平，改善人民生活质量，优化城市发展环境，进一步增强城市的集聚经济效益和城市竞争力水平。并且第三产业发展空间极大，在传统第三产业的基础上，新兴第三产业已经成为城市化发展的强劲后续动力。

（四）城市对企业和居民的拉力

在一个经济系统中，如果距离聚集中心远近不同，其区位利益不同，则厂商的均衡决策也将随之出现差异。而由于聚集经济的存在，在聚集利益的吸引下，“即使地表是完全匀质的，城镇仍然会产生”。可见，区位聚集是一种不可避免的空间布局结果。城市由于在交通、区位、经济等方面的优势所产生的集聚经济效益大于分散系统的社会经济效益，对乡村人口及生产要素产生一定的“拉力”从而构成了城市化的基本动力。

1. 城市对企业的拉力

城镇对企业的拉力，首先在于城镇有助于企业实现规模经济效益。根据规模经济理论，规模经济是指随着生产规模扩大所产生的长期平均成本不断下降的趋势。而市场规模以及配套生产条件又是决定生产规模的前提条件。因此，城市对企业的空间配置具有强大的吸引力，也就是拉力。另一方面，多个企业的集聚可以大大节约企业的外部投资，能够以较低的成本获得外部相关产品和服务的供给。一般而言，集聚的规模越大，外部经济效益就越明显。越是大城市，能够提供的基础设施和公共服务越完善，这使得城市特别是大城市由于能够产生集聚经济效益而对企业富有魅力和吸引力。

2. 城市对居民的拉力

在城市化的过程中，更重要地表现为人口大规模地向城市集中，这种集中来自城市两个方面的拉力：一是工业化造就了足够多的就业机会，为乡村富余劳动力提供了广阔的发展空间。如果没有工业化，没有城市就业机会的增加，城市化是不可能的。二是城市文明能够为进入城镇的农村人口提供更高的生活质量。

一个劳动者是否进入城市，一方面决定于城乡收入的实际差异，另一方面决定于城市的就业率，即城市为农业人口提供的就业机会。[①] 对于农村居民而言，选择居住在

① 齐良书．发展经济学［M］．北京：中国发展出版社，2002：156－175.

乡村还是城市，也是通过比较利益决定的，在哪里能够获取最大利益，他们就会流向那里，他们的选择是理性的，是出于对客观环境的认识，加上主观感受的判断，最后才决定是否进行迁移。

总之，城市化动力是城市化动力机制的有机组成部分，而城市化动力的有效性又取决于城市化动力机制的有机协调，只有一个协调统一的城市化动力机制才能促进城市化各动力互相搭配、互相激励，共同促进地区城市化的快速发展。在城市的拉力和乡村推力的共同作用下，城市在空间地域上拓展，而农村在空间地域上缩小，城乡形成一个互动的系统，即由城市、城市边缘区、乡村组成的一个变化着的混合体，且城市的生活方式、思想观念等渗透到农村地区，城乡互动共同推进城市化的发展。

但是城市化的动力机制还必须考虑与之相互作用的其他因素，如人口特征、区位条件、生态环境、制度政策等因素的作用和影响。

三、我国城市化动力机制分析

相关研究认为中国城市化的动力机制既具有普遍性，又有自身独特的因素。根据城市发展动力的不同特点，可以将各种动力分为不同的类型。从城市的视角看，城市发展的动力可分为内动力（来自城市内部，主要是工业化的扩张的动力）和外动力（来自农村的动力）。二是从物质形态看，有硬动力（如产业动力，劳动力动力等）与软动力（如政治动力、文化动力等）。三是按照社会要素的不同属性，可以把城市发展动力划分为经济动力、政治动力、文化动力、人口动力、科技动力等。① 事实上，这些动力机制的作用是受一系列现实的社会经济条件制约的。社会经济条件不同，机制的作用力度也会有所不同，城市化进程因而受到影响。影响城市化机制，进而影响城市化进程的社会经济条件主要有人口和资源条件、社会经济制度、工业化模式等。②

第五节　城镇体系

一、城镇体系的概念

1960 年美国地理学家邓肯及其同事在研究美国城市的专业化作用以及大都市区之间的相互依存关系时首次提出了“城镇体系”的概念。所谓城镇体系，是指在一定区域内的各种类型、不同等级但空间相互作用关系密切的城镇群体组织。

---

① 程宇航．江西城市发展动力机制研究［J］．江西社会科学，2008（9）：230－235.

② 蔡孝箴．城市经济学［M］．天津：南开大学出版社，1998：75.

二、城镇体系的特征

城镇体系一经形成，一般具有以下 6 个方面的特征：

（一）整体性。城镇体系是由城镇、联系通道和联系流、联系区域等多个要素按一定规律组合而成的有机整体。某种要素的变化，如新的城镇专业化部门的兴起、新交通干线的建设、某城市投资环境的改善都会对这个城镇体系格局产生重大的变化。

（二）关联性。是指体系内各城镇之间有着合理的分工和密切的经济社会联系。

（三）层次性。城镇体系的层次性包括行政级别层次和规模层次两个方面。

行政级别层次是指在一个区域内的城镇体系中，各城市的行政级别不同，低一级的城市要服从高一级城市的行政领导，城镇体系的行政级别根据具体城镇体系的组成不同而不同。按行政级别，我国城镇体系可以划分为七级：首都、直辖市、副省级城市、省会、地级市、县级市、建制镇。规模层次是指每一个城镇体系都是由多个不同规模的城镇组成，从大到小依次为超大城市、特大城市、大城市、中等城市、小城市和建制镇。城镇体系的行政级别层次和规模结构的层次性因区域不同而不同。一般来说，越小的区域单元最大城市的规模也越小，城镇体系的行政级别层次也越少，如青海省目前的城镇体系由省会、县级市、建制镇三级构成。

（四）重叠性。即一个城镇可能成为不同层级城镇体系的成员，并充当不同的角色。

（五）开放性。城镇体系不是一个封闭的组织，它是一个开放系统，随时都在和外界进行着物质和能量的交换。

（六）动态性。城镇体系形成之后并不是固定不变的，而是处于发展演化之中，外界环境与内在因素的变化都有可能使之发生形态上、规模上和结构上的改变。

三、城镇体系的相关理论

（一）城市首位律

1939 年，马克·杰斐逊（M. Jefferson）对一个国家城市规模分布规律做出一种概括。他观察到一种普遍存在的现象，即一个国家的“首位城市”总要比这个国家的第二位城市大得异乎寻常。不仅如此，这个城市还体现了整个国家和民族的智能和情感，在国家整个经济、文化、社会中占据着异常突出的影响。他提出了著名的首位城市和城市首位度的概念。

1. 首位城市（primate city）：在规模上与第二位城市保持巨大差距，吸引全国城市人口的很大部分，在国家政治、经济、社会、文化生活中占据明显优势的城市。

2. 城市首位度：是反映一个国家和地区最大城市与第二位城市规模差距的指标。

城市首位度（S）＝首位城市人口总量/第二位城市人口总量

城市首位度用来衡量一个国家或地区城镇化程度和规模分布状态。首位度大的城市规模分布，就叫首位分布。首位度太高，就说明最大城市的发展与第二大城市的发展水平相差悬殊，最大城市的发展难以带动次一级城市的发展。首位度小的城市规模分布，就叫次位分布。首位度太小，说明城镇体系的中心城市不明显。

由于首位度只用两城市人口规模作比较，专家们提出4城市指数和11城市指数：

$$4\text{城市指数}\quad S_4 = P_1/(P_2 + P_3 + P_4) \tag{6-8}$$

$$11\text{城市指数}\quad S_{11} = P_1/(P_2 + P_3 + \cdots + P_{11}) \tag{6-9}$$

P_1、P_2、$P_3 \cdots P_{11}$为城市按规模从大到小排序后某位序的城市人口规模。按照统计规律，一般正常的4城市指数和11城市指数都应该是1，而两城市指数应该是2。显然，4城市指数和11城市指数比只考虑两个城市更能全面地反映城市规模分布的特点，它们的共同点在于都抓住了第一大城市与其他城市的比例关系。①

（二）位序—规模法则

位序—规模法则（Rank－Size Rule）从城市的人口规模与城市规模位序的关系来考察一个国家或者较大区域城市体系的规模分布，是美国学者齐夫于1949年提出的。

位序—规模法则是指在经济发达国家一体化的城市体系，城市数量随着城市规模的增加而减少。其计算式为：$P_r = P_1/r$

式中：P_r是第r位城市的人口；P_1是最大城市的人口；r是城市的位序。这样，一个国家的第二位城市的人口是最大城市人口的一半，第三位城市是最大城市人口的1/3，依次类推。

在位序—规模分布的城镇体系中，最大城市通常具有重要意义。一般而言，如果最大城市规模大，在全国城市体系中处于较高的地位，那么这个城镇体系发展水平一般也比较高。

（三）对城市规模分布的理论解释

对城市体系规模分布表现出不同形态的客观事实，有政治、社会、经济角度的不同解释。②

贝里和加里森认为：只由极少数几个力量影响下产生的规模分布与多种力量下形成的规模分布有着很大的不同。在只有少数几个力量强大的因素作用的国家，城市规模常产生首位分布，这些国家一般是人口少、面积小的小国，或城市化历史比较短的国家，或有单一出口的殖民地历史的国家；而位序—规模分布是许多种力量在很长时间里作用的结果，以致一旦获得了位序—规模分布，那么这些力中的任何一个很可能只是产生一种随机的相对微小的作用。这种分布通常在工业经济发达的国家或那些面

① 参见杨云彦．区域经济学［M］．北京：中国财政经济出版社，2004.

② 杨云彦．区域经济学［M］．北京：中国财政经济出版社，2004.

积大、历史久、人口多、条件复杂的大国出现。

埃尔·沙科斯于1972年提出了一个经济发展城市规模分布的动态解释模式。他认为城市规模分布律与经济发展阶段相关。社会经济发展阶段可分为经济发展起飞前阶段和经济高速发展阶段和综合协调发展阶段。一个国家或区域，在经济发展起飞前阶段是均衡状态，一般表现为位序规模分布；在经济高速发展阶段，均衡状态被几个集中发展的大城市所动摇，城市规模呈首位分布；随着时间推移，进入综合协调发展阶段后，经济发展渐渐从大城市转向中小城市，在新的均衡基础上，重新出现位序规模分布。

克里斯塔勒的中心地理论认为各级中心地在空间上的分布，遵循三个原则，即市场原则、交通原则和行政原则。城镇体系的形成，有赖于这三股力量的混合作用，即以市场范围为代表的经济力量，以交通条件为代表的自然力量和以行政区划为代表的社会力量。任何一个城镇体系，都可以找出这三个原则的影响，并且以上三个原则在一个区域通常会交叉发生作用，但又各有侧重。在经济发达、交通便利的地区，市场原则占据主导作用；在自给自足和偏僻地区，行政原则占据首位；而在新开发地区，移民拓荒沿交通线推进，交通原则会占上风。与一般经济学分析方法相同，该理论的结论是在严格假设条件下得出的，因此并不是现实的准确表述，仅是为理解和研究现实提供了参照系。但是其价值不在于它所描述的中心地体系是否与现实吻合，而在于它揭示了经济活动空间结构存在等级体系的规律。①

四、大城市集群

成熟的城市经济区具有一定的空间形态，其典型形式是大城市集群。大城市集群包括都市圈、城市群和城市带三种基本形态。②

（一）都市圈

都市圈是大城市集群的一种空间表现形式，它是以一个或两三个中心城市为核心，与周边城镇连同这些城镇覆盖的空间地域形成密切的社会经济联系，呈圈层状布局的空间组织形式。目前全球公认的有五大都市圈：即纽约、多伦多与芝加哥、东京、巴黎与阿姆斯特丹、伦敦与曼彻斯特为核心的五大都市圈。

都市圈是一种组合城市，它以高密度的城市和人口以及巨大的城市体系规模，区别于其他地区和其他城市类型。都市经济圈一般具有以下特征。

第一，中心性。由1个或2~3个两百万以上人口的特大、超大城市构成都市圈的中心，从而形成对周边区域强大的经济吸引力与辐射力。

---

① 中心地理论（central place theory）是关于城市区位的一种标准化理论，是探索城市体系内城市等级规模结构和地域空间结构规律的一种具有代表性的学说。关于克里斯塔勒中心地理论的详细内容见本教材第二章。

② 孟庆红．区域经济学概论［M］．北京：经济科学出版社，2003：195.

第二，趋圆性。都市圈域内有较高的城镇密度，各类城镇环绕中心城市基本形成圈层状结构布局，城镇等级规模体系相对合理。

第三，一体化。是指都市圈域内的中心城市与各类城镇之间分工合作密切，形成经济上的一体化关系。具体包括要素市场一体化、产业发展一体化、基础设施一体化、资源环境开发和保护一体化和城市化发展一体化。

第四，通勤性。都市圈内具有密集的交通基础设施网络，且以中心城市为核心向外延伸，将中心城市与都市圈周围地区紧密联系起来，形成密集的要素流动，圈域内中心城市到各城镇保持较高的通勤率。

（二）城市群

1. 城市群的内涵

城市群概念有广义和狭义之分。广义的城市群泛指一定地域内城市分布较为密集的地区。一般而言，城市群是指在具有发达的交通条件的特定区域内，由一个或几个大型或特大型中心城市率领的若干不同等级、不同规模的城市构成的城市群体。从这个意义上说，都市圈、城市带都属于城市群的范畴。狭义的城市群仅指由一组规模相近、地域相邻、相对独立而相互联系的城市共同组成的城市系统或地区。

2. 城市群的特征

第一，各个城市规模相近，处于同一或相邻的城市等级系列，共同组成区域的中心；第二，每个城市都有自己相对独立的影响力范围；第三，各个城市之间存在相互作用关系，并由此形成共享的经济腹地；第四，各个城市呈组团式分布，没有固定或典型的空间形态。

（三）城市带

1. 城市带的内涵

城市带是指由一组规模较大、地域相邻、彼此关联的城市沿交通干线分布而形成的带状区域。城市带以交通干线为轴线、以城市为节点，形成一个有机联系的城市群体，在空间上呈带形扩展。

2. 城市带的特征

第一，以某一交通干线为轴线，呈带形状态；第二，各个城市沿交通线分布，地域相近、联系密切；第三，经济活动以城市为中心沿轴线两侧集聚，形成产业密集带。

案例

柴达木盆地城镇化动力机制的阶段性分析

城镇化动力机制是影响城镇化发展和推进的诸要素相互作用的过程及运动规律。

新中国建立以来，作为典型资源型区域的柴达木盆地城镇化发展经历了三个阶段，各阶段均由拉力、推力与阻力共同耦合成的动力机制在推动，在区域城镇化的不同阶段，其动力机制也有差异。①

一、改革开放以前柴达木盆地城镇化动力机制分析

1954—1978 年，是柴达木盆地城镇化快速起步时期。该阶段经济和人口规模快速增长，城镇化率由 1954 年的 11.25% 上升到 1978 年的 51.84%。现都兰县首府察汗乌苏，1950—1958 年依托政治、经济、文化的优势，建立了一批服务于城镇发展的机构。以行政建制为重要推动力，结合农牧场开拓，香日德、德令哈、希里沟、茶卡镇等盆地东部城镇迅速发展。1959 年海西州治所西迁是柴达木盆地经济中心向西转移的客观表现，反映了柴达木盆地的经济建设重点由农牧业向工业转移。随后，在资源开发、工矿业发展和交通条件改善的促动下，西部城镇迅速崛起。1960—1965 年，先后成立了大柴旦市（镇）、冷湖市（镇）、格尔木市、茫崖镇等。20 世纪五六十年代是柴达木盆地城镇人口增长最快的时期，1952 年海西州城镇人口仅 0.05 万人，占总人口的 2.72%；1960 年这两项指标分别增至 12.68 万人和 50.86%。增长人口主要集中在西部，且大部分是由盆地外迁入。1960 年格尔木市和“西部三镇”城镇人口达 9 万人，20 世纪 70 年代，柴达木盆地城镇格局基本形成。但是由于柴达木盆地平均海拔在 4000 米左右，盆地内可利用土地面积不足 1/3，林地面积不到 1%，地区生态脆弱，风沙大，恶劣的自然条件和脆弱的生态环境对区域城镇化形成阻碍。加之柴达木盆地位于青藏高原北部、青海省西北部，州府德令哈市与省会西宁相距 600 千米，格尔木市与省会相距更远。从经济区位来看，处于相对不利地位。因此 1978 年以前，柴达木盆地与周围区域关联很少，城市影响范围小。

总体来看，在这一发展阶段柴达木盆地城镇化的推力主要是人口增加和农牧业发展；城镇化的拉力包括行政建制改变、交通条件改善和资源开发推动；自然条件与生态环境制约和相对不利的经济区位构成城镇化的阻力（见图 2）。

二、1979—1999 年柴达木盆地城镇化动力机制分析

这一时期是盆地城镇化稳定发展期，城镇化率从 1978 年的 51.84% 上升到 1999 年的 63.95%，年均增长 0.19%。党的十一届三中全会以来，柴达木盆地农牧业总产值平均每年递增 17%，1983 年农牧民从集体经营中获得的收入，比 1978 年增加近 70%。1986 年柴达木盆地开始推行任期目标责任制、承包经营责任制和聘任制，1995 年企业深化产权制度和分配制度改革，同时组建企业集团，在国有企业建立现代企业制度。伴随着经济体制改革，盆地工业经济质量明显提高，经济结构发生了历史性变化，

① 本部分内容参见丁生喜. 青藏高原资源型区域新型城镇化研究——以柴达木盆地为例［M］. 北京：中国经济出版社，2017.

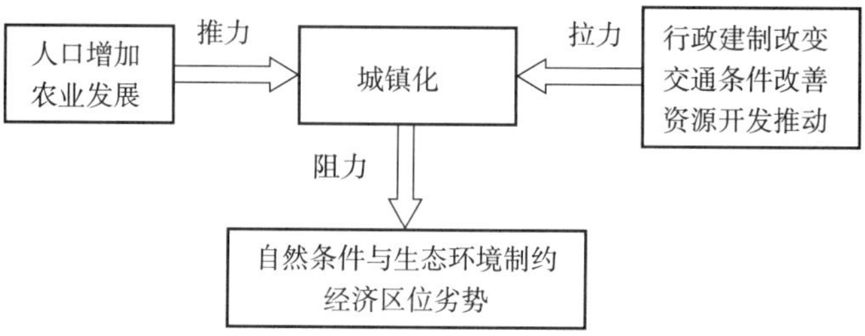

图 2　改革开放以前柴达木盆地城镇化动力机制示意

1999 年盆地三次产业增加值比重达到 7.6：58.0：34.4。农牧业发展迅速，1999 年农牧民人均纯收入 1814 元，是 1992 年的 1.9 倍，农村剩余劳动力开始转移至城镇就业。在城镇建制方面，1980 年 6 月格尔木撤县设市，1988 年 4 月德令哈撤镇设市，成为盆地新的政治、文化、教育中心，城镇体系基本形成。与此同时，城镇的供水供电等基础设施逐步改善，城市划分出工矿业生产区与生活区，空间布局逐步趋向合理。城市经济规模与人口规模有所增加，城市经济对腹地的影响开始明显。但是至 1999 年，盆地境内路网密度仅 0.01 千米/km^2，交通基础设施发展仍然落后，加之自然条件和生态环境并没有得到改善，城镇对人口集聚的吸引力不大。

总体来看，在此发展阶段，城镇化的推力包括经济体制改革、工业和农牧业发展；拉力主要包括行政区划变动和城镇基础设施水平提高；城镇化的阻力则是来自恶劣的自然生态环境和比较落后的区域交通基础设施制约（见图 3）。

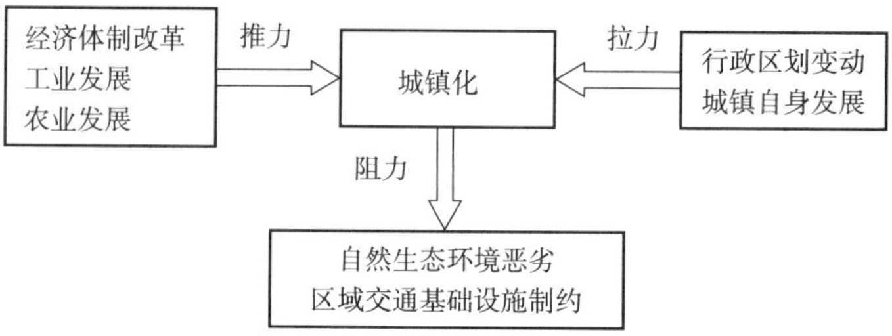

图 3　1979—1999 年柴达木盆地城镇化动力机制

三、西部大开发 10 年柴达木盆地城镇化动力机制分析

2000—2010 年，是柴达木盆地城镇化多元化跨越发展时期，城镇化率稳定在 63.12% ~67%。西部大开发战略实施以来，在青藏铁路建设和百万吨钾肥工程的拉动下，柴达木盆地扩大开放，招商引资，引进有经济实力的外地企业共同参与开发，建成新的工业基地。随着工业化进程的不断深入，盆地在经济区划上把全州分成两部分，即以格尔木为中心的西部工矿经济区和以德令哈为中心的东部农牧经济区。2005 年底，柴达木盆地批准为全国第一批循环经济试验区，更是大大加速了工业化进程。在工业化带动下，盆地城镇发展速度加快，小城镇由 1999 年的 9 座增加到 2010 年的 18 座，

各市、县、行委所在城镇面貌大为改观。经济结构逐步调整，城市功能分区更加明晰，城市影响范围有所扩大。但是2010年盆地森林面积为549519.9公顷，比1999年减少50921.1公顷，生态环境承载力下降。另外，盆地内人口48.9万人，人口密度仅为1.5人/km^2。而且人口素质比较低，人才流失也比较严重。区域第三产业发展缓慢，2010年第三产业增加值占GDP的比重仅18.1%，不能有效地吸收劳动力就业，阻碍了城镇化发展。

总体来看，在此发展阶段，城镇化的推力包括西部大开发政策和区域资本合作推动；拉力主要是城镇基础设施改善；而城镇化的阻力则包括生态环境破坏、第三产业发展规模小和来自人口方面的制约因素（见图4）。

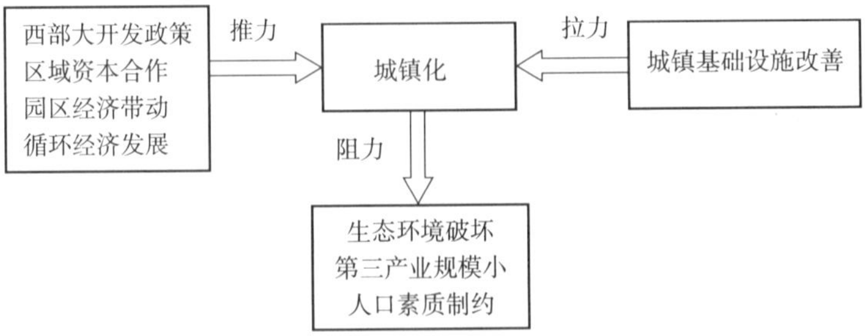

图4　西部大开发10年柴达木盆地城镇化动力机制图

四、柴达木盆地新型城镇化影响因素分析

柴达木盆地发展过程中，其城镇化动力机制不断变化，表现出动态性。“十二五”以来，柴达木盆地进入城镇化的稳定成熟阶段。城市经济、人口规模基本稳定，城镇服务功能开始增强，城市空间环境逐步优化，城市与周边腹地联系比较紧密。到2013年底，柴达木盆地城镇化率已达70.06%，远远高于青海省的总体水平。盆地作为青海省城市化的重点开发区域，目前总体处于工业化中期阶段，在“集约、智能、低碳、绿色”的新型城镇化发展时期，面临更加复杂的影响因素。

（一）新型工业化对柴达木盆地新型城镇化的影响

柴达木盆地依托优势矿产资源发展园区循环经济，2011年海西盐湖化工特色循环经济产业集群成为国家首批“创新型产业集群试点”。通过园区产业集聚，促进盆地经济由资源开采型向精深加工型转变，提高了资源综合开发和循环利用；优化了产业结构，改善关联产业与服务业发展的环境，促进了新型工业化的发展，2012年盆地第二产业增加值比2000年增长14.1倍。但是，柴达木盆地2012年第二产业占GDP的比重达到81.4%，就业比重仅为30.4%，反映出盆地工业化并没有为农牧业剩余劳动力转移提供就业岗位，这极大制约了新型城镇化质量。

（二）信息化对柴达木盆地新型城镇化的影响

信息化是充分利用信息技术，开发利用信息资源，促进信息交流和知识共享，提高经济增长质量，推动经济社会发展转型的历史进程，通过信息化可以促进城镇化的发展。近几年，柴达木盆地加快了信息化发展，盆地内固定电话、移动电话用户不断增加，互联网发展也很迅速。2010—2013年，地区固定电话用户数从10.2万户增加到11.5万户，互联网用户数由4.18万户增加到8.6万户。通过信息化建设，盆地增强对外信息交流，对于招商引资、产业发展都会起到积极推动作用，也有助于促进新型城镇化和城镇现代化发展。

（三）农业现代化对柴达木盆地新型城镇化的影响

农业现代化是通过现代工业、现代科学技术和现代经济管理方法的应用，使农业生产力迅速提升，由落后的传统农业逐步发展为现代化农业。近年来，柴达木盆地把推进农牧业产业化经营作为发展农业现代化的重点方向，通过积极发展特色农牧业，形成牛羊肉基地、无公害果蔬基地、高原冷水养殖基地、柴达木绒山羊基地、中藏药材基地等特色产品基地，2012年农业机械总动力比2000年增长1.66倍，化肥使用量比2000年增长1.49倍，农村用电量比2000年增长2.07倍，农业现代化水平明显提升。但是农牧民收入和消费水平与城镇居民仍有差距，制约城乡一体化发展。

此外，根据预测数据显示，到2020年，柴达木盆地格尔木市将缺水3109.5万m^3，德令哈市城镇水资源余量仅13.3万m^3。由于生产技术制约，盆地内工业由资源密集型向技术密集型转型的压力很大，柴达木盆地未来发展将受到水资源和技术创新的制约。2012年盆地内森林面积比2010年减少55510.9公顷，生态环境保护仍然是未来发展的重要影响因素。

复习思考题

1. 论述城市化的内涵。
2. 论述城市化的基本规律。
3. 试述城市化的动力机制，并以某一地区为例，深入分析该区域独特的城市化动力机制。
4. 结合城市化理论，分析我国不同区域城市化的道路选择。
5. 分析中国城市化进程中城乡边缘区失地农民保障问题。
6. 分析我国工业化与城市化的关系。
7. 分析特定区域城镇体系的特征。

参考文献

［1］［英］K. J. 巴顿. 城市经济学（上海社会科学院部门经济研究所城市经济研究室译）［M］. 北京：商务印书馆，1986.

［2］杨云彦. 区域经济学［M］. 北京：中国财政经济出版社，2004.

［3］蔡孝箴. 城市经济学［M］. 天津：南开大学出版社，1998.

[4] [美] 埃德温·S·米尔斯. 区域和城市经济学手册(第3卷) (郝寿义等译). 应用城市经济学 [M]. 北京: 经济科学出版社, 2003.
[5] 郭鸿懋. 城市空间经济学 [M]. 北京: 经济学科学出版社, 2002.
[6] 谢文蕙, 邓卫. 城市经济学 [M]. 北京: 清华大学出版社, 2002.
[7] 孙久文, 叶裕民. 区域经济学教程 [M]. 北京: 中国人民大学出版社, 2003.
[8] 陈秀山, 张可云. 区域经济理论 [M]. 北京: 商务印书馆, 2003.
[9] 孟庆红. 区域经济学概论 [M]. 北京: 经济科学出版社, 2003.
[10] 郝寿义, 安虎森. 区域经济学 [M]. 北京: 经济科学出版社, 第2版, 2004.
[11] 世界银行.2009年世界发展报告: 重塑世界经济地理 [M]. 北京: 清华大学出版社, 2009.
[12] 吴殿廷. 区域经济学(第2版) [M]. 北京: 科学出版社, 2009.
[13] 程开明. 中国城市化与经济增长的统计研究 [D]. 杭州: 浙江工商大学, 2008.
[14] 马兴杰. 中国城市化与经济增长关系研究 [D]. 天津: 天津大学, 2008.
[15] 冯俊新. 经济发展与空间布局: 城市化、经济聚集和地区差距 [D]. 北京: 清华大学, 2009.
[16] 葛宝琴. 城市化、集聚增长与中国区域经济协调发展 [D]. 杭州: 浙江大学, 2010.
[17] 孙久文等. 区域经济学教程(第1版) [M]. 北京: 中国人民大学出版社, 2003.
[18] 宁越敏. 新城市化进程——90年代中国城市化动力机制和特点探讨 [J]. 地理学报, 1998(5).
[19] 叶裕民. 中国城市化之路——经济支持与制度创新 [M]. 北京: 商务印书馆, 2001.
[20] 许抄军, 罗能生, 王家清. 我国城市化动力机制研究进展 [J]. 城市问题, 2007(8).
[21] 许学强, 周一星, 宁越敏. 城市地理学 [M]. 北京: 高等教育出版社, 1995.
[22] 赵显洲. 我国城市化与经济发展相互关系的动态分析 [J]. 中国软科学, 2006(9).
[23] 姜爱林, 城镇化. 工业化与信息化的互动关系 [J]. 城市规划汇刊, 2005(5), 32-37.
[24] 高佩义. 中外城市化比较研究 [M]. 天津: 南开大学出版社, 1991.
[25] 郭克莎. 工业化与城市化关系的经济学分析 [J]. 中国社会科学, 2002(2).

[26] 孟庆红. 区域经济学概论 [M]. 北京：经济科学出版社，2003.
[27] 丁生喜. 青藏高原资源型区域新型城镇化研究 - 以柴达木盆地为例 [M]. 北京：中国经济出版社，2017.
[28] 吴传清. 区域经济学 [M]. 武汉：武汉大学出版社，2008.

第七章　区际分工与合作

从区域经济学的三个理论基石“生产要素的不完全流动性、经济活动的不完全可分性、商品和劳务的不完全流动性”可知，区域之间经济活动方式和内容上会产生差异，而且每一个区域也不能脱离其他区域而孤立存在，这在空间上表现为区际分工与经济联系。在区域经济利益最大化动机下，这种分工与联系，始终伴随着区域经济的发展，这种分工的不断深化也推动区域经济的不断发展。本章主要介绍区际劳动分工的基本特点、劳动地域分工理论、区域贸易理论、区域经济合作等内容。

第一节　区际劳动分工

一、相关概念

分工是人类社会生产的固有属性，有了人类也就有了分工。

（一）自然分工

自然分工是指早期的原始氏族社会阶段，人类以性别、年龄为基础的原始分工。

（二）劳动社会分工

劳动社会分工（也简称为社会分工或劳动分工）是指人类社会在自然分工之后所进行的分工的总称。劳动社会分工一般包括企业内部分工、部门分工和地域分工三大部分。

（三）劳动部门分工

劳动部门分工也称部门分工、生产部门分工和产业部门分工，主要是指人类经济活动按产业部门所进行的分工。

（四）劳动地域分工

劳动地域分工也就是区际分工、地域分工。劳动地域分工是指人类经济活动按地理（或地域）的分工，即是各个地域依据各自的条件与优势，着重发展有利的产业部门，以其产品与外区交换，又从其他地区进口其所需要的产品，这种一个地区为另一个地区生产产品并相互交换其产品的现象，即劳动地域分工。苏联著名经济地理学家巴朗斯基曾极其精辟地指出："地理分工乃是社会劳动分工的空间形式"。劳动自然分工、劳动社会分工与劳动地域分工关系见图（7－1）。①

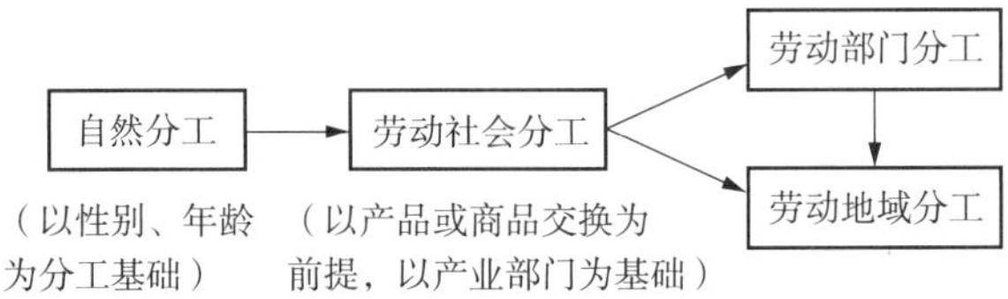

图7－1　自然分工、劳动社会分工与劳动地域分工关系

二、区际劳动分工的客观基础

区际劳动分工是社会生产力与生产方式发展到一定阶段的必然结果，其中，要素赋存的空间不平衡是区际劳动分工的必要条件，经济利益则是区际劳动分工的直接动力。

（一）要素赋存的空间不平衡是区际劳动分工的必要条件

要素赋存的空间不平衡是指生产要素在地理空间的分布和地域经济系统演变运动中的不均匀性，即差异性。经济活动中，要素赋存的空间不平衡从根本上说是绝对的、普遍的、长期的。要素空间分布的不平衡必然会导致经济活动方式和经济内容的不同，而且要素赋存的差异性越大，越能够形成各具特色的区域专业化生产部门，区际劳动分工也越明显。

不同区域之间要素的空间不平衡性大体可包括两方面：自然要素和非自然要素，其中，自然条件的差异是劳动地域分工的自然基础，自然条件的地域差异和自然资源的赋存状况（集中程度及其与其他资源的结合情况、位置条件等）的空间不平衡使经济要素与地域空间结合的具体方式不同，从而出现生产地域专门化。非自然要素包括劳动力、资本、技术、历史基础、教育、经营管理能力、流通设施等，在现代生产力水平下，自然条件和自然资源的空间差异不再是劳动地域分工的根本原因，非自然要素的地域差异对劳动地域分工，尤其是对现代化生产条件下的劳动地域分工具有深刻影响。

瑞典著名经济学家、1977年诺贝尔经济学奖得主贝尔蒂·俄林指出："生产要素不平衡的分布，除非由相应的地区需求的不平衡加以抵消，否则，这种分布会使生产要

① 参见陈才．区域经济地理学（第2版）［M］．北京：科学出版社，2009：44.

素的价格在各地区形成差异，从而促成地区间的分工和贸易。”①

（二）经济利益是区际劳动分工的直接动力

由劳动分工所带来的经济利益，有直接的经济性和间接的经济性两种。直接的经济性是采用一定程度的分工和专业化的生产方式后较采用这种方式以前带来的生产效率的提高或生产资源的节约；间接的经济性是指分工和专业化的发展为生产方式的其他创新提供了条件，而对这些生产方式创新的采用会带来生产效率的提高或生产资源的节约。

区际劳动分工的经济性大致表现在以下五个方面：

1. 区际劳动分工使得各地区根据本区域在自然资源、大大提高人力、资本、技术等方面的比较优势，将其生产、经营活动集中在较少的方面，这既生产的熟练程度，又使各种资源得到有效合理的使用，生产更多的劳动产品，提高劳动生产率。

2. 区际劳动分工可以共享社会生产条件，减少对基础设施要求的复杂性，从而节约基础设施的费用。

3. 区际劳动分工的发展，可以形成较为高效率的地方劳动力市场，也有利于集中培训专业技术人员。

4. 区际劳动分工可以共享辅助行业提供的专门服务。由于地区的专业化，为其服务的辅助行业或者采取了高度专门化性质的机构，或者只是采取了生产或服务专门化的方式，所提供的服务的单位成本是低廉的，而如果在一个地区没有较多的同类企业，专门提供这样的服务是不值得的。这种辅助行业包括提供工具、原材料和运输服务的行业。

5. 区际劳动分工有利于产生规模经济利益和专业技术的传播与扩散。

规模经济利益包括内部规模经济利益和外部规模经济利益。

内部规模经济指厂商的企业规模经济，它是由于厂商所需特种生产要素的不可分性（如生产设备、工艺过程、技术等方面的连续性）和厂商内部进行专门化而产生的。在产量达到相当大的规模时，不可分性的特种设备和流水生产线才能达到充分的负荷，高度的劳动分工和管理部门的分工才能被充分地利用起来，也才有条件进行大量的研究和发展工作。

外部规模经济是由生产过程的不可分性造成的，主要来源于厂商或行业以外所产生的规模节约。例如，在一个经济发达的地区，由于齐全和先进的基础设施而带来的运输成本的节约，原材料、机器设备和零部件的容易补充，资金筹措的便利等。现代工业的发展使企业内部的分工不断分解，并上升为企业和部门分工。使企业或部门之

① 贝尔蒂尔·俄林．地区间贸易与国际贸易［M］．北京：商务印书馆，1986：91，转引自郝寿义，安虎森．区域经济学［M］．北京：经济科学出版社，第2版，2004：281.

间的协作更为多样。这种企业间或部门间的协作或联合，使生产专门化的规模不断扩大，从而产生外部规模经济利益。通过规模经济可以提高劳动生产率，降低生产成本。因此，在规模经济机制作用下，不仅厂商通过进行技术创新，使产品成本降低、产量和质量提高，从而产生一系列生产上的节约，而且产品在其价格低廉的生产地的生产集中，促进了地域分工。

三、区际分工的特点和模式

（一）区际分工的特点

1. 地区经济的专业化

专业化是指一个人或组织减少其生产活动中的不同职能的操作种类而将生产活动集中于较少的不同职能的操作上。

区际劳动分工在地域空间上的集中表现为地区经济的专门化。一个地区的经济活动包含了许多职能，随着分工过程的加深，区域的经济职能不断分离出去，由其他专业化的地区承担，而本区域的专业化职能也得到进一步的加强，地区专业化和劳动分工是一个事物的两个方面。

地区专业化是商品经济发展到比较成熟时，生产社会化的地域表现，它是地域凭借其自然、经济和社会等诸方面的某些优势，逐步形成的具有地域特色，而且优于其他地域的一批专业化的生产部门，地区经济的专业化既是区际劳动分工的结果，也是劳动分工的前提，这种地区的专业化不仅是在本区域经济发展的需要上产生的，而且是在全国经济发展的需要，乃至国际劳动分工的基础上为了满足国际市场的需要而建立的，因此，地区经济的专业化决定了一个区域在全国乃至国际上的地位和作用，同时由于它的发展带动相关产业的发展。

2. 各地区间生产要素的相互联系性

在区际劳动分工的过程中，一方面，不同地区、不同地点和不同企业的职能向不同的方向发展，使一个地区为另一个地区生产产品，并相互交换产品成为可能，使一个地区利用另一个地区的原料、燃料进行生产变为现实；另一方面，人们的需求具有多样性和不可分割性，形成地区经济的专业化，而经济的专业化使不同地域在经济上的相互需求，把各个地域吸引到商品、信息、技术的相互交换中来，从而为参加交换的企业或地区带来额外的利益，因此，反映出地区间的经济联系。以贸易为主的包括各种要素流动的各种地域联系是劳动地域分工的纽带和桥梁，它使不同地域紧密联系起来，地域联系的不断密切，推动着地域分工的不断深化。分工越发展，联系必然越密切。

3. 区际劳动分工的层次性

经济地域系统是一个由不同功能、不同结构、不同层次的经济地域子系统相互联系、相互作用集合而成的大系统。地域系统的层次性及其演化的阶段性，使劳动地域分工也表现出层次性。

首先，区与区之间的分工。指各经济区之间依据各自绝对优势或比较优势建立自己的专门化部门，形成全国意义的专门化经济地域。这种分工构成了国内劳动地域分工的骨架，是作为整体的全国经济发展的基础；

其次，区内的劳动分工，是在区内不同层次之间的劳动地域分工；

最后，局部劳动分工，是在一个地域内部的、城市与城郊、中心城市与其腹地，以及城市之间、地方之间的劳动地域分工。

（二）区际劳动分工的模式

区际劳动分工的模式多，苏联经济地理学家萨乌什金将劳动地域分工划为六大类①。根据区域分工的部门联系特征，区域分工主要分为垂直分工与水平分工两种形式。这是目前比较公认的区域分工形式。

1. 区域垂直分工

区域垂直分工是相关区域在同一个生产过程的不同生产阶段进行专业化生产，彼此联系而产生的区域分工。一般而言，一个完整的生产过程由初级产品生产，中间产品生产，最终产品生产三个主要阶段构成，同时还需要有关的配套服务。不同生产阶段之间形成了一种垂直的联系。由于区域之间在发展的条件方面存在差异，有的区域只能发展初级产品生产，有的区域适合发展中间产品生产，有的区域则可以发展最终产品生产，还有的区域只能发展有关的配套服务生产。虽然存在某个区域可以同时进行所有阶段生产的情况，但是，对于某一产业，一个区域最适合其发展的只有某个或少数生产阶段。于是，区域之间就形成了垂直分工关系。

区域垂直分工与各区域的经济发展条件和水平关系密切。常见的情况是，发达区域多生产最终产品，中等发达区域多生产中间产品，欠发达区域以初级产品、配套服务为主。所以，不同发展水平区域之间的分工常常是一种垂直分工。

---

① 苏联经济地理学家萨乌什金将劳动地域分工划为六大类：a. 在经济上完整的地区（国家经济区）之间的劳动总分工；b. 某些个别中心（工业枢纽、大城市）之间的劳动分工，是在前一分工中的经济区内分离出的与中心之间的分工；c. 经济中心（城市、联合企业、大型机械制造装配厂）四周的，某一空间“场”内的劳动分工；d. 阶段性分工，指某统一的生产过程的不同阶段在地域上分散在不同的地点或地方；e. 时期劳动地域分工。指一年里同一产品（如水果）由各个不同的地区运往消费中心。水果产区的位置按一年中不同时期分别由最热的地方转移到成熟晚期的较冷地区；f. 偶然性的劳动分工，指国家由于偶然的政治和经济上的要求而进行的劳动分工与商品交换。上述六种劳动地域分工可以互相重叠、交叉。萨乌什金．经济地理学：历史、理论、方法和实践［M］．北京：商务印书馆，1987：335，转引自郝寿义，安虎森．区域经济学［M］．北京：经济科学出版社，第2版，2004：28.

2. 区域水平分工

区域水平分工是相关区域发展不同的经济部门，或者生产具有差异的同类产品所形成的分工。区域水平分工存在两种主要的形式。一种是区域之间选择不同的经济部门进行专业化生产，所生产出的商品或劳务是不相同的。例如，从要素投入能力看，有的区域可以发展技术密集型产业，有的区域有条件发展资本密集型产业，而有的区域则只能发展劳动密集型产业。另一种区域水平分工是各区域都选择生产同类产品，但具体生产的产品也是有差异的。这种差异主要表现在产品的品质、功能、品牌，甚至服务等方面，因而能够满足不同层次的市场的需求。最终，通过贸易，互通有无，各得其所。

3. 混合型分工

混合型分工，指一个地区的专门化生产既参与垂直分工，又参与水平分工。如发达地区之间采取水平分工，而发达地区与发展中地区之间则采取垂直分工。

四、劳动地域分工理论

区域经济学在研究区域分工时，主要是借用国际分工和贸易理论来解释区域分工。其中，比较有影响的理论有成本学说、要素禀赋学说等。

（一）成本学说

成本学说是最早解释国际分工的理论。这个学说包括亚当·斯密的绝对成本学说和李嘉图的比较成本学说。

1. 绝对成本学说

亚当·斯密在其《国家财富的性质和原因的研究》一书中，提出了关于国际分工的绝对成本学说。他主张国家之间实行自由贸易，认为国际贸易的动机是基于成本的差异。该理论认为每个国家都有其绝对有利的，适于某些特定产品的生产条件，而导致生产成本绝对低下，如果每个国家和地区都按其“绝对有利的生产条件”进行专门化生产，然后彼此通过贸易交换，将使各个国家和地区的资源、劳动力、资本得到最有效地利用，从而使各个国家和地区的劳动生产率提高，社会财富增加。因此，国家分工的原则是，对于一种商品，如果其他国家生产的成本比本国低，那么该国就不要生产这种商品；用输出自己最擅长生产的、绝对成本低的商品去换货币，然后购买别国生产的廉价商品，就会更经济。

绝对成本学说为扩大国际贸易提供了理论基础，但是，它与现实之间也存在着矛盾。因为，按照绝对成本学说，如果一个国家与其他国家相比，在商品生产方面处于绝对劣势，则这些国家或地区就不可能参与国际劳动地域分工和经济交流了。这与事实不符，也不利于发展中国家和地区的经济发展。

2. 比较成本学说

比较成本学说是大卫·李嘉图在其《政治经济学及赋税原理》一书中提出的。他认为，由于资本和劳动力在国家间不能完全自由的流动和转移，所以，不可能按照绝对成本学说以绝对成本的大小进行国家分工和贸易，而是要依据比较成本来开展国家分工与贸易。

该理论认为任何国家都有自己相对有利的生产条件。因此，生产同类商品在各国的生产费用是不同的，在两个国家中，即使生产的内容相近，如果两个国家中的一个能以较低的成本生产最利于本国的商品，以这种商品出口换取在本国生产相对不利的商品，将使两国资源都得到有效利用，使两国均能获得“比较利益”。比较成本的实质是“两害相权取其轻，两利相权取其重”，也即“优中选优、劣中选优”的相对比较的优选法则。

尽管李嘉图的模式与斯密的绝对利益原则相比，比较符合当时的实际，但它的理论是建立在单一的劳动力要素上，解释今天错综复杂的地域分工与联系就显得过于简单。自19世纪初李嘉图在斯密的绝对成本学说基础上提出比较成本学说以来，比较优势的内涵日益丰富，除传统的生产成本优势外，机会成本、自然资源、劳动力、资金、技术水平、规模经济、运输条件、市场条件等都成为人们考察比较优势的对象。

（二）要素禀赋学说

要素禀赋学说是由赫克歇尔和俄林提出的。赫克歇尔于1919年提出了关于要素禀赋的基本观点，俄林在此基础上于1933年出版的《区际贸易与国际贸易》一书中提出了要素禀赋学说。因此，人们又将要素禀赋学说称之为赫克歇尔—俄林模型（或H—O学说）。

禀赋即天赋，生产要素禀赋是指区域内各种生产要素的相对丰裕程度。在可利用的各种生产要素中，那些与其他地区相比具有相对较低价格的要素即是丰裕的要素，要素丰裕度不高，就是相对稀缺的要素。丰裕度高的生产要素就具有禀赋优势。要素密集度是指在商品生产的过程中，消耗各种生产要素的相对强度。要素禀赋论把区域分工、区域贸易与生产要素禀赋紧密地联系起来，认为区域分工及区域贸易产生的主要原因是各地区生产要素禀赋上的差异，并由此决定了劳动生产率的差异。

该理论认为每个国家或地区生产要素禀赋各不相同，与其他地区相比，那些具有禀赋优势的生产要素的价格较低，利用这些要素来进行生产的商品成本也相对较低，利润较高；相反，禀赋较差的生产要素由于稀缺，具有较高的价格，利用这些要素进行生产的商品成本也相对较高。在自由贸易的条件下，区域或国家应该按照要素禀赋条件，进行分工和专业化生产，即每个区域都应该专门化于本区域相对丰裕和便宜的要素密集型商品，并用于出口，同时进口那些本区域相对稀缺和昂贵的要素密集型商品，从而提高各区域或各国的经济发展水平。

（三）其他分工理论

1. 巴郎斯基地域分工理论

巴郎斯基（N. N. Baransky）是苏联著名的经济地理学者，他运用马克思主义观点，对劳动地域分工进行了阐述，提出了比较系统的地理分工论。①

巴郎斯基认为，所谓地理分工就是社会分工的空间形式，是一个国家（或地区）为另一个国家（或地区）劳动，该劳动成果由一个地方运到另一个地方，使生产地和消费地不在一个地方。地理分工的必要前提是：

$$C_V > C_P + T \tag{7-1}$$

上式中，C_V：商品在销售地 V 的价格；C_P：商品在生产地 P 的价格；T：商品从 v 到 p 的运费；

地域分工分为两种，一种是绝对的地理分工，是指由于条件限制，本地不能生产某产品，只能从其他区域购买（或进口），因而产生分工；另一种是相对的地理分工，是指本地能够生产某一产品，但是生产成本高，所以从其他区域购买（或进口）。

2. 供给可能性理论

供给可能性理论对初级产品和加工品的区域分工原因进行了解释，该理论是由克拉维斯提出的。他认为，初级产品和加工品的区域分工是在比较优势差异很大的情况下的垂直分工，其产生的原因是自然资源供给的可能性。因为，自然资源这种生产要素不是任何区域都存在的，任何部门都要使用的，而是存在于特定的区域，被特定的产业部门所使用，所以，自然资源供给的可能性就决定了初级产品生产的区域专业化，进而也就决定了初级产品及加工品的区域分工格局。

3. 协议性分工理论

协议性分工理论由日本经济学者小岛清提出。他对要素禀赋学说所未能解释的要素禀赋相似情况下区域分工问题进行了研究。按照要素禀赋学说，在区域之间要素禀赋差异相似或不大，就很难产生区域分工。但是，协议性分工理论认为，在区域之间要素禀赋相似，不存在比较优势的情况下，区域分工仍能发生的主要原因是规模经济。只是这时分工不能通过市场机制自动实现，而是需要双方通过某种协议来实现。

4. 同产业贸易分工理论

同产业贸易分工理论形成于20世纪60年代，对产业结构相近的国家之间贸易增多现象进行了解释。依据传统的分工理论，国家之间的分工是基于要素禀赋所决定的比较优势，导致产业结构的不同，进而发生相互贸易。但是，第二次世界大战后，产业结构相近的国家之间的贸易日趋增多。于是，同产业贸易分工理论应运而生。

---

① 杨吾扬，梁进社．高等经济地理学［M］．北京：北京大学出版社，1997：444－445.

该理论认为，同产业的产品进出口现象可分成两种类型：其一，同产业性能完全相同的产品的国际贸易。例如，运输成本占总成本比重大的建筑材料，因为空间近邻或运输方便而产生同产品国际贸易；性能完全相同的服务性商品和劳务，有可能因满足不同顾客在不同时间、地点、特定条件方面的细微差别的需要而导致国际贸易；一些国家和地区进行大量的转口和进出口贸易；政府政策引起商品价格扭曲，刺激贸易商为了获利而进行同产业产品贸易；此外，产品供求的季节性变动或其他意外原因可能使一些原产品出口国转而进口同类商品。其二，同产业性能有差异的产品的国家贸易。产生的原因是规模经济利益使一个国家大规模生产某种产品能够获得竞争优势，因而有条件向同类产品生产规模小的国家出口；国家之间所生产的同类产品存在性能差异，有可能满足不同层次、不同习惯的消费者的需求，从而进行国际贸易；需求偏好相似有利于克服国家之间因社会制度、经济政策、文化等差异造成的市场分割，促使同类产品进入这些国家的市场。该理论同样可以解释区域之间的同产业贸易问题。①

第二节　区域贸易

区域差异与区域分工是区域经济关系的基础，区域贸易则是其主要的表现形式。各区域根据自身条件、利益和发展原则，与其他区域进行分工合作，开展区域贸易，从而推动生产要素的区间流动和区域经济发展。

一、区域贸易的内涵

区域贸易是指一个地区与其他地区进行商品交换的活动。通过区域间的贸易，可以引进本区域缺乏的生产要素（包括自然资源、资金、人才、技术等）和产品，扩大区域生产和消费领域，提高生产效率。在开放的环境中，其他区域经济的发展可以成为本区域扩大的市场和新的投资来源，可以在更高层次上促进竞争和企业的发展，从而促进国民经济的发展。

区域贸易与国际贸易的区别与联系：第一，国际贸易是区域贸易的一个特例，它是把主权国家作为特定的区域对象，研究国家与国家之间的贸易活动。第二，国际贸易理论中关于阐述贸易形成的原因及不同发展水平、不同类型国家之间的贸易模式的理论完全适用于区域贸易；第三，国际贸易中关于关税及各种国家之间贸易壁垒的理论，以及关于汇率、国家外汇平衡等影响国际贸易因素的理论，不适用于国内地区间贸易。第四，研究区域贸易需要考虑特定国家的政治体制、经济制度等因素的影响。

---

① 李京文．中国区域经济教程［M］．南宁：广西人民出版社，2000：51－52.

二、古典区域贸易理论

古典贸易理论的创始者首推亚当·斯密。他所创立的绝对成本学说成为古典贸易理论的重要基础。上一节已提到，不同国家的经济发展条件都存在着绝对差异，每个国家都生产自己具有绝对优势的产品，然后进行交换，则都可以获得最大的社会效益，因此获得了较高的区域比较利益。

贸易理论的另一个重要基础是大卫·李嘉图的比较成本学说。这一理论认为，即使两个区域中的一个在每一种行业上都具有绝对优势，两个区域间的贸易仍然对双方同样重要，这种贸易发生的原因是：在生产不同的产品上，两个区域之间存在相对效益的差异。此时，每个区域都有本区域具有相对有利条件的商品，并可以用该商品去换取另一区域具有相对有利条件的商品，从而产生贸易利益。以中韩钢铁和电子产品的生产为例，韩国在两种产品上均具有较高的生产率，但中国钢铁与电子产品相比的相对生产效率要高于韩国钢铁与电子产品相比的相对生产效率。因此，中国专门化生产钢铁产品，韩国专门化生产电子产品，然后通过贸易，使双方都获益。见表 7－1。①

表 7－1　中韩两国生产钢铁和电子产品的劳动生产率

产品	中国	韩国
1 单位电子产品	3 小时劳动	1 小时劳动
1 单位钢铁	4 小时劳动	2 小时劳动
1 单位电子产品/1 单位钢铁	3/4	1/2＝2/4

三、现代区域贸易理论

古典贸易理论研究的重点是由于劳动生产率的差异及要素禀赋的差异因而需要贸易，较少考虑影响贸易的其他因素。随着国际贸易与区域贸易内容的日益丰富和贸易形式多样化的发展，影响贸易的因素也越来越多，对这些问题进行探讨正是现代贸易理论的主要范围。以下将着重介绍贸易条件及其对区域贸易的影响，规模经济与区域贸易，动态比较优势理论与区域贸易模式等内容。②

（一）贸易条件及其对区域贸易的影响

贸易条件是指一个国家或地区输出商品价格与输入商品价格的比率，一般用进出口商品价格指数表示。若贸易条件用 T 表示，则其表达式为。

$$T = (P_X / P_Y) \times 100\% \tag{7-2}$$

① 参见孙久文，叶裕民．区域经济学教程［M］．北京：中国人民大学出版社，2003：135.

② 本部分内容主要参考孙久文，叶裕民．区域经济学教程［M］．北京：中国人民大学出版社，2003：133－151.

$$P_X = \sum_{i=1}^{m} x_i p_i \qquad P_Y = \sum_{j=1}^{n} y_j p_j \qquad (7-3)$$

式中，P_X为输出商品的价格总指数；P_Y为输入商品的价格总指数；x_i表示第 i 项商品输出额占输出商品总值的比重；y_i表示输入第 j 项商品占输入商品总值的比重；p_i表示第 i 种商品输出价格与基期价格的比例；p_j表示第 j 种商品输入价格与基期价格的比例；m、n 分别表示输出或输入商品的种数。

从理论上讲，如果一个地区的 T 值不断增加，则意味着该区域输出商品价格总水平比输入商品的价格总水平上升的幅度大，说明该区域的贸易条件得到改善，反之则意味着贸易条件的恶化。如果贸易条件有利，则可以扩大区域贸易，并获取更多的贸易利益，相反，如果贸易条件不利，则应采取适当措施改善贸易条件。

贸易条件对区域贸易的影响分析：

在当今世界市场上，就总体而言，发达国家主要生产并出口深加工工业品和高技术产品，发展中国家则主要生产并出口农产品和初级加工品。但是在国际贸易中，贸易条件对发展中国家相对不利：

第一，初级产品需求的收入弹性低于制成品的收入弹性，从而，初级产品在国际市场上的扩张比制成品更为困难。

第二，初级产品与制成品价格的关系存在有棘轮效应，即初级产品价格在经济萧条期下降的幅度往往高于其在经济繁荣期上涨的幅度，制成品由于更新换代快，从价格总水平上看，经济繁荣期价格上涨的幅度往往大于经济萧条期下降的幅度。这样，相对于制成品而言，初级产品的相对价格处于下降的趋势，不利于发展中国家贸易条件的改善。

第三，在发达国家，由于劳动力相对稀缺，劳动力要素收入通常随着生产率的提高而提高，或者说，发达国家生产率的提高大部分转化为工人更高的工资收入，从而国内市场上拥有较强的对制成品价格上涨的承受力，使得制成品价格的上涨能够快于初级产品价格的上涨幅度。而在发展中国家，由于劳动力富余，劳动力市场竞争激烈，工人工资提高缓慢，劳动生产率的提高主要转化为商品价格的下降，以便提高其国际竞争力。这样，在国际市场上，发达国家充分享受双方生产率提高带来的利益，自身生产率的提高为本国劳动者提供更多的收入，发展中国家生产率的提高使发达国家能够获得更加低廉的进口商品，改善贸易条件；发展中国家则正好相反，在国际贸易中处于不利地位。

（二）爱好与需求的差异产生贸易

由于人们消费需求偏好的不同，每一个地区的消费需求与区域资源禀赋不对称的现象十分普遍。这时，区域内必然有一部分需求不能得到满足，需要输入；同时，另一部分资源或产品会因为区内缺乏需求或者需求过小而闲置，需要通过输出来开拓市场，并实现其贸易利益。这样，即使两个区域生产条件基本类似，而市场需求结构不同，也会导致发生贸易，并实现贸易利益。由于需求结构的不同产生贸易的理论又叫“出口剩余理论”，即一个区域在参加贸易之前，就有剩余产品，如果能够通过贸易将这些产品销售出去，该区域就会因此而获得利益。

美国经济学家萨缪尔森用形象的比喻来说明爱好与需求的不同产生贸易：这“正如爱吃瘦肉的妻子用肥肉去换取爱吃肥肉的丈夫的瘦肉一样，人类幸福的总量得以增加”。①

（三）规模经济与区域贸易

工业化水平的提高必然伴随着大规模生产，从而必然要求实现地区分工，并且使参与分工的各地区之间共同分享专业化和贸易带来的巨大利益。这种通过规模经济为区域带来的利益，被称为动态贸易利益。

在激烈的国际市场竞争中，各企业为了达到最高程度的专业化，有可能只生产某种产品的少数几种款式或者某几种零部件，以便使用更加专业化和高效率的机器设备。这样，规模经济不仅促进部门间、行业间的贸易，也促进行业内部贸易的发生。行业内贸易既包括不同产品的贸易，也包括为生产同—产品的多种零件的贸易，如美国和加拿大间的汽车零部件贸易。产业内贸易使消费者受益匪浅，他们可以在市场上以更为低廉的价格进行更多的选择。

对于发展中国家来说，大国比小国更容易获得动态贸易利益。对于发展中的大国来说，由于人口众多，国内市场巨大，通过国内各地区之间分工就可以实现专业化和贸易，享受规模报酬递增，培育出有竞争力的产品，然后参加国际分工，在更大的范围内实现规模经济效益，这就是大国优势。

（四）动态比较优势理论与区域贸易模式

不同时期的贸易发展水平及贸易模式通常会随经济发展水平和产业结构的变化而变化，区域贸易模式的变化是区域产业结构变化规律所决定的产业在区域间转移的结果。根据区域经济发展过程中主导产业的更替规律，不同区域贸易结构的演变过程主要呈现出如下规律：

经济发达区域随着要素禀赋优势的变化，在劳动密集型行业及较低技术装备的行业逐渐丧失优势，必然会更新产业结构，随之调整区域贸易结构，逐次减少纺织、塑胶，甚至钢铁、化工、一般机械等行业产品在贸易市场上的份额，而经济欠发达区域或不发达区域则逐次承接上述市场份额，并调整、放弃对其相对不利的贸易市场份额。这种随着区域要素禀赋优势的变化，及时调整产业结构和贸易模式的理论就是动态比较优势理论。

---

① 保罗·A·萨缪尔森等. 经济学［M］. 北京：中国发展出版社，1992：146。转引自张建平. 区域经济理论与实践［M］. 北京：中央民族大学出版社，2007：130.

区域动态比较优势产生的基础是动态技术差异的存在。新技术、新产业及新产品之所以诞生并在发达国家发展，是因为这里具有相对丰裕的研发经费和高素质的劳动力；而发展中国家之所以能够在技术标准化以后实现模仿并大规模生产，则是依赖于劳动力要素的相对丰富和廉价。因此，动态比较优势实际上是产业发展不同阶段对生产要素密集度的不同要求与不同发展水平国家要素禀赋差异相结合的产物。

将动态比较优势理论与产品循环说和雁行产业发展形态学说相结合可知，在经济发展的一定时期内，各区域的产业结构和贸易结构犹如一个大梯队。每个区域因其发展水平的不同而都处于梯队的特定位置，它们接受处于上一梯度的国家和地区传递过来的先进技术和产品，同时向下一梯度的国家和地区传递自己将要扩散或淘汰的技术和产品。为此，每个区域都必须认清自己所处的位置，根据区域间生产和技术转移决定贸易格局的大趋势，明确本区域潜在的优势，并适时采取措施，对一些产业进行扶持，以便加快其成长。

四、区域贸易对区域经济发展的影响

（一）区域贸易的静态利益

各个区域利用自己的比较优势，生产和出口有比较优势的产品，进口本区域在生产上具有相对劣势的产品，由此形成的区域分工和贸易格局，对参与区域贸易的各方都有好处：一是由于专业化生产，提高了资源配置效率，整体的产出增加；二是通过贸易，可以获得本区域不能生产的产品，或者可以用比区内生产更低的成本来获得它们，使消费者获得更高水平的满足，整体福利增加。这就是区域贸易的静态利益。

（二）区域贸易的动态利益

1. 区域贸易促进了区域经济增长

区域贸易通过出口，为区域提供了新的市场和需求；通过进口吸收区外的生产要素，来大大促进区域产业的发展。区域贸易，特别是出口，不只一次性地带动区域经济的增长，它还可以使区域经济增长过程连续进行，从而使国民收入成倍增加。

2. 区域贸易加快了区域技术进步和制度创新步伐

首先，区域贸易是区域技术进步所需技术的主要供给渠道。任何一个区域的技术发明都离不开外部区域，都不得不引进区外的现成技术，尤其是基础和原生技术。

其次，贸易具有重要的“技术外溢”效应和“边干边学”效应，即通过贸易可以间接地带来区外的先进技术，并且这些先进技术可以“外溢”到区内的其他行业。制度创新也是如此，贸易活动增强了区内外的信息交流，开阔了人们的视野，有利于形成制度创新所需要的意识形态。

最后，贸易对技术进步和制度创新起到了需求拉动作用。贸易形成的市场和经济规模的扩大，迫切需要制度创新以降低交易费用，同时贸易所带来的外部竞争迫使区域内的经济主体积极地进行制度创新和技术进步。

3. 区域贸易促进了区域产业结构演进

通过贸易可以发挥区域比较优势，围绕比较优势发展优势产业。随着区域比较优势的变动，产业结构也不断趋于高级化。另外，区域贸易为新兴产业的发展提供了市场条件。在新兴产业发展的初期，当区域内需求达不到规模经济的要求时，区域贸易通过提供新的需求支持这一行业的发展。特别是该区域的需求结构同资源结构不一致时，以优势资源为基础的产业必须依赖区域贸易才能建立起来。区域贸易所带来的竞争，可以使各产业部门努力提高效率，改善管理，最大限度地保证产业结构演进的效率。

第三节　区域经济合作

合作是指为了完成某共同的任务而实行的联合，社会劳动地域分工与经济活动主体追求地区比较利益必然导致区域经济合作。

一、区域经济合作的内涵

区域经济合作是指不同地区的经济主体，依据一定的协议章程或合同，将生产要素在地区之间重新配置、组合，以便获取最大的经济效益和社会效益的活动。① 区域经济合作是现代区域经济发展十分重视的组织形式，是区域经济发展越来越普遍的现象。

（一）区域经济合作的意义

区域经济合作能够实现区域之间经济发展优势互补，或者是优势共享、优势叠加，把分散于各区域的经济活动有机地组织起来，把蕴藏于各个区域的潜在经济活力激发出来，形成一种合作生产力。从而为参与合作的各个区域提供更大的发展机会，使它们获得更大的经济收益。实践证明，由区域经济合作所形成的经济综合优势产生的经济效益是各区域在分散条件下所不可能取得的。此外，区域经济合作为区域经济分工提供了保障，使区域经济专业化能够得以持续发展，区域分工不断深化。区域经济合作可以冲破要素区际流动的种种障碍，促进要素向最优区位流动，增强区域之间的经济联系，从而形成复杂的区域经济网络，提高区域经济运行的整体性和协调能力。

（二）区域经济合作的要素

区域合作主要有三要素，即合作主体，合作的对象及合作的效益。

---

① 本部分内容主要参阅孙久文，叶裕民．区域经济学教程［M］．北京：中国人民大学出版社，2003.

1. 区域经济合作的主体

作为合作主体，可以是企业事业单位和自然人，也可以是地方政府乃至主权国家及国际经济组织。各经济主体虽然在经济实力和地位上存在巨大差异，但在区域经济合作活动中，双方的地位是对等的。随着区域经济合作的发展，区域经济合作的主体日益呈现出多元化的趋势。

政府作为区域经济合作的主体，其行为也具有两重性。一方面，政府也可以作为简单的经济利益主体，与其他区域的经济主体进行生产要素合作，谋求经济利益；另一方面，政府作为区域利益的最高代表，通常会通过与其他地区政府之间的往来，就双方进行经济合作的范围和行为规则达成若干协议，并制定一系列有利于促进本地区经济发展的区域经济政策，来指导和协调区域经济合作。因此，政府制定的区域经济政策也属于区域经济合作的范畴。

2. 区域经济合作的对象

区域经济合作的对象是生产要素，包括资金、技术、劳动力、信息等，这些生产要素通过商业行为在区际之间发生位移与组合，都构成区域经济合作的范畴。因此，区域经济合作实质上是区域之间的非物质商品贸易，是区域贸易的特殊形式。与此相适应，纯粹的物质商品贸易不属于区域经济合作的范畴。

区域经济合作与区域贸易内涵的不同，决定了二者行为方式与效果也完全不同。区域贸易通常表现为一笔商品的买卖行为，买卖双方根据合同进行交货与付款后，贸易活动即告结束。区域经济合作的内容和方式则复杂得多，由于区域经济合作的对象是生产要素，而生产要素只有以一定的方式结合在具体的经济项目中，并且当项目有效运行时方能获益。因此，区域经济合作的双方通常以项目为纽带结成经济实体，共同负责项目的建设、经营和管理工作，共担风险，共负盈亏。由此可见，区域经济合作是一种比区域贸易更为长期、更为复杂的区域经济行为。

3. 区域经济合作效益

区域经济合作效益的衡量因为合作主体的不同而不同。例如，企业的合作活动以追求经济利益为主，政府的合作活动则同时追求社会效益。当企业作为合作主体时，通常把获取长期的经济效益作为主要目标；而政府的出发点则不同，政府更多的是要通过生产要素在区域之间的有效流动，谋求地区之间的协调发展，提高本区域在更高一层次区域中的地位。

可见，区域经济合作效益涵盖的内容比区域贸易利益更为广泛。区域贸易利益体现为在商品买卖过程中各自经济利益的实现，而区域经济合作效益不仅包括经济效益，更包括社会效益、生态效益等。

（三）区域经济合作的客观基础

一般认为，区域合作是区域分工的一种必然结果，是与区域分工相伴产生的。如前所述，区域分工要求各区域必须发展专业化生产。从供给和需求的角度分析，对一个区域而言，区域分工意味着生产逐渐走向“单一化”，使得它不可能生产本区域需要的所有商品和劳务，而是要从其他区域进口大量生产和生活所需要的商品与劳务，以满足区域经济和社会发展、人民生活的多样化需求。于是，在区域之间就产生了商品和劳务供需的依赖关系。区域分工越是深化，区域的商品和劳务自我供给能力就越弱，区域之间的相互依赖就越强。这样，任何一个区域一旦离开了别的区域在商品和劳务方面的供给，就难以维持本区域经济和社会的正常运行。然而，区域之间一些重要的供需关系完全依靠市场来实现，会遇到市场不稳定或不确定因素给各自经济发展造成的风险。为了化解这种风险，区域之间就会自发地寻求合作，以求获得相互的支持，为各自的经济持续发展提供必要的保障。

区域合作产生的另一个重要原因是区域经济发展竞争的需要。区域经济发展竞争本质上是排他的，仅从这个角度理解，区域之间不可能出现合作。但是，区域经济发展竞争具有层次性，一个区域在某个空间层次上具有独立的竞争力，在更高的空间层次上可能就不具有独立的竞争力。因此，当一个区域在参与更高层次发展竞争时，就需要寻求与有关区域进行合作，优势互补，或者是优势叠加，相互配合与支持，借助群体的力量来增强竞争力。

区域合作所带来的多方面利益也是吸引各区域积极参与区域合作，促进区域合作不断发展的原因之一。

二、区域经济合作的基本理论

（一）新要素学说

俄林的要素禀赋理论将国际贸易和区际贸易的领域由产品拓展到生产要素，并认为正是由于各地区生产要素禀赋的不同决定了地区之间的贸易格局，而生产要素的区际流动能够改变地区要素禀赋的不足，提高地区生产效率。俄林的要素禀赋理论为区域经济合作奠定了基本的理论基础。但是，由于时代的限制，俄林的要素禀赋理论主要研究的是自然要素和一般的经济要素，对于现代经济发展的许多新的要素很少涉及。新要素学说是对俄林生产要素禀赋理论的丰富与发展，它把劳动者的智力投资、科技进步与创新、获取信息的便利程度都列入生产要素范畴，深化了生产要素的内涵。

新要素学说主要包括人力资本学说、研究与开发学说和创新理论。

1. 人力资本学说

在古典经济学中，劳动力是最重要的生产要素之一。但是一直到20世纪上半期的经济学研究中，都是以劳动力同性质的假设为前提的。虽然劳动力质量在经济研究中越来越受到重视，但总是被抽象掉，将劳动力作为无差异的生产要素来对待。

以舒尔茨（T. w. Schultz）为代表的人力资本理论则认为：劳动力实质上是一种不

同质的生产要素，当人们通过对劳动力进行投资，使一定量的资本与劳动力相结合，就会使劳动力的质量升华，从而产生出一种新的生产要素，即人力资本。

人力资本实质上是指高素质的劳动力，人力资本的形成主要取决于对劳动力投资的强度。这种投资包括两大方面：一是教育投资，包括基础教育、职业培训及自我教育，教育投资将转化为劳动力的智力资本。二是卫生保健投资，包括衣食住行、医疗服务、体育锻炼等支出，卫生保健投资可以转化为劳动力的健康资本。人力资本是劳动力的智力资本与健康资本的结合。

人力资本学说认为现代经济发展的速度与质量主要取决于人力资本的丰裕程度。与此相比，自然资源的丰富及资本的多寡显得不太重要了。在发达国家，国民收入增长要远远快于生产要素投入量（土地、劳动力及资本）的增长，其秘诀就在于人力资本的迅速增长。在经济欠发达国家，经济之所以落后，根本的原因在于人力资本的匮乏而非物质资本的短缺。因此，在发展中国家，人力资本投资比物质资本的投资更为重要。为了积累人力资本，必须大规模投资于教育、职业培训和卫生保健，从而逐步形成新的要素禀赋优势，并取得良好的投资效益。

根据人力资本学说，美国的劳动力素质高，在劳动力身上融入了大量的资本要素。因此，美国的劳动密集型商品实际上是资本—技术—劳动密集型，这样就解释了列昂惕夫悖论。①

2. 研究开发学说

研究与开发学说是20世纪60年代美国经济学家格鲁伯、弗农等人提出的。他们认为随着经济发展和技术进步，无形的生产要素正起着日益重要的作用，研究与开发就是最重要的一种无形生产要素。

如果一个国家研究与开发力量雄厚，则在研究与开发领域中的投资能够获得更高的效率，从而促使本国新兴产业的发展，形成新的区域比较优势，提高本国在国际劳动分工中的地位。如果一个国家和地区要提高自己的地位，就必须在先进的技术领域保持一定的领先。为此，就必须加强对研究与开发的投入，发达国家与发展中国家概莫能外。

---

① 所谓列昂惕夫悖论，是指在发达国家存在与俄林要素禀赋理论相反的经济现象。根据俄林的理论，在发达国家，由于劳动力资源相对稀缺，资金资源比较丰富，因此在经济结构中，存在着产品的资金密集度不断提高，劳动密集度逐步下降的态势。列昂惕夫利用他所创立的投入产出分析模型，研究美国出口产品和进口替代产品的资本与劳动含量，发现现实情况与俄林的理论正好相反，在这两类产品中劳动密集度上升，资本密集度下降。生产每百万美元出口产品占用资本量由1947年的255万美元下降到226万美元，人均资本装备由1.4万美元下降到1.2万美元，每生产百万进口替代品占用资本量由1947年的309万美元下降到1951年的230万美元，人均资本装备由1.82万美元下降到1.37万美元。学术界把列昂惕夫的发现称为列昂惕夫悖论（或列昂惕夫之谜）。

3. 创新理论

熊彼特把创新定义为“企业家对生产要素的新的组合”，创新是推动经济发展的根本动力，它应该作为一种崭新的生产要素被引入生产函数。由于企业家和企业是创新的主体和核心，那么把创新作为一种生产要素，等同于把企业家作为一种独立的最活跃的生产要素来看待。企业家是富有流动性的，将企业家作为一种新的生产要素，其流动性赋予了区域经济合作一系列的内涵。

熊彼特认为，虽然创新的主体是企业家和企业，但是，创新实质上是一个社会的过程，企业创新的成败，不仅取决于企业的内部因素，还取决于是否拥有一个良好的创新环境；包括市场的规范程度、政府政策、社会教育程度、公民对创新的认同以及所在地区的经济社会环境等，总之，创新是一系列复杂的社会因素相互作用的结果，企业创新的普遍实现需要有良好的社会创新环境。

（1）国家创新系统

国家创新系统是指有利于促进一个国家研究开发、引进、运用、扩散各种新技术的公共部门和私人部门机构所组成的网络，以及与此相关的一系列具体的国家制度。①

强调政府在国家创新系统中的作用是各个国家创新理论流派的共同特点。经济合作和发展组织（OECD）提出的国家创新系统包括企业、大学研究机构、知识的流动、中介机构和政府五大要素，各要素之间相互作用的规模和效率对国家创新系统具有决定性的影响。

在国家创新系统中，企业、研究机构、大学、中介机构共同组成国家创新系统的主体，其中企业仍然是创新的主体和核心。但是，企业不是孤立存在的，它们需要不断地、富有效率地从外部获取知识和协作，而外部知识的提供以及协作顺利与否主要取决于大学科研机构对新知识与技术的研究与开发，中介部门的信息服务，知识在企业之间、研究机构之间以及企业与研究机构乃至社会之间的流动与传播的程度。

在国家创新系统中，政府起着基础的决定性作用，它的直接目标是纠正创新系统各要素相互作用的低效和市场失效，为国内的企业创造一个适宜的、鼓励创新的环境。如纠正企业由于追求短期效益而对技术开发投入不足，淡化、消除各要素之间的不协调和合作障碍，通过制定并实施政策和建立一系列具体的制度，加强公共部门的开发与研究，建立中介机构，促进知识与技术的传播，为企业提供良好的创新环境。从纠正市场失效和部门间不协调的角度看，建设国家创新系统是属于制度和政策的范畴，是政府的职能。

① 英国经济学家克里斯托弗·弗里曼1981年在他的著作《日本：一个新国家创新系统?》中首次提出了国家创新系统的概念。见孙久文，叶裕民．区域经济学教程［M］．北京：中国人民大学出版社，2003.

（2）区域创新

区域创新是指一个地区研究、开发、运用和扩散新技术和新知识，并以此促进地区技术进步和产业结构升级，提升区域竞争力的过程。区域创新是国家创新系统的基础和有机组成部分，是具体地区的深化和细化。区域创新的核心在于地区政府创造一个有利于企业创新的氛围和环境，促进区域内有创新能力的企业普遍地、持续地、富有效率地实现创新，从而推动本地区技术进步和结构升级，提高经济发展质量和区域竞争力。

区域创新与国家创新的不同之处在于，第一，地方政府是营造区域创新环境的主体，国家创新环境则主要由中央政府来营造；第二，地方政府要将中央政府的新政策和制度具体化到地区政策和地区的经济行为中，并根据具体地区的经济文化特征加以丰富和补充；第三，在政策环境中突出具体的产业政策，鼓励富有地区特色和市场竞争力的产业群的创新和发展；第四，所有为鼓励创新而制定的区域政策都更加具有针对性和可操作性，具有直接的区域效果，成为区域经济发展的直接推动力。

在不同的地区，由于其经济发展水平和区情的不同，区域创新的具体内容是不同的，而建立一个有利于促进区域创新的政府职能框架和经济运行机制，则是加速区域创新的主题与核心。

另外，现代科技进步日新月异，任何地区都不可能独自研究与开发自己所需要的所有技术，广泛开展国际科技合作及国内各地区之间的科技合作，缩短技术的研发过程，加快技术创新与经济发展，是区域经济合作面临的一个重大课题。

（二）区域发展的相互依赖理论

第二次世界大战后50—60年代，随着世界经济的发展，国际相互依赖理论开始兴起。1968年美国经济学家理查德·库珀出版了《相互依赖的经济》一书，首次系统阐述了国际相互依赖理论。该理论认为：世界各国都生存于遍布全球的相互依赖网中，因此都有义务共同努力，建设一个建立在契约而不是地位、协商和强制的基础上的全球社会。

综合国际相互依赖理论的各种观点，可以认为世界各国经济社会发展之所以相互依赖，主要缘于如下三个方面。

第一，政治军事力量的制衡。战后世界进入冷战时期，发展经济成为各国共同的核心任务。而要加速本国经济发展，需要积极利用他国资源，开拓国际市场。追求发展使各国在经济上的相互依赖程度加深，积极参与世界经济合作成为必要。另一方面，战后各超级大国也大规模扩充军备，核竞赛愈演愈烈，目前世界上的核武器足以将地球毁灭若干次。在核威慑下，都不敢轻易发动核战争，形成一种相互制约、相互依赖的格局。

第二，经济技术的发展，使各国都具备了各自的特殊优势，同时也都不可能在一切技术领域居领先地位，经济技术的不均衡格局使各国都必须依赖于其他国家的经济技术力量完成本国的技术进步和经济发展。实际上，当前发达国家的大部分最终产品都是通过多国家、多区域合作完成的。现代化的交通通信使世界各个角落的信息往来得以在瞬间完成，大大提高了各国开展经济合作的效率，更进一步加深了各国间相互依赖的程度。另一方面，跨国性组织，特别是跨国公司已经成为世界经济的主宰。跨国公司以其雄厚的实力，着眼于全球战略，对全世界的资源进行优化配置。跨国公司遍布世界的经济活动使世界经济密切地连为一体。

第三，20 世纪中后期，随着世界范围内工业化程度的加深，产生了一系列足以影响全球经济社会生活的重大问题，如人口问题、粮食问题、资源环境问题以及世界性经济危机等，使世界各国必须共同面对，立足于全球安全，携起手来，寻求解决的途径。

区域发展的相互依赖理论阐明了国家与国家之间、地区与地区之间经济社会发展不是独立的，而是彼此依存、相互联系的，因此各国、各地区之间应该积极开展经济合作，以便谋求共同发展。对于一个国家来说，特别是对于发展中的大国而言，各地区之间的相互依赖性更加显而易见，上述依据的第二条和第三条完全适用于国内。国内地区之间的经济合作没有国际合作中各国政治军事对立及经济壁垒的障碍，增加了政府促进区域合作的多种有利政策措施，区域之间生产要素的流动应更有效。

三、区域合作的原则

从根本上看，区域竞争是主导区际经济关系的基本因素。在区域合作中，各区域均是从自身利益出发来处理与相关区域的关系的。所以，在区域合作中并没有从根本上消除区域之间的竞争可能引发的冲突。这就要求区域合作必须遵循一定的原则。否则，区域合作就不可能产生，即使产生了也很难继续下去。

（一）自愿互利原则

区际经济合作是合作各方出于对自身利益的追求而自愿地发展起来的某种横向经济联系。区际经济合作是生产要素在更大范围内的集聚、结合，是社会生产和再生产各环节在空间上的进一步协调。合作各方都是相对独立的经济利益主体，如果任何一方只是做出奉献，而得不到实惠，合作本身就没有吸引力。只有风险共担，利益均沾，才能同舟共济。实践证明，平等互利是发展区际经济合作的首要原则。

（二）经济效益原则

一切经济活动都要讲求经济效益，这是社会主义经济发展的客观要求。区际经济合作必须充分体现如下几种类型的经济效益。

1. 利用区际经济合作带来的有利条件，有步骤、有目的地调整地区经济结构，取得结构经济效益。

2. 利用区际经济合作扩大生产规模和经营规模，取得规模经济效益。

3. 对在区际经济合作基础上形成的经济区统筹规划，进行生产力的再布局，取得布局经济效益。

4. 利用区际经济合作，合理安排经济区开发建设的程序，取得时序经济效益。

（三）扬长补短原则

任何一个地区的经济，都有其优势和劣势。区际经济合作是以合作各方的优劣互补为前提而建立起来的。一方的劣势能够得到他方优势的补充。由于合作是建立在互有需要的基础上，所以实行合作的任何一方，必须在技术、资金、资源、生产能力、场地、经营销售诸方面中有一技之长，才能吸引与之合作的伙伴。只有相互取长补短，才能达到共同发展的目的。

四、区域经济合作的类型

根据不同的划分标准，可以对区域经济合作类型进行如下划分：

根据区域经济合作范围的不同，可以划分为不同主权国家之间的国际经济合作和一国范围内不同地区间的区际经济合作。国际经济合作与区际经济合作在经济内容上没有太大的差别，所不同的是相对于区际经济合作而言，国际经济合作是一个更为复杂的协作活动，它除了要考虑一般的区域经济合作规律外，还需要考虑不同国家的政治制度、国家之间的关系以及国际通行的游戏规则等。实际上国际经济合作是当前世界上区域经济合作研究的主要对象。对于区际经济合作，由于在大部分国家，这是一个在市场作用下的自然的经济过程，相对比较简单，因此论著并不丰富。

根据区域经济合作双方提供生产要素水平的不同，可以划分为水平合作与垂直合作。水平型区域经济合作是指合作双方经济发展水平大致相当，企业生产商品在产业生命循环阶段上所处层次大体相同，双方提供生产要素的技术含量基本一致的协作活动。如各个汽车零部件企业相互配合，为总装厂生产汽车零部件。垂直区域经济合作是指合作双方经济技术水平差距较大，所提供生产要素的加工深度和技术层次不同的合作活动，如制造业企业与初级产品生产企业之间的合作。

另外，根据区域经济合作对象和内容的不同，分为工业贸易合作、劳务合作、技术合作、信息合作等。根据区域经济合作主体的不同，可分为民间合作、官方合作、官民合作。

由于新中国成立以后几十年高度集中的计划经济体制，导致各地区资源低效配置现象十分普遍；改革开放以后，各地方受利益驱动，强化了已有的“大而全”“小而全”的不合理的产业结构，地区间生产要素流动过程受阻，“诸侯经济”特征显著；另一方面，中国地域辽阔，各地区资源禀赋差异很大，深入研究并大力宣传区域经济合作理论，探索建立生产要素合理流动的机制，推进生产要素在全国范围内的有效配置和利用，对于中国新世纪经济的发展具有重要意义。因此，在我国当前的区域经济格局下，研究区域经济合作十分必要。

五、区域经济合作的内容

（一）工业贸易合作

工业贸易合作又叫工贸合作，它包括合作双方在制造业领域的生产合作和加工贸易合作两个方面。生产合作是指不同地区的企业共同完成某项产品的生产活动，通常表现为合作企业各自承担总项目中部分产品或部分工序的生产，最后共同完成全部项目。加工贸易合作是指合作各方在原材料来源、加工生产及商品销售全过程进行合作。主要形式有来样（图纸）生产、来料加工、来件装配和补偿贸易，俗称“三来一补”。①

“三来一补”是区域经济合作的重要内容，一般发生在发展水平不同的地区和企业之间，其中较发达的一方作为委托方，利用其技术信息优势，提供商品式样、机器设备和技术，同时负责开拓市场；欠发达一方则利用劳动力优势按要求进行加工制作，各自获取相应的利益。

“三来一补”对合作双方都能带来好处。对于发达的委托方而言，有利于通过其机器设备的提供扩大商品市场，并降低制成品的成本，从而降低价格，提高商品的市场竞争力。对于欠发达的承接方而言，可以充分发挥劳动力丰富的优势，扩大就业，并通过收取加工费来增加收入；可以多引进先进的技术设备，促进技术进步和经济发展；可以有效利用外部资金（以设备的形式），弥补稀缺资源的不足，开拓生产空间；还有利于增加产品输出，提高商品的市场竞争力，最终有利于整体区域经济发展水平的提高。

（二）资金合作

资金合作是指合作双方以资金的筹措与投放为核心内容进行的经济合作活动。资金在区际之间的流动主要包括直接投资合作和间接投资合作两种形式。

1. 直接投资合作。直接投资是指投资方将资金以资本或实物的形式直接投放于受资区域的特定项目，并始终参与或控制投资项目的生产、经营全过程，最终获取经济利益的经济行为。根据投资者参与项目方式的不同，又分为独资、合资经营两种类型。

2. 间接投资合作。间接投资合作主要包括信贷与证券投资。信贷是银行或其他金融机构进行存贷款业务的活动。在区域经济合作中，具有最实质意义的是银行向企业贷款。证券是经政府批准发行和流通的股票、债券、基金等有价凭证，其中股票和债

① 参见孙久文，叶裕民．区域经济学教程［M］．北京：中国人民大学出版社，2003.

券是主体。证券投资是通过买卖证券进行的，发行股票是筹资的重要途径。

（三）劳务合作

劳务合作是通过劳动力要素的区际流动进行的区域经济合作。①

纯粹的劳务合作是指一个地区向另一地区输出较低技术的劳动力，通过为对方提供各种形式的劳动服务获取报酬。通常是由欠发达地区作为劳务输出方，将富余劳动力输出到发达地区，通过劳动获取报酬。对于劳务输入方，增加了低技术、低层次的劳动供给，不但解决了发达地区特别是大城市中劳动力的结构性短缺问题，而且输入的劳动力价格低廉，为发达区域以较低的成本进行大量的基础设施建设创造了条件。对于劳务输出方而言，可以增加劳动报酬，这些报酬成为许多欠发达的县、乡、村摆脱贫困和发展地区经济的重要资金来源；同时，输出的劳动力由于在发达地区增长了才干，他们回流以后通常带回相应的技术、信息和开拓精神，成为促进地方工业化的重要力量。劳务合作完全接受市场调节，只有当输入方经济社会发展活跃，对劳务输入需求相对稳定时，这种合作关系才能保持。否则，一旦输入方经济出现波动，减少对劳务的需求，这种合作也就随之减少。

还有一种与纯粹的劳务合作正好相反，提供劳务方往往是发达地区，劳务输入方则包括欠发达地区在内的政府、企业和个人，通过劳务合作，主要为欠发达地区解决生产、技术、教育、服务等领域的难题。这种劳务合作，通常报酬很高，为劳务输出方带来经济收益。

（四）科学技术合作

区域之间的科技合作是科学技术在不同的地区之间转移和再配置的过程。区域科技合作包括科技研发合作、技术转让与技术援助等内容。

1. 科技研发合作

科技研发合作是指地区之间联合进行科学技术研究与开发。科技研发合作之所以必要，是因为任何地区掌握某产业甚至产品的技术都是有限的，地区之间展开研发合作可以优势互补，共同攻克某项前沿的技术难题，降低开发成本，提高开发效率。科技研发合作是地区之间最先进科学技术领域的合作，一般发生在发达地区之间，或处于技术最前沿领域的企业及科研机构之间。科技研发合作的主体可以是政府、企业、科研机构、高等学府、民间组织乃至个人。

2. 技术转让与技术援助

区别于技术贸易，一般所说的技术转让是指无偿的转让。它是指地区之间的技术交流，其形式是各种各样的。为对方培训技术人才，以召开科技研讨会或学者互相访

---

① 参见孙久文，叶裕民．区域经济学教程［M］．北京：中国人民大学出版社，2003.

问等形式开展学术交流，双方共同切磋、交换科技情报、文献资料等。技术援助则是指技术较先进的地区或企业对技术落后地区或企业进行无偿的技术输出，包括提供先进的技术设备，技术前沿的信息资料，培训人才，提供技术咨询服务，等等。由于技术转让和技术援助是无偿的，因此需要双方有高度的信任和合作精神。

六、区域经济合作的效应

（一）区域经济合作的一般效应

分工与合作的生命力从根本上讲是由于其能增进各有关方的利益。区域经济合作之所以能出现并发展，关键在于它能导致区域利益的帕累托改进。① 所谓区域利益的帕累托改进，是在至少不降低任何其他相关区域的利益的前提下的区域利益增进，简言之，就是利己不损人。然而必须注意，并不是任何条件下的区域利益的帕累托改进都能导致区域经济合作。

（二）区域经济合作的制度创新效应

区域经济合作的制度创新效应包括以下几个方面：②

首先，不同区域间的经济合作必然会提高人们的经济价值或产生新的收入流，或产生这种提高的预期。区域经济组织创新、规则变化与制度环境变迁均是对这种提高或提高的预期的回应，这又反过来促进了区域经济合作。

其次，以区域分工为基础的区域经济合作使得区域规模经济越来越明显，技术创新与技术在区间传播速度加快。

最后，区域经济合作等于区域经济联系增强，而且区际联系的增强会增大区际经济活动的外部性、风险与交易费用（如信息不对称造成的成本增大）这些问题需要更新的制度来加以解决。否则，区域经济合作本身就会制造阻碍自身发展的因素，防止这种作茧自缚效应需要调整规则与制度环境以达到消除这些障碍的目的。

总之，区域经济合作对制度创新的影响是为了寻求良好的制度环境、合理的组织安排与完善的行为规则，从而确保区域经济合作顺利进行。其中，制度环境是基础保障，组织创新是结构保障，行为规则是具体的激励与约束保障。

案例

我国区域经济合作的实践

改革以来的区域经济合作大致经历了开始兴起（1979—1984 年）、全面铺开

---

① 张可云．区域大战与区域经济关系［M］．北京：民主与建设出版社，2001：379－383.
② 张可云．区域大战与区域经济关系［M］．北京：民主与建设出版社，2001：384－388.

(1984—1986 年)、深入发展（1986—1992 年）与迈向规范化四个阶段（1992 年—)。[①] 根据合作主体特征，可以分为政府主导的区域经济合作、政府与市场双重推动下的区域合作、全方位、多层次、国际性的区域合作[②]。

(一) 政府主导的区域经济合作

以 1979 年国务院提出的“扬长避短、发挥优势、保护竞争、促进联合”十六字方针为标志，中国各经济区开始走出建立独立工业体系与国民经济体系的道路，开始寻求地区之间的协作。1980 年国务院颁布了《关于推动经济联合的暂行规定》，首次赋予企业可以在国家计划外自主选择合作伙伴，组织生产，企业开始享有经营自主权。

1981 年，在呼和浩特市召开了华北地区经济技术协作会议并成立了中国第一个区域经济合作组织——华北经济技术协作区（由京、津、冀、晋、蒙组成），自此中国区域经济合作的范围开始扩大。地区协作的主要形式有物资协作、技术协作和经济联合。

在各级政府的推动下，地区、城市与企业之间不同层次、不同规模、不同内容的合作纷纷涌现。地域分布也打破了以前区域经济合作组织基本上集中于东部沿海地区的格局，中西部地区也积极开展了区域经济合作的工作。

政府主导的区域经济合作特征。总体来看，中央政府在该时期扮演着区域经济合作主要推动者的角色。以弥补制度缺陷，打破地区分割为主要目标。区域合作与区域冲突并存，而且随着地方分权化趋向体制改革的进一步加深，进入 20 世纪 90 年代以后地方保护主义不降反升。

(二) 政府与市场双重推动下的区域合作

1992—1999 年这一时期中国区域经济合作有以下几个特点：

1. 中央政府主导型的区域经济合作向地方政府和市场主导型转变

这一时期虽然表面上仍是自上而下的区域经济合作，但是基于地方利益和辖区效益最大化考虑的省级地方政府是接受并配合区域经济合作的真正“幕后推动者”。尤其是 20 世纪 90 年代区域经济协调发展战略提出以来，各地在前期“横向经济联合”的基础上纷纷将“加强地区经济技术合作”作为重要的地方发展战略。同时各省份间或省份内以各级地方政府为主要力量相继成立了许多经济协作区和协作网络，在人员、信息、原材料、能源、基础设施、劳务输出等方面进行合作，取得了良好效果。20 世纪 90 年代中国部分省域经济合作内容见表 7－2：[③]

① 张可云．中国区域经济合作发展研究［J］．江汉论坛，1995（1）：20－24.

② 本部分内容是根据高新才教授所著《中国经济改革 30 年：区域经济卷（1978—2008)》中的“上下求索：经济发展中的区域合作”内容整理得到。

③ 资料来源：陆大道，等．中国区域发展的理论与实践［M］．北京：科学出版社，1997：356－357，转引自高新才．中国经济改革 30 年：区域经济卷（1978—2008）［M］．重庆：重庆大学出版社，2008：141－142，稍有改动．

表 7-2　20 世纪 90 年代中国部分省域经济合作内容

时间	推动者	合作内容或项目
1992	湖南	以沿海地区为重点，全面开展省际联合协作，“东引、西联、南出、北进”
1992	辽宁	以上海、沿海省市的协作为重点，“东引西联、南北交流”
1995	云南	以上海、广东和山东为重点，开展更大范围、更高层次的合作
1995	山西	“东引西联、面向全国”，积极与沿海地区进行广泛的横向经济联合与协作
1995	上海	发展和各省市尤其是长江三角洲和长江流域的横向经济联合
1995	广东	加强与东北、西北的物质协作，加强与华东、中南的市场、物资联系
1995	黑龙江	进一步密切与东南沿海省市的联合与协作，充分利用东南沿海省市资金、技术、人才、产品等优势
1996	河北	以环京津、环渤海为重点全方位对内开放，依托京津、紧挂部委、联盟周边、面向全国
1996	天津	以京津冀周边地区和“三北”为合作重点
1997	上海	重点是长江三角洲和沿江地区、国内主要经济中心城市尤其是国务院指定的对口支援帮扶地区
1997	沈阳	以“吸资”“引制”为重点，加强与东南沿海一线的合作

总体来看，虽然不同省份和地区对于市场的力量反应程度不同，但是进入 20 世纪 90 年代中后期以后，在市场规律的作用下，以企业为主体、地方政府专业职能部门为指导的新型区域经济合作格局基本形成。

2. 区域经济合作以实现地区协调发展战略为主要目标

这一阶段各地区在国家规划和产业政策的指导下，选择发展适合本地条件的优势产业，其中东北、西南、西北等地区老工业基地和粮食、棉花、煤炭、石油等资源富集地开始形成若干各具特色的重点产业区。国家要求各地区避免产业结构趋同化，积极推动地区间优势互补、合理交换和横向经济联合。

3. 区域经济合作开始突破行政区划界限，区域整合趋势明显

按照市场经济规律和经济内在联系以及地理自然特点，这一阶段区域经济合作逐步打破行政区划界限，在已有经济布局的基础上，以中心城市和交通要道为依托，进一步形成若干跨省（区）的经济区域，包括以上海为龙头的长江三角洲以及沿江地区经济带，以珠江三角洲和闽东南地区为主的东南沿海经济区，以辽东半岛、山东半岛、京津冀为主的环渤海经济圈，以亚欧大陆桥和京九的铁路大干线为纽带的经济带。进入 21 世纪以后，这些经济带更是焕发出勃勃生机，成为带动中国经济发展的“发动机”。

4. 区域经济合作步入规范化时代

从 1992 年开始，许多建立于 20 世纪 80 年代的政府主导性的区域经济合作组织开始消亡或成为摆设，一方面是由于在政府机构改革中许多地区的经济协作组织撤销或

合并，另一方面是因为这些区域经济组织中原有动力机制已经难以发挥作用。这种现象预示着中国区域经济合作格局变动的同时，优胜劣汰的竞争法则在区域经济合作中同样有所体现，这也是中国区域经济合作走向规范化的有力说明。1993 年底，《中共中央关于建立社会主义市场经济体制若干问题的决定》确定了我国社会主义市场经济体制的基本框架，这标志着我国区域经济合作与消除地区冲突有了规范的体制依据。

这一时期典型的区域经济合作形式：

（1）对口帮扶。“九五”计划明确指出东部经济发达地区要采取对口支援等多种形式帮助中西部地区和民族地区发展经济。1996 年国家指定了基于省级行政的沿海发达地区和欠发达的西部地区之间 8 个帮扶组合，分别是广东与广西，上海与云南，山东与新疆，浙江与四川、辽宁与青海，深圳、大连、青岛、宁波与贵州，福建与宁夏，北京与内蒙古。并且在 1997 年初分别签署了对口帮扶协议，就帮扶的对象、目标和任务等事宜做了明确规定。

（2）对口支援。20 世纪 90 年代中期，山东、江苏、福建、北京、广州、宁波等沿海城市以及湖北等部分中部省份都制定并颁布了有关开展对口支援三峡移民工作的通知。1994 年中央第三次西藏工作会议确定了各省市自治区对口支援西藏的重大战略举措。

（3）乡镇企业东西合作示范工程。国务院于 1993 年做出《关于加快发展中西部地区乡镇企业的决定》，规定 1994—2000 年，每年给中西部地区乡镇企业 100 亿元专项贷款，并鼓励东部地区乡镇企业与中西部地区开展积极合作。

（4）地区联合协作。在 1994 年以前，国家专门制定了《西北地区经济规划》《西南和华南部分地区经济规划》《长江三角洲及沿长江地区经济规划》，促进东西部经济联合。1994 年以后又制定了《东北地区经济规划》《环渤海地区经济规划》和《中部五省区经济规划》。

（三）全方位、多层次、国际性的区域合作

经济全球化和区域经济一体化是当今世界经济发展的两大趋势。进入 21 世纪后，随着中国加入 WTO，市场经济体制改革的进一步深化，科学发展观的梳理和落实，统筹区域协调发展成为中国区域经济发展的核心目标，中国区域经济合作越来越紧密，其范围和领域不断拓展，规模不断增大，形成了以长江三角洲、珠江三角洲、环渤海地区为代表的重要经济区域，国际区域经济合作也出现了前所未有的崭新局面。

这一时期区域经济合作的主要特点：

1. 区域经济合作中，企业的主体地位和推动角色日益上升

企业的主体地位和推动角色日益上升表明随着市场经济体制改革的进一步深化，市场的力量超越政府的力量，已成为推动区域经济合作的坚强后盾。

2. 全方位、多层次、国际性的区域经济合作开始形成

进入21世纪以后，中国的区域经济合作已经从改革开放初期简单的政府主导型地区间物质串换发展为多种多样的地区间经济技术联系，① 各种区域合作组织和合作区域从资源、能源、交通、教育、人才、技术、信息等要素前面展开，长三角、珠三角、京津冀内部和之间的合作达到一个新的高峰，对外经济合作取得了很大进展，合作范围和领域也有了进一步的扩大和延伸。

3. 立足于主体功能区的合作开始形成

“十一五”规划中提出根据资源环境承载力、现有开发密度和发展潜力，统筹考虑未来我国人口分布、经济布局、国土利用和城镇化格局，将国土空间划分为优化开发、重点开发、限制开发和禁止开发四类主体功能区。主体功能区的划分更加重视区域发展的社会、生态要素，预示着中国区域发展与区域合作正在突破以往的以行政区和经济区为主要空间指向的区域合作。

4. 城市经济圈和区域经济带成为促进区域经济合作的主力军

中国现已规划中的城市群（圈）有10个，即长三角城市群、珠三角城市群、京津冀城市群、辽中南城市群、成渝城市群、关中城市群、中原城市群、武汉城市群、长株潭城市群、山东半岛城市群等。随着这些城市群的发展，未来区域经济合作就会从单个城市间的合作转化为城市群间的合作，区域经济合作的深度和广度将大大增加。

总之，区域经济合作是不可阻挡的潮流，也是中国经济可持续发展的重要支撑。随着中国加入WTO和国内市场的全面开放，中国正处于一个区域发展空间结构剧烈变化，市场对区域关系影响力迅速上升的时期。在未来一段时期内，由于地区产业集聚规律的作用，地区差距扩大的压力将长期存在，在这个背景下，推动区域合作的战略意义就更加突出。未来几年中国区域经济合作将会达到一个更高的层次和水平，区域经济一体化将不断加快，大城市圈将成为区域经济发展的主导力量，大企业在跨区域资源配置中的作用将更加突出。②

为了进一步推进区域经济合作，应跳出行政区划的框架，从体制上消除限制区域之间要素自由流动的制度根源，取消阻碍要素合理流动的区域壁垒，加大区域的开放程度；应及时制定和实施有关的法规和政策，改革财税制度，重构政府绩效评价体系，

---

① 陈秀山，孙久文. 中国区域经济问题研究［M］. 北京：商务印书馆，2005：373，转引自高新才所著《中国经济改革30年：区域经济卷（1978—2008）》［M］. 重庆：重庆大学出版社，2008：147.

② 国家统计局中国经济景气监测中心. 区域经济合作的格局和走向［J］人大复印资料：城市经济、区域经济，2006（8）9-10，转引自高新才. 中国经济改革30年：区域经济卷（1978—2008年）［M］. 重庆：重庆大学出版社，2008：155.

推动和规范地方政府间的区域经济合作，保障合作各方的合法权益，达到优势互补、共同发展的目的。应注重市场作用与政府推动的协调统一，推动区域产业协调发展。

复习思考题

1. 简述劳动地域分工理论的基本内容。
2. 区域贸易对区域经济增长的作用？
3. 简述区域经济合作的基本理论？
4. 简述要素流动对区域经济的影响。
5. 试分析区际分工的经济性。
6. 简述区域经济合作的基本内容。
7. 在国际贸易中，为什么贸易条件对发展中国家相对不利？
8. 试分析产品循环说与雁行产业发展形态说的关系。
9. 联系实际分析我国东西部区域经济合作的模式。
10. 结合新要素学说，分析建立区域创新系统、提升区域创新能力的途径和措施。

参考文献

[1] 吴殿廷．区域经济学（第2版）[M]．北京：科学出版社，2009.

[2] 陈栋生．区域经济学[M]．郑州：河南人民出版社，1993.

[3] 高新才．中国经济改革30年：区域经济卷（1978—2008年）[M]．重庆：重庆大学出版社，2008.

[4] 张可云．区域大战与区域经济关系[M]．北京：民主与建设出版社，2001.

[5] 吴殿廷．区域经济学[M]．北京：科学出版社，2008.

[6] 陈才．区域经济地理学（第二版）[M]．北京：科学出版社，2009.

[7] 陈计旺．地域分工与区域经济协调发展[M]．北京：经济管理出版社，2001.

[8] 李英勤．区域合作与分工——泛珠三角、南贵昆区域合作与贵州经济起飞战略[M]．北京：中国经济出版社，2005.

[9] 张可云．中国区域经济合作的背景与未来方向[J]．珠江经济，2006（9）.

[10] 陈栋生．推进区域合作是落实区域发展总体战略的重要内容[J]．技术经济与管理研究，2007（5）.

[11] 徐志奇．创建大兰州经济圈促进甘青宁三省区发展[J]．开发研究，2003（6）.

[12] 高新才，畅向丽．甘青宁少数民族聚居区一体化发展思路[J]．甘肃社会科学，2007（4）.

[13] 李波．区域经济合作研究－以关中和陕北为例[D]．西安：西北大

学，2008.

［14］焦世泰，石培基，王世金．兰州——西宁城市区域空间整合战略构想［J］．地域研究与开发，2008（2）．

［15］郝远．联合打造“兰西银黄河上游经济区”［J］．两会特刊，2010.

［16］民建甘肃省委员会．关于构建兰西银共生城市打造中国西北经济发展极的建议［R］．构建兰西银城市共生系统打造中国西北经济发展极研讨会，2010.

［17］丁生喜，等．西部地区的区域经济合作问题研究—以兰西银地区为例［J］．开发研究，2012（1）．

［18］孙久文，叶裕民．区域经济学教程［M］．北京：中国人民大学出版社，2003.

第八章　区域经济政策与发展战略

区域形成之后，就处于动态变化之中，包括经济结构、空间结构、区际关系等方面的变化。在此过程中，不可避免地会出现区域经济发展差异、空间发展不均衡、区际分工合作方面的摩擦以及区域生态环境等问题。单靠市场的力量难以解决这些问题，政府作为区域经济主体，通过制定恰当的区域经济政策和发展战略，是确保区域经济持续、健康、协调发展的重要措施。本章主要介绍区域经济主体的职能、区域经济政策与区域经济发展战略、区域经济规划等相关内容。

第一节　区域经济主体的职能

一、区域经济主体的类型

一个经济区域的区域结构、组织和发展水平，是许多行为主体决策及其相互作用的结果。其中最重要的有三个：企业、家庭、公共机构（政府）。

（一）企业

在区域行为主体中，企业是最重要的一个主体，它们一方面以提供商品、雇佣劳动力并支付工资的形式支持区域的生产和消费；另一方面，通过缴纳税收，为区域政府实施各项公用事业提供资金支持。它的区位决策和生产经营活动不仅影响到区域经济结构和发展水平，而且对其他两个主体也有直接和间接的影响。

（二）家庭（居民）

家庭（居民）作为区域经济行为主体，首先，他们是商品和服务的最终需求者；其次，他们又是资源劳动力、企业经营者、投资人的提供者；最后，他们也通过缴纳税收，为区域政府实施各项公用事业提供资金支持。

（三）政府（公共机构）

政府决策对区域经济的影响是多方面的，其决策在很大程度上决定了不同区位的质量，而且它本身也要对政府机构区位选择进行决策。政府构建了人们共同生活和从事经济活动的政治、社会的框架条件，并征收税费、颁布法律、保持贯彻法律的机构（司法、警察）、设置一系列公共管理机构。

这3个行为主体之间的关系见图8－1：

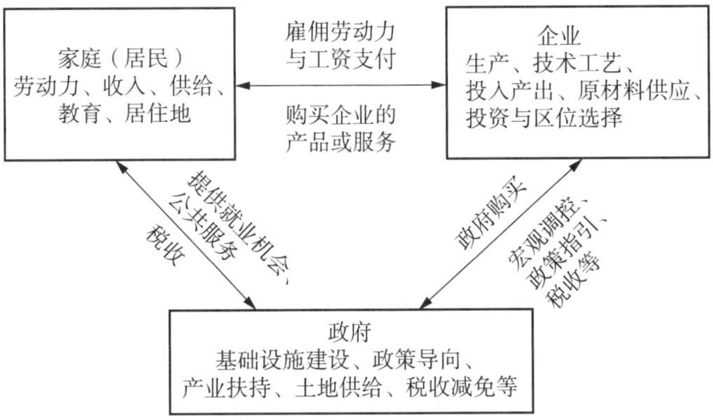

图8－1　区域经济行为主体之间的作用关系①

在这3个行为主体中，作为微观主体的企业一般以利润最大化为目标，家庭（居民）则以效用最大化为主要目标，在市场机制不能充分发挥作用时，他们的经济行为不但会导致个体利益最大化与区域利益最大化的不一致，造成区域要素配置不合理、生态环境破坏等严重问题，而且也会使区域公共基础设施供应缺乏，制约企业生产发展和居民生活质量提高，最终影响区域经济发展。此外，区域各级政府也是有差异的，为了各自的利益，就会产生区域摩擦甚至恶性竞争，影响国民经济整体协调、可持续发展。

二、区域治理主体

区域治理的主体可分为政府、企业、非营利组织和居民四类。②

（一）政府

区域政府是区域治理最重要的主体。政府是公共利益的代表。区域政府是区域公共设施和公共服务的主要提供者，并执行中央政府的相关区域政策。中央政府制定宏观发展战略以指导区域发展的运行，其颁布的法律法规也构成了区域制度环境的基础。通常情况下，中央政府也会直接参与区域治理的具体过程。此外，中央政府的地方派出机构也在区域管理活动中占有独特的地位和作用，对区域社会经济活动进行指导及

① 根据陈秀山，张可云．区域经济理论［M］．北京：商务印书馆，2003：6图1－1略有改动。

② 根据孙兵．区域协调组织与区域治理［M］．上海：上海人民出版社，2007：77－112；郝寿义．区域经济学原理［M］．上海：上海人民出版社，2007：295－300．相关内容整理得到。

宏观管理。

（二）企业

企业是区域治理的重要主体。企业参与区域治理的目的在于希望在税收等政策方面获得一定的优惠。此外，企业通过与社会各界的沟通，以此为公关手段在公众面前树立良好的企业形象，从而降低企业的运营成本。

（三）非营利组织

非营利组织是区域治理的新兴重要主体。① 非营利组织具有民间性、非营利性、组织性、自治性和志愿性等特点，与政府组织相比较，在有效降低生产成本和交易成本方面具有独特优势，非营利组织通过自己的各项活动，解决市场和政府无暇顾及或解决不力的社会问题，缓解社会矛盾，促进区域发展。

（四）居民

居民也是区域治理必不可少的一个主体。居民参与区域治理在某些方面可能会与非营利组织有所重叠，因为许多非营利组织所代表的正是居民的利益，反映居民的要求。但这种间接地对区域治理的参与并不能全面反映居民的参与情况。居民参与区域治理的最普遍的方式是通过投票选举，但无论是从民主政治的内涵还是从公共政策的形成过程来看，居民参与并不仅局限于投票行为，还应包括对公共事务积极而深入地介入，不仅仅是消极的维护居民自身的利益，而是更多地创造公共利益。所参与的人员也不限于社会或政治精英，还应包括普通居民，他们可以对与自己有关的社区事务具有决定权力。

三、地方政府的区域经济利益主体地位

地方政府作为区域经济利益主体，其利益主体地位主要体现为以下几方面：②

（一）地方政府是区域经济运行主体之一

1. 地方政府拥有资源的所有权

由土地、矿产等组成的自然资源，管理者是国家。但除了少数特大型矿山由国家直接开发，这些资源的管理者和开发者，是各级地方政府。特别是土地资源，随着土地所有权与经营权的分离，土地资源的价格相差很大。发达的城市，通过对土地的开

---

① 非营利组织是指具有法人资格，以公共服务为使命，享有免税待遇，不以获利为目的，组织盈余不分给内部成员，并具有民间独立性质的组织。见魏后凯．现代区域经济学［M］．北京：经济管理出版社，2006：609.

② 根据孙久文，叶裕民．区域经济学教程［M］．北京：中国人民大学出版社，2003：323－325 相关内容整理、修改。

发利用，可以获得大量的建设资金。这种拥有资源，开发资源，获取利益等一系列经济活动的本身和结果，说明了地方政府已经取得了利益主体的地位。

2. 地方政府拥有对国有企业的所有权

以中国为例，国有企业的形成，或者是原来由国家投资兴建，随着调整中央与地方的关系，转交给地方政府，或者是地方政府利用自己的资金或贷款兴建。无论是哪种来源，地方政府是企业的真正所有者。在国有企业的股份制改造中，地方政府自然是企业当中国有股份的拥有者，是代表国家和全体人民来行使这种拥有权的。

3. 地方政府的支出对区域经济运行有极大的影响

地方政府的支出，包括生产性的投资和支出，如基本建设投资，企业技改投资等；也包括非生产性支出，如工作人员的工资，为机关单位和事业单位的行政业务支出等，都增加了全社会的经济活动的总量，增加了对各种产品的最终需求，促进了社会上货币的流通，也促进市场的发育。地方政府支出的比例增大，对当地经济的促进作用是明显的。

（二）地方政府是地区经济调控的主体

从上述分析可知，在市场经济发展的过程中，地方政府不是唯一的运行主体，还有许多其他的经济运行主体。也就是说，经济运行不完全是政府行为，而更多是企业行为、消费者个人行为。这些微观经济主体以利润最大化或效用最大化进行经济决策，对于所在区域的中观经济活动会产生深刻影响。但是任何一个地区的经济发展，从基础设施的建设到技术进步，增加投资，制定区域经济发展战略，都要依靠政府来组织，并通过政府运用各种手段去促进和规范。

区域政府无论从掌握信息、借助手段、调配资源等方面都有绝对优势，通过对一个地区经济发展的调节和控制，才能使区域社会经济秩序良好，因此政府是最重要的地区经济调控主体。保持增强政府对经济发展的调控能力，增强调控的手段，是十分必要的。

四、地方政府在区域经济发展中的职能

（一）开发自然资源

1. 各级政府对自然资源的客观配置

公共的自然资源归国家所有，政府拥有对自然资源的开发、配置和管理权，是政府承担国家经济建设职责的具体体现。资源本身是稀缺和有限的，政府作为自然资源的配置主体，并不一定是直接经营或开采资源，而是利用政府的地位和影响，编制资源利用的长远规划，并按有偿使用的原则，使资源得到有效的、逐步地开发。

2. 政府对自然资源配置的分级管理

政府对自然资源的管理是按照“合理分工，分级管理”逐步下放到地方的各级政府。有些资源，对国民经济的意义极大，一般数目少、单体投资巨大，只能由国家直接投资开发，如三峡工程、海上石油的勘探和开发等。一部分国家级的开发项目，要由国家和地方共同投资。这部分项目没有前一类规模大，对地区的发展有很大的促进作用，开发之后，当地受益较大。由地方开发的自然资源，虽然规模小一些，但却代表了地方的优势条件，是一些资源丰富地区经济发展的启动器。地方政府对自然资源的开发，一方面成为本地区产业发展的主要方向，另一方面成为政府财政的主要来源。在资源开发中，中央让利和地方顾全大局，是解决资源开发上产生的诸多问题的唯一可行的方案。

（二）完善经济运行机制

1. 市场体系的建立和管理

市场的形成，除个别自发形成的农贸市场外，一般意义的专业市场和商品市场，都是地方政府根据本地区经济发展的实际，以本地的专业化生产为依托而组建的，且启动资金一般来自政府。地方政府创建市场的目的：一是主要销售本地的产品，二是以市场为动力，推动本地区商品流通的发展。创建统一的销售市场，可以避免无序竞争，为生产企业提供就近的销售地点。

2. 行政手段调节的特点

（1）行政手段调节经济活动，具有直接性。地方政府通过行政系统而直接将行政命令作用于调节对象，或将指导性的行政政策直接宣传到调节对象，使之对政府的意图有明确的了解。市场经济越发达，政府担负的经济职责的比重越小，行政调节手段的运用规模也就越小。

（2）行政手段的调节，具有相对规范性。行政手段对经济活动的调节，是通过政府的职能部门。作为规范的行政机构，一般是用规范的行政模式来调节经济活动，因此具有规范性。但是，由于经济活动的相对易变性，过多使用行政性的规范调节，不利于经济活动的创新和发展。

（3）行政手段的调节，具有有序性。市场调节一般是无序的，容易产生经济活动的无政府状态。行政调节的有序性表现在政府确定主导产业和重点发展地区，并通过市场调节而获得集中的发展，成为地方的新经济增长点。

3. 行政调节经济的主要部门

第一类是管理国有资产的部门。地方政府管理的国有资产，包括城市建设、能源供应、交通运输、生产企业、销售企业等，都由归口的部门来管理。地方政府负有对国有资产的保值和增值的责任，也同时负有为社会服务和本身盈利两个目标。

第二类是指导并管理非国有资产的部门。地方的一些非国有资产的生产部门，也有相应的归口管理部门。但管理的方法与第一类有区别，不是直接的生产管理，而是通过提供一定的服务，运用一定的政策，来影响其发展的方向和生产的行为。如各地区对乡镇企业的管理，工商局对私营企业的管理等，都属于此类。

第三类是综合的或专业性的指导和管理部门。如各地区的发改委、农业局、水利局、规划局、城建委等，往往并没有直接隶属的企业，但是，担负着审批立项、协调关系等多方面的任务，在地区经济发展中所处的地位很高。

4. 行政调节经济活动的范围

（1）社会基础产业。主要包括能源、交通、通信产业的建设投入大，周期长，回报率低，有时跨部门型的产业，从兴建到管理，都要接受政府的行政调节。

（2）国有企业。国有企业是国家或地方政府投资兴办的企业，一般都隶属某一个职能部门。股份制改造后，国有股份仍将占主导地位，也必须接受地方政府的行政调节。

（3）资源产业。资源产业一般都归国家所有，接受国家或地方政府职能部门的管理。资源产业主要指各类能源、矿产开发的部门。

（三）制定区域经济发展的目标

地区经济发展总量目标，是一个地区在未来一段时期内经济发展的总体规模，是地区经济实力的体现，也是地方政府政绩的主要体现。总量目标的制定，需要地方政府根据本地各种生产要素的拥有量和生产要素的区际流通量以及生产要素的利用效率等来科学地制定。速度目标则是地方政府实现总量目标的具体安排。一般来讲，地区经济发展的速度不可能完全与国家在一定时期内的发展速度相一致。

为实现经济发展目标，首先，地方政府要对区域内的经济发展的优势和劣势进行具体分析，制定出科学的发展战略和具体规划。其次，地方政府要通过综合使用所拥有的各种经济手段，协调区域、企业和个人的关系，以达到调整产业结构与布局、促进区内落后地区的发展。最后，通过地区发展战略目标的实现，推动全国经济发展总体目标实现。①

（四）协调区域经济发展

1. 扶持贫困地区发展。①正确分配地方政府的行政性和生活性支出，以此来促进落后地区的产业发展。行政性支出如政府采购、建造办公用房、购置办公用品，以及使用大量的行政性劳务；生活性支出，如行政工作人员的劳保、福利、居民楼的建设等。例如，将地方政府的建设和采购合同的一部分给落后地区的企业，就可以救活一

① 根据孙久文，叶裕民．区域经济学教程［M］．北京：中国人民大学出版社，2003：325－332略有修改。

批企业；在落后地区招募地方政府需要的民工，就可以使一部分家庭脱贫。②资助贫困地区的技术培训和职业教育。③正确使用扶贫资金。④有计划地组织移民，也是地方政府运用行政和经济手段解决贫困问题的重要方法之一。

2. 保障区域承担在高层次区域中的劳动地域分工职能。通过产业结构调整和主导产业升级，提高区域在劳动地域分工中的地位。通过区域中心城市（城市群）的培育，提升区域竞争力水平。通过提高区域基础设施建设和公共服务的水平，改善区域经济运行环境，促进区域一体化发展。

第二节 区域经济政策

政策通常可以理解为由政府制定的策略，其本质是以非市场化、科层体系发布的非法律和道德约束的条规，在执行过程中具有一定的弹性空间。区域政策则只是众多政策中的一种，既具有政策的弹性范围共性，也具有自身的特性。①

按照区域政策包含内容的范围来分，区域政策有广义与狭义之分。广义的区域政策是指以政府为主体，以协调区域经济发展为对象，为弥补市场在空间范围配置资源失灵而采取的相应对策的总称。从区域政策所涵盖的内容来看，它是由区域经济政策、区域社会政策、区域环境政策、区域政治政策、区域文化政策等组成的政策体系。狭义的区域政策就是指区域经济政策，也是本节所研究的区域经济政策。

一、区域经济政策的含义、性质与特征

（一）区域经济政策的含义

区域经济政策是政府根据区域差异而制定的促使资源在空间的优化配置、控制区域间差距扩大，协调区际之间关系的一系列政策的总和。②

根据制定区域经济政策的政府机构等级和使用范围的不同，可将它分为国家（或中央政府）区域经济政策和地方（或地方政府）经济政策这两大组成部分。

国家区域经济政策是指一个国家由中央政府及其所属的各有关机构为实现国家的经济发展战略或区域经济布局战略、调节区际经济关系，以及促进国家某些特定区域的经济发展而制定的国家经济干预政策，通常适用于该国之内具有某些相同特征的若干地区；

地方经济政策是指由这个国家一部分级别较高、被授予了一定经济管理与决策权限的地方政府，为促进由其所管辖的行政区全部或部分地区的经济发展而制定的地方

---

① 孙海鸣，张学良．区域经济学［M］．上海：上海人民出版社，2010：247.

② 王一鸣．中国区域经济政策研究［M］．北京：中国计划出版社，1999：1.

经济政策，一般只适用于该地方政府所辖的行政区范围。①

（二）区域经济政策的性质

1. 区域经济政策与国家宏观经济政策的关系

（1）国家宏观经济政策一般是以国家的全部经济活动或某个特定领域的有关经济活动作为直接的调控对象，并由相应的中央政府机构运用法律所赋予的各种行政手段来组织实施并实现的，它们适用于全国所有地区。为了对整个宏观经济的运行和国民经济各个领域的发展进行调控，一个国家的中央政府往往需要制定各种各样的国家经济政策。经济政策的核心部分，是由诸如国家财政政策、税收政策、货币政策、投资政策、对外经济技术贸易合作政策、国家产业政策、国家技术政策、国家劳动就业政策、国家社会保障政策等一系列具体的经济政策所组成的国家宏观经济政策。对国民经济的运行进行宏观调控或国家干预，已成为当今世界各国中央政府的主要职能。

（2）区域经济政策，无论是中央政府及其所属各有关机构制定的各项国家区域经济政策，还是由地方政府制定的各项地方经济政策，虽然也会对全国及特定行政区域范围内整个国民经济的运行产生一定的影响，并且也可以包含有一系列针对不同领域的具体的区域经济政策，如区域财政政策、区域税收政策、区域投资政策、区域产业政策、区域技术政策、区域对外经济贸易政策、区域劳动就业政策、区域社会保障政策等，但这些区域经济政策，原则上都必须服从于相应的国家宏观经济政策，而不能与之发生抵触和冲突。

（3）区域经济政策适用和所能影响的地域范围只是国家内的部分地区或某个特定行政区域，比国家宏观经济政策适用和影响的地域范围小。可以说，无论是国家区域经济政策还是地方经济政策，都属于国家宏观经济政策在地方尺度上的延伸。

2. 国家区域经济政策与地方经济政策的关系

国家区域经济政策与地方经济政策在性质上的差别在于：前者主要是从维护全国整体利益出发，由中央政府及其所属的各有关机构在国家宏观经济政策基础上制定的；它与国家宏观经济政策是一脉相承、直接配套的，在许多国家都是其国家宏观经济政策不可或缺的重要组成部分，实际上是国家宏观经济政策向地方尺度的直接延伸。后者则是由地方政府在不违背国家宏观经济政策的原则下，立足于本地区整体经济利益而自行制定的；尽管它有可能在一定限度内独立于国家宏观经济政策和国家区域经济政策，但通常并不能够违反国家的宏观经济政策和区域经济政策，只能是对其所做的补充。

（三）区域经济政策的特征

综合分析区域经济政策的基本含义和性质，我们可以看出它具有以下基本特征：

① 杨云彦．区域经济学［M］．北京：中国财政经济出版社，2004：160－168.

1. 地域性

这是区域经济政策最基本的特征。区域经济政策作为国家宏观经济政策在地方尺度上的延伸，它只适用于一个国家内特定的部分地区或个别地区，这就使它在使用范围上具有明确的地域性。这一特征要求区域经济政策的制定在内容、目标、手段与措施的选择上，必须充分考虑实现区域经济协调发展所面临的主要矛盾和相应的问题区域或重点区域所在，以及问题区域或重点区域的区情特点及其经济发展中需要予以重点解决的问题等。

2. 有限性

区域经济的发展不是单纯的、孤立的经济发展问题，它是在经济、社会、政治、生态、文化等多方面的因素与相应的政策综合作用下推进的。区域经济政策只是其中的一个方面，它对区域经济发展所能起到的作用毕竟是有限的，必须把它与区域的其他政策配合起来加以运用，才能有效地发挥其作用。

3. 系统性

区域经济政策本身是一个纵横交错的体系。从纵向考虑，它包括国家区域经济政策和地方区域经济政策；从横向考虑，具体到作用于各个特定区域的区域经济政策大体都包括政策目标、政策措施和政策手段等。尽管区域经济政策的内容、目标、手段、措施是复杂的，但它们作用的方向是一致的。各项区域经济政策相互衔接、配套和协调，共同体现出区域经济政策的系统性。

4. 动态性

区域经济政策是针对区域经济发展过程中存在的主要矛盾和问题而设计的，其基本目的在于促进区域经济协调发展和全国及各区域经济的持续稳定增长。但是，整个国民经济和区域经济的发展是有阶段性的，而在不同阶段上，区域经济发展面临的主要矛盾和问题的性质、类型往往不一样，因而解决问题的方法和手段也不同。这就要求区域经济政策随着经济发展阶段的转换而不断适时地调整和更新，同时保持其在各个经济发展阶段之间的连续性。

二、区域经济政策的目标选择及其原则

（一）区域经济政策的基本目标

区域经济政策的基本目标可以归纳为经济稳定化、资源配置高效化、分配公平化，即解决公平与效率的问题，使国民经济增长稳定，资源的空间配置最优，区域间收入、福利、增长等方面的差别缩小。

1. 稳定发展经济

由于发展水平高的中心区域与发展水平低的外围区域的对立存在，经济发展的稳

定性在于两类地区的协调发展。既要保证国家经济一定的增长速度，又要保证地区差距不要过分拉大。区域经济政策是协调这个关系的最有效的杠杆。

2. 高效配置资源

要保证区域经济的协调发展，就必须有重点地在区域间进行资源配置。要根据地区优势，形成地区的特色产业。从资源要素的有效配置角度来讲，首先，要消除阻碍要素流动的各种制度上的障碍，例如，区域保护造成交易成本过高等；其次，要建立统一的城乡要素市场，这就是目前我们所强调的城乡统筹；最后，从区际协调发展角度，政府要实行差别化的政策，对落后地区提供更多的财政方面的支援，抑制落后地区人才、资金的过度外流，实现区域间及区域内人口、生产等社会经济活动的合理空间布局，实现生产要素空间流动合理化和高效配置资源。

3. 公平分配收入

缩小区域间在收入、就业、福利等方面的差异，是各国、各级政府的责任。目前通行的调节的方法是补偿原则和转移支付，如果仅凭补偿原则和转移支付不能达到这一要求，则应采取相应的政策措施对落后地区予以帮助，如加大对落后地区的投资，用政策措施鼓励社会资金投向落后地区等。

除以上基本目标之外，不同时期、不同地区还会有许多不同的具体目标，如提供公共物品和服务、提高社会福利水平、支持研发和新兴产业发展、协调区际分工与适度竞争、扶持特殊区域发展等。① 总之，区域经济政策应包括一系列促进区域经济健康发展的具体措施。

（二）区域经济政策主要目标选择的基本原则

1. 一个国家在选择其国家区域经济政策时，一般应当本着以下几项原则来进行：②

（1）根据国家所处的特定经济发展阶段进行选择。当一国处在经济不发达阶段时，为了实现经济的快速增长，国家区域经济政策应选择将注重经济效率或经济增长的区域优先发展作为主要目标；而处在经济发达阶段的国家，其国家区域经济政策的主要目标则应选择强调社会公平的区域均衡发展。

（2）根据当前的区际差距大小进行选择。如果一国内部的区际差距已经很大，从而成了经济进一步发展的严重障碍，甚至有可能触发经济、社会和政治危机，则无论当前的经济形势如何，中央政府都应当把区域均衡发展和区域发展援助作为国家区域经济政策的主要目标，并采取强有力的政策与措施，援助问题区域和落后地区的经济发展，以尽快缩小区际差距，缓解社会、政治矛盾。反之，如果区际差距较小、社会

---

① 安虎森．新区域经济学［M］．大连：东北财经大学出版社，2009：396－400；安虎森．区域经济学通论［M］．北京：经济科学出版社，2004：801－810.

② 杨云彦．区域经济学［M］．北京：中国财政经济出版社，2004：160－168.

安定、政局稳定，则有可能把强调经济效率、着重于追求高速经济增长的区域优先发展作为国家区域经济政策的主要目标。

（3）根据对未来经济发展前景的预测进行选择。如果预期在计划、规划期间，国家的经济将保持稳定高速增长态势或转入繁荣时期，一般可选择区域优先发展作为国家区域经济政策的主要目标，以抓住机遇，加快提高经济发展的总体水平、进一步壮大国家经济实力。因为，一旦错过这个时机，整个国家的经济水平就会相对落后几年，甚至更长时间，再想追上去就更加困难了。反之，根据预测，如果计划、规划期间国家的经济将主要处于危机、低迷、萧条阶段，一般则应考虑把有利于促进社会公平、缩小区际差距的区域均衡发展和区域发展援助作为国家区域经济政策的主要目标。因为，在整个国家的经济处于危机、低迷、萧条的窘境中，个别区域无论怎样努力也很难实现高速度的经济发展；而且区域之间、城乡之间的矛盾在这种局势下也容易激化。

2. 地方政府制定区域经济政策应遵循的原则

地方经济政策在促进地方经济发展这一总目标下，具体目标的选择一般应遵循的原则主要有：

（1）必须与中央政府制定的各项经济政策保持一致。在我国，任何地区的地方经济政策目标都不能与国家制定的经济政策（包括国家区域经济政策）相背离、相冲突，这是一条最根本的原则。因此，地方政府只能在国家经济政策允许和赋权范围内，结合本地区经济发展的各种客观条件和可能性，有针对性地、创造性地选择当地的经济政策目标。

（2）必须立足于当地资源禀赋条件和特点，谋求充分发挥区域比较优势、建立和发展特色区域经济。在市场经济条件下，各地区因地制宜、扬长避短、相互合理分工协作，建立和发展各具特色的区域经济，既是实现全国资源配置优化的客观要求，又是实现区域经济协调发展、保持各个区域的经济活力和市场竞争力的基本途径。为此，地方经济政策应把不断培育新的区域生长点、建立和发展确有区域比较优势的主导产业作为主要目标之一。

（3）必须与当地所处的经济发展阶段相适应。由于区域经济发展不平衡，各个区域所处的经济发展阶段往往不尽相同。而在区域经济发展的不同阶段中，经济发展的要求和特点有着显著差别，尤其在产业结构、主导产业、产业分布集中与分散的格局等方面更是如此。所以，每个地区在选择其地方经济政策的具体目标时，都必须充分考虑使之与当地所处的经济发展阶段相适应。

三、区域经济政策手段

实现区域政策的目标必须要有适当的政策手段。区域经济政策手段一般可以划分为宏观政策手段和微观政策手段。宏观区域政策手段主要包括中央政府对不同地区财政、货币和贸易等方面的政策。微观政策手段则主要包括劳动力重新配置和资本重新配置的政策手段。宏观政策手段旨在改变特定区域总收入和总支出状况，微观政策手段旨在影响劳动力和资本的区域配置。①

（一）宏观政策手段

1. 主要内容

宏观经济政策手段主要包括；①贸易政策、财政政策以及货币政策权限下放给地方；②区域差别性财政政策，主要指税收和支出政策，该政策包括自动稳定装置（指累进所得税和社会保障制度）和差别性政策（如政府的一些政策向受援地区倾斜）；③区域差别性货币政策，例如，对萧条区域在信贷使用上规定比较大的宽限；④区域差别性贸易政策，如对萧条区生产用进口品规定比较低的关税和比较宽松的配额限制等；⑤区域产业布局政策。

财政政策主要指自动稳定装置和酌情处理手段。赋税累进制、失业补助金等属于自动稳定装置。当发生经济衰退或严重的通货膨胀时，仅靠这些自动稳定装置还不能保证宏观经济的稳定，因而各国政府除了这些自动稳定装置以外还采取酌情处理手段，从税制角度上看，最重要的酌情处理手段是所得税和消费税。财政政策的实施，主要是为了控制整个经济的总需求。在高失业率地区，解决失业问题的方法是采取积极的财政政策，扩大总需求。但采取这种政策，可能导致价格水平的迅速上升，因而面临通货膨胀的危险。政府采取的差别化财政政策还包括政府的商品和劳务采购计划，根据这种地区倾斜性采购计划，政府为落后地区创造更多的就业机会。

货币政策手段是指为解决高失业率地区的就业问题，在经济衰退期间采取刺激经济增长的方法。这种货币政策，主要的手段是对萧条区域在信贷使用上规定比较大的宽限。在受援地区布局新的企业或建设新的工程项目时，提供方便的信贷条件，可以缓解资源短缺的压力。

贸易政策的核心是尽可能地把国内需求引向国内的生产资料的使用上，这样既可以保护国内的幼稚产业，也可以保障国家经济的安全。较低的关税和较宽松的配额限制，会促使利用这些原材料的加工业的发展；反过来，要保护国内某些产业发展，则会规定较高的关税以及严格的配额限制。出口奖励，一般采取退税的方法，它有两个方面的作用，一是间接降低出口品价格，因而使这种出口商品具有价格优势，二是有导向作用，它激励了出口，进而促进那些生产出口品地区的经济活动，解决这些地区的就业问题。

2. 主要的财政政策手段

由于货币系统的高度一体化，实行货币政策的区域化是很困难的。因此，世界各国较少用货币政策来促进区域发展。世界各国普遍采用财政政策作为区域经济政策的

① 安虎森．新区域经济学［M］．大连：东北财经大学出版社，2008：401－408.

主要手段。区域财政政策可以分为支持性政策与限制性政策。其中大量使用的是支持性财政政策，如政府投资、税收优惠、转移支付等。限制性财政政策，如对某些行业实行高税率、多税种的税收政策控制其发展规模等，但这种限制性财政政策使用较少。

（1）转移支付制度

财政转移支付是协调地方政府间财政分配关系的基本手段。财政转移支付按照资金再分配的流向通常可分为纵向转移支付和横向转移支付。纵向转移支付是指由中央向地方以及上级地方向下级地方的转移支付，横向转移支付是指发达地区政府对欠发达地区政府的转移支付。由于欠发达地区政府财力入不敷出，公共产品和服务供给严重不足，与发达地区存在很大差距，因而实施财政转移支付成为缩小区际公共产品供给差异的一个非常重要的工具。在市场经济国家，转移支付的基本目的是实现地区之间公共支出和公共服务水平的均等化。欠发达地区尽管经济落后、收入水平低，但在公共产品方面，应当实现与发达地区大体相当的标准，如享有基本的教育、医疗、文化娱乐、市政设施等条件。实行分税制的国家都实行财政转移支付，大多数国家把建立规范的转移支付制度作为实施区域政策的重要手段，尤其是增加对欠发达地区的转移支付。

（2）基础设施建设

加强交通、通信设施以及各种基础设施的建设也是一种财政政策杠杆。工业企业的建设中，工厂本身的建设只是总投资的一小部分，厂外基础设施的建设费用有时超过工厂本身的建设费用。有些经济比较落后地区，尽管有很好的投资项目，但没有人愿意进行投资，其主要的原因之一是基础设施很落后。国家出资修建一批基础设施，如交通、通信、能源、供水、住房等，则将大大改善这些地区的投资环境。我国在西部地区进行的铁路、高速公路、机场、光缆、县县通路等交通和通信设施建设，以及西气东输、西电东输、青藏铁路、南水北调等工程，都是这种政策手段的具体表现。

（3）许可证制度

限制在经济发达地区布局产业的手段，与激励在落后地区或萧条地区布局产业的手段是联系在一起的。一般来讲，限制性政策主要适用于核心区和经济高密度区。这种区位限制措施，有各种各样，但最主要的措施是对企业的投入（包括资本、土地、劳动力等）或产出进行课税的方法以及“许可证”制度。许可证制度多应用于区域产业布局政策之中。

3. 区域产业布局政策

国家区域产业政策的基本内容是，中央政府通过对有关区域产业活动的投资和经营的直接和间接干预，将国家产业政策的意图落实到特定的地区，促进形成符合中央政府愿望的区域产业分工格局。在市场经济条件下，国家的产业布局政策并不是要替代市场机制在资源配置中的基础作用，而是加强国家宏观调控以弥补市场机制自身的缺陷。除了国家直接投资与基础设施的产业布局导向性政策，应综合运用各种间接手段，包括编制规划、制定产业政策和各种财政金融政策等一整套以利益为诱导的政策体系去引导、规范、调节和补救企业的投资决策，从而为企业的发展和地区的产业结构调整创造良好的外部环境。在产业布局规划中，确定地区分工要与地区的比较优势结合起来，生产要素配置的疏密程度应该与地区比较优势的分布结合起来。同时区域比较优势的地区分工还要站在国际分工的视野中来考察。

缩小地区发展差距是产业布局政策的另一个重要目标，对贫困地区的产业发展应加强扶持，适当予以补偿。采取提供贷款担保、低息贷款，税收减免等手段，只有综合运用各种手段，贫困地区具有比较优势的产业布局才可能快速形成并发展起来。

就地方政府的产业选择而言，一般认为应着力于提高落后地区本地经济的自我发展能力，包括：着力于促进新企业和小型企业的成长和扩张，加速落后地区的更新速度，设立经济技术开发区和自由港，促进地方经济的发展。

（二）微观政策手段

微观政策手段，主要包括劳动力重新配置和资本重新配置政策手段。在很多情况下，区域经济政策主要由重新分配劳动力和资本的微观政策所主导，因为区域经济政策的主要目标是尽可能地把资源要素引向落后地区和萧条地区。这些不仅包括促使劳动力和资本向欠发达地区转移，还包括促使萧条地区通过自身的内生发展来解决众多劳动力的就业问题。

1. 劳动力重新配置手段

劳动力重新配置手段，包括劳动力在原地重新配置和区域间重新配置政策；前者主要指职业培训、职业教育、远距离通勤补助等；后者包括迁移政策（如以迁移费用和心理费用为主要内容的补贴）、激励流动政策（如为潜在的迁移者提供各种信息、专门为迁移提供住宅、方便住房交易的政策等）和提高劳动力市场效率的政策（如完善的社会保障制度、规范的劳动合同等）。

有关劳动力政策应包括促使劳动力转移的所有政策，从区域政策角度来考虑，这些政策包括劳动力空间转移政策以及原地上的流动政策。劳动力在原地的流动主要是指不同产业间以及职业间流动。阻碍劳动力流动，主要有三个方面的问题；一是区域间、产业间以及职业间的收入差异并不反映劳动的边际生产率的差异；二是制度上的严重障碍，如我国的城乡户口制度，严重阻碍劳动力在城乡间的自由流动，形成了城乡两种不同的劳动力市场；三是人口移动或者改变职业需要数额较大的成本，如学习成本、培训成本、放弃原有知识的机会成本、搬迁成本等。收入差异不能反映边际生产率，是阻碍劳动力流动的主要原因，而劳动力市场的不完整，以及由此而产生的信息不对称是收入差异不能反映边际生产率的主要原因。转移还是再接受培训的决策，常取决于决策当时所掌握的信息量，如果缺乏足够的信息，则无法做出任何决策。为了解决上述问题，可以采取如下措施；一是制度上的创新，尽可能地消除人为的劳动力流动障碍，建立较为完善的要素市场，建立比较完善的社会保障制度和用工制度；二是为提供就业信息，建立广范围的就业信息网络；三是政府要支持民营企业制定培训或再培训计划，并对参加培训人员支付补助金等，通过这些途径可以降低劳动力流动障碍。

2. 资本重新配置手段

资本重新配置手段主要包括；税收和补贴政策、提高资本市场效率的政策、提高企业效率政策以及行政管制等。

税收和补贴政策手段，又可以划分为投入政策、产出政策以及技术政策。投入方面的优惠政策包括；①资本、土地、厂房方面的优惠政策，这些包括厂房和建筑物补贴、资本补贴、降低贷款利率、投资税收减免、降低地方税费及土地价格、对核心区布局产业提高税率等；②就业方面的优惠政策，包括工资补贴、建立社会保障制度和用工制度所需的成本，以及医疗卫生、教育和各种基础设施方面的补助等；③其他投入方面的优惠政策，包括运费、能源方面的补贴。产出方面的优惠政策，包括出口退税和价格补贴政策。技术方面的优惠政策，包括对企业研发活动的资助、对普及和推广技术进行补贴等。

提高资本市场效率的政策，主要包括提供贷款保证、提供风险资金、提供交易保证等。

提高企业效率的政策，主要包括为小型企业提供咨询、小型企业经营谈判补助等。

行政管制，包括免除布局在落后地区的民营企业和国有企业的规划、出口等方面的限制，消除行政以及官僚机构对企业的干预。

促进资本重新配置的政策，主要有财政援助（减免税以及补贴）、管制、受援地区企业改善融资渠道计划、受援地区企业提高经营效率计划（如提供各种咨询）等，同时也采取受援地区企业产品运输进行补贴或对经济密集地区布局企业进行惩罚性课税的方式。最常用的手段是区位补贴（主要指资本补贴和工资补贴）的方法。资本补贴已经成了许多国家激励企业在边缘区布局的主要措施。

（三）区域经济政策的措施

各种区域经济政策手段都体现在一定的政策措施之中，在实际应用中往往交织在一起形成一个有机的体系。总结国内的实践并借鉴国外有益的经验，在我国社会主义市场经济条件下，为协调区域经济发展、调节和控制区际差距，可以选择和采用的区域经济政策措施主要有：①

1. 对经济落后地区和经济发展存在严重障碍的地区、特殊问题区域实行中央财政转移支付，即给予财政补贴。

---

① 吴殿廷．区域经济学［M］北京：科学出版社，2008：304－309.

2. 对经济落后地区、特殊问题区域，或者国家经济发展战略实施需要优先重点发展的地区的全部企业或部分企业实行税收减免优惠。我国的区域税收政策依据不同的区域都制定出了具体的税收优惠办法来鼓励其发展区域经济。①

3. 中央政府对经济落后地区的基础设施、生态环境保护重大项目进行直接投资，帮助其改善投资环境。

4. 中央政府设立支持经济落后地区、“老少边穷”地区经济开发建设的地区开发基金、专项基金和扶贫基金。

5. 中央政府以控股、参股等形式直接参与经济落后地区或特殊问题区域的国家或地区重点工农业建设项目的投资和建设，支持这些地区主导产业或支柱产业的发展，为它们提供新的经济生长点。

6. 中央政府对发达、较发达地区的投资者到经济落后地区兴办兴建的建设项目提供投资补助（赠款援助）或财政贴息、无息、低息贷款及贷款条件优惠。

7. 中央政府对经济落后地区、特殊问题区域和优先重点发展地区的生产用进口品实行比较低的关税和比较宽松的配额限制。

8. 中央政府的采购合同，实行对经济落后地区的强制性采购比例。

9. 中央政府和当地政府对到经济落后地区、“老少边穷”地区创业或就业的科技人才（包括高等院校毕业生）提供就业补助、社会保障补贴等。

10. 中央政府对经济落后地区、“老少边穷”地区的教育事业、职业培训在财政分配上实行必要的倾斜或援助。

11. 中央政府对经济落后地区、特殊问题区域实行必要的技术援助，优先安排研究与开发经费并在经费分配上予以适当倾斜。

12. 允许经济落后地区、特殊问题区域在引资招商方面，实行比发达地区更加优惠的税收政策、土地使用政策等。

13. 对经济活动过度集中的地区、大城市或特大城市地域制定疏导控制规划，对这类地区或地域的某些行业实施“工业开发证书”“建设许可证书”“投资许可证书”和征收特别税等行政控制制度，而对向外疏散转移的企业给予补助。

14. 中央政府对大区域或跨区域的环境保护工程进行统一规划和统一组织实施，并与有关地区地方政府共同投资。

15. 合理划分各级政府的事权与财权，明确各级政府的经济调控范围和方式；以法律法规手段严格约束地区行政性市场封锁行为和阻碍区际经济交流与合作的行为。

---

① 使用区域税收政策对区域经济进行调控时，主要的政策手段是针对不同的区域制定和实施不同的税收政策，如我国现行的区域性税收优惠大体上包括以下一些类别：a. 经济特区；b. 沿海经济开发区；c. 经济技术开发区；d. 高新技术产业开发区；e. 出口加工区；f. 保税区；g. 沿海开放城市；h. 沿江开放城市；i. 内陆开放城市；j. 边境对外开放城市；k. 国家旅游度假区；l. 中西部及贫困地区。见孙海鸣，张学良. 区域经济学［M］. 上海：上海人民出版社，2010：252.

以上区域经济政策措施也可称为区域经济政策工具，根据各种区域经济政策工具在解决区域问题中的具体功能，将区域经济政策工具分为奖励工具和限制（控制）工具两类，见图 8－2。①

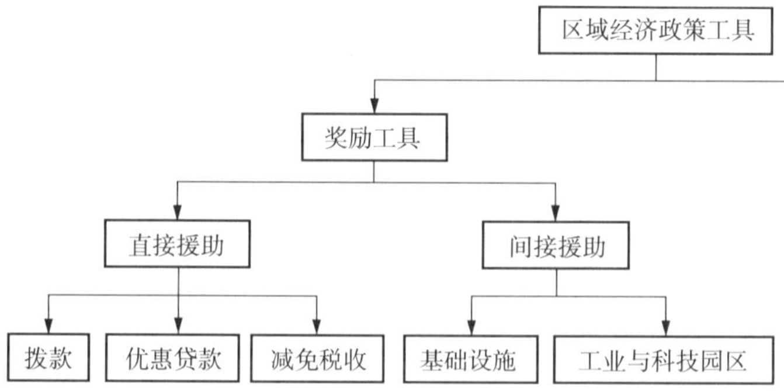

图 8－2　根据功能性质的区域经济政策工具分类

区域经济政策奖励工具又称“胡萝卜”政策，包括直接援助（拨款、优惠贷款和减免税收等）和间接援助（基础设施建设、建立工业与科技园区）两种。区域经济政策控制工具又称“大棒”政策，包括直接控制和间接控制两种。直接控制即直接禁止与区域经济政策目标相悖的特定经济行为；间接控制即规定在特定区域的经济活动必须交纳高额税收或获得许可证。

区域经济政策工具功能分类法的优点表现在：凸显了各种工具的主要功能和性质；基本包含了主要的财政、金融、行政手段，也强调了基础设施建设、建立工业与科技园区的工具属性。其缺陷是忽视了政策协调工具。

第三节　区域经济发展战略

一、区域经济发展战略的含义与特征

战略原为军事术语，是根据交战双方的条件，对战争全局作根本性决策。

（一）区域经济发展战略的含义

区域经济发展战略是对区域经济总体发展的设想、思路和谋划。它根据不同地区生产要素条件的分布情况和该地区在国家经济体系中的地位和作用，对地区未来发展的目标、方向和总体思路进行谋划，以达到指导地区经济发展、促进经济腾飞的目的。

最早把发展与“战略”组合起来构成“发展战略”概念的人首推美国著名经济学

① 资料来源：张可云．区域经济政策［M］．北京：商务印书馆，2005：263.

家美国耶鲁大学赫希曼，他于1958年在《经济发展战略》一书中，首先使用了“发展战略”的概念。当时，发展战略主要是研究发展中国家如何利用自己的潜力，自然资源和其他客观环境，以谋求社会经济发展的宏观策略。后来，泛指一切国家、地区和企业的发展战略谋划。西方经济学者对发展中国家的研究形成的“发展经济学”或发展中国家学者就本国本地区发展中面临问题的研究中，都把发展战略研究放在非常重要的位置上。

在我国，自20世纪70年代末，一些从事世界经济与地理研究的学者从国外引入了“发展战略”的概念。80年代初，我国著名经济学家于光远同志提出研究“经济社会发展战略”的倡议，得到了各方面的响应。实践证明，战略的制定和实施对特定区域的经济社会发展起到了积极的指导作用，在某种程度上成了区域或企业发展的投资指南。

（二）区域发展战略的特征

区域发展战略的本质特征可归结为全局性、系统综合性、长期性和阶段性、地域性和层次性等几大方面。①②

1. 全局性

发展战略是关于把握全局总体的蓝图描绘，研究的是决定全局的关键问题和影响全局的各个方面，包括所研究的系统在各个发展时期存在和发展的环境。它是发展目标和实现目标的方针、政策、途径、措施、步骤的高度概括，对国家、地区或城市的发展具有方向性、长远性、总体性的指导作用。区域发展战略主要是确定经济发展的指导思想和基本原则，而不是对经济发展的具体安排。

2. 系统综合性

发展战略面对的是许多要素相互联系、相互依存、相互作用、相互制约构成的复杂系统。它涉及区域内的城镇、乡村、产业、资源、环境，以及社会发展、政府行为等情况，可以说具有极强的复杂性和综合性。首先制定区域经济发展战略需要的条件是多方面的，它包括自然环境、自然资源、劳动力、资金条件、交通运输条件、文化教育条件以及区位条件等，并需要对诸多条件因素进行综合分析和评价，以期正确地估计所处区域的经济发展环境。其次，它涉及的发展部门是多方面的，即有物质生产部门，也有社会的发展部门。再次，它即包括企业行为，也包括政府行为。最后，发展战略研究是综合性课题，涉及人口、资源、环境、经济、社会、科技等各个领域，要从复杂的研究对象中抽取其整体联系，得到决定全局的谋划，一定要用系统科学的方法，统一组织各领域、各行业的专家、人才进行综合性研究，在综合性研究中得到

---

① 方创林．区域发展战略［M］．北京：科学出版社，2001：25.

② 吴殿廷．区域经济学［M］．北京：科学出版社，2008：268.

全局认识。

3. 长期性和阶段性

区域发展战略的着眼点不是立足于当前，而是面对未来，因而要服务一个较长的时期，比起那些只在短期内起作用的活动和措施来说，更具有深远意义。因此，具有战略眼光的领导者绝不会只顾眼前而不顾长远。未来是以当前为出发点的，未来发展趋势的推测要以过去和当前作为依据，立足当前，放眼未来。照顾当前和未来的关系，是战略考虑的要点。战略制定的长期持久性，要求战略目标与对策应保持一定程度的弹性，越远的战略目标越要粗略一些，弹性要大一些。而且，在战略制定过程中，一定要处理好近中期战略同长远战略的关系，使战略保持相对的稳定性和连续性。区域发展战略总是为某一特定的时间范围内实现某种目标而设立，因此不是一成不变的。当某一阶段的战略完成了它的历史使命，或与战略对象的新情况不相适应时，必然要被新的战略所取代。

4. 地域性

区域经济发展战略是在宏观发展战略指导下，谋划区域发展的总体构想，因此，它不同于国家的发展战略，而必须根据区域的具体情况制定，带有强烈的区域性特征。不同的地域范围、层次、地点、不同的区情、不同的主体，所制定的区域开发战略往往也不尽相同。

5. 层次性

区域经济发展战略具有全局性，局部应该服从全局。因此，考虑制定下一层次的战略时，应该同上一层次的战略要求相符合，而不能相背离。各个地区在制定自己的经济发展战略时，应服从于全国的战略布局，就现阶段来说，不管哪个行业，它们所制定的各个层次的战略，都必须服从于国家的宏伟战略目标和可持续发展战略目标。战略决策是区域或企业得以迅速发展、处于竞争优势的最重要的决策，战略决策的失误往往会导致全局性的灾难。由于战略决策涉及全局性、长期性的决策，因此决策的主要依据就是战略预测。战略预测又具有长期性和潜在性，必须同时考虑各种隐蔽的、突变的和灾变的因素。

二、区域经济发展战略的主要内容

区域经济发展战略的内容包括战略指导思想、区域定位、区域经济发展战略目标等。

（一）区域经济发展战略的指导思想

区域经济发展战略指导思想是区域谋求发展的最高概括和总纲，对发展战略的影响是长期性和全局性的。正确的区域经济发展战略规划的指导思想，是建立在深入细致地调查研究和理论升华的基础之上的，是对未来发展趋势预测的总结。正确的战略规划指导思想一经确立，就将对区域未来经济发展起到巨大的促进作用。正确的指导思想（指导方针）是制订区域经济发展战略的出发点。区域经济发展战略指导思想是对战略目标、战略重点和战略对策的系统概括。①

在我国目前的发展态势下，制定发展战略指导思想的主要原则是:②

首先，以科学发展观统领发展战略的全局，把提高人民群众的生活质量、促进人的全面发展作为发展战略制定的根本出发点，转变发展观念，走可持续发展道路。

其次，以经济和社会的协调发展为条件，把区域之间的协调、区域内部不同功能区的协调、各个部门的协调和不同利益集团的发展要求的协调结合起来，促进不同区域的共同发展；

最后，以保护自然资源和人类文化遗产为前提，通过制定发展战略来达到人与自然的平衡发展，实现对自然资源和文化资源的有序开发利用，实现不同区域的人类文明的进步。

作为某一特定地区经济发展的指导方针，绝不是简单的照搬照套，而是要把上述全国性的指导方针与本区的实际相结合，提出既体现上述指导方针的思想，又充分反映本区区情特点的具体指导方针。

（二）区域发展方向定位

区域发展方向定位，就是规定本区域在一个较大的区域范围内扮演什么样的角色。由于区域经济的发展已经摆脱了孤立发展，创建自己完整的工业体系的道路，进入到区域合作，相互促进的新时期，一个区域与周围地区之间的关系如何，它在一个较大的范围内起什么样的作用，已经成为区域经济发展环境的一个组成部分。所以，确定自己在大区域内所处的位置，是制定区域经济发展战略的重要环节。

根据区域发展的现实基础，内外部联系和在全国或大区劳动地域分工中的作用与地位以及发展地位的转变等因素，对区域发展在大区发展、国家发展，甚至国际发展中所占据的地位、所起的作用、所承担的功能做出准确判断和勾画，这是制定区域发展战略的关键所在和难点所在。

在进行区域发展方向定位时，一定要注意以下几点:③

第一，方向定位一定要有层次性，要以劳动地域分工理论为基础，由大到小层层定位；

第二，方向定位一定要以市场为导向，以最大限度发挥区域综合竞争优势为重点，以提高区域整体发展实力和核心竞争能力为目标；

① 吴殿廷．区域经济学［M］．北京：科学出版社，2008：271－273.

② 孙久文，叶裕民．区域经济学教程［M］．北京：中国人民大学出版社，2003.

③ 杨云彦．区域经济学［M］．北京：中国财政经济出版社，2004：176－180.

第三，方向定位的内容应包括经济定位、社会定位、交通定位、政治定位、科技文化定位等；

第四，方向定位类型应包括经济发展性质定位、经济发展功能定位和经济发展阶段定位等；

第五，定位力求准确、精练、全面、通俗、顺口、直观，易于理解，易于记忆和贯彻实施。

（三）区域经济发展战略目标确立

区域发展的战略目标包括三大部分：一是经济发展目标，包括经济总量目标、经济增长目标、经济结构目标、经济效益目标；二是社会发展目标，包括基础设施发展目标、人口发展目标、科技教育发展目标、生活质量目标等；三是资源环境发展目标，包括资源开发利用目标，环境保护目标等。每一项目标都可以通过一系列具体指标来度量。例如，由国家统计局统计科学研究所、中国 21 世纪议程管理中心课题组提出的区域可持续发展战略指标体系是由经济子系统、资源子系统、环境子系统、社会子系统、人口子系统、科技与教育子系统等构成。其特点：一是强调可操作性，指标必须以可以或可能获得数据为基础；二是指标具有宏观性、综合性，能从总体上反映、描述可持续发展现状与趋势；三是每个子系统确定指标的主要依据为《21 世纪议程》对可持续发展内容的要求。该指标体系如图 8 - 3：

三、区域经济发展战略的主要类型

区域发展战略按研究的内容、目标、侧重点等可分为不同的类型组合，这些组合类型共同构成区域发展战略体系。①

（一）按发展战略的实施层次划分

国家级发展战略。如新中国成立以来，先后实施的均衡发展战略、非均衡发展战略，以及经济社会协调发展战略等。

地区级发展战略。如淮海经济区发展战略、重庆市跨世纪发展战略、东北地区发展战略、沿海地区发展战略、欧亚大陆桥发展战略、长江三峡发展战略、省域发展战略、市县发展战略等。

小区发展战略。如经济特区发展战略、高新技术产业区发展战略、科技工业园发展战略等。

① 吴殿廷. 区域经济学［M］. 北京：科学出版社，2008：273 - 275.

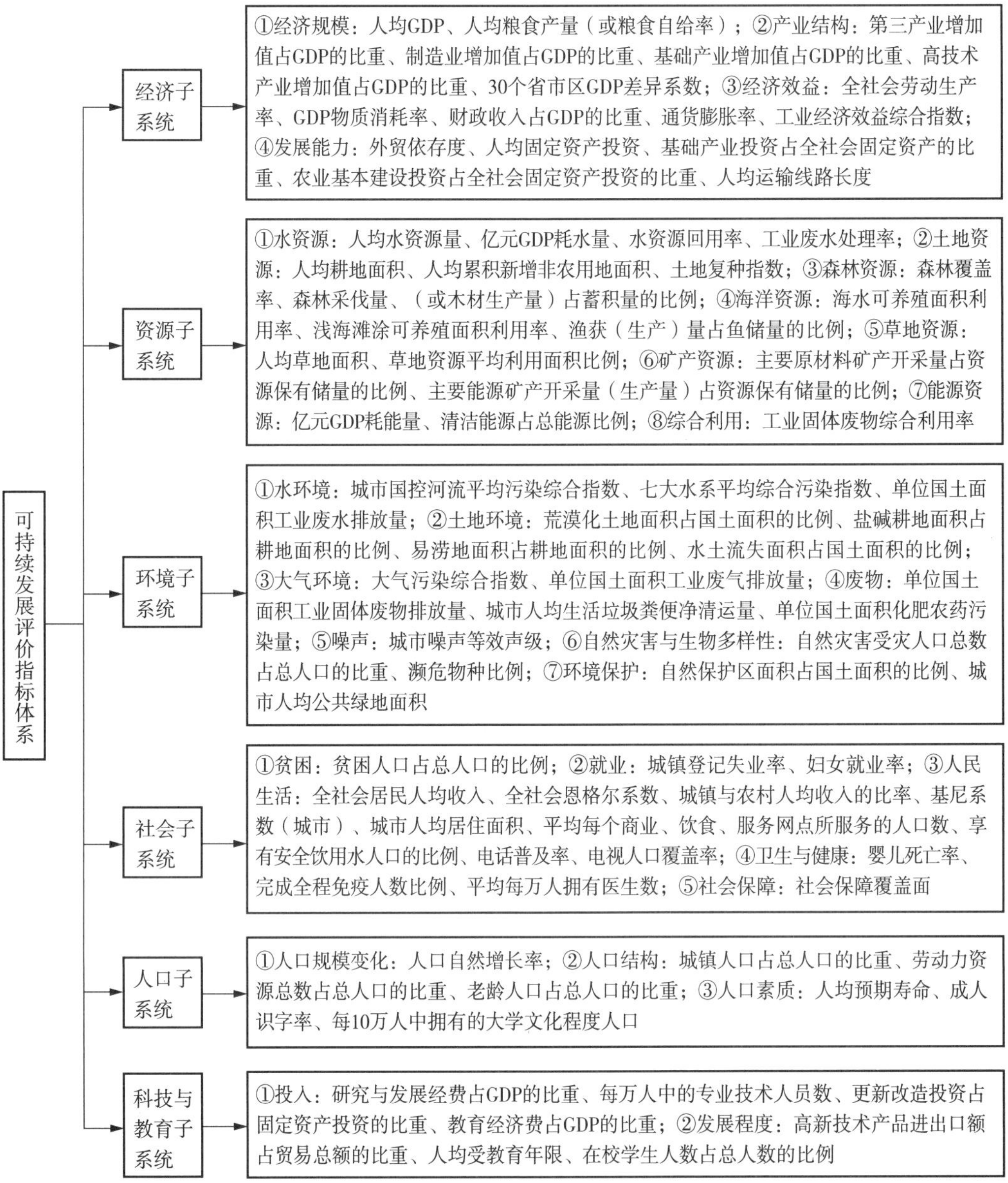

图8－3　可持续发展指标体系①

（二）按发展战略内容层次划分

经济、社会综合发展战略。经济、社会综合发展战略是将经济的发展与社会的发展结合起来考虑，以经济发展为手段，以社会进步为目的。强调满足人民生活的基本需求，减少和消除贫困，提高人民物质文化生活水平。这包括：增加生产，扩大生产

① 聂华林，高新才．区域发展战略学［M］．北京：中国社会科学出版社，2006：212.

性就业，增加对农业部门的投入，加快基础设施建设，充分利用现代科学技术，加快资源的开发，发展对外贸易，扩大出口，建立相应的制度，消灭贫困等，使整个国家能够实现可持续发展。

分系统、分行业发展战略。比如按系统来分，有人口发展战略、资源开发战略、科技教育发展战略、社会发展战略、环境保护战略、城镇化战略等。按行业来分，有农业发展战略、工业发展战略、对外贸易发展战略、商业发展战略、金融业发展战略、旅游业发展战略、高科技产业发展战略等。

（三）按区际经济关系划分

内向型发展战略。强调依靠本区资源和市场发展经济，通过贸易保护政策保护本区经济，特别是幼小工业的发展以形成较完整的工业体系。在区际市场不利于初级产品输出时，面向区内市场生产替代输入的制成品以保护本区经济利益。

外向型发展战略。强调利用区际市场、引进技术，以区际资源开发弥补本区资源之不足，形成具有区际竞争力的产业结构。

进口替代战略。用以发展本区工业制成品的生产，主要是轻工产品，代替原来需要从区外进口的这些产品，其目的在于通过限制进口制成品节省外汇，保护区内市场，促进地方工业的发展。

出口替代战略。将初级产品为主的输出转变为以制造业及加工产品为主的输出，将本国产品推销到区际市场。它是以发展中地区的廉价劳动力同发达地区的资金、技术相结合的依附性的经济发展。

（四）按战略侧重点分类

资源导向型战略。主要侧重于制定以开发区域内部自然资源为主要目标的发展战略，一般在区域经济社会发展初期多采用这种战略，如甘肃省金昌市矿资源开发利用战略，敦煌市旅游资源开发战略等。

市场导向型战略。主要侧重于制定以充分利用区域内外部广阔巨大的市场为特征的发展战略，即经济发展、产业结构调整必须以市场供求状况为标准进行调节，一般在资源缺乏地区、市场经济发育的地区多采用此种战略。

资源与市场双导型战略。即上述两种战略的有机结合。资源开发以市场需求为前提，市场容量决定资源开发规模和产品及产业组织规模。这种战略在有计划的市场经济国家里，在经济发展中期阶段采用得比较多。

技术导向型战略。主要依靠引进、消化、吸收、创新科学技术，提高产业与产品的科技含量，提高科技进步对经济增长的贡献率，如“科技兴国”战略、“科技兴省”“科技兴市”“科技兴企”战略等。

知识导向型战略。在知识经济时代，主要依靠知识和高素质人才发展经济，实现区际经济的信息化和知识化。

除上述战略组合类型外，按照战略布局形态可以划分为点状发展战略、轴线发展战略，“T”形、“X”形、“H”形等各种几何图形的发展战略，等等。

四、区域经济发展战略的制定和实施

在区域经济发展战略制定之前的准备工作包括确定战略的空间范围、时间范围、熟悉区域区情，编制战略任务合同书、编写战略提纲与调研提纲，成立战略领导机构和课题组，落实物质与资金准备及工作技术设备，组织区内外专家对系统环境做感性认识，等等。决策者、规划者与群众三方的密切协作是制定好战略的重要保证。

依据战略研究、制定和实施的时间过程，可将区域发展战略的制定分为现状调查与资料收集、区域经济系统分析与诊断、战略系统开发与设计、战略系统优化综合、进行战略评审、区域发展战略实施与监控预警等六个阶段。①

（一）现状调查与资料收集

该阶段工作量大，持续时间长，消耗人力、物力、财力多，且经常反复，关键要得到地方政府的通力协作和支持。调查内容包括系统内部要素和系统外部要素两大部分，系统内部要素主要指自然资源类、人口与生态环境类、国民经济各行业经济技术指标类、部门结构、产品结构与空间结构类、基础设施类等，外部要素主要指区域位置与相邻区域的比较，区域发展实力与相邻区域的比较，主要协作行业、外资与外向型经济发展状况、横向经济技术联合、国家指令性指标及上一级的计划安排等。调查资料来源一部分取自于各地农业区划报告、资源调查报告、国土资源报告、历年统计年鉴，以往的规划文本、工业普查与人口普查报告、各局年报及五年计划、各局专题论证及年度工作总结、文史资料、会议论文集、档案资料等；另一部分取自于上级或国家文字与统计资料；还有一部分资料必须通过深入基层召开专题论证会议、各行业专家干部讨论会议、战略研究会议，或者采用推导法、抽样调查法、德尔菲法等途径获得。特别要注意在数据调查时务求真实性、权威性、统计口径一致性和计量单位的统一规范性。

（二）区域经济系统分析与诊断

在对区域发展历史与现状系统调查的基础上，对区域发展进行状态、趋势、优劣势、实力与潜力、限制条件与有利因素、机遇与挑战等方面的系统分析与诊断，去伪存真，由表及里，由个体到综合地提出区域总体发展设想以及各行业发展现状特征和未来发展思路，进而编出区域发展战略总报告详细提纲和各行业发展战略分报告详细提纲。从过去的战略实践来看，系统分析诊断的主要内容一般包括外部环境分析、内

① 根据李成勋．经济发展战略学［M］．北京：知识产权出版社，2009：338－340和聂华林，高新才．区域发展战略学［M］．中国社会科学出版社，2006：289－291相关内容综合整理得到。

部条件分析两个方面。①

1. 外部环境分析

（1）宏观环境分析

全国人口规模、结构与区域分布和流动趋势；全国经济发展所处的阶段、发展规模、产业结构及区域分布；全国科技、教育发展规模、发展水平及区域布局、区域发展差距；全国的对外经济关系，包括进出口总额、引进外资及对外投资的规模和上述各项的区域分布；全国财政收入水平及其区域分布，储蓄余额及其区域分布；全国城乡人均收入水平及各区域的比较；国家的区域政策；全国生态环境的现状及本地区同全国平均水平的比较。本地区在全国地域分工中的战略地位（所占份额排序、竞争力排序、区位优劣，对实现宏观战略目标的支持力度和特色贡献）。

（2）中观环境分析

省域人口规模、结构与区域分布和流动趋势；省域经济的发展水平、竞争力、发展规模、产业结构及区域分布、区域发展差距；省域科技、教育发展的规模、水平及区域布局与区域发展差距；省域进出口贸易规模、引进外资及对外投资的规模和上述各项的区域分布；省域财政收入水平及其区域分布，储蓄余额及其区域分布；省域城乡收入人均水平、排序及各区域比例；省域经济发展对地区的预期；省域生态环境现状及本地区同全省平均水平的比较。本地区在省域地域分工中的战略地位（所占份额及排序、区位优劣、对实现战略目标的支持力度和特色贡献）。

（3）微观环境分析

周边地区经济、科技、教育发展的总体评价及同本地区的比较；在经济、文化方面本地区同周边地区之间的相互辐射力分析；在资金、人才、技术等方面本地区同周边地区的相互吸引力分析；周边地区的自然、人文资源有哪些可以为本地区所利用；周边地区的发展为本地区经济的发展提供外部经济；周边地区的未来发展对本地区提供的机遇和提出的挑战；与周边地区进行经济技术协作的状况。

2. 内部条件分析

内部条件主要包括：①本地区区位优劣分析；②本地区人口、人力资源、人才规模、结构、增长趋势分析；③本地区自然资源与人文资源状况评价；④本地区经济、科技、教育发展的规模、水平与速度及竞争力；⑤本地区的对外经济关系（进出口贸易、劳动力输出、引进外资、对外投资）；⑥本地区的财政收入、储蓄余额、城乡居民人均收入；⑦本地区的经济体制和民主与法制建设；⑧优惠政策对本地区的辐射和倾斜；⑨本地区的文化传统分析与本地的凝聚力、开拓力和竞争力分析；⑩区域产业结构、产品结构与空间结构；⑪区域发展优劣势、有利条件与制约因素及潜力分析；

---

① 本部分内容整理自李成勋．经济发展战略学［M］．北京：知识产权出版社，2009：331－333

⑫区域进一步发展面临的机遇与挑战分析。上述 12 项只是应分析的主要内容，在实际工作中，根据特殊区情，可能还需补充分析内容。

通过系统分析诊断，一方面对区域发展的过去和现在有一个本质的了解，另一方面又能根据人对区域未来发展的愿望提出针对性的预见，为下一步战略制定提供更高层次的信息，因而这一阶段是连接系统调研与系统开发的桥梁。此阶段也可以称作 SWOT 分析阶段，其中 SWOT 是英文字母 Strong（优势、强项）、Weak（弱项、不足）、Opportunity（机遇）和 Threaten（威胁、挑战）的缩写。

（三）战略系统开发与设计

主要内容包括在对各子系统调研分析诊断的基础上，提出本区域发展战略目标、战略重点、战略布局与战略对策，这是战略工作的核心或灵魂。这一阶段是战略的重中之重。为此须采取以下四种方法：①召开全区域甚至更大范围的区域发展战略研讨会；②采取“请进来”的办法，邀请上级部门和专家学者促膝恳谈；采取“走出去”的办法，开展大范围、多渠道、广角度的战略咨询活动；③通过方案的反复，达到发展战略方案的综合筛选，并对筛选方案深刻地进行可行性分析和论证；④定性分析与定量分析有机结合。在开发中调整，在调整中开发。

（四）战略系统优化综合

主要任务是对总体发展目标及各种可行性方案进行详细分析，选择区域主导产业，优化区域产业结构，做好各行业发展战略和重大问题专题论证报告，建立反映大系统和周围环境、大系统内部各子系统之间、大系统同各子系统之间各种复杂关系的数学模型，对战略总方案和各行业战略方案进行优化协调，比较选优，搞好总战略方案与分行业战略方案之间的纵向衔接以及各分行业战略之间的横向协调。

（五）进行战略评审

此阶段将提交如下战略研究成果：①区域发展战略总报告；②区域各行业发展战略报告；③区域重大问题专题论证报告；④区域发展战略计算机程序库和多媒体演示系统软件包；⑤其他附件。由战略委员会和课题组协商，组织战略鉴定评审委员会验收通过之后，再度补充修订定稿后交付地方人民代表大会通过，并以立法的形式保证战略实施。

（六）区域发展战略实施与监控预警

编制区域发展战略的最终目的在于实施，实现战略目标。要使战略目标变为现实，还必须要求总体战略部门、各行业制定出相应的战略实施方案，把战略的基本思路、内容和主要指标体系分解成年度计划或五年计划，并使各方面年度计划与规划有机协调，以保证战略的整体性和科学性。在实施过程中，及时反馈战略实施存在的主要问题并及时提出解决问题的对策措施。

区域经济发展战略的总体生成流程图如图 8 -4 所示：

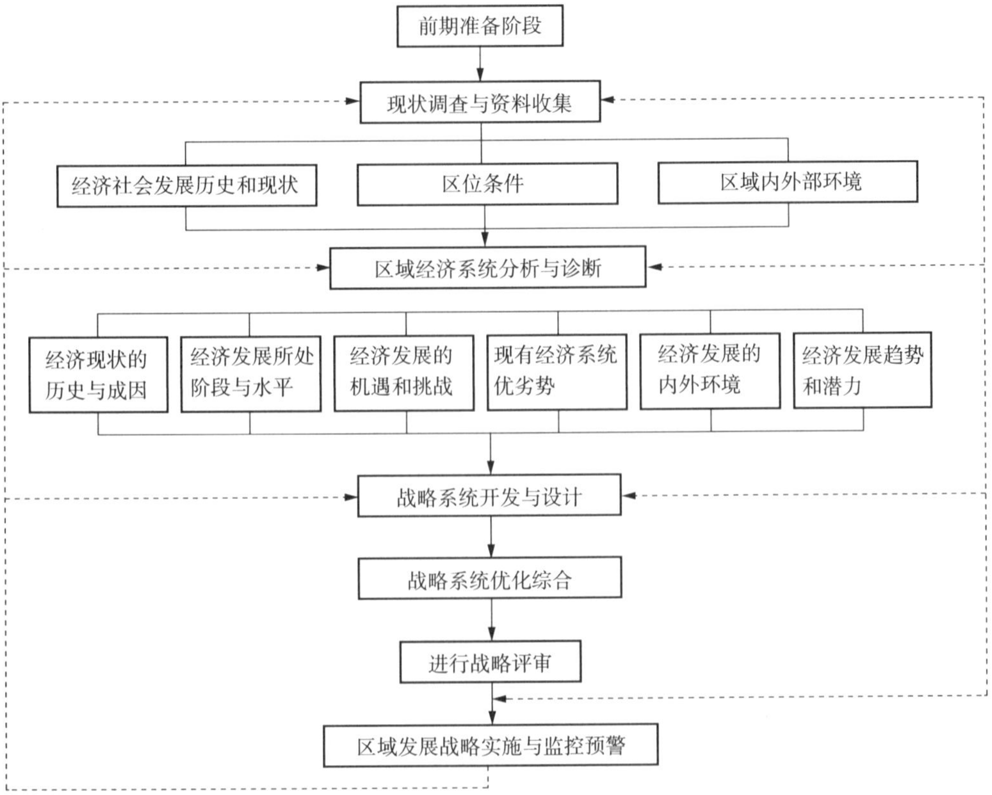

图 8－4　区域经济发展战略的总体生成流程①

五、不同发展阶段的区域发展战略

（一）处于待开发（不发育）阶段的地区

这类区域长期陷入“地方财政靠国家补贴、群众生活等国家救济”的恶性循环之中。要走出贫困循环的陷阱，一靠发挥区内“基本要素”——自然资源和劳动力的推动作用；二靠借助外部资金、人才和技术的输入。而核心问题是如何更好地将外部输入和区内“基本要素”结合起来，启动地区经济，形成自我增长的能力。

1. 资金投入的产业方面，要立足本地资源，技术层次要适合本地区劳动力素质，同时选择有发展潜力的产业。

2. 资金投入的空间方面，要集中培育区内增长极，以带动整个地区的发展，切忌平均分散使用力量。

3. 治穷先治愚，重视人口素质的提高和观念的转变，大力发挥教育，打破封闭状

① 根据和聂华林，高新才．区域发展战略学［M］．中国社会科学出版社，2006：288（图 9－1）和李成勋．经济发展战略学［M］．北京：知识产权出版社，2009：338－340 相关内容略加修改得到。

况，促进市场发展。在起步阶段，可向外输出劳务，减轻区内压力，发挥其积累初始资金的作用。

4. 善于招商引资，吸引人才技术，使自然资源和劳动力丰富的有利条件与外部输入要素相结合，转化为经济优势。

（二）处于成长阶段的地区

这类地区的一般特征是已经跨过工业化的起点，第二产业在国民经济中已占主导地位，地区优势产业已经形成或正在形成中，地区经济呈现较强的增长势头。这类地区经济的进一步发展，将主要不是依靠发掘区内“基本要素”的数量潜力，而是主要依靠提高“基本要素”的素质——引进新技术、新装备，提高劳动者文化技术水平，完善投资环境。大量引进技术，购置新设备，培训职工和完善投资环境，把地区经济推进到新阶段。

1. 进一步巩固和扩大优势产业部门，充分发挥规模经济优势，降低产品成本，不断开拓市场，扩大优势产品的国内外市场占有率。

2. 围绕优势产业，形成结构效益良好的关联产业系列。

3. 不断培植新产业，发展第三产业，特别是金融、贸易、信息、咨询、科技教育等，提高地区经济的结构弹性。

4. 沿若干开发轴线培植新的或次级增长极，以增加“区域储备”，促进区域经济向纵深发展。

（三）处在成熟阶段的地区

这类地区往往属于国家经济重心区，工业历史较长，达到了较高水平，交通运输、邮电通信基础设施齐备，第三产业也相当发达，在极化效应和乘数效应的作用下，生产门类齐全、协作配套条件优越、区内资金积累能力强、人才素质高。这类区域发展战略研究的中心是如何防止潜在的、隐蔽的衰退危险变成现实，保持和焕发区域经济的活力。其关键有二：一是进行全面的“结构改组”，吐故纳新；二是树立“技术立区”的战略，主要依靠“创新推动”。

在战略部署上要着重注意以下几点：

1. 在产业结构上，要果断淘汰比较优势已经丧失的产品和产业，着力发展新兴产业，并引进和运用新技术，改造传统产业，实现产业结构的优化组合，保证产业结构动态化。

2. 在市场结构上，要大力发展外向型经济，进行跨国经营，接受国际市场的挑战，促进区域经济走向世界。

3. 在空间结构上，以城市为中心，加快向外围地区的产业扩散，组成城乡一体化的大城市经济圈。以资本为纽带，实现资产重组，跨部门跨行业集团化经营，走立体化道路。

4. 在发展目标上，更重视社会目标和生态目标，即使是经济目标，也强调经济增长的质量和效益。

第四节 区域经济规划

区域经济规划（以下简称区域规划）是区域经济发展战略的具体安排，细化。与区域经济发展战略的主要区别在于战略应是粗线条的，规划具有实施功能的安排。

一、区域经济规划的特点

（一）基础性

区域规划的制定，应该是在对自然、经济、社会、技术等各方面的情况进行认真调查研究之后；它的制定同时可为经济建设提供大量可供作为依据的各类资料和实施的方案。

（二）区域性

区域规划应当具有区域性的特点，它的制定应当能够反映某地区的资源特点，及经济发展和社会发展特点。由于各地区的自然、经济环境是不同的，制定出来的区域规划也不应是相同的。另外，不同级别的区域，不同面积的区域，也应当具有不同特点。

（三）综合性

区域规划应当具有综合性的特点。区域发展涉及自然、人文、社会、经济等诸多要素，每一要素的变动，都可能对区域规划产生较大影响。在多因素作用基础上制定的区域规划当然应当有综合性。

二、区域经济规划的类型

（一）根据区域规划涉及的内容分类

根据区域规划涉及的内容不同，可分为基础设施规划、城镇体系规划、产业布局规划、土地资源开发利用规划、环境治理与保护规划、风景旅游区规划、综合性区域规划等。其中，综合性区域规划是与区域经济发展战略直接配套的规划，是详细的区域经济发展战略方案。综合性的区域规划一般是以行政区为单位的区域规划。其目的是对区域内的资源开发、城镇的发展、三次产业的发展、交通运输等基础设施和商业、金融、医疗、文化等服务设施的建设。综合性的区域规划实际包括了上述各种类型的规划。

（二）根据区域规划的时间分类

区域规划按照时间长短，可分为近期、中期、远期规划。近期规划的时间范围一般是3~5年，中期规划的时间范围一般是5~10年，远期规划的时间范围一般是10~20年，有时更长一些。

三、制定区域经济规划的一般程序

（一）区域经济规划的主要工作阶段

1. 准备阶段

首先对规划研究工作方案进行设计、论证和确定，即整个规划与制定的工作方法、程序、技术路线、研究课题的设置、力量的配备、研究工具与设备的准备、研究方向和重点的选择以及经费概算等；同时进行有关理论与方法的准备。

2. 调查研究阶段

调查研究主要是根据规划任务的要求考察区域发展的现实基础、环境条件和可能前景，找到并明确区域发展中的基本问题。实地调查，并对这些资料进行分类和整理。

3. 分析预测阶段

对收集、调查的资料进行详尽地分析，找出地区经济发展的优势、劣势，抓住影响经济发展的主要问题，形成对区域经济现状的总体认识，并对区域经济发展的一系列指标，进行长期和分阶段的预测。

预测的方案应当是多个，而不能是仅仅一个。建立预测方案的方法有百分比法、趋势外推法、回归预测法、专家法等，经济计量模型是最常用的预测方法。

4. 目标设计阶段

目标设计分为两个部分：第一部分，形象目标。亦即经历一段时间的发展后，该区域将会是一个什么样子。包括处于什么样的发展阶段，具有什么样的发展水平。第二部分，是预测目标，即以各项指标的预测结果作为目标。这里有一个方案选择问题，是以预测的最高方案为目标，还是以最低方案为目标？或者选取中间方案？应当邀请专家反复论证，并多方面征求当地的公众意见，最后才能确定。

5. 内容设计制定阶段

包括两个方面，首先是专题研究，包括区域主要产业部门（工业、农业、商业、交通运输等）、区域内各地区及若干专门问题（如市场、资金、技术、人口等）的研究，并形成专题研究报告，专题研究评审、论证、修订后作为综合研究的依据；第二是综合研究则是在专题研究的基础上，制定区域各类产业和各项经济社会事业发展的具体规划。

6. 方案制定阶段

制定规划方案是整个规划过程的关键环节。规划者要将各种分散因素综合成一个统一的规划方案，工作难度较大。过去主要由人力完成，现在则多借助于高效率大容量的计算机。运用计算机编制各种规划方案，并对可选方案进行评估和优选。

（二）编制规划方案的方法

编制规划方案的方法主要有以下三种：

1. 综合平衡法

综合平衡法是编制国民经济长期规划常采用的方法，它对产业布局规划特别是区域规划也十分重要。具体地讲，综合平衡包括以下内容：燃料平衡、原料平衡、电力平衡、运力与运量平衡、建材平衡、土地资源平衡、水资源平衡、劳动力平衡、商品粮平衡等。在上述各种单项平衡的基础上，协调彼此之间的关系，使整个规划内容趋于协调一致。

2. 区域分析法

区域分析法是借助对地区经济发展特点和内在联系全面系统的认识，从区域角度出发编制规划方案的重要方法。运用区域分析法制定规划方案的步骤是：第一，分析地区经济发展的各种条件与影响因素，找出有利条件，确定区域优势，列出限制性因素；第二，分析规划地区的经济特征、地区经济结构、包括部门结构和空间结构，归纳地区类型；第三，剖析区域劳动地域分工特征和区内差异性，规划各子区域在大区中的地位、作用和发展方向及彼此间的分工协作关系；第四，分析地区经济发展中的种种矛盾及相互关系，确定主要矛盾；第五，制定规划实施应采取的各项措施。

3. 定量分析法

区域规划定量分析法主要有线性规划法。①

四、区域发展规划指标体系

区域发展规划指标体系 A 由经济发展指标 B_1、社会发展指标 B_2、资源环境与生态发展指标 B_3 等 3 个二级层次构成，进一步可分解为经济总量及水平指标 C_1、经济结构指标 C_2、经济增长指标 C_3、经济效益指标 C_4、人口发展指标 C_5、基础设施指标 C_6、生活质量指标 C_7、科技教育指标 C_8、社会秩序、民主与法制建设指标 C_9、资源利用指标 C_{10}、资源占有指标 C_{11}、环境污染与治理指标 C_{12}、环境发展指标 C_{13} 共 13 个三级层次，最终落实为由 X_1、X_2，…，X_{113} 等 113 个四级具体指标构成。②

---

① 相关内容可以参阅侯景新，尹卫红．区域经济分析方法［M］．北京：商务印书馆，2004：155－180.

② 指标体系结合方创琳．区域发展规划论．［M］．北京：科学出版社，2000. 转引自聂华林，高新才．区域发展战略学［M］．中国社会科学出版社，2006：217－219 相关内容，有修改。

（一）经济发展指标

区域经济发展规划指标体系中的经济发展指标体系见图 8－5：

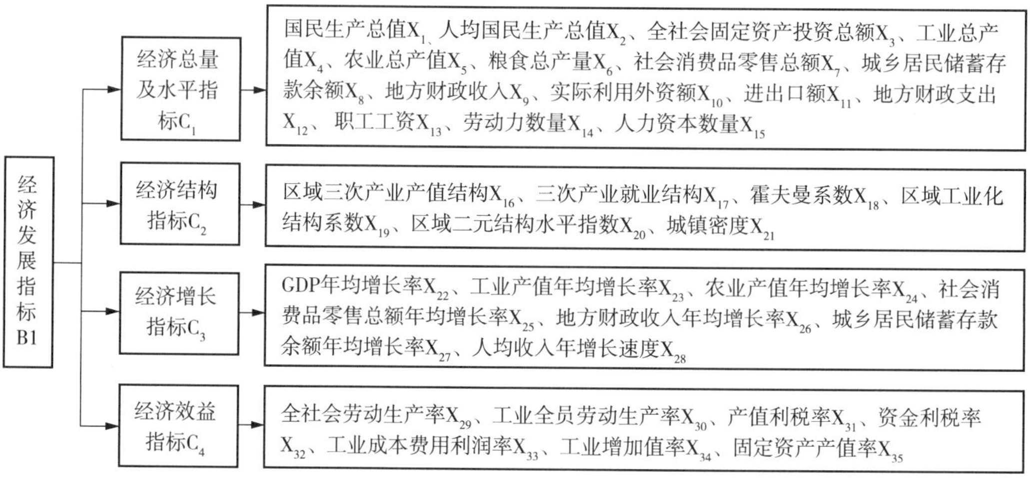

图 8－5　衡量经济发展的指标层次结构和具体指标

（二）社会发展指标

区域经济发展规划指标体系中的社会发展指标体系见图 8－6：

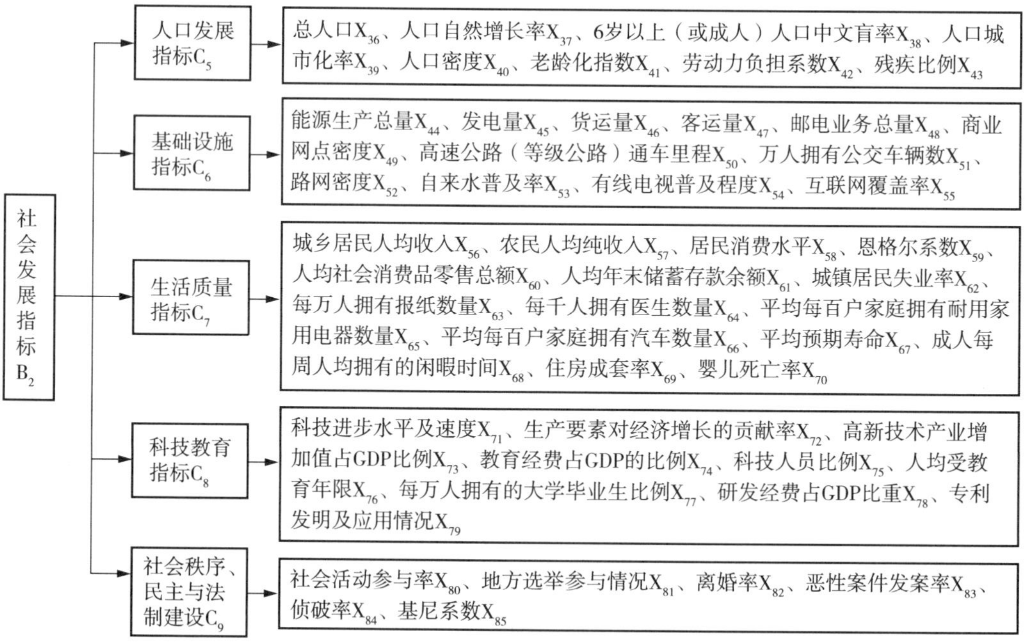

图 8－6　衡量社会发展的指标层次结构和具体指标

（三）资源环境与生态发展指标

区域经济发展规划指标体系中的资源环境与生态发展指标体系见图 8－7：

图 8－7　衡量资源环境与生态发展的指标层次结构和具体指标

对于设计规划的指标体系 A，所选择的指标 X_1，X_2，…，X_{113}均可由统计年鉴直接查得或经过简单运算得到，可操作性与可比性较强。当然，对特定研究区域而言，还可以选择反映区域实际情况的其他指标，对指标体系进行补充或替换。

五、区域规划与区域经济政策、区域经济发展战略的关系

制定区域经济政策、发展战略以及实施区域规划是区域政府承担的主要职能。从广义上说战略、规划都是对未来发展的筹划与部署；从狭义上看，“发展战略”较原则，规划更具体。可以说发展战略是制定规划的大思路，是规划的灵魂与精髓。从工作程序看，战略研究是基础，应当首先有战略研究，再编制发展规划。而区域经济政策是保障区域经济发展战略和规划实施的重要支持和保障。

区域规划与区域经济政策、区域经济发展战略的关系如图 8－8 表示：

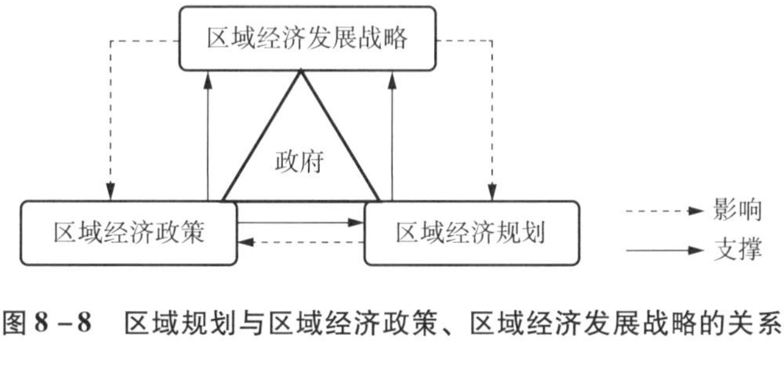

图 8－8　区域规划与区域经济政策、区域经济发展战略的关系

案例

青海省实施绿色发展的重大意义

青海地处青藏高原和三江源头，环境资源丰富，生态地位极端重要且极端脆弱，是我国西部重要的生态安全屏障。保护生态环境、实现绿色发展不仅是贯彻落实科学发展观的必然要求，也是推动青海科学发展的必然选择。在实施青海省经济发展战略时，必须始终坚持“在保护中开发，在开发中保护，实现资源转换与生态立省有机统一，着力推动绿色发展”的基本原则。①

一、绿色发展的背景

发展是时代的永恒主题，但如何协调经济与环境的关系又是时代的难题。面对工业化、城市化快速发展带来的日益严重的资源环境危机，人类不得不深刻反思传统的发展理念、发展模式和发展路径，试图寻找一条环境与经济协调共赢的新的发展路径。绿色经济正是发展模式创新过程中出现的新的经济学概念，是可持续发展理论的具体实践。1989 年，英国经济学家皮尔斯在《绿色经济蓝皮书》中首次提出“绿色经济”概念，并指出通过发展绿色经济可以实现经济、社会、生态的协调可持续发展。从 20 世纪 90 年代开始，联合国环境署和其他一些国际组织相继开展了绿色财富、绿色增长、绿色 GDP 核算等与绿色经济相关的研究。2006 年 4 月，亚洲及太平洋经济社会委员会的《2005 年亚太地区环境报告》指出，亚太地区目前的成长率是不可持续的，必须构建绿色经济。在全球金融危机、特别是气候变化问题的综合背景下，2008 年 10 月联合国环境署召开了“绿色经济行动倡议”项目启动会，2009 年 4 月又公布了《全球绿色新政政策概要》，启动了“全球绿色新政及绿色经济计划”。2009 年以来，世界各主要国家都把发展绿色经济作为实现经济复苏的重要支点和抢占经济制高点的国家战略，力图通过实施绿色新政促进经济转型。越来越多的人认识到，发展绿色经济不仅可以节能减排，而且能够更加有效地利用资源、扩大市场需求、提供新的就业，是保护环境与发展经济的重要结合点。

我国作为世界上人口最多的发展中大国，虽然改革开放以来经济建设取得了巨大成就，但高投入、高消耗、高污染的发展模式直接导致了经济增长的资源环境代价过大的严峻局面。在这种形势下，发展绿色经济成为破除经济发展过程中生态环境约束和自然资源瓶颈，促进国民经济可持续发展的必然选择，对促进世界的可持续发展也具有重大意义。现实表明，以发展为主旋律的改革开放，使我国步入了工业化、信息化、城镇化、市场化和国际化快速发展的新时期，但是发达国家上百年工业化过程中分阶段出现的环境问题在我国经济快速发展的二三十年中集中出现，并且日趋突出的

① 本部分内容参见马洪波．绿色发展的基本内涵及重大意义［J］．攀登，2011（2），略有改动。

资源环境问题已经成为经济社会可持续发展的主要瓶颈。所以应该从我国的实际出发，加快实施以促进节能减排、绿色经济、环境保护为重点的绿色发展战略，加快国家经济发展战略转型与产业结构升级的步伐，努力跨越先发地区在经济发展过程中所经历的“先污染后治理”“先发展后保护”的老路，促进经济增长由“高碳”到“低碳”、由“黑色”到“绿色”的跨越转变，走出一条独具特色的绿色发展之路。

在这样的宏观背景下，青海作为一个资源和生态大省，应努力成为绿色产业革命的重要践行者。2009 年 7 月，中共青海省委根据青海已进入经济加速发展、产业转型进入关键时期的科学判断，提出要着力推动“跨越发展、绿色发展、和谐发展、统筹发展”，积极探索具有青海特点的科学发展模式。始终坚持在保护中开发，在开发中更好地保护。作为西部“欠发达”“后发展”地区，尤其要树立绿色意识，跨越式发展绿色经济。

二、绿色发展的基本内涵

对于绿色发展的概念，学者胡鞍钢认为，所谓绿色发展，就是强调经济发展与保护环境的统一与协调，即更加积极的、以人为本的可持续发展之路。绿色发展要求既要改善能源资源的利用方式，还应保护和恢复自然生态系统与生态过程，实现人与自然的和谐共处和共同进化。我们认为，绿色发展是在循环经济、绿色经济、可持续发展、低碳经济等热门概念的基础上衍生的，是对以上词汇的综合归纳和高度概括。绿色发展是资源节约型、环境友好型、社会进步型的可持续发展，它不同于“高消耗、高污染、低效率、低效益”的传统发展模式，而是在考虑全球气候变化及生态危机的情况下，强调经济发展与社会进步及生态建设的统一与协调。它表明我国在实现和平崛起的过程中，应对自然资源做到最优化的高效利用，使用清洁能源，进行清洁生产，尽最大可能减少碳排放，把对环境的污染破坏降到最低限度，同时人们素质得到提高，社会得到进步和发展。

可见，从气候变化、生态遭到破坏、自然资源逐渐耗竭等问题成为国际关注的热点的演变过程及当前绿色发展的使命来看，绿色发展是学术界及政府在对发展模式创新过程中出现的新的发展理念，是建立在生态环境容量和资源承载力的约束条件下，将经济发展、环境保护及社会进步作为实现可持续发展重要支柱的发展模式。绿色发展是科学发展观的重要组成部分，这种发展模式与传统工业化下的黑色发展模式具有本质的不同。如果说黑色发展是不要“绿”只要“金”的话，绿色发展则是既要“绿”也要“金”。

三、青海省实施绿色发展的战略思路

在推动青海绿色发展的过程中，要以科学发展观为指导，以生态经济、循环经济和新能源经济建设为中心，以促进人与人、人与社会、人与自然的和谐为主线，以发展理念创新、法制创新、政策创新、体制机制创新、产业创新、文化创新、科技创新和管理决策创新为动力，以建立政府引导、市场运作、公众参与的绿色发展机制为手段，以政策法规体系、技术支撑体系和社会公众绿色发展意识为保障，循序渐进、突出重点，牢牢把握中央关于新一轮西部大开发“六个更加注重”的总体要求，紧紧围绕科学发展、改善民生、保护生态三大历史任务，综合运用生态学、生态经济学、管理科学、系统工程和可持续发展的理论和方法，培育战略性新兴产业，优化产业布局和经济结构，推动产业升级，转变经济增长方式，大力推进循环经济，提高生态经济效率和产业的持续竞争能力，加强生态环境保护和建设，改善人居环境，提高城乡居民收入和生活质量，构建生态文化，促进社会经济与生态环境协调发展，形成资源节约型和环境友好型社会，推动青海全面走上生产发展、生活富裕、生态良好的绿色发展道路。

（一）绿色发展强调经济增长的数量，更强调质量，注重理性发展

绿色发展首先是发展，但强调发展的方式是绿色的，因此绿色发展重视数量的增加，更重视质量的提升。反映在经济方面上，绿色发展特别强调一种“健康状态”下的经济增长。它既不同意限制财富积累的“零增长”，也反对不顾一切条件提倡过分增长。而且新增财富的内在质量应当不断地、连续地加以改善和提高。除了在结构上要不断合理与优化外，新增财富在资源消耗和能源消耗上要越来越低；在对生态环境的干扰强度上要越来越小；在知识的含量上和非物质化方面要越来越高；在总体效益的获取上要越来越好。这样的发展是健康的发展，理性的发展，也符合联合国教科文组织在20世纪90年代一个说法：“发展越来越被看作是社会灵魂的一种觉醒”。

（二）绿色发展强调经济社会生态的相互协调，注重可持续发展

人的生存与发展是建立在尊重自然规律、合理利用资源环境的基础之上的。生态环境和自然资源不仅是绿色发展的内生变量，也是其前提条件，生态环境容量和自然资源的承载能力是其刚性约束。绿色发展要重点考虑经济增长与生态环境的协调性和可持续性，必须把经济规模控制在资源再生和环境可承受的界限之内，既要考虑当代的可开发利用，又要考虑后代的可持续利用，全面提高人的生活质量；同时，经济要具有可持续的发展模式，以原生资源投入为主的工业发展模式最终是不可持续的，必须发展以绿色产业为支柱的经济发展模式。因此，绿色发展是一个广义的概念，是人类经济发展的新方向。社会是人类生存的载体，是固定化了的人类行为的秩序规范。人类社会在自身取得不断发展的进程中也不断向自然索取。这个索取包括了自然给我们提供的整体环境条件，还包括气候、生物资源、水资源、土地资源、能源，以及实现工业文明的各类矿产资源。这个索取过程促进了经济的发展，但是人类在自己的生存和发展过程中对自然本身的回馈水平和强度抵消不了人类向自然的索取。如果我们实现不了索取与回馈的平衡，最终的结果是我们要受到自然界的惩罚。这种平衡应当是可持续发展的一大主线，是绿色发展所强调的。

（三）绿色发展强调“以人为本”，注重“两型”社会建设及和谐发展

与科学发展观一样，绿色发展的核心也是“以人为本”，是以围绕人的全面发展而制定的。在人的全面发展过程中，存在着两种基本的关系，分别是人与自然的关系和人与人的关系。众所周知，当今世界人与环境之间的关系严重恶化，出现了一系列资源环境问题，诸如资源与能源的耗竭与短缺、环境污染与生态破坏、全球气候变化等；在人与环境之间矛盾激化的同时，人与人之间的关系也处于十分紧张的状态，研究表明，不但发达国家与发展中国家之间的收入差距正处于不断加大的趋势，而且同一个国家的不同地区之间的收入差距也在不断加大。这种发展是不平衡的，也是不绿色的，更是不可持续的。因此，绿色发展就要正确处理这两种关系，真正实现人与自然、人与人的和谐相处。在人与自然的关系中，绿色发展强调对自然资源的综合开发利用，发展循环经济，使资源得到最大程度的利用，真正做到资源节约型发展；同时强调转变传统的发展方式，优化产业结构，培育绿色产业，开发新型能源，减少对化石能源的依赖，实现低碳发展，做到环境友好型发展。

人与自然的关系问题，实际上也是人与人的关系问题的延伸。如果解决不好人与人的关系问题，就不可能解决好人与自然的关系问题。绿色发展要求通过改善生态来改善民生，也就是说改善生态只是手段，改善民生才是目的。不能为改善生态而改善生态，而始终应在坚持“以人为本”的原则下为改善民生而改善生态。只有做到生态与生计兼顾，“绿起来”与“富起来”相结合，经济效益、社会效益与生态效益统一，绿色发展才能取得最终成功。另一方面，改善生态与改善民生又是统一的，因为良好的生态、适宜人居的环境本身就是改善民生的重要内容。保护良好的生态环境，是对民众最大的造福，也是对民生最大的照顾。

复习思考题

1. 什么是区域经济政策？区域经济政策的总目标是什么？
2. 区域经济政策手段与具体措施主要有哪些？
3. 试述各区域经济主体在区域经济发展中的职能。
4. 论述区域经济发展阶段与区域经济发展战略指导思想、战略目标的关系。
5. 论述不同区域经济发展战略的内容。
6. 结合区域实际，尝试建立区域经济发展战略的目标体系。
7. 联系实际谈谈西部大开发政策的具体实施。
8. 简述区域规划与区域经济政策、区域经济发展战略的关系。

参考文献

［1］陈栋生．区域经济学［M］．郑州：河南人民出版社，1993.

［2］王一鸣．中国区域经济政策研究［M］．北京：中国计划出版社，1999.

[3] 张可云．区域经济政策［M］．北京：商务印书馆，2005.
[4] 安虎森．区域经济学通论［M］．北京：经济科学出版社，2004.
[5] 安虎森．新区域经济学［M］．大连：东北财经大学出版社，2008.
[6] 魏后凯．现代区域经济学［M］．北京：经济管理出版社，2006.
[7] 李成勋．经济发展战略学［M］．北京：知识产权出版社，2009.
[8] 杨云彦．区域经济学［M］．北京：中国财政经济出版社，2004.
[9] 吴殿廷．区域经济学［M］．北京：科学出版社，2008.
[10] 崔功豪，魏清泉，刘科伟．区域分析与区域规划［M］．北京：高等教育出版社，2006.
[11] 于光远．论地区发展战略［M］．北京：经济科学出版社，1988.
[12] 于光远．经济、社会发展战略（增订）［M］．北京：中国社会科学出版社，1984.
[13] 董辅礽．经济发展战略研究［M］．北京：经济科学出版社，1988.
[14] 刘国光．中国经济发展战略问题研究［M］．上海：上海人民出版社，1984.
[15] 李京文．走向21世纪的中国区域经济［M］．南宁：广西人民出版社，1999.
[16] 胡鞍钢．中国大战略［M］．杭州：浙江人民出版社，2003.
[17] 陈栋生．中国区域经济新论［M］．北京：经济科学出版社，2004.
[18]［美］迈克尔·波特．竞争战略［M］．北京：华夏出版社，1997.
[19] 孙久文，叶裕民．区域经济学教程［M］．北京：中国人民大学出版社，2003.
[20] 侯景新，尹卫红．区域经济分析方法［M］．北京：商务印书馆，2004.
[21] 方创琳．区域发展规划论．［M］．北京：科学出版社，2000.
[22] 聂华林，高新才．区域发展战略学［M］．中国社会科学出版社，2006.
[23] 陈秀山，张可云．区域经济理论［M］．北京：商务印书馆，2003.
[24] 孙兵．区域协调组织与区域治理［M］．上海：上海人民出版社，2007.
[25] 郝寿义．区域经济学原理［M］．上海：上海人民出版社，2007.
[26] 孙海鸣，张学良．区域经济学［M］．上海：上海人民出版社，2010.
[27] 马洪波．绿色发展的基本内涵及重大意义［J］．攀登，2011（2）．

第九章　经济区划与区域国土开发

经济区是区域经济研究的特殊对象，通过合理的经济区划，能够帮助各级政府选择开发重点并采取恰当的区域经济开发战略措施。本章主要介绍经济区及经济区划的理论与方法、中国经济区划的实践、区域国土开发的原则与方法等内容。

第一节　经济区划

一、经济区与经济区划

（一）经济区的概念

经济区是以劳动地域分工为基础而客观形成的不同层次、各具特色的经济地域。

经济区不同于一般的地理区域，它具有如下特点：

1. 区内匀质性或同类性，即区域内自然条件、自然资源和社会经济条件大致类似，经济发展水平和所处的阶段大致相同，经济发展方向一致等；

2. 经济联系与经济结构的合理，即区域内各经济主体间生产联系合理、交通运输便捷、信息渠道和商品流通渠道畅通等；

3. 经济管理上的合理性。即便于合理区域产业布局，便于区域规划、经济发展计划和政策的制定。

（二）经济区划

经济区划是在认识客观存在的经济区的基础上，根据特定时期国民经济发展的目标和任务，对全国区域进行分区划片，阐明各经济区发展的条件、特点和问题，指出它在国民经济体系中的地位和发展方向，最终为中央政府对区域经济进行宏观调控、地方政府制定区域发展规划、企业进行区域分析活动提供科学依据。①

---

① 张敦富．区域经济学原理［M］．北京：中国轻工业出版社，1999：28.

经济区划反映了经济活动的地域分工所形成的区域间的差异和区域内的“匀质”，反映了各经济区域内在的整体结构。

1. 经济区划与行政区划的区别

行政区划是根据历史渊源和行政管理需要，由国家权力机构和政府机关制定的；而经济区划是为了揭示各区域经济发展的有利条件和制约因素。指出各经济区经济发展专业化的方向和产业结构的特点，为区域产业布局、区域规划、经济发展计划提供科学依据。它是宏观经济管理的一个重要手段。

2. 经济区划的依据

（1）自然条件

主要包括地理位置、地质、气候、水文、生物等自然条件的状况。各地区自然资源的丰度、结构、蕴藏条件、地区分布和已开发利用的程度都不相同、它是直接影响地域分工的重要原因。因此划分经济区时要充分考虑自然条件和自然资源的类似性（同类性）和相关性。

（2）经济条件

具体包括地区经济发展历史、背景；现有产业结构特点及未来发展方向；国民经济发展对地区的特殊要求；地区经济活动联系（包括纵向经济联系与横向经济联系）的密切程度等。

（3）社会条件

各地区文化、教育、科学、技术水平的差异直接反映着当地的劳动资源素质，影响着地区劳动生产率及产业的布局，也影响区域间的分工与合作。因此，划分经济区必须考虑区域的社会背景。

3. 经济区划的原则

（1）经济区内自然、经济、社会条件的相似性和区际差异性

这是划分经济区的一般原则。区内相似性即区内主要的资源条件、经济发展水平、发展的潜力与问题、面临的任务和发展方向等方面具有近似性。区内相似性是经济区存在的客观基础，是一个经济区区别于其他经济区的主要依据。区内相似性体现在区际之间就成为区际差异性，这是区域分工的基础。把若干个地方划分为同一个经济区，就是因为这些地方在自然资源、经济综合实力与发展水平、资源潜力、经济结构，甚至存在的问题和开发的方向上有或多或少的联系，这样就便于制定统一开发利用的政策，促进区域经济全面快速的发展。①

（2）将地区优势与国民经济综合发展相结合，即地区生产专业化与综合发展相结合

① 张忠孝．青海地理［M］．西宁：青海人民出版社，2004.

综合经济区的划分首先要服从全国或上一级经济区地域分工的需要，充分发挥地区优势，发展专业化生产，否则就不能完成全国劳动地域分工体系赋予的任务；另一方面，综合经济区还应该根据自己的条件，发展为专业化部门服务的部门及自给性部门，在一定程度上满足区内生产和生活的需要，否则就难以保证地区经济的顺利发展。现代化的第三产业是综合经济区的重点发展产业，经济区级别越高，第三产业规模就越大，现代化程度也越高。

（3）地区经济中心与经济腹地相结合

经济中心是组织和协调区域发展的核心，它可以把经济区内各部门、各经济子区、各级城市的经济活动凝聚成一个整体。各经济中心形成以后，必然会对其周边的城市或乡村形成辐射作用，它通过商品的流通、人才的流动，物资的分配、信息的传播等等途径实现对周边地区的经济影响力，而周边地区同样也会对经济中心产生影响。地区经济中心可以是一个密集的城市群，也可以是一个大城市、中等城市或者小城市。经济中心的规模和经济实力不同，对周围地区的辐射和吸引范围也不同，它决定了综合经济区的规模、级别和经济发展水平。因此，正确认识和判断各级各类经济中心及吸引范围是划分综合经济区的重要依据。经济区应该是以中心城市为核心，以区域交通、通信网络为纽带，上下级城市密切联系，城市与乡村相互结合的区域整体。

（4）适当照顾行政区划的完整性

行政区是一定等级政府相对应的政治、经济、社会综合体，有完整的自上而下的垂直式行政系统，除实施行政管理职能外，同时兼有经济管理、组织的职能。行政区有决策权、调控权和利益追求，作为宏观调控主体的各级政府可以通过制定经济政策，运用经济杠杆，调整经济参数，提供社会公共服务，或直接参与某些经济活动等措施确保经济区发展目标实现。因此，虽然经济区和行政区是两种不同性质的区域类型，为了管理上的科学合理，在划分经济区域的时候，应当照顾到行政区划的完整性，至少保证县级行政单位的完整性。

（5）同级综合经济区之间在地理范围上不宜重叠或交叉

各同级经济区地域范围必须明确，如果划分不明确，产生重叠或交叉，将会产生多头管理，重复管理等问题，反而会降低各经济区的发展效果。虽然经济区不是一成不变的，但这种变动反映在经济区划方案的变动中，具体到每一个经济区划方案中，各级综合经济区都应有明确的界限。

二、单一功能区的区划方法

单一功能区是为达到某种特定经济发展目标而划分的经济区域。

（一）类型

单一功能区主要有两类：

第一，部门经济区。这是为在大区域内合理布局规划某个经济部门而划分的区域，如农业区、工业区、矿业区、旅游区等，这是一种专业化经济区，每个经济区又可进一步划分为二级、三级区，如农业区又可分为棉花区、玉米区等。工业区可划分为钢铁工业区、纺织工业区等。

第二，经济问题区。这是为解决某些局部地区的特定经济问题而划分的经济区，如经济贫困区、经济萧条区、经济过密区。

（二）区划方法

1. 部门经济区（专业化经济区）划分方法

应首先确定划分区域的目标；然后明确实现该目标的约束条件：最后运用线性规划方法（优化方法）确定不同经济区的经济发展指标。

2. 贫困区的划分方法

贫困区属于经济问题区，划分贫穷区是为了找出各区域在经济发展上确实存在什么困难，以便采取措施，使这些地区能摆脱困境，走上自力更生的发展道路。

（1）区划标准

根据失业率、人均收入、初级产业比重、教育、住房及卫生条件等指标，建立指标体系。

（2）区划方法

最简单的方法是加权指数法。将各个地区同一指标数值列表按大小排列，计算算术平均值及上限、下限值。上限值 = 平均数 + 1/4 均方差；下限值 = 平均数 - 1/4 均方差；

$$\text{均方差} = \sqrt{\sum (x - \bar{x})^2 / n} \tag{9-1}$$

根据上下限值，将指标分为优、中、劣 3 级，再根据各地区每项指标的优、中、劣的个数多少，分为优、中、劣 3 个区，其中劣区即为贫困区。

单一功能区的区划方法存在缺陷：过分强调区域经济发展条件的一致性，会导致区域内部各产业部门之间缺乏互补性，依据这种区划方法不能制定区域整体综合发展战略；单一功能区往往与行政区域的界限不一致，造成区划目标不易实现。

三、多功能综合经济区的区划方法

多功能综合区是为充分发挥各地区的优势，合理组织各行业之间与城乡之间的生产与非生产联系，建立合理的区际分工与协作而划分的经济区。它主要可分为流域区与综合区两种。

（一）流域区

流域区是以河流为中心，大致以分水岭为界限划分的一种区域。流域区作为一个系统，河流的上、中、下游，干流与支流的流域区都不是孤立的，它们相互制约、相互影响，牵一发而动全身。另外，流域的整治对域内全盘经济发展有着极其深远的影响。如它有利于促成地区的生态平衡，推动农牧业生产；可以为工农业发展提供廉价的电力、水资源与廉价的航运等，从而给地区经济整体发展创造新的整体优势。因此，在制定流域区整治与开发规划时，要与区域经济发展规划结合起来，同时充分考虑上、下游开发与发展的主次关系，结合流域区的社会经济、自然条件。

（二）综合经济区

1. 建立多功能综合经济区的目标与任务

建立多功能综合经济区是为了充分发挥区内各地区的区位优势，通过合理组织各地区产业之间的生产性和非生产性联系，建立合理的区域分工与合作关系，使整个区域与区内各子区域都建立起结构合理、联系密切、相对独立的经济有机体，以促进全区及各子区域的发展，实现全区经济发展的总目标，以及各子区域经济发展的目标。

划分综合经济区，要求这种区域拥有某些区位优势，具有多种经济功能与一定的经济发展实力，能独立承担更大区域某一方面经济发展的任务，拥有推动本地区经济发展的主导专业化部门。在划分时要注意全区经济功能的整体性，即无论从全区域，还是区内各子区域之间，经济联系要密切，要有系统性。

2. 区划方法

（1）按地域分工划分综合经济区

通常采用自上而下、逐层划区的方法。如在划分大区域的二级综合经济区时，首先要划出大区域的部门专业化地区，特别是工业专业化地区。在此基础上可以组合成若干重要的综合产业基地。把这些基地及其分布的范围描绘在地图上就可以勾画出一个全区域地域分工状况的轮廓图。但是，这种产业基地只能覆盖全区域的一小部分地区，大部分地区并无能力直接在大区域分工中承担一方面的任务，但这些地区同样也应竭尽全力为实现大区域分工做出应有的贡献。它们的任务就是辅助那些主要产业基地来完成总体任务。因此，必须把这些产业基地以外的地区，根据下述 3 项原则划归各基地，共同形成综合经济区。这 3 项原则是：①它与周围各基地经济联系的密切程度；②地域上连成片的可能性；③尽可能保持行政区划，特别是民族自治区的完整性。

（2）以城市为中心划分综合区

以城市为中心划分综合区实质是极化区域的划分。在进行这类区划时，常根据各个城市的经济实力和影响范围不同，确定全区多层次的城市系统；然后分别以大、中、小城市为中心划分城市的腹地范围。也就是先确定区域的节点与等级体系，再考虑节点的域面。具体步骤：

第一，根据各个城市的经济实力和影响范围确定全国或规划区内城市的等级系统。

第二，确定各层次同级相邻城市腹地范围的分界线。

如果已经建立起等级分明的城市系统，这时的主要任务是按经济联系的密切程度划分城市腹地之间的分界线。为此，首先考虑全区运输、通信网络的分布状况，其节点位置，线路上的人口、商品、劳务、信息的流量、流向。其次是全区商品流通系统分布状况及其等级结构，金融系统、公司管理机构系统的分布状况及等级结构，从这些网络系统中确定大小节点的位置。最后推算出各个节点的地位及腹地范围。

同等级城市腹地之间的分界线可以根据不同的指标，用不同的方法计算。美同赖利经过大量的调查研究，认为影响两城市之间贸易流量与流向的因素有两种：一是城市的规模，城市的规模越大，对周围的引力越大；二是各地点距离城市的远近，城市的引力会随着距离的增大而递减。

最常用的方法是用康维斯断裂点理论来划分城市吸引范围，计算式为

$$d_j = \frac{D_{ij}}{\left(1 + \sqrt{\frac{P_i}{P_j}}\right)} \qquad (9-2)$$

式中，d_j：断裂点距 j 城市的距离，即相对于 i 城市而言，j 城市的吸引范围（公里）；D_{ij}：i、j 两城市之间的距离（千米）；P_i：为 i 城市的人口数（万人）；P_j：为 j 城市的人口数（万人）；

此外，还可根据不同的指标，如客流量、电话流量、当地报纸发行量等，也可以划分 A 城市与其他城市之间的影响范围的分界线。利用多条线进行综合分析，就可以求得每个城市的腹地界线。

第三，根据各级城市的吸引范围大致确定经济区系统的界限。

第四，由于根据康维斯断裂点理论划分的经济区界线不一定与相应等级的行政界线相一致，需要按现行行政区界限作进一步修正。

第五，根据现实的经济联系对区划方案再作个别调整。有些城市尽管经济实力比较弱，但由于它具有特殊的功能或产业结构，与周围地区联系广泛而密切；有些城市则存在相反的情况。这时就需要根据现实的经济联系对经济区划方案作进一步调整，最后确定各个经济区的界限，形成经济区系统。①

（3）聚类分析法

聚类分析法是一种常用的统计分类方法，根据分类对象特点的不同可以分为许多具体不同的方法。在进行经济区划时，经常把系统聚类法和动态聚类法相结合，先将影响经济区划的各因素分成不同的层次，从最低层次的因素聚类分析开始，把这一层因素相同或相近的地区分为一类；然后逐次分析更上一层、更加综合的因素，根据其异同对区域进行再聚类，直至因素系统的最上层；最后一次的分类结果便得出一级经济区，再根据对经济区划分详细程度的要求往下截取，得出若干层次的经济区划系统。

① 张敦富．区域经济学原理［M］．北京：中国轻工业出版社，1998：31－32.

得到经济区划的初步方案后，还要根据经济区划工作的具体要求以及经济区运行的特殊性对经济区划结果进行调整，直至满意为止。

四、我国经济区划的探索

（一）新中国成立以来的经济区划方案

1. 按行政区划系统来组织国民经济生产

这种形式虽然有利于调动各级政府的积极性，但是按照行政区来组织国民经济生产，容易割裂各区间内在的经济联系，不利于在全国范围内实现合理的劳动地域分工。

2. 按沿海与内地两大块来安排区域分工格局

从1949年到“一五”时期，中国经济区域划分为沿海与内地两大区划，这一划分主要是依据历史和地理原因，根据沿海内地与经济发展水平和自然条件的巨大差异而划定，基本符合当时国情，反映了当时区域经济的基本格局。① 但是，随着国民经济的发展，这种划分由于过于粗略导致弊病越来越严重，不利于国民经济协调、高效发展，现今已很少被采用。

3. 按六大协作区安排地区布局，组织国民经济发展

1958年最早提出的是七大经济协作区，即东北、华北、华东、西南、西北、华中、华南。但一直沿用到今的是在1962年把华中区和华南区合并为中南区，形成的六大经济协作区，即东北经济区、华北经济区、华东经济区、中南经济区、西南经济区、西北经济区。六大经济协作区的划分是在计划经济时期提出的，坚持了经济区划与行政区相一致的原则，它保证了行政区划的完整性，但忽视了经济发展的内在规律和内在联系，以及江河、沿海、交通干线对生产力布局的影响，进而忽视了这些带状经济区域的内部联系及其对整个国民经济的影响；这种划分反映了全国劳动地域分工的格局，但是各区分工协作关系不明显，缺乏体现区域特色的经济优势，区际之间联系弱化，给我国国民经济带来了严重损失；同时，没有考虑到国土资源的开发利用与治理保护的密切结合，忽视了生态经济效益。

4. 三大地带的划分

20世纪80年代中期制定“七五”计划时，将全国划分为三个经济地带：东部地带、中部地带和西部地带。② 三大经济地带是根据“梯度推移论”对生产力进行布局的，其中心思想是：我国固定资产投资和生产力布局的重点，经济建设的顺序应是先

① 上海财经大学区域经济研究中心.2003中国区域经济发展报告—国内及国际区域合作［M］.上海：上海财经大学出版社，2003：70－71.

② 上海财经大学区域经济研究中心.2003中国区域经济发展报告—国内及国际区域合作［M］.上海：上海财经大学出版社，2003：70－71.

东部、次中部、后西部，实行梯度开发。对于三大地带的具体地理范围，存在着不同意见，本书认为以下这种划分是比较恰当的，三大地带主要是指：东部地带（含黑、吉、辽、冀、京、津、鲁、苏、沪、浙、闽、粤、琼），中部地带（含晋、豫、鄂、湘、赣、皖）和西部地带（含蒙、桂、陕、甘、青、宁、新、川、渝、云、贵、藏）。这种划分虽然能从总体上反映我国宏观布局的总趋势和大致轮廓，但从区域开发、经济布局的要求来看，还很粗略，且经济地带与经济区划的分界线混淆不清，不利于经济区划工作的开展。

（二）改革开放以后关于经济区划的探讨

改革开放以后，学术界从国外引进区域经济学的理论，并结合我国国情进行初步探讨。在此基础上，自“六五”计划开始，政府开始重视区域规划工作，并采取一系列措施，有关部门和学术界对区域规划与生产力布局做了大量探索。如“六五”计划第三篇的第二十至第二十四章，分别列出了沿海地区、内陆地区、少数民族地区、地区协作与国土开发整治方面的内容。在“七五”计划中，对我国的经济区划提出了东、中、西三大经济区域的概念。“七五”计划中还提出了建立经济区网络及三级经济区网络的概念。一级经济区包括上海经济区、东北经济区、以山西为中心的能源基地经济区、京津唐地区和西南四省五个地区。二级经济区是以省会城市与一批口岸和交通要道为中心的经济区。三级经济区是以省辖市为中心的经济区。这 3 个层次经济区网络的设定，是我国按特定的属性划分区域的尝试。与此同时，我国还借鉴国外国土规划与整治的经验，开展了各省区的国土规划工作，国家计委在各省区国土规划的基础上，于 1990 年编制全国国土总体规划纲要（草案）。

“八五”期间随着改革开放的深化、以及社会主义市场经济体制在党的“十三大”“十四大”的确定，特别是邓小平同志南方谈话之后，经济区划和区域经济发展问题，进一步受到党和政府的重视。“八五”计划的第四篇单独列出沿海地区、内陆地区和少数民族地区的发展计划和地区经济协作网络，国土开发整治与环境保护计划等。在此期间还提出并研究了若干特定区域的区划和规划问题，如以上海浦东为龙头的长江流域及长江三角洲区域、珠江三角洲区域、环渤海综合经济区等；与此同时，我国学术界也对我国经济区划做大量研究，并与国外学者举行“东北亚经济区”“环渤海综合经济区”“长江流域”等区域发展战略研讨。国务院发展中心课题组依据自然条件、经济条件、社会条件和适当照顾行政区划完整性的原则，提出将全国划分为东北经济区、华北经济区、华东经济区、华南经济区、华中经济区、西北经济区和西南经济区七个经济区。在此期间，还有十大经济区分法（杨树珍）、六大综合经济区（刘再兴）等。

经济区划是制定区域政策的一项基础性工作，但由于历史和现实诸多方面的原因，中国各地区之间存在着发展条件和水平的巨大差异。迄今为止，就区域划分而言，官方和学者提出了不下几十种方案，但由于各种原因，目前使用较多的还是“七五”计划时划分的“东、中、西”三大经济带的提法。

第二节 区域开发

一、区域开发的内涵

区域开发是指一定的开发主体对特定区域的自然、经济、技术、文化、社会等各种资源进行综合利用，在保持区域资源、环境、经济、社会和谐统一的前提下，求得最大的经济发展和社会进步。区域开发就是开发利用区域所能支配的资源（包括区内资源和可以利用的区外资源），建立高效的经济结构，消除经济发展障碍，增强自我发展能力和竞争力，促进区域经济快速、持续发展的过程。区域开发是区域经济学的重要研究领域和应用价值的集中体现。① 区域开发的对象是一切可利用的区域资源。人类运用发展经济的各种手段作用于特定区域，通过开发，对区域内未利用的自然和经济社会资源进行利用，对已开发利用的资源进行再利用。使区域的各种要素加到生产中，促进区域增长得以实现。②

（一）区域开发与区域经济发展的区别

第一，区域开发有明确的开发主体，该主体自始至终控制着开发进程，一旦开发主体不存在了，该开发活动也就不能够继续，或者只能由另一个主体来执行；区域经济发展则是一个有很多主体共同参与的、持续不断的客观过程，在市场经济条件下，每一个主体都难以完全主宰发展的过程，单一主体消亡了，发展的过程仍然在继续。

第二，区域开发是对未被利用的或未被充分有效利用的资源进行开发利用，或者进行更为充分有效的开发利用；而发展可以是在原有基础上进行量的扩张和质的提高。

第三，区域开发具有时效性，任何区域经济开发活动都在特定的时间和特定的空间进行，各个时期和不同地区的区域开发共同组成区域经济发展中最为重要的内容，区域开发的最终目的是促进区域的经济发展。

（二）区域开发与区域规划的区别

第一，区域规划是人类对特定区域未来时期发展的预测和设想，规划可能最终得到实现，也可能半途而废；区域开发则是一个实实在在的经济行为，它起步于规划，是由规划到实施的全过程。

第二，主体不同，区域规划的主体只能是政府，而区域开发的主体包括政府和企

---

① 李京文．中国区域经济教程［M］．南宁：广西人民出版社，2000：57.

② 孙久文，叶裕民．区域经济学教程［M］．北京：中国人民大学出版社，2003：50－51.

业两大类。

二、区域开发的类型

区域开发可以根据不同的标准，划分为多种类型：①

（一）依据开发的程度，区域开发可分为初期开发和再开发两类。初期开发即指在经济发展较落后的地区为利用某些资源而实施的开发。这些地区缺乏必要的工农业基础，开发形成的产业也多属于初级产业，如采掘业等；而再开发即指在发达地区为实现产业的升级换代，进行环境治理、老城重新规划及企业集团拓展等而进行的开发，这种开发常具有较强的规划性和前瞻性，开发目标也常是多方向的。

（二）依据开发的行为主体，区域开发可分为国家开发、地方开发、集体开发及企业开发等。如我国设立的各类经济开发区，有国家级的，也有省级和县级的等。区域开发的主体不同，其开发力度、项目安排、资金供给、政策优惠等亦不同。

（三）依据开发的规模，区域开发可分为宏观地域开发和微观地域开发。前者如我国实施的西部大开发，后者如各省市设立的各类经济技术开发区等。总之，二者的开发范围有很大差异，开发资源以及拟定的开发目标大不相同，开发主体、行为、方式等各异。

（四）依据开发的目标，区域开发可分为单目标区域开发和综合性区域开发两类。前者如某一矿产资源开发，其目标就是该资源的开采利用；后者如流域开发，其目标既包括流域范围内资源开发利用，也包括流域经济发展、产业结构优化、生态环境保护等目标。

（五）依据开发的对象，区域开发又可分为流域开发、工业资源开发、农业资源开发、旅游区开发及特殊区位开发等。

流域开发是依据流域内自然状况、资源条件、社会经济等各方面的主要因素，按照自然规律、技术规律、生态规律和经济规律的客观要求，制定出的以水资源开发利用和流域开发整治为中心的流域经济发展的总体规划和布局。其主要任务是对流域内水资源开发利用及流域经济发展进行综合研究，协调好水资源的开发利用和流域经济发展的关系。从地域范围来看，可分为干流流域开发规划、主要支流流域开发规划等。从规划内容来看，可分为河流开发治理规划、水资源综合利用专业规划和流域内有关部门的经济发展规划等。

能源开发是区域工业资源开发的重要内容，能源开发可带动区域一系列产业的发展，能源基地建设对区域经济发展有巨大推动作用。但是能源的区域开发往往会带来环境问题、供水问题、就业结构问题等，这些都是能源区域开发必须注意的。

矿产资源开发以及与之密切相关的原材料工业，既是资源和资金密集型产业，又

① 张敦富．区域经济学原理［M］．北京：中国轻工业出版社，1999：293－304.

是主要的基础工业，合理安排这些资源的开发与建设的布局，对我国工业化和经济发展具有重要意义。矿产资源的区域开发必须注意以下几方面，一是综合利用矿产资源，二是大力保护和合理利用矿产资源；三是重视交通建设和加工工业发展；四是选择合理的矿产资源开发方式；五是注意矿产资源开发区人口、经济、生态、社会全面发展。

（六）依据开发的方式与内容的划分。《全国主体功能区规划》将我国国土空间按开发方式分为优化开发区域、重点开发区域、限制开发区域和禁止开发区域等主体功能区；按开发内容，分为城市化地区、农产品主产区和重点生态功能区。

优化开发区域、重点开发区域、限制开发区域和禁止开发区域，是基于不同区域的资源环境承载能力、现有开发强度和未来发展潜力，以是否适宜或如何进行大规模高强度工业化城镇化开发为基准划分的。

优化开发区域是经济比较发达、人口比较密集、开发强度较高、资源环境问题更加突出，从而应该优化进行工业化城镇化开发的城市化地区。

重点开发区域是有一定经济基础、资源环境承载能力较强、发展潜力较大、集聚人口和经济的条件较好，从而应该重点进行工业化城镇化开发的城市化地区。优化开发和重点开发区域都属于城市化地区，开发内容总体上相同，开发强度和开发方式不同。

限制开发区域分为两类：一类是农产品主产区，即耕地较多、农业发展条件较好，尽管也适宜工业化城镇化开发，但从保障国家农产品安全以及中华民族永续发展的需要出发，必须把增强农业综合生产能力作为发展的首要任务，从而应该限制进行大规模高强度工业化城镇化开发的地区；一类是重点生态功能区，即生态系统脆弱或生态功能重要，资源环境承载能力较低，不具备大规模高强度工业化城镇化开发的条件，必须把增强生态产品生产能力作为首要任务，从而应该限制进行大规模高强度工业化城镇化开发的地区。

禁止开发区域是依法设立的各级各类自然文化资源保护区域，以及其他禁止进行工业化城镇化开发、需要特殊保护的重点生态功能区。国家层面禁止开发区域，包括国家级自然保护区、世界文化自然遗产、国家级风景名胜区、国家森林公园和国家地质公园。省级层面的禁止开发区域，包括省级及以下各级各类自然文化资源保护区域、重要水源地以及其他省级人民政府根据需要确定的禁止开发区域。

城市化地区、农产品主产区和重点生态功能区，是以提供主体产品的类型为基准划分的。城市化地区是以提供工业品和服务产品为主体功能的地区，也提供农产品和生态产品；农产品主产区是以提供农产品为主体功能的地区，也提供生态产品、服务产品和部分工业品；重点生态功能区是以提供生态产品为主体功能的地区，也提供一定的农产品、服务产品和工业品。

各类主体功能区，在全国经济社会发展中具有同等重要的地位，只是主体功能不同，开发方式不同，保护内容不同，发展首要任务不同，国家支持重点不同。对城市化地区主要支持其集聚人口和经济，对农产品主产区主要支持其增强农业综合生产能力，对重点生态功能区主要支持其保护和修复生态环境。

三、区域发展条件评价

区域的发展条件一般是指一个特定的区域内围绕社会经济发展所具有的自然条件、社会经济条件和科技条件等资源总量。区域经济发展的资源条件分类见表 9－3：①

表 9－3　区域经济发展的条件分类

类型	内容
自然条件	自然条件、自然资源、环境质量
社会经济条件	经济发展水平、人口和劳动力、资金市场、交通运输、政府、法律、政策、体制
科技条件	科技水平、技术人员状况、人口劳动力文化水平

区域发展条件评价主要是通过对区域开发的内部条件和外部条件的分析，可以判断区域经济发展的潜力，发现存在的问题以及发展的优势和机会，为开发工作提供科学的依据。以下介绍我国著名区域经济学家刘再兴经过长期探索，提出的区域经济发展条件评价方法。②

（一）自然资源综合评价

区域资源综合力评价主要包括：绝对量评价、平均量评价和需求量评价等。其中，绝对量评价主要是针对一个特定区域某种资源数量多少的衡量，它反映了区域资源的禀赋度，是进行区域社会经济发展规划的基础和重要依据。

对区域自然资源的综合评价采用以下方法。

1. *矿产资源潜在价值量。计算方法如下：*

$$\text{某矿种潜在价值量} = \text{该矿种储量} \times \text{采选回收率} \times \text{市场平均价格} \qquad (9-3)$$

式中，矿种储量可以是保有储量或工业储量。区域矿产资源潜在价值量就是各矿种潜在价值量的和。据此，计算出区域人均矿产潜在价值量，然后与全国或其他区域进行横向比较。

2. *矿产资源综合优势度。计算方法如下：*

$$P_i = (mn - \sum d_{ij})/(mn - m) \qquad (9-4)$$

P_i 为地区矿产资源综合优势度，m 为被统计资源种类数，n 为对比的地区个数，$\sum d_{ij}$ 为地区被统计资源种类数占全国名次之和。这里，如果区域没有某种矿种，其名次不能用 0 表示，而应以对比区域中该矿种储量名次最低的那个位次加 1，作为该区域这个矿种的

① 区域经济发展的条件分析，可以结合本教材第五章的相关内容全面分析。

② 转引自李京文．中国区域经济教程［M］．南宁：广西人民出版社，2000：58－60.

名次。

上述计算方法还可用来计算区域的自然资源优势度。只要把式 9－4 中的矿种换成自然资源种类即可。

3. 人均自然资源拥有量综合指数

计算方法是，先计算出区域各类自然资源的人均拥有量，然后分别除以全国的人均拥有量，即可求得区域各类自然资源的人均量指数。再将这些指数用几何平均法计算，就可得到区域人均自然资源拥有量综合指数。

4. 区域国土资源评价应遵循的原则①

第一，分析的客观性。注重国土资源的优劣两个方面，将优势资源与非优势资源相结合，通过优势资源与劣势资源的作用变劣势为优势。

第二，善于比较。区域国土资源优势、劣势都是相比较而存在的，不仅要在区内比较找到资源的优劣势，更要在区域间比较，确定区域资源的相对优势。

第三，对资源的优势要从动态中考虑。要重视资源现状与潜力评价相结合，既要看到当前优势是什么，更要从区域经济未来发展的需要来考察区域资源优势与劣势。

第四，重视区内外资源的相互作用，善于把握区域发展的外部条件。每一个区域都是开放的，因此，要在充分把握自身优劣势的基础上，寻找优势互补的合作对象，通过分工与合作，起到取长补短，提升竞争力和发展水平的作用。

（二）区域社会经济条件综合评价

对区域社会经济条件的综合评价，首先是计算出各个分指标，然后，将其合成为一个综合指标。具体计算方法如下：

1. 人力资源规模指数

人力资源规模指数＝区域人力资源规模/全国所有区域人力资源规模的平均值 （9－5）

2. 居民消费需求指数

$$\text{居民消费需求指数} = \sqrt{\frac{a \times b}{c \div n}} \qquad (9-6)$$

式中，a 是区域居民年消费总额，b 是区域人均消费水平指数，等于区域人均消费水平与全国人均消费水平之比；c 是全国居民年消费总额，n 是区域总数。

3. 国内需求量指数

国内需求量指数＝区域国内需求量/全国各区域国内需求量的平均值 （9－7）

---

① 周起业，等．区域经济学［M］．北京：中国人民大学出版社，1989：467－468.

4. 交通便利指数

$$交通便利指数=\frac{运输线路总长度/区域国土面积}{区域货运量/区域货物周转量} \quad (9-8)$$

5. 资金供给能力指数

$$资金供给能力指数=区域人均工业固定资产净值/全国人均工业固定资产净值 \quad (9-9)$$

6. 技术开发能力综合指数

测算技术状况，一般可从技术水平、年技术进步速度、技术进步贡献率等三个方面进行。以工业为代表：

$$工业技术水平=工业劳动生产率/工业资金产出率 \quad (9-10)$$

$$年技术进步速度=工业净产值增长率-(a\times 资金年增长率+b\times 劳动力年增长率) \quad (9-11)$$

式中，a 是资金产出弹性系数，b 是劳动力产出弹性系数。

$$技术进步贡献率=年技术进步速度/工业净产值年增长率 \quad (9-12)$$

将上述三个指标指数化（以全国水平为100前提下的各区域数值），然后，用几何平均法将其汇总为一个综合评价值，即是区域技术开发能力综合指数。

（三）区域经济发展外部条件分析

对区域经济发展的外部条件分析包括了以下几个方面。

首先，分析全国经济发展格局、发展战略、宏观布局对区域经济发展的影响。从全国经济形势的变化中，发现区域所处的地位，根据全国经济发展的总体要求和基本格局来把握区域经济发展的走向，进行合理的定位，从中找到区域经济发展的机遇。

其次，从世界和全国经济、技术发展的大趋势中，分析和选择区域经济发展和技术进步的方向，为进行资源开发、产业结构调整等提供依据。

再次，分析相关区域的经济发展状况。目的在于通过对比，发现本区域在经济发展方面的优势和劣势、区外经济发展为本区域所提供的发展机会、利用区外资源的可能性、区域之间经济发展的竞争状况、进行区域合作的可能性等，从而确保区域开发能因地制宜、扬长避短、发挥优势，加快区域经济发展步伐。①

此外，除了分析区域发展条件，区情分析中还需要判断区域经济社会发展水平、区域经济发展所处的阶段、区域竞争力、区域创新能力等。较为全面、客观、科学的评价有助于对准备实施开发的区域今后的发展趋势、应采取的开发战略措施等做出科学的分析。

① 关于“区域经济发展外部条件分析”的详细内容参见本教材第八章相关内容。

第三节 区域开发方向与开发目标体系制定

区域开发是人们对区域经济活动的主动参与和干预，具有十分明显的目的性。区域开发目标对整个开发方向、方式、过程和效果都有着直接的制约作用。在区域国土开发规划的众多问题中，关系到全局性的关键性的问题有三个：一是区域发展目标，二是发展重点的选择及产业结构，三是地区空间分布，即区域内空间结构的调整。

一、区域开发方向的确定

区域开发方向是指未来一定时期内人们对区域系统发展的总的设想。在实际工作中，区域开发方向主要是指区域资源开发与经济建设的总的设想。区域开发方向的确定是总体规划工作的第一步，是确定区域开发目标、重点和进行总体布局等其他工作的前提和基础，不明确区域开发的方向，则整个区域开发规划工作就是“无源之水”，“无本之木”；如果区域开发方向确定错了，其他规划工作再认真细致也难免不失误。因此，必须把区域开发方向的确定摆在首要位置上，予以认真对待。

（一）确定区域开发方向的依据

确定区域开发的方向必须有充分的根据，至少应考虑以下五个方面：

1. 国家或高层次区域的宏观背景

国家高层次的区域是由一个个低层次区域所组成的有机整体，作为其中组成部分的低层次区域的开发方向，必然受这一整体系统的深刻影响。在确定区域开发方向时必须考虑到高层次乃至全国宏观经济社会发展的要求，使该区域的开发方向与全国及高层次区域的发展战略相吻合。只有这样，才有利于本区规划的顺利实施，有利于国家总目标的实现。

2. 开发区域的实际情况

区域开发方向的确定不能脱离本区域的自然、经济、技术、社会等方面的条件，必须考虑区域开发的历史与现状。根据区域的实际情况确定开发的方向，因地制宜，扬长避短，发挥优势。脱离区域的自然、社会、经济实际的开发活动就会违背自然规律和社会经济规律，很难达到预期开发目标和开发效果。

3. 周围区域的开发现状与趋势

确定区域开发的方向应当注意周围地区的开发现状与趋势。每一个区域，都是全国或上一级区域的一个局部。随着我国改革开放的深入发展，区域与区域之间不断进行着分工与合作。因此，确定区域的开发方向就不能只考虑本区的情况，还必须考虑周围地区的情况，如本区生产的产品在区内外有多大市场；若其他区域生产同种产品本区产品是否有竞争力；若本区生产的产品需要外区部分原料，外区是否能保证供应；能否进行合作开发等。

4. 市场需求情况及变化趋势

市场需求的现状和发展趋势是确定区域开发方向的重要依据之一。不顾市场的现状，不考虑市场需求的发展趋势，盲目确定区域开发的方向，只会给区域经济发展带来不良后果。

5. 科学技术发展的趋势

科技发展对区域开发的影响日益显著，主要表现在以下三个方面：①区域科学技术水平及结构状况基本规定了一个区域开发的水平和所处的阶段；②区域科学技术水平及结构决定着资源、环境系统和经济、社会系统间联系的方式、强度和效率；③区域科学技术在各部门的发展水平影响着资源在各部门的分配状况和各部门的生产效率、发展速度，进而制约着主导部门的选择。因此，确定区域开发的方向必须认真分析区域科学技术发展现状及其变化趋势，以保证区域开发建立在可靠的技术基础上。

（二）确定区域开发方向的原则

为了科学确定区域开发的方向，实际工作中要遵循以下原则：

1. 客观性原则

因为区域系统是客观存在的，有其自身运动的客观规律，所以确定区域开发的方向就只能从区域的实际情况出发，绝不能脱离实际，主观臆断。

2. 综合性原则

区域开发方向是在多种因素相互作用下共同规定的。因此，确定区域开发方向时应始终贯彻综合性原则。在具体工作中，应特别重视以下四方面：①综合分析自然因素与人文因素；②综合分析区域系统现状与未来发展趋势；③综合分析区域资源优势与市场变化；④综合分析区域之间的关联。

3. 最佳效益原则

区域是一个由自然、生态环境与社会、经济有机结合的整体。区域开发的目的不仅是为了取得最好的经济效益，而且要求取得最好的社会效益和生态环境效益。所以，确定区域开发的方向时，也必须坚持经济效益与社会效益最佳、即综合效益最佳的原则。①

二、区域开发目标确定

（一）区域开发目标的含义与性质

目标是指某项决策、规划、工作、研究等要求达到的价值。区域开发目标是区域

① 区域开发方向的确定与区域发展战略的制定过程相似，可参考本教材第八章相关内容。

开发方向的具体化和进一步落实，即一定时期内区域开发所要达到的价值。区域开发目标具有多种属性：①可达性，即通过一定的努力可以达到；②包容和概括性，即能包容多方面的情况，能用几句话或几个字概括出来；③全局性，即一旦实现目标，就导致全局出现崭新的局面；④单一性，即每个目标必须具体、明确；⑤约束性，即目标都是与约束条件共生的，要充分考虑约束条件；⑥时效性，即规定目标实现的时间，任何目标仅在一定时间期限内有效；⑦可观测性，即所确定的目标要便于观察、测量、辨识、检查、比较，判断等；⑧层次性，制定出不同层次的目标，如最高目标、中等目标、最低目标等。①

（二）确定区域开发目标的依据与一般程序

1. 确定区域开发目标的依据

①区域开发方向；②国家和高层区域经济社会发展战略目标；③社会生产与生活发展的需要；④区内外资金、技术的可能性。

2. 确定区域开发目标的一般程序

（1）确定初始目标

确定区域开发目标，首先需要了解各方面对区域发展的最终要求，即区域在未来时期需要达到的目标。通常包括两个方面：一是目标的种类；二是期望值或达到的程度。具体做法是：一般由总体设计人员通过走访、召开专家会议、采用特尔斐等方法，广泛搜集各方意见，全面研究有关背景材料，提出自己对开发区域目标的看法，即确定一个目标的初始方案，这个方案虽然是非常粗略的，但它反映了各方面对区域开发目标的看法与要求，是最终确定目标体系的基础，因而是必不可少的。

（2）进行目标预测

这一阶段的主要任务是对初始目标实现的可能性的可能程度进行科学预测。目标预测一般按以下步骤进行：①确定预测内容与任务，包括预测的期限、范围及所要达到的要求；②搜集预测资料，包括初始目标确定所依据的基础资料；③选择预测方法。预测方法的选择应以资料的掌握情况、预测精度要求、预测费用承担能力及预测技术手段的可能性为依据，并坚持定性分析与定量分析相结合的原则。对于同一目标的预测，最好能采用几种不同的预测方法，提出几个不同的预测方案。即使是同一预测方法，也要依据不同的假设条件，提出不同的预测结果，以便择优选择；④评审预测结果，主要是分析误差，修正结果。预测是对未来的推测，因种种条件的限制，其结果难免出现误差。如果误差太大，就会失去预测的意义。因此对预测结果必须认真审查，找出误差所在，计算出误差大小，分析误差原因，采取适当措施予以纠正。

---

① 李成勋. 经济发展战略学［M］. 北京：知识产权出版社，2009：326-331.

(3) 进行目标优化

采用各种预测方法确定的各指标数值尚不能作为规划目标。因为该指标值只是各预测对象自然演化状态下的数值，且没有考虑到各指标值间的相互关联与制约，因此，要进行优化研究，以把各指标值作为一个整体，在各种约束条件下，寻求各指标发展的最优值。对于复杂的区域系统开发而言，优化工作是必须进行的。具体方法，除采用综合平衡等传统方法外，常用的有投入产出优化模型，即在投入产出平衡约束下，利用线性规划解决各指标的优化发展问题。在优化目标的基础上，可改变各种约束条件，模拟未来各种环境因素变化对目标的影响，从而得出不同的目标优化方案。在此基础上利用各种目标决策方法，确定本区域开发目标的实施方案。

(4) 建立目标体系

即将优化后的目标指标，依据其内在联系，编制成目标实施方案。

需指出的是，通过以上步骤所确定的目标体系并不意味着区域开发目标研究工作的最终完成。因为随着区域开发总体规划工作的全面展开，还可能使总体规划目标遇到许多新的情况，如通过重点部门的选择，产业结构的组织与调整等，都可能发现原定的目标体系不完善、不理想等问题。此时必须修正目标体系。修正可从第一步开始，也可从中间某个步骤开始，这要视具体情况而定。

（三）确定区域开发目标应注意的几个问题

1. 既要考虑其先进性，又要考虑其适用性。先进性是指确定目标时，必须充分考虑现代经济、社会发展的要求，体现科学技术进步在未来区域开发中的巨大作用。实用性是指确定的目标必须符合当时当地的情况。

2. 突出重点。开发目标既体现着区域的发展方向，又是要实现的发展结果，而对于我国绝大多数地区来说，全面建设小康社会是一个共同的发展目标。

3. 定性与定量相结合。定性通常表现为区域发展的总体要求和总体发展方向，开发目标量的规定，是区域、部门和产业的分析、预测、平衡和调整方案的主要依据。

4. 要处理好各时期、各部门、各产业目标的关系。区域开发考虑的时限较长，其总体目标需要分阶段完成。在确定阶段目标时，要注意不同阶段目标的区别和衔接。各时期开发目标的制定必须兼顾各部门的目标，相互衔接，使需求与供给相适应，需要与可能相结合，经济发展和社会进步相协调。

（四）区域开发目标与具体指标设置

区域开发是一项多目标的活动，区域开发中的目标是多种多样的。按目标包容客体的大小分为：总体目标和局部目标、宏观目标和微观目标、战略目标和战术目标等；按目标包容客体的性质分为：经济发展目标、人民生活提高目标、社会安定目标等；按限定的时间分为：长远目标、中期目标、短期目标等；按目标的数量属性分为：定性目标和定量目标。

1. 区域开发总目标

一般而言，区域开发最直接的目标就是要实现区域经济的增长。即通过开发使区域的资源得到有效利用，转化为区域的物质财富，形成自我发展机制，增强自我发展的能力，提高区域经济的整体实力。社会发展目标是区域开发所要实现的重要目标，而且是最终目标，体现了以人的发展、进步为中心的现代社会发展要求和价值观念。包括：全面提高区域内人们的文化水平、健康水平、科学技术水平、文明程度，保障充分就业，消除贫困现象，缩小收入差距等。环境质量目标可分解为各个产业的发展、各个地区的经济增长；再进一步，各个产业的发展，又可分解到相关行业的发展。同样，社会发展目标和环境之间也可作进一步的分解。这样，总目标与各级子目标之间就构成了一个目标体系。由此，可以明确地理解总目标与子目标的关系，进而为区域开发提供具体的操作思路。按时间序列分，区域开发目标可以分为近期目标和远期目标。近期目标也称为短期目标，是指需要在3—5年内完成的目标。远期目标也称之为中长期目标，是指在10年、20年，甚至更长的时期内才能完成的目标。①

2. 区域开发目标的指标体系

建立区域开发目标的指标体系一般需满足下述要求：第一，完整性，即指标体系要能反映区域开发所要达到的全部要求，即能反映生态环境效益、人民生活、社会生产等方面的情况；第二，有机联系性，指标体系不是几个指标的拼凑或机械组合，而是相互联系、彼此制约的整体；第三，应考虑到指标的统计口径、计量范围、计算方法、含义解释等方面的可比性和可获取性。

区域开发总目标可以分解为经济指标、社会指标、资源环境与生态指标等几类。事实上，区域开发也是区域经济发展战略具体实施的一项综合工作。因此，区域开发目标体系以及具体指标选择应当与区域经济发展战略和区域规划目标体系一致。②

这里应指出的是，设置不同类型的区域开发指标体系时，应考虑到规划的目的和任务，有选择地侧重于某些指标。如资源开发区可主要选择自然资源与社会资源的指标；以整治生态环境为中心的区域开发规划则可侧重于选择生态环境方面的指标；以脱贫致富为目标的区域开发则以选择收入、人口、就业方面的指标为主。

三、区域开发目标选择与区域开发目标冲突

（一）区域开发目标选择

在一定时期内，在资源供给有限或总投入既定的情况下，如何选择区域开发目标，

---

① 周起业，等．区域经济学［M］．北京：中国人民大学出版社，1989：485－486.

② 关于区域开发指标体系的确定可以参考本教材第八章中“区域发展规划指标体系”相关内容。

往往是区域开发中不可避免的两难问题。从资源分配的角度看，各个开发目标之间是相斥的。但是，从内部联系考察，各个开发目标之间又是相互关联、相互制约的。因此，选择区域开发目标必须要根据区域所面临的主要发展矛盾与问题、所处的发展阶段、外部环境的变化等来合理选择开发目标，确定各个目标之间的主次关系。

一般地，选择区域开发目标有两种方法，即替代选择和优先选择。替代选择就是在多个目标中，选定某个目标，放弃另外的目标，以集中有限的资源，解决经济发展中的关键问题或主要困难。优先选择是在多个目标中确定哪个目标优先，哪个目标次之。选择优先目标的原则是，对实现总目标的直接贡献越大，就应该作为优先目标；一个目标对其他目标作用力强度，如果一个目标的实现对其他目标产生较大的压力，迫使其他目标要尽快实施，或者该目标的实施有利于其他目标的相继实施，这样的目标应该作为优先目标；或者实现总目标的总投入最小的目标应该作为优先目标。

（二）区域开发目标冲突

在同一时期，由于区域可以支配的资源是有限的，而开发目标又是多样的，因此，就产生了开发目标的冲突。最常见的目标冲突表现在以下几个方面：

1. 经济增长与社会发展的目标冲突

一般来讲，在可支配资源有限的情况下，区域开发中最易产生的目标冲突就是经济增长与社会发展之间的矛盾。很明显，有限的资源用于经济增长方面多，就必然要减少对社会发展方面的投入，如果这种差异过大，那么就将制约社会的进步，从而违背了区域开发的根本目的；反之，如果资源分配过多地向社会发展倾斜，势必减少对经济增长的投入，进而使经济增长速度减缓。例如，为了促进经济的高速增长，就需要提高积累率，以保证经济投入的不断增加，而这样就会降低人民基本需求的满足程度，使人民在现实的经济增长中得到的实惠减少；如果要尽量满足人民当前的基本需求，就不得不降低积累率，结果就减少了对经济增长的继续投入，致使经济增长趋缓。再如，在一个区域中，为了尽快实现经济快速增长，就需要加大对发展条件和基础好的地区的投入，依靠它们来完成区域经济整体规模的快速扩张。然而，这样做的结果是拉大地区之间的经济差异，进一步加大相互间的社会发展水平差异，出现严重的区域发展不平衡。如果这样做，就很难实现区域经济在短期内的快速增长。此外，在区域开发中，还常常遇到经济增长与发展教育、科技和提高文化水平方面的矛盾。

2. 经济增长与保护资源、环境之间的目标冲突

在高速增长过程中，有可能改善生态环境，提高环境治理能力，但也可能破坏生态环境，降低区域环境质量。在区域经济基础薄弱，经济实力有限的情况下，为了满足物质生活需求增长，有时甚至是为了生存的需要，人们不得不优先选择经济增长目标，不惜以浪费资源、破坏环境为代价，来换取当前的经济增长。不少情况是，人们已经意识到保护资源和环境的重要性，但限于经济实力不足，而没有能力在资源和环

境保护方面进行投入。因为，一旦在资源和环境保护方面增加投入，就有可能因有限的经济增长而得不到保障，致使生活水平降低。

3. 经济增长内部的目标冲突

如上所述，经济增长包括了许多子目标，各子目标之间也往往存在矛盾。例如，用于经济增长方面的资源，在第一次、第二次与第三次产业之间，在主导产业、关联产业与基础产业之间，以及地区之间的投入分配均存在矛盾和冲突。

（1）经济增长与劳动就业（或技术进步与劳动就业）。一般来讲，经济增长可以增加就业，进而可提高居民的收入水平。但随着生产过程自动化水平的提高也会减少就业机会，特别是高技术产业的发展，一般熟练工人就业机会大量减少。

（2）经济增长与收入分配的公平性。经济增长，国民收入增加，但分配并不一定公平。分配偏离公平目标，就会影响劳动积极性，反过来影响增长速度。为调动劳动积极性，增大收入差距，则必然与公平目标相矛盾。

（3）经济增长与积累率（满足基本需求）的矛盾。为满足基本需要就要降低积累率，多消费，这就会影响下阶段经济增长速度。反之，不恰当地提高积累率，会使满足基本需要的程度降低，消费品市场萎缩。

4. 短期目标与长期目标的冲突

例如，在资源配置上，过分偏重短期目标，势必会有意和无意地过度消耗长期目标所必需的资源基础，提早释放长期发展的潜力。相反，若过分强调长期目标，则可能束缚了近期的发展，达不到应该有的发展速度，并有可能错失当前良好的发展机遇。

5. 局部目标与全局目标的冲突

主要表现在，区域开发目标与全国发展目标的冲突方面。如果区域开发目标仅仅是从区域自身的发展需要来设定的，就不一定与全国发展的总体要求相吻合，有时还会出现严重的对立。此时，如果调整区域目标，使其与全国的总体要求相一致，就意味着区域的利益会受到一定程度的损失；反之，如果不顾及全国的发展目标要求，则有可能降低全国的总体利益。

6. 效率目标与公平目标的冲突

公平与效率是人类社会经济发展和文明进步的双重追求目标，是人类社会追求的不同目标，公平与效率的增长并不是同步的，两者的地位和作用不是完全均等的，短期的政策目标存在着一个何者为先的选择。如果片面地追求效率，则无法保证社会的公平，在效率机制的作用下会进一步强化贫富的差距，最终导致政治、社会及经济领域的混乱；若以社会公平为发展的总目标，政府就要运用自己掌握的资金、政府的行政力量、政策手段，支持落后地区及萧条地区的经济发展。同时还要在发达地区增加课税，以便筹集资金援助落后地区。落后地区投入的资金回收慢（效益差），发达地区因税负压力而抑制发展，就会以牺牲经济发展速度为代价求得社会公平。而且，公平是要受效率制约的，如果超越生产力发展阶段去强调公平，甚至把公平绝对化为平均，必然要以效率低下为代价并阻碍效率的提高。

总之，要重视不同目标之间的协调，在确定区域开发目标时，应在综合效益最大的原则指导下，协调好各目标的关系。

四、区域开发重点的选择

区域开发重点包括部门重点和地区重点两个方面。选择开发重点对于推进区域向更高水平发展具有重要意义。这是因为，区域开发无论在部门或是地区方面都表现为一个非均衡过程，各部门和各地区在不同开发阶段均有不同的地位和作用。此外，区域开发是一项庞大的系统工程，只有抓住重点，即抓住影响系统运行的关键部门、关键地区，才能有效地推进整个区域的开发，取得事半功倍的效果。另外，地区资源，包括自然资源、财力、物力、人力和技术等具有特定的组合结构和一定量的限制，客观要求把有限的资源集中到效益较好的部门和地区，以适应资源结构的规定性，依靠重点部门、重点地区的发展带动全区域的振兴与发展。

在一定时期内，区域开发的重点应该选择哪些部门和怎样选择，没有固定的模式，只有根据当时当地的具体情况，具体分析，具体决定。一般需考虑的因素是：区域发展所处的阶段；比较利益；区内关联和带动作用等。基本指导思想是：加快发展瓶颈产业，大力扶持先导产业，积极发展主导产业，配套发展相关产业，优先发展基础产业。以瓶颈产业为重点，旨在体现和实现产业之间的平衡和协调发展的，通过拉长短线，克服瓶颈，使长线产业的闲置能力充分发挥；以先导产业为重点，主要是为区域培育新的经济增长点，确保区域的长期可持续发展；以主导产业为重点，旨在发挥其带动地区经济全面发展的作用。在产业结构的战略安排上，既要有重点，又要作到适度倾斜，适时调节，协调发展。特别要注意解决好如下几个产业之间的关系：

工业和农业。一般规律是，区域发展初期，以农业开发为主；当农业发展到一定阶段，应工农并重；而后，则以工业为主。

轻工业与重工业。轻工业投资少，见效快，市场竞争激烈，能吸纳较多的劳动力；重工业可以为农业和轻工业提供机械设备及其他必需用品，在一定程度上代表了一个国家或地区的经济发展水平和实力。一个地区的发展，既可以从轻工业起步，也可以从重工业起步，但大多表现出发展重点的阶段转移。

生产部门与教育科技部门。生产发展是区域开发的主体，是理所当然的重点。生产发展，主要靠科技进步。对我国而言，教育科技是目前的重点部门。但对于欠发达区域，特别是较小的区域而言，不一定如此。有的地区，单靠科技和教育是不能致富和腾飞的，特别是在较短的时间内。

直接生产部门和基础设施部门。一般规律是：区域开发初期，以直接生产部门为重点；待区域发展到一定阶段（基础设施成为区域发展的瓶颈），根据经济和社会发展需要，以基础部门为重点；经过一段时间后，再以生产部门为重点，这样轮次为重点，推进区域的发展。

复习思考题

1. 试述经济区划的原则和依据。
2. 新世纪我国重要的经济区是如何划分的？试比较各经济区的特点和发展优势。
3. 简述区域国土资源评价的原则。
4. 试述区域开发的类型。
5. 区域开发目标的冲突表现在哪些方面？如何有效地解决这些冲突？
6. 区域开发与区域经济发展、区域规划的区别。
7. 论述区域经济社会发展水平的综合评价方法。
8. 论述制定区域国土开发总目标的指导思想。
9. 试用断裂点公式计算某相邻两城市的吸引力范围。
10. 结合某区域的实际，通过资料收集或实地考察，分析提出区域开发措施。

参考文献

[1] 聂华林，高新才．区域发展战略学［M］．北京：中国社会科学出版社，2006.
[2] 安虎森．区域经济学通论［M］．北京：中国社会科学出版社，2006.
[3] 孙久文，叶裕民．区域经济学教程［M］．北京，中国人民大学出版社，2003.
[4] 聂华林，王成勇．区域经济学概论．北京：中国社会科学出版社，2006.
[5] 黄亚均．宏观经济学．第三版．北京：高等教育出版社，2009.
[6] 陈燕．公平与效率．北京：中国社会科学出版社，2007.
[7] 高新才，姜安印．西北区域经济发展蓝皮书（青海卷）．人民出版社，2008.
[8] 陈秀山，孙久文．中国区域经济问题研究．上海：商务印书馆，2005.
[9] 张敦富．区域经济学原理［M］．北京：中国轻工业出版社，1999.
[10] 黄亚均．宏观经济学［M］．北京：高等教育出版社，2009.
[11] 张忠孝．青海地理［M］．西宁：青海人民出版社，2004.
[12] 李京文．中国区域经济教程［M］．南宁：广西人民出版社，2000.
[13] 武友德，潘玉君．区域经济学导论［M］．北京：中国社会科学出版社，2004.
[14] 周起业，等．区域经济学［M］．北京：中国人民大学出版社，1989.
[15] 李成勋．经济发展战略学［M］．北京：知识产权出版社，2009.
[16] 丁生喜，等．区域经济理论与青海区域经济发展研究［M］．北京：中国经济出版社，2015.